新安文化丛书
XIN'AN WENHUA CONGSHU

新安宗族

卞利 著

文物出版社

中共淳安县委宣传部
中共淳安县委党史研究室
淳安县人民政府地方志办公室
淳安县政协文史和教文卫体委员会
编

图书在版编目（C I P）数据

新安宗族 / 卞利著. -- 北京 ：文物出版社，
2024.7
(新安文化丛书. 一)
ISBN 978-7-5010-8399-2

Ⅰ. ①新… Ⅱ. ①卞… Ⅲ. ①宗族－研究－淳安县
Ⅳ. ①K820.9

中国国家版本馆CIP数据核字(2024)第067700号

新安宗族
新安文化丛书一

编　　者：中共淳安县委宣传部
中共淳安县委党史研究室
淳安县人民政府地方志办公室
淳安县政协文史和教文卫体委员会
著　　者：卞　利
责任编辑：孙　霞
封面设计：方　卓
责任印制：张道奇

出版发行：文物出版社
地　　址：北京市东城区东直门内北小街2号楼
邮　　编：100007
网　　址：http: //www.wenwu.com
邮　　箱：wenwu1957@126.com
经　　销：新华书店
印　　刷：杭州富春印务有限公司
开　　本：787mm × 1092mm　1/16
印　　张：417.25
版　　次：2024年7月第一版
印　　次：2024年7月第一次印刷
书　　号：ISBN 978-7-5010-8399-2
定　　价：2880.00元(全18册)

总 序

新安文化是指新安江流域文化。

新安江是钱塘江的正源，源头分为两大支流。南支称率水，为新安江主源，发源于安徽省休宁县五龙山脉的六股尖；北支叫横江，源于黟县五溪山主峰白顶山。两支源流在屯溪汇合，流至歙县浦口一段称渐江，歙县浦口以下至浙江省建德县与兰溪相汇处称新安江。新安江与兰溪汇合后称富春江，到萧山闻家堰称钱塘江，流至杭州湾入海。

新安江流域地处闽浙山地的北缘，黄山、天目山、白际山、五龙山、千里岗、龙门山六大山脉盘桓其间，山地及丘陵占十分之八九。新安江水呈树叶网络状，由西向东辐射，地势也是由高及低逐步下降。流域平均海拔 800 ~ 1000 米，处在山岭川谷之中。俯视江南，附近的江西、浙江、江苏、安徽，均在其下。地处新安江源头的徽州，有"吴头楚尾"之说。杜牧诗云："溪山侵越角，风壤尽吴根。"非常准确地描写出新安江流域的地理位置。

新安江流域以黄山山脉为界，南坡有流向东南钱塘江的新安江水系，直达杭州，是前往江南的捷径；流向西南鄱阳湖的阊江水系、乐安江水系，直达饶州、九江；北坡有直接流入长江的青弋江、秋浦河水系，直达池州、安庆、芜湖长江沿线。新安江下游严州府与兰江相接，向南直达金华、衢州，是前往江西、福建的捷径。陆路虽地势高耸，山路崎岖，但由于地处皖、浙、赣三省交界，成为全国的交通网络中重要的一环。

魏晋时期，由杭州经新安江前往江西、福建的通道，是全国交通枢纽上的重点线路。宋永初三年（422）秋，谢灵运离开建康（今南京）赴任永嘉郡太守。他沿钱塘江、富春江溯流而上，经桐庐、建德、兰溪，转由婺江到永嘉，途经桐庐写下《初往新安至桐庐口》诗。唐代以前，北方通往南方的三大干线，其中两条干线经过新安江流域。一条由洛阳东行至汴州，循运河东南而下，经杭州，沿钱塘江溯流而上，经睦州、婺州、衢州、信州至江西、福建和岭南道。另一条由洛阳走陆路，经汝州、许州至陈州，过寿州、庐州，渡江至采石，经宣州、歙州到睦州，经婺州、衢州，再选择西行或南行通往福建、江西和岭南各地。宋以后，新安江流域交通线路更是呈放射状，四面通达。虽然山道崎岖，水路湍急，路途稍显艰难，但无论水路、陆路，前往江西、湖北、福建、南京、杭州都是必经的捷径。

人类逐水而居，河流是人类文明的摇篮。先秦时期，新安江流域先属吴，吴亡属越，越灭属楚。秦末，在新安江中游和上游设黟、歙二县，下游则归富春县管辖。东汉建安十三年（208），分歙地置始新、新定、黎阳、休阳四个县，加上原来的黟、歙二县，就有了六个县，以这六个县新设新都郡，郡治设在始新县治新定里（今淳安县威坪镇）。黄武四年（225），析吴郡富春县地置建德、新昌、桐庐、新城四县，建德县、新昌县（后改寿昌）地处新安江下游。其后新安江流域郡、州、府级机构，先后更名或改设为新宁郡、新安郡、东阳郡、遂安郡、婺州、睦州、歙州，最后定名为徽州和严州；县级机构先后更名或改设为新安江上游的歙县、黟县、休宁县、祁门县、绩溪县、婺源县，新安江中游的淳安县、遂安县，下游的建德县、寿昌县。

新安文化的地域范围，以新安江上游古徽州一府六县，即歙县、黟县、休宁县、祁门县、绩溪县、婺源县，以及新安江中下游古严州的淳安县、遂安县、寿昌县、建德县为核心区域。新安文化的时空概念起自史前文明，迄于1949年，根据研究需要适当后延。其内容涉及哲学、经济、社会、教育、学术、文学、艺术、工艺、建筑、医学等诸多学科，凡与新安江流域社会历史发展有关的内容，均是新安文化的范畴。

新安江流域是我国原始文化的一个独立发展单元，一步步走来，没有停留，没有断代。历经早期文明、晋唐兴起、五代至元崛起、明清鼎盛和近代转型五个发展阶段，形成新安文化的完整体系。

1974年11月，在建德县上新桥村乌龟洞发现一枚人的犬齿化石，被命名为“建德人”，属于晚期智人类型，距今约五万年。同时，新安江流域分布着大量的旧、新石器时代遗址，承继“建德人”的文化发展。1959～1975年，新安江上游的屯溪西郊奕棋村先后发现8座西周至战国早期的墓葬。出土的青铜器、原始青瓷和几何印纹硬陶，在形制、纹饰和构图风格上，具有浓厚的越文化特色。史称当地人为越族，人民性格强悍，尚武好斗，文化礼仪相对薄弱。通过地方行政治理过程中的教化，当地越人在了解和接受中原人的生产、生活方式后，道德观、价值观、文化崇尚等方面均发生变化。

晋唐时期，新安文化兴起。晋代的“永嘉之乱”和唐代的黄巢起义是中国历史上的两件大事。它不仅造成西晋和唐朝的灭亡，导致中国社会的分裂，而且对我国南方的发展产生深远的影响。“永嘉之乱”和黄巢起义期间，中原士族比较集中地迁入新安江流域，现存的徽、严二州不少姓氏族谱中，对始迁祖的追溯都上溯到这一阶段。中原士族大量迁入以后，以其自身的文化素养和生活习惯渗透民间，改变了新安江流域越族的风俗习惯，越族尚武习俗与中原儒雅之风融合，儒家思想的仁义忠孝和修身齐家理念，开始在新安江流域流行。休宁吴少微的“吴富体”在文坛崭露头角，新安江下游的“睦州诗派”更是享誉诗坛。

五代至元，新安文化崛起。这一阶段新安江流域的教育与科举得到长足发展，仅南宋时期徽州、严州二府进士就有 806 名。南宋理学大儒朱熹祖籍徽州，曾两次回徽州省墓、探亲、授课，并在严州丽泽书院、遂安瀛山书院讲学论道。新安人读朱子之书，秉朱子之教，以邹鲁之风自恃，形成新安理学学派，使得朱熹理学在新安江流域广为流传，对整个流域的文化形成和演变起到关键作用。文风郁起，留下很多脍炙人口的作品，如胡仔的《苕溪渔隐丛话》和方岳、方逢辰的诗歌，在全国诗坛都占有一席之地。徽州刻书和严州刻书，在中国刻书史上贡献卓著。制瓷技术、医学、植物学、光学、生物学等科学技术都取得一定成就，其中歙县张杲淳熙十六年（1189）写成的《医说》一书，是中国医学史上第一部医史传记。

明清时期，新安文化进入鼎盛。私学、官学和书院教育同步发展，推动新安江流域科举繁荣兴盛。淳安人商辂“三元及第”，于明宣德十年（1435）乡试、正统十年(1445)会试及殿试均为第一名。理学、心学与朴学相互融合发展，理学家们提倡“和会朱陆”，阳明心学受到欢迎。清康熙、乾隆时期，新安学者提倡实事求是的治学精神，开创朴实的学风，成为清代学术的主流，朴学领袖戴震更是中国哲学史上的唯物主义启蒙思想家。文学艺术百花齐放，新安画派是明清文人画的正统继承者，徽派版画代表了中国传统版画的最高成就，徽派篆刻成为中国文人篆刻的主流，徽剧乃京剧之母。科学技术成就斐然，新安医学所主张的“固本培元”理论，是中国传统医学中的精华；程大位是中国历史上珠算集大成者；郑复光《镜镜詅痴》集当时中西光学知识大成。

近代，新安文化开始转型。光绪二十六年（1900），歙县基督教堂在城内创办崇一学堂，迈开新安江流域兴办新式学堂的第一步。在西方近代科技和工业革命的影响下，实业救国成为潮流，培养近代农林、商业、工业人才，是教育转型过程中的重要一环。光绪三十四年（1908），戴英在休宁县隆阜珠里创办新安江流域近代第一所职业学校——休宁初等农业学堂。随后，徽州乙种商业学校、淳安县初级实业小学、建德县浙江省立甲种森林学校等相继开办。新安学术也开始向近代学术思潮转型，胡适成为近代文化转型中承上启下的关键人物。文学艺术在转型中得到提振，其中由汪渊集句成词、其夫人程淑笺注的《麝尘莲寸集》，以词集词，前无古人。黄宾虹成为近代中国绘画领域中的一座高峰；黄士陵的篆刻形成自己的艺术风格，被称为“黟山派”。“徽路徽戏”和睦剧得到全面发展。

新安江流域自古为越族领地，随着中原士族的迁入，中华儒家文化的价值观“修身齐家治国平天下”，在这里不断积淀，形成尚武自强、重教崇文、俗尚文雅、治生重商的区域特征。

新安江流域早期越人以尚武著称。明清时期，新安江流域百姓依然习武自强为常。至今民间仍留存不少延请拳师的“拳关”文书。明万历休宁程冲斗所著《耕余剩技》，是中国武术史上的名著。绩溪县张横秋更是以武术名世，在武术史上形成“豫徽武术”流派，其拳术至今仍在新安江流域流传。很多文人在习文的同时练武，明末休宁县抗清义士金声不仅文章出彩，而且武艺高强。休宁画家汪肇，喜好持矛舞剑。新安朴学后期的重要学者汪宗沂，通拳术、剑术、马术，喜谈兵。他的学生许承尧、黄宾虹，一个是著名诗人，一个是著名画家，跟着汪宗沂学习时，练剑、骑马也是必备的功课。

中原士族迁居新安江流域以后，注重文化传承。这种传承使得新安江流域重视教育，崇尚文雅。朱熹提倡读书，研究学问，从事著述，强调“穷理之要，必在于读书”。新安理学的兴起，增强了新安江流域的读书氛围。儒家思想被塾师细化在自己教学实践中，塾师编写的大量蒙学教材中，将儒家的道德观念灌输给学童。在新安理学的影响下，新安江流域读书著述之风盛行，形成“十家之村，无废诵读”的景象。宋元以来，被称为“东南邹鲁”。

随着儒家思想向民间基层渗透，礼教在老百姓中扎根。民间礼仪以朱熹《家礼》作为依据，渗透于各个家庭。休宁《茗洲吴氏家典》根据《家礼》，结合本宗族的情况，规定冠婚丧祭的礼仪，作为子孙后代遵行的法典。民国遂安《高峰朱氏宗谱》卷三《家训》对子弟的礼仪教育写得非常具体，结合家族特点，将礼教具体化，教育族人如何做人、做事，各项规范要求明确，可操作、能监督，俗向文雅，成为“礼下庶人”的典范。

新安江流域有一个异于全国其他地区的现象，就是人们以经商致富为荣，从商成为风气。新安学者提倡职业不分卑贱，引导民众经商，鼓励商人创业，提倡“廉贾”价值观。地方士绅还通过各种方式为商人代言，创造良好的经商环境。学者的倡导、士绅的鼓励，对不轻视商业、不以经商为耻社会风气的形成，起到极大的促进作用，使新安人在观念上获得解放，理直气壮去经商，造就了雄飞于中国商界三百年的新安商人集团。

新安文化不断兼收并蓄，坚持实事求是，遵循儒雅中庸的发展过程，构成以“包容、探索、和谐”为核心的人文精神。

在沉淀中原汉文化和践行儒家思想的过程中，新安江流域不断地塑造自身的人文精神，推进新安文化的发展。新安文化的形成，是中原汉文化与当地土著越文化进行融合的过程。在两种文化的融合过程中，汉文化虽然是强势文化，但具有很强的包容性，促进了越文化的自然融合，从而产生出新质的新安文化。这种包容性，在新安文化发展过程中，贯穿始终，成为新安文化特色。兼收并蓄的包容精神，体现了新安文化的博大气象，是新安文化得以发展的源泉。

在新安文化发展过程中，新安人一直遵循实事求是的原则，博学求知，努力探索规律，追求真理，勇得时代风气之先。朱熹提出“濯去旧见，以来新意”；戴震主张“不以人蔽己，不以己自蔽”；胡适要求“重新估定一切价值”，都是不懈求索、勇得时代风气的典范。实事求是的探索精神，体现了新安人的思辨能力，是新安文化得以不断创新发展的动力。

新安文化是宋以后中国儒家文化在民间社会最完整的体现和典型范例，其儒雅中庸的内质得到很好的体现。“薄利多销”成为新安商人的经营手段，自己少赚些，让消费者不吃亏，成为“中庸”思想在商业领域的一种表现，即双赢。新安宗族在“中庸”思想的指导下，和睦相处，很少发生械斗。就是宗族间有了矛盾，也是协调处理，互相谦让。在艺术上，也非常讲究中庸平和。新安篆刻中的雅逸隽秀、平和光洁；新安版画内蕴的恬静和安乐，也是儒雅中庸的一种表现。儒雅中庸的和谐精神，使得新安江流域社会平稳安定，是新安文化不断发展的基础。

新安江流域靠近越文化核心区，其文化既具有新安文化特点，又带有钱塘江流域良渚文化特色，体现出新安文化与良渚文化融合的趋势。对河系流域上下游文化碰撞、交融的研究，具有重要价值。

新安江流域至今保存下来的地面文物遗存 10000 多处、8000 余种文献、100 余万件文书，跨越千年历史，涵盖政治、经济、文化各个领域。尤其地面文物遗存、非物质文化遗产和文书档案，均为第一手资料，是人们了解中国封建社会后期农村社会实态不可多得的资料，为按历史本来面貌做综合实态研究创造了前所未有的有利条件。中国社会科学院历史研究所周绍泉先生指出 ：“以徽州文书为代表的历史文书档案为主要资料，综合研究历史社会实态，将是我们这个时代的学术潮流。”

新安文化是中国封建社会后期传统文化的典范，独树一帜，在各自领域都处于领先位置。从新安文化中提炼出来，形成新安宗族、新安学术、新安商人、新安教育、新安建筑、新安书画、新安工艺、新安科技、新安文学、新安戏曲、新安饮食、新安民俗等文化现象，是新安文化中的精华，学术界在研究专业史时无法绕开这些课题。对新安文化展开研究，实际也就是对中国封建后期传统文化展开研究，窥一斑而见全豹，具有普遍的学术意义。

新安江流域四面环山，作为一个独立的自然地理单元，风景秀丽，人们的审美观受到山水环境的影响。新安四雕艺术、文房四宝艺术、盆景艺术、新安书画、新安文学等，都是新安江流域自然环境同新安人审美观相结合的产物。而新安饮食、方言的形成，同新安江流域独特的自然地理环境及资源有关 ；新安宗族社会构成和村落结构，同新安地理环境也是密切相关，具有地理文化单元的人类文化学研究价值。

新安文化是移民文化，中原士族的内迁，决定了其社会与文化的诸多现象和特点，受到中原文化的影响。同时，新安文化的昌盛与发展，还存在着一个由新安江流域再向外移民的过程，并对侨寓地的文化产生影响。如新安学术、徽剧、新安艺术、新安刻书、新安篆刻等对扬州学派、京剧、江南园林、江南版画、浙派篆刻都有渗透和影响。研究新安文化，可以获得中华大文化融合各民族文化、各地方文化的一般与个别规律，为繁荣中华大文化作出贡献。

新安江流域是宗族社会。明清时期，农村基层依靠宗族自治管理，有不少好的做法。现存不少宗族公约中有值得学习和借鉴的条文，如禁止乱砍滥伐和禁止赌博等。从内容上看，它们符合当今所提倡的环境保护和社会文明的主旨。从实施机制上看，它不是依赖于行政系统，而是靠“公约”的形式自我约束，这给建设社会主义新农村带来启示，村民自治要以农民为主体，增强农民的自觉意识，而不是靠行政手段。新安文书中的商业合同，反映了新安人市场观念的成熟；分家契约反映了新安人既遵从中国传统的伦理观，又理性地处理家庭财产等经济问题；诉讼文书，反映了古代新安江流域民间已经有较强的法治观念。新安江流域古村落人与自然和谐，以人为本的思想贯穿村落建设，村落中的防火措施、水系设计都十分讲究，科学性很强，给当代环境规划设计带来启示。

新安文化博大精深，对新安江流域上游的徽州文化研究，已经成为一门专门的学问——徽学。但对整个流域的整体研究还是一个空白，编撰《新安文化》丛书，可以填补全面涵盖新安江全流域文化的研究空白，力求科学、全面、准确、系统地展示新安文化的各个方面，对于新安文化学术研究及开发利用，是一件十分有意义的事情。

《新安文化》丛书编撰委员会

2023 年 4 月

目 录

引 论

一、新安文化与新安宗族…… 1

二、国家制度史框架下的新安宗族…… 5

三、整体史视野下新安宗族研究的学术价值及其实践意义…… 8

第一章 新安江流域的地理环境与建置沿革

第一节 新安江流域的空间界定与自然环境…… 11

第二节 历史上新安江流域人口的基本构成…… 13

一、以山越人为主体的土著居民…… 13

二、徙自中原地区的移民…… 15

三、来自安庆等附近毗邻地区的棚民…… 16

第三节 新安江流域行政区划的建置沿革…… 17

一、秦汉时期黟县和歙县的设置…… 18

二、东汉末年至北宋末年郡州级政权和县级政权的变化…… 18

三、南宋元明清时期行政区划及其变迁…… 20

四、民国时期的建置沿革…… 20

第二章 新安宗族的形成与发展

第一节 新安宗族形成和初步发展的历史背景…… 22

一、北宋中叶的社会矛盾和新型宗族的产生…… 22

二、新安理学的产生、发展及其与社会化、世俗化对宗族建构的理论指导…… 23

第二节 三次移民新安运动与祖先中原身份认同的建构…… 27

第三节 宋明以来新安族谱的纂修与宗族血缘身份认同的建构…… 40

一、新安族谱的纂修与宗族集体记忆和身份认同的建构…………………… 40
二、新安族谱在祖先和谱系建构中的冲突及其血缘身份认同…………… 46
第四节　跨地域统宗谱的纂修、血缘身份认同的扩大和新安宗族的发展…… 57

第三章　新安宗族、家庭与房分的基本结构及其主要特征
第一节　新安一般宗族的基本结构与主要特征……………………………… 63
一、新安宗族的结构………………………………………………………… 63
二、宋明以来新安宗族的基本特征………………………………………… 68
第二节　介于家庭和宗族之间的房分………………………………………… 78
第三节　新安家庭的主体类型与结构………………………………………… 81
一、新安家庭的主体类型…………………………………………………… 81
二、新安家庭的内部结构…………………………………………………… 82
三、新安家庭的家世、家教、家产、家务、与家法……………………… 85

第四章　新安宗族族谱的纂修、刊刻、避讳、管理与家国互动
第一节　新安宗族的族谱纂修………………………………………………… 91
一、新安族谱纂修的宗旨和谱例…………………………………………… 92
二、新安族谱的倡修………………………………………………………… 94
三、新安族谱纂修的组织和经费…………………………………………… 99
四、新安族谱纂修中存在的“三难”和“五难”问题………………… 104
五、新安族谱纂修人员的薪水和待遇问题……………………………… 110
第二节　新安族谱的刊刻与刷印…………………………………………… 111
一、新安族谱的刊刻协议及其“谱司”的工价………………………… 111
二、新安族谱中关于刊刻板数和刊刻人的记述………………………… 116
三、关于新安族谱刊刻书板数量的记述………………………………… 118
四、新安族谱刊印纸张的采买与刷印…………………………………… 120
第三节　新安宗族族谱的避讳……………………………………………… 121
一、乾隆婺源知县彭家桂奉宪颁布自行检举家谱中
不知检点敬避的《告示》……………………………………………… 121

二、道光《星源甲道张氏宗谱》和光绪《祁门倪氏族谱》关于避讳的处置…… 125
第四节 新安宗族族谱的颁发与管理…… 127
第五节 新安族宗族谱纂修与家国互动…… 130

第五章 新安宗族的祠堂营建及其规制
第一节 新安宗族祠堂概述…… 134
第二节 新安宗族的祠堂兴起和大规模营建…… 142
一、祠堂的起源与宋元时期新安祠堂的兴建…… 142
二、明代中叶以后新安祠堂的大规模建设…… 146
第三节 “咸同兵燹”与同治、光绪时期新安宗族祠堂的重创与重建…… 158
第四节 新安宗族祠堂的布局和规制…… 160
一、祠堂在聚落中的空间布局…… 160
二、新安祠堂的规制…… 162
第五节 新安女性祠堂的创建…… 166

第六章 新安宗族的祖墓营建缮修与墓祭组织的变化
第一节 清明墓祭的由来及宋至明代中叶以前新安江流域的墓祭活动…… 172
第二节 明代中叶以降新安江流域清明会的产生、组织架构及融资功能… 176
一、礼仪变革与清明会的创立…… 176
二、清明会的组织结构…… 177
三、清明会的资产来源及融资功能…… 180
第三节 新安宗族清明会墓祭活动程序与内容…… 186
一、清明会墓祭活动的组织与开展…… 186
二、颁胙与燕饮…… 190
第四节 新安江流域清明会墓祭活动及其宗族文化认同…… 195

第七章 新安宗族的家训与家风
第一节 新安宗族的修身家训…… 200

一、重视个人品德修养…………………………………………………… 201
二、教育子孙读书益智…………………………………………………… 207
第二节　新安宗族的齐家家训…………………………………………… 211
第三节　新安宗族的治国与平天下家训………………………………… 216
第四节　新安宗族的家风及其形塑……………………………………… 219

第八章　新安宗族的族规家法
第一节　维护封建等级名分制度、规范宗族内部秩序………………… 226
第二节　配合国法、调整宗族内外财产和救济等关系………………… 234
第三节　维系社会秩序、强化宗族子弟教育和伦理教化……………… 248

第九章　新安宗族公约
第一节　保护生产与生活环境，管理和协调宗族事务的公约………… 257
一、保护村民生产、生活与生态环境的宗族公约……………………… 257
二、管理宗族事务的宗族公约…………………………………………… 263
第二节　保护宗族公共财产，宗族文化教育事业的宗族公约………… 269
一、保护宗族公共财产公约……………………………………………… 269
二、兴办宗族教育文化事业的公约……………………………………… 274
第三节　协调宗族内外纠纷，维护宗族成员的合法权益的宗族公约……… 279
一、同心诉讼类宗族公约………………………………………………… 279
二、调解息讼类合同文约………………………………………………… 283
第四节　新安宗族公约的制定和执行…………………………………… 285
第五节　新安宗族公约的基本特点和主要功能………………………… 291

结　语……………………………………………………………………… 299

参考文献
一、纪传体、编年体、政书及笔记史料类文献………………………… 301
二、仪礼暨文集类………………………………………………………… 302

三、地方志类…… 303
四、谱牒类…… 305
五、册籍类原始文书和汇编类文书文献…… 318
六、研究著作类…… 319

后 记…… 321

引 论

一、新安文化与新安宗族

新安江是新安地区的母亲河，它以休宁县西南部山区六股尖发源的率水为正源，以历史上徽州（府）所辖歙县、黟县、休宁、绩溪、祁门和婺源六县区域为上游，以严州（府）所辖的淳安、遂安和建德三县地域为核心区域。产生和根植于新安江流域的新安文化，是上述各地域先民们在长期生产与生活实践中所创造的全部物质和财富总和，是中国传统文化的重要组成部分。尤其是定都临安（今浙江省杭州市）的南宋时期，随着政治和文化中心的南移，新安江流域因其独特的区位优势，经济和文化迅速崛起，逐渐由原来较为落后的“高山峻岭，环峙耸立”[①]山区，迅速转变为“宋都南迁，生民辐辏”[②]、“名臣辈出”[③]和“户口号称最盛”的“畿辅”[④]繁富之地。新安文化亦由此走上了蓬勃兴旺的繁盛之路，在经济、社会、教育、学术、艺术、工艺、建筑和医学等各个领域，皆取得了辉煌的成就，形成了自成体系、博大精深的地域文化，并成为中国封建社会后期的主流文化与典型范本。

新安文化产生和根植于新安江流域的广大地域空间，这是新安文化的自然基础。作为一个山水渊薮之区，新安江流域的山固然封闭，但水却是流动的，山水的交融恰恰为新安文化的产生、形成与发展提供了优越的自然温床，“唯山崋巍以嵯峨，唯水泙渫而扬波，以故锺为人文，磊砢英多往往应之，而风俗淳厚，民物阜安亦于是乎在。”[⑤]

新安文化肇始于历史上新安江流域所有先民的创造，而繁盛于唐宋以降特别是南宋以后。在历经东汉末至西晋永嘉之乱、唐末黄巢农民大起义，以及北宋与南宋易代之际至南宋之初的中国历史上三次大规模中原地区世家大族及居民南迁高潮，

---

① 嘉靖《淳安县志》卷首《姚鸣鸾·重修淳安县志引》，明嘉靖三年(1524)刻本。

② 嘉靖《淳安县志》卷四《户口》。

③ 淳熙《新安志》卷一《州郡·风俗》，清光绪十四年(1888)刻本。

④ 嘉靖《淳安县志》卷四《户口》。

⑤ 光绪《续纂淳安县志》卷一《方舆志一·山川》，清光绪十年(1884)刻本。

新安江流域在接受了近百个大姓望族及其人口的徙入之后，特别是南宋初年中原地区最后一次大规模移民迁入新安江流域以来，新安地区的人口与社会逐渐趋于稳定，山区整体经济文化不断得到深度开发。这些世家大族及其随之共同迁徙而来的移民，在最初崇尚武力传统，并通过自身的努力逐渐在新安地区站稳脚跟之后，积极转变风气，拓展其势力范围。在南宋重文轻武的国策指导和当地官府及其官员“以修学宫、作人才为第一义”[①]的政策与举措激励下，这些来自中原地区的移民及其后裔不断通过科举考试途径，跻身仕途，形成新的历史条件下累世簪缨的新安地区大姓望族，从而有力地推动和完成了新安江整个流域地区的社会风气及文化传统由“尚武之风”向“右文之习”[②]的转变。科第的勃兴和大姓望族仕宦群体的崛起，在“俗益向文雅”和“名臣辈出”[③]的背景下，新安地区逐渐成为“东南邹鲁”，“始南渡来，近渐文风，师友渊源，仍得所从受，故士多长于谈经，旁郡若他邑之问学为文章者，多即吾里。吾里之士，每时从乡老献书。若太学上春官者，视他邑率不乏。及既仕立朝，驰驱四方，大者名节粹称一时，而其余亦练达，有宦业不苟焉”。[④]

在祖籍婺源县的朱熹被徽州籍精英推崇和塑造为新安理学创始者与奠基人之后，尤其是南宋理宗时期朱熹思想被统治者倡导并确立为国家的官方意识形态以降，一批朱熹的私淑弟子与门生，自觉地习学、继承、传播与弘扬朱子的学术思想，践行朱熹的理学主张。

> 元季国初之间，某尝自谓：吾郡典章文物之盛，理学相传之真，在他郡或未之过也。定宇陈先生栎、道川倪先生士毅、风林朱先生升、东山赵先生汸、礼侍朱先生同、平仲范先生准之在休，云峰胡先生炳文、黟南程先生文蓉、汪先生献之在婺，与夫师山郑先生玉之在歙，环谷汪先生克宽之在祁。其选也，始以朱子之乡观望而起，能自得师。于是乡邑之中，师友渊源，英才辈出，而其所以为学，皆务淑诸身心，尊乎德性。言必有裨于圣训，行必取法于古人，

① [元]胡炳文：《云峰集》卷四《题跋·跋新安后续志》，《景印文渊阁四库全书》总第1199册，《集部》第138册，台湾商务印书馆，1986年，第770页。

② 民国《歙县志》卷一《舆地志·风俗》，1937年铅印本。

③ 淳熙《新安志》卷一《州郡·风俗》。

④ 弘治《休宁县志》卷十四《人物七·进士题名》，明弘治四年（1491）刻本。

故修辞制行如诸先生者，如浑金美玉，有一亦自足以贵重于世，矧其多乎？矧下此或出自型模镕范之余，或得之相观私淑之懿者，不可胜数乎？是故文盛一郡，远余百年，在当时有“东南邹鲁”之称。[①]

不仅新安理学家们著书立说，“无一字一句非阐发子朱子理道者，堂堂正正，与子朱子先后一辙”。[②] 而且，广大民众甚至山谷僻壤的民众也受到新安理学的熏陶，以致“自是以来，数百年间，虽田里山谷之民，莫不知有纲常之重”。[③] 这种以形塑和彰扬地域学术精英及其思想的文化认同形式，对统一人们的思想、强化地域人群的思想控制，无疑具有不可低估的作用。新安理学不仅成为新安文化的重要构成因素，而且还成为新安文化的指导思想。

新安宗族是新安文化形成与发展的社会基础。由北宋时期开启的新安地区纂修谱牒、建构宗族共同体行为，是在苏洵和欧阳修分别按照不同体例与标准纂修了各自的族谱之后大规模展开的。但据传早在欧阳修《欧阳氏谱图》和苏洵《苏氏族谱》问世之前的唐代及北宋之初，号称新安“第一姓”的程氏宗族，就已先后在唐代和北宋之初纂修了《程氏世谱》和《程氏世录》两种族谱。[④] 不过，真正揭开新安族谱大规模纂修和宗族建构序幕的还是在南宋和元代，并在明代中期以后达到巅峰状态。其实，通过族谱纂修来建构新安宗族的实践，正是在新安理学特别是朱熹《家礼》的思想指导下进行和展开的。在此之前，鉴于旧式士族门阀制度的瓦解和宗子之法被废的现实，程颐就指出：“管摄天下人心，收宗族、厚风俗，使人不忘本，须是明谱系、立宗子法也。又曰：‘宗子之法废，后世谱牒尚有遗风。谱牒废，人家不知来处，世无百代之家，骨肉无统，至亲恩亦薄也。’”[⑤] 朱熹在《家礼》中所倡导的宗族祠堂及其祭祀之礼，更为新安地区的宗族建设与发展提供了理论上的依据，所谓“文公《家礼》冠、婚、丧、祭之仪，凡士大夫之家所宜讲习而力行之者也。……用是立祠堂、

---

① [明]汪循：《仁峰文集》卷二《序·新安师友文集序》，《四库全书存目丛书》总820册，《集部》第47册，齐鲁书社，1997年，第269页。

② [元]陈栎：《定宇集》卷末《跋》，《景印文渊阁四库全书》总第1205册，《集部》第144册，台湾商务印书馆，1986年，第448页。

③ [明]赵汸：《东山存稿》卷二《序·王节妇汪氏序》，载《景印文渊阁四库全书》总第1221册，台湾商务印书馆，1986年，第198页。

④ 冯剑辉：《徽州家谱叙事冲突研究》，合肥工业大学出版社，2014年，第20～21页。

⑤ 乾隆《歙淳方氏柳山真应庙会宗统谱》卷一《先儒谱说》，清乾隆十八年（1753）刻本。

造祭器，以供祀事。”[1] 以朱熹为首的新安理学家对宗族建设的理论阐释与倡导，已经成为新安地区进行大规模宗族建设的日常实践，“人家三世不修谱则同小人矣”，[2] 则在新安地区宗族建构中达成越来越广泛的共识。此后，新安地区的士人等精英们在南宋时期初步完成单一地域空间的家族族谱纂修之后，逐渐开始走向跨地域会通联宗，纂修各种会通谱和统宗谱，从而使新安地域的宗族不断扩大化，甚至到元末和明代中叶，新安江上游的徽州地区，还出现了毫无血缘关系的地域性大姓望族谱，如元末陈栎纂修的《新安大族志》和戴廷明、程尚宽等纂修的《新安名族志》，以及曹嗣轩等纂修的《休宁名族志》。

值得一提的是，作为新安文化的社会基础，新安宗族的发展有力地促进了新安文化的建设，特别是在新安商人群体大规模外出经营并成功致富后，以“重宗谊、讲世好”的族商为重要组织特征的新安商人群体，贾道儒行，“商名而士行，不汩汩于声利之域”，[3] 不惜慷慨解囊，斥巨资纂修族谱、创建祠堂和祭扫祖墓，而且资助书院、学校教育和文化建设，培养人才，以期在尊祖敬宗、追本报远、光宗耀祖的名义下，实现推动儒贾之间的良性互动。就此而论，新安宗族不仅造就了一代又一代的新安商人，谱写了“无徽不成镇”[4]“徽商遍天下”[5] 的财富神话，而且更成就了一批一批获得科第功名的士子，创造了“连科三殿撰，十里四翰林”[6] 的科举佳话。

新安文化正是在新安宗族这种儒贾并重和良性互动背景下逐步趋于形成、发展和繁荣的，新安宗族群体既是新安文化的创造者、享用者，也是新安文化不可或缺的重要内容之一。

---

① 万历《溪南江氏族谱·居家礼仪序》，明抄本。

② 乾隆《歙淳方氏柳山真应庙会宗统谱》卷一《先儒谱说》。

③ 崇祯《古林黄氏族谱》卷四《谱艺文》，明崇祯十六年(1643)刻本。

④ 民国《歙县志》卷一《舆地志·风土》。

⑤ 康熙《黟县志》卷一《风俗》，清康熙二十二年(1683)刻本。

⑥ 许承尧撰，李明回等校点：《歙事闲谭》卷十一《科举故事一》，黄山书社，2001年，第355页。

二、国家制度史框架下的新安宗族

新安宗族的形成、发展与繁荣，既是新安江流域地理、社会和文化变迁的产物。同时，也是整体史特别是国家制度史在新安江流域这一空间地域的典型投影。

如果说新安宗族乘两宋制度变革之机，通过纂修族谱和置立族田、义庄、义学等方式，来展开宗族建构，并初步在制度许可的框架内，通过源于中原的祖先故事拟构、建构出了一批有别于门阀士族社会的新式宗族的话。那么，利用两宋“祈祷灵应”的封赐制度，将原本为号称“十姓九汪”[①]的汪氏宗族祖先英雄汪华和号称“第一大姓”的程氏宗族祖先神灵程灵洗的封号，用以“神化”塑造和纳入国家祀典之中，提供了最直接的制度依据。从而使纯粹作为汪姓和程姓祖先神灵与祠庙，通过不断赐名和赐额的方式，完成祖先神灵向地方乡土神灵的转化。而随着程灵洗和汪华地方守护神地位的逐步确立和不断强化，在新安江上游地区徽州的其他宗族聚居地，程灵洗与汪华也被赋予保佑平安、旱涝祈祷必应、无所不能的万能之神，受到了官方和民间的广泛祭祀和信仰认同。“王生则以劳国，没则捍患御灾，名应祭法，自唐迄今七百余年祀，环徽之境，民皆戴王如父母，虽饮食寝处必祀。每有请祷，得王之诺，过于金帛之赐，牲酒无虚日，不绝于祠”。[②]徽州各地几乎处处建立世忠庙和汪王庙，以祭奠这两位捍卫徽州的乡土英雄。“威灵并著，封爵益尊，别祠之广，遍诸郡邑”。[③]即便是在明初朱元璋对全国各地神灵祀典集中进行大规模清理与整顿的过程中，撤销和归并了一大批地方乡土神灵，忠壮公程灵洗和越国公汪华仍然以“土神”名义得以保留，成为进入国家祀典中的地方乡土神。

进入明清时期，新安宗族在不断壮大和完善的过程中，依然借助明太祖的《圣谕六条》和清圣祖的《圣谕十六条》，并在其指导下，纂修族谱，制定族规家法，强化宗族的社会控制，完善宗族的治理方法。万历《休宁宣仁王氏谱》即在《宗规》中指出：“圣谕当遵：孝顺父母，尊敬长上，和睦乡里，教训子孙，各安生理，毋作非为。此六句包尽做人的道理，凡为忠臣，为孝子，为顺孙，为圣世良民，皆由此出。

① 淳熙《新安志》卷一《州郡·姓氏》。

② 隆庆《汪氏世范录·忠烈庙铭》，明抄本。

③ 正德《新安休宁文昌金氏世谱》卷九《记·东山汪王庙记》，明正德十年(1515)家刻本。

一切贤愚，皆通此义。”① 清光绪年间纂修、民国刊印的祁门《京兆金氏宗谱》，甚至索性将明太祖《圣谕六条》和清圣祖《圣谕十六条》的文字悉数录载于族谱扉页之后，并以套红的龙纹方框予以刊刻。② 可见，明清两代最高统治者之《圣谕》显然已成为新安各地宗族制定宗族规约的指导思想和最高准则。因此，在社会伦理道德秩序方面，历史上特别是宋明以来的最高统治者和宗族族规家法的制定者，其根本目标是完全一致的，堪称是国家制度实施与执行实践的样板与楷模。

新安宗族还不失时机地抓住明清两代国家礼仪改革和乡约制度建设的机遇，创建宗族祭祖和议事的祠堂。据洪武三年（1370）成书的《明集礼》对“品官家庙”制度进行了规范，即“仿朱子祠堂之制，奉高、曾、祖、祢四世之祖”“至若庶人，得奉其祖父母、父母”。③ 而据吴翟考证，洪武三十一年（1398），“奉旨颁降祝文，祭高、曾、祖、祢四代，士庶之祭四代，由洪武始也”。④ 按照洪武三十一年调整后的祭祖仪礼制度，新安宗族逐渐开始了小规模的跨地域祭祖活动，但基本未超过四代之制。直到明世宗嘉靖十五年（1536），礼部尚书夏言奏请《请定功臣配享及臣民得祭始祖立家庙》奏疏，正式提出“乞诏天下臣民冬至日得祭始祖”⑤ 的建议并被准奏后，新安地区的宗族才迅速行动，开启了大规模营建祠堂的进程，并在随后的祠祭和墓祭中开展了跨地域的联宗祭祀始祖的活动。借此跨地域联宗祭祖活动的开展，新安宗族的实力、规模及其影响急剧扩大。跨地域联宗纂修统宗谱及开展宗族祭祖活动，除了充分利用这一制度调整所带来的机遇外，还利用了宋元时期新安地区的学者暨理学家们强调的“一本万殊”理论与观念。所谓“一本之来，源然无间；各派之分，灿然有序。譬之水焉，虽千流万派而源则一也；譬之木焉，虽千枝万叶而根则同也”。⑥“始祖宗子为尊，尚议创始为祖，嫡长为宗，所以原一本而统万殊也。谓之祖者，如两仪四象，原以一太极；谓之宗者，如乾坤六子，宗之于一震也。故当祖而尚之、宗而尊之，弗可以他俪也”。⑦ 当然，新安宗族强调的“一本万殊”和“万

---

① 万历《休宁宣仁王氏谱》卷六《谱祠·宗规》，明万历三十八年(1610)家刻本。

② 光绪《西龙吴氏宗谱》卷首《圣谕》，清光绪四年(1878)木活字本。

③ [明]徐一夔等：《明集礼》卷六《吉礼·品官家庙》，《景印文渊阁四库全书》总第649册，《史部》第407册，台湾商务印书馆，1986年，第172页。

④ [清]吴翟辑撰，刘梦芙点校：《茗洲吴氏家典》卷六《忌日之祭仪》，黄山书社，2006年，第252页。

⑤ [明]夏言：《桂洲先生奏议》卷十七《请定功臣配享及臣民得祭始祖立家庙》，明忠礼书院刻本。

⑥ 光绪《顿邱葛氏宗谱》卷首《旧序》，清光绪二十三年(1897)木活字本。

⑦ 嘉庆《中井河东冯氏宗谱》卷一《凡例》，清嘉庆九年(1804)木活字本。

殊一本”的观念，目的并不仅仅在于关怀周济族人，而是为了强化天理和尊卑等级名分观念，以便对宗族成员进行全面的控制。正如明万历休宁县城北周世宗族《宗规》所云：“宗族原乎一本，理当和睦，五服虽尽，尊卑名分犹存，于礼不可干犯。行坐之际，亦当谨守，不可违越次序。已往不咎，以后，子姓恪守《祠规》，循乎天理，以全名分。”[①]

在明代中叶国家倡导的乡约建设运动中，新安宗族亦以主体姿态，针对“聚族而居”的地理环境和人文特征，积极投身乡约的组织与建设之中，使本来按地缘组织建设的乡约组织，演变成为以血缘为中心的宗族式乡约，以致嘉靖年间徽州知府何东序不得不公开倡行“或一族为一约，其村小人少附大族，合为一约”。[②]此后，祁门县的文堂陈氏、婺源县的沱川余氏，先后以宗族的名义，创建了文堂陈氏乡约和沱川余氏乡约，制定并刊行了乡约的书面文本。文堂陈氏宗族“爰聚通族父老会议闻官，请申禁约，严定规条，俾子姓有所凭依，庶官刑不犯、家法不坠，或为一乡之善俗。……每月议行乡约家会，将本宗一十七甲排年，分贴为十二轮，以周一年之会”。陈氏宗族精英甚至请求时任祁门县知县的廖希元予以批准实行，最后

祁门县闪里镇的陈氏宗祠聚福堂

淳安县左口乡龙源庄村洪氏宗祠

① 万历《重修休邑城北周氏宗谱》卷九《宗规》，明万历二十四年(1596)刻本。

② 嘉靖《徽州府志》卷二《风俗》，明嘉靖四十五年(1566)刻本。

得到了廖希元的首肯，称赞“奚啻一乡哉，虽以之式通邑可也”。[①] 而地处新安江中游的严州府，在倡行乡约与保甲时，也是结合当地宗族聚居的实际，“巨姓成风，小民易感，保甲以统异姓，宗长以统同姓，有司以真实之心督而行之”。[②] 隶属严州府的淳安县东乡厌村是洪氏宗族聚居村，明万历年间，聚居于此的洪氏宗族各派“各建之宗祠，彰之宗约”，并在“每岁十月望日，请家长、约正副四人到仓盘验勤惰，以别公私”。[③] 从而实现了新安地区宗族的乡约化过程。[④]

整体史特别是国家制度史视野中的新安宗族，就是在这样一种充分利用国家制度和政策以行使宗族自身权益、扩大宗族影响的场域中，实现与国家和地方政权的良性互动，从而发挥本宗族的张力，实现自身的利益最大化。而作为国家权力在地方的代理，地方政府及其官员也希望自身所制定和推行的各项政策与措施，能够得到地方大姓望族的强力支持，并发挥他们在官府与民众中进行动员和配合协调的功能，以便减少政策和自身施政可能招致的风险与不测。

三、整体史视野下新安宗族研究的学术价值及其实践意义

新安宗族是在经历中国历史上东汉末年至永嘉之乱和唐末农民大起义之后两次大规模中原地区世家大族人口徙入后逐步形成的，并在第三次即两宋之际至南宋之初北宋宗室南渡及随之而来的移民迁进之后，而逐渐定型并趋于完善的。在这三次移民徙入新安地区的过程中，很多是溯钱塘江、富春江而上，沿新安江下游、中游，最终进入“州在万山中，视他郡最高”[⑤] 的上游徽州的。

经过这三次大规模迁徙而来的中原地区移民，是如何跋山涉水、一路艰辛地抵达新安地区，又如何与当地土著居民的相处中立住阵脚并逐渐拓展势力，最终成为

① 隆庆《文堂乡约家法》，明隆庆六年刻本。
② 万历《严州府志》卷四《经略志二·乡都》，明万历四十一年(1613)刻本。
③ 万历《严陵洪氏家谱》卷一《宗约》，明万历三十三年(1605)刻本。
④ 常建华：《明代宗族研究》，上海人民出版社，2005年，第258～306页。
⑤ [明]弘治《徽州府志》卷一《地理一·形胜》，明弘治十五年(1502)刻本。

累世簪缨，或富甲一方的富商巨贾的？或者说如何在古而好儒中，实现儒贾双赢的？新安宗族的真实生产与生活情态如何？在新安宗族自形成至完善的关键过渡时期，作为最早迁入新安地区的几个强宗大族之一的方氏宗族，宋徽宗宣和二年（1120），在方氏宗族的迁入新安的始居地——新安江中游地区的淳安县即青溪县，为什么会发生震惊全国的方腊起义？开展对这些问题全面而深入的研究，有助于我们更清晰地认识宗族与地域社会的关系，从而避免陷入就新安宗族而论新安宗族本身的窄狭视野。

作为新安宗族的一个极为重要的组成部分，地处新安江上游地区的徽州宗族研究业已取得了不菲的成果，但对中游和下游的新安宗族研究目前还十分薄弱。特别是唐宋以后至明清时期，新安江上、中、下游地区长期处于不相隶属地方政权统治的背景下，在宗族成员不断迁徙和宗族组织建构的过程中，既有从中下游地区迁入上游地区而形成宗族的支祖或支派者，也有自上游徽州地区徙入中下游的淳安、遂安和建德等严州府属县域者，如遂安中洲程氏支祖即徙自徽州休宁县富溪，遂安县西乡墅阳黄氏宗族也是自徽州迁徙而来。徽州地区迁入其宗族之间的联系与交往关系如何？南宋以后，新安江上游地区的徽州宗族在沿新安江水路进入以杭州、苏州等经济发达地区进行经商的历程中，是怎样同当地政府和宗族进行交往与交流？类似清代绩溪县宅坦村胡氏宗族群体以淳安县威坪镇为经商中心地的徽商，他们在当地的商业经营中，是否与同姓同宗的宗族发生联系？厘清和探讨这些问题，不仅对促进方兴正艾的徽学研究有着举足轻重的学术价值，而且对建构以新安江流域为整体的新安学学科体系，也无疑有着毋庸低估的理论意义。因此，从新安江流域史的整体视角，加强对位于历史上新安江中游和下游地区宗族，以及宗族之间的迁徙与互动关系进行系统研究，对全面揭示一个流域宗族的组织结构与功能，必将起到重要的推动和促进作用。

新安宗族研究不仅有着重要的学术价值和理论意义，而且还有深刻的应用价值与实践意义。弄清不同历史时期新安江流域上、中、下游地区的宗族组织结构、物质与精神生产和生活的真实情态，对继承与弘扬国家实施的中华优秀传统文化中的家族文化研究，尤其传承和发展历史上新安地区宗族良好的家训家风，对新时代中国特色社会主义文明家庭与家风教育具有直接而现实的功用。

无论是上游、中游还是下游地区，新安江流域的宗族素来都具有聚族而居的传统，尽管在崇山峻岭环绕下存在严重的生存和生计问题，但这些聚族而居的宗族并未对其居住的聚落险恶环境怨天尤人，而是以积极乐观的心态和良好的生态意识，用自身的智慧和辛勤的汗水，保护、改造和利用着生态环境，并进而实现人与自然地和谐相处。我们在新安地区遗存的各大宗族族谱和村落的碑刻中发现，里居图、基址记等图文和以村落八景、十景、十二景甚至十八景为主题的赞美诗篇，几乎充斥着每一部族谱。如在毕氏宗族聚居地歙县长陔，1944 年，毕琢之为《巨川毕氏宗谱》撰写的《巨川里居记》，用一年之四季和一日之朝暮来描绘和形容长陔如画的风景和怡人的生态："若夫村妇早炊，宛如伐鼓。农夫晚归，尝见戴月。夏逢暴雨，川流初分浊清；秋降严霜，山色如加彩绚。春暖则拾翠寻芳，冬寒则拥炉抱膝。"[①] 在遂安县方氏宗族聚居村大墅，民国《大墅方氏宗谱》的《里居图引》纂修者不无动情地赞美居住的村落，"物华天宝，气可达乎云霄；人杰地灵，祥必锺于山川。粤稽我祖派衍桐江而肇迁大墅，先绳飏永，复由大墅而徙居寺峰，后起云蒸际此崇山峻岭，茂林修竹。不城不市，地聊似乎兰亭；相助相扶，人克光乎前烈"。[②] 因此，开展新安宗族研究，总结历史上新安宗族与自然环境和谐相处的历史经验与智慧，对今天的生态环境治理和美好乡村建设，提供有益的历史借鉴，其实践意义和应用价值亦是不言而喻的。

有鉴于此，我们不得不说，新安宗族的研究任重而道远。

---

① 民国《巨川毕氏宗谱》卷二《里居记》，1944年木活字本。

② 民国《大墅方氏宗谱》卷二《里居图引》，1923年德馨堂木活字本。

第一章　新安江流域的地理环境与建置沿革

第一节　新安江流域的空间界定与自然环境

“一滩复一滩，一滩高十丈；三百六十滩，新安在天上。”[①] 这是清代阳湖诗人黄景仁在《新安滩》诗歌中，所描述的新安江干流地区地形概貌。

新安江是包括徽州在内的新安江流域的母亲河。它以发源于休宁县西部山区五龙山六股尖的率水为正源，在屯溪黎阳与发源于黟县五溪山主峰白顶山的横江汇合后，经休歙盆地，继续北流至歙县渔梁的歙浦，同丰乐河、富资水、布射水、扬之水汇流形成的练江合流。然后，折而流向东北，沿途接纳珮瑯水、桂溪、濂溪、小洲源、棉溪、昌溪、大洲源等大小支流，流至歙县深渡后，南流至歙县街口，此为新安江上游。自街口后，新安江流出徽州境内，进入浙江淳安县，环绕淳安县治，并在淳安和遂安境内形成新安江中游；东流注入建德境内，此段为新安江下游。整个新安江干流水位落差极大，“为滩三百六十”，[②] 此即黄景仁《新安滩》诗所描述的情形。

由新安江干流和支流所形成的新安江流域，地处浙西和皖南山区，在总面积达6000平方公里的土地上，“山限壤隔”[③]、山高水深，山地及丘陵约占90%。举世闻名的世界文化与自然遗产黄山和中国四大道教圣地白岳（即齐云山）盘亘流域西部；位于徽州东部和东南部的天目山、白际山、昱岭山、千里岗山脉和龙门山脉等山脉，峭壁林立，海拔也在千米左右；中间地段低山逶迤，峰圆坡缓，新安江支流率水、横江、扬之水、练江水、遂安港、东源港、寿昌江等奔泻冲击，形成流域上游黄山与五龙山之间的祁门盆地，黄山与天目山至白际山之间的徽州盆地（兼有黟、歙、休宁、绩溪各一部分），以及流域下游的淳安金紫尖盆地、建德盆地。历史上，作为新安江上游的徽州与中、下游的浙江严州府等地区保持着较为密切人员来往和经

---

① [清]黄景仁：《两当轩全集》卷九《古近体诗七十二首新安滩》，清咸丰八年黄氏家塾刻本。

② 民国《建德县志》卷二《地理志·河流》，1919年铅印本。

③ 淳熙《新安志》卷一《州郡·风俗》。

济文化联系。自东汉末年以来，新安江流域山区曾经发挥了重要的屏障作用，成为中原地区人民躲避历代战乱较为理想的地区之一。

新安江流域的气候属中亚热气候。尽管湿润的季风使这里雨量丰沛，四季分明，温和宜人。但降雨量主要集中在夏季，很容易造成山洪暴发和低洼地区的内涝。而秋季则降雨稀少，则又往往易于发生旱灾。诚如嘉靖《徽州府志》所云："郡之地隘，都绝在其中，厥土骍刚而不化，高水湍悍少潴畜，地寡泽而易枯。十日不雨，则仰天而呼；一骤雨过，山涨暴出，其粪壤之苗又荡然空矣。"① 山多田少、土瘠地薄和水旱灾害频仍的自然条件，对徽州农业生产发展十分不利，农业基础地位相对薄弱，"本府在万山中，不可舟车，田地少，户口多，土产微，贡赋薄。……一遇小灾及大役，则大窘"。②

新安江流域植被类型丰富，森林茂密，林业资源丰富。黄山山脉以北多为常绿与落叶混交林，以南则为次生大常绿与落叶阔叶混交林，以及沟谷常绿林。整个流域，森林覆盖率历史上曾高达80%以上。优质林木松、杉很早就成为新安地区种植和输出的主要商品。南宋时期，上游的徽州人就以种杉为业，优质的杉木通过新安江，源源不断地运往浙江杭州等地销售。所谓"木则松、梓、榥、柏、梼、榆、槐、赤白之樧，岁联为桴，以下淛河，大抵松、樧为尤多，而其外则纸、漆、茗，以为货桑之类"。③ 中游的淳安县也"谷食不给，惟恃栽培山木，以邀懋迁之利"。④ 徽州人甚至在女儿出生时，就开始为其栽种樧树，待其出嫁时砍伐发卖，以之作为置备嫁妆的资金。

因此，在自给自足的中国传统农耕社会中，新安江流域的自然环境严重影响和制约着该地区农业生产的发展。在人口相对较少、人地矛盾不是十分突出的条件下，这里尚可维持自给自足的基本生活，"无冻饿之人，亦无千金之家"。⑤ 然而，当人口超过土地所能承受的负荷时，人地矛盾便会变得突出起来，从而直接影响到社会的稳定。宋代以来，特别是明代中叶以降，新安江流域各地特别是上游地区所出现

---

① 嘉靖《徽州府志》卷二《风俗》。
② 弘治《徽州府志》卷二《食货一》。
③ 淳熙《新安志》卷二《物产·木果》。
④ 光绪《续纂淳安县志》卷首《刘世宁·旧序》。
⑤ [汉]司马迁：《史记》卷一百二十九《货殖列传》，中华书局，1963年，第3270页。

的人多地少矛盾和生存危机，就充分证明了这一点。

自远古以来，新安江流域一代一代的先民们正是在这样一种自然环境中生息和繁衍，同恶劣的自然环境进行着艰辛的斗争，并在斗争中不断改造着自然，创造着丰富而灿烂的新安文化和文明。

第二节 历史上新安江流域人口的基本构成

一、以山越人为主体的土著居民

尽管远古时期新安江流域就有早期智人——建德人的活动遗迹，旧石器和新石器文化遗址，特别是新石器文化遗址更是遍及整个流域的上、中、下游各地。在新安江上游地区的歙县富堨冯塘村旧石器时代遗址中，考古工作者曾发掘出土了大量的砍砸器、尖状器、盘状器、船形器、刻镌器和石矛等石器。歙县的新州遗址、桐子山遗址和下冯塘遗址，绩溪的庵顶上、水楂山、方家园和龟山等处遗址，都是这一地区较为典型的新石器时代遗址。这些新旧时期石器时代遗址的大量发现，有力地说明，新安江流域的先民们很早就生息和繁衍在这块土地上，他们所创造的物质和精神文化，是新安江流域最古老的文化。

进入文明社会以后，新安江流域的先民们不断在生产和生活中创造着新的更高的文明。考古工作者在 1959 ～ 1975 年相继发掘的屯溪西郊奕棋镇 8 座跨度从西周到战国早期的土墩墓中，出土了造型精巧的青铜器 107 件、原始瓷器 311 件、几何印纹陶器 23 件、陶器 29 件、玉器 68 件，合计 538 件。

> 屯溪土墩墓是中国江南地区吴越族群埋葬制度与习俗的独特文化遗存，其营造方法与中原地区同期墓葬完全不同；所出青铜器是中国南方青铜文化体系中的一个重要组成部分，有着显见的越地文化风格；所出几何印纹陶和原始瓷是中国陶瓷文化遗产的一个重要组成部分，属于南方青瓷系统。[①]

① 黄山市屯溪区地方志编纂委员会：《屯溪区志》（下册），方志出版社，2012年，第1039页。

这是西周至春秋时期徽州古文明高度发达的重要标志和集中体现。这时的徽州先民主体构成是百越人中的一支，也称“山越人”。

战国秦汉时期，徽州是经济文化较为发达的地区之一。秦汉时期先后在这块疆土上设立了黟、歙二县，其主要土著居民仍是山越人。关于山越人，据《越绝书》记载：“乌程、余杭、黝、歙、芜湖、石城县以南，皆故大越徙民。秦始皇刻石徙之。”① 胡三省在《资治通鉴》建宁二年（169）九月“丹（杨）山越围太守陈夤，夤击破之”之条作注时云：“山越，本亦越人，依阻山险，不纳王租，故曰山越。”② 其实，此时居住在新安江流域的人口已不仅仅是单一的山越人群了。在秦汉鼎革之际，鄱阳令吴芮部将梅鋗于秦末率兵反秦，并策应刘邦攻下析、郦等地。西汉建立后，梅鋗“功多，故封十万户侯”，③ 居于今祁门县西十五里的梅城。也就是说，新安江流域居民中已有一部分是属于梅鋗统领的非本地土著的山越人。此外，北方中原地区的居民在秦汉动乱之际，已经有极少数开始向这一地域迁徙，以躲避兵燹之苦。东汉、新莽之际，又有司马长史方纮为避兵锋，从河南迁居歙县东乡，这支方姓人氏成为后来整个新安方氏的始迁祖先。延至东汉末年，龙骧将军汪文和也为避乱南迁至新安江流域，成为新安汪氏大姓的始迁祖。以致在南宋时期，新安江上游地区的徽州即有“十姓九汪”④ 之谚。这说明汪氏族姓人群自迁入新安江流域后生息繁衍旺盛，根深叶茂。

秦汉时期，新安江流域原始土著居民——山越人，“依山托险，筑石为屋”，利用当地山中出产的铜、铁等金属材料，制作生产工具和武器，刀耕火种，过着一种与世隔绝的自给自足的生活。“山谷万重，其幽邃民人，未尝入城邑，对长吏，皆仗兵野逸，白首于林莽”。⑤ 三国时期，因山越不向孙吴政权交纳赋税，且经常出入山外，从背后袭击孙吴军队，暗中支援曹魏集团。东汉献帝建安十三年（208），歙县山越首领金奇率万户驻扎安勤山、毛甘以万户屯驻乌聊山，黟县山越首领陈仆、祖山则统领二万户屯驻林沥山，发动武装叛乱。为平息山越叛乱，孙权派威武中郎将贺齐率兵进攻山越。

---

① [汉]袁康：《越绝书》卷二《外传记·吴地传第三》，《景印文渊阁四库全书》总第463册，《史部》第221册，台湾商务印书馆，1986年，第79页。

② [宋]司马光著，胡三省注：《资治通鉴》卷五十六，《景印文渊阁四库全书》总第305册，《史部》第63册，台湾商务印书馆，1986年，第233页。

③ [汉]司马迁：《史记》卷七《本纪第七·项羽本纪》，中华书局，1959年，第317页。

④ [宋]罗愿：《新安志》卷一《州郡·姓氏》。

⑤ [晋]陈寿：《三国志》卷六十四《吴书十九·诸葛恪传》，中华书局，1959年，第1431页。

山越叛乱平定后，孙吴政权在新安江流域设立新都郡，并任命贺齐为新都郡太守。吴嘉禾三年（234），丹阳郡太守诸葛恪再次率兵讨平山越叛乱，彻底征服了山越。

山越被次第征服后，大量山越人走出深山，一部分加入孙吴军队，一部分成为孙吴政权的编户齐民，“强者为兵，羸者补户，得精卒数万人，宿恶荡除”。[①] 宣告了新安江流域山越时代的结束，从此进入了一个新的发展阶段。

二、徙自中原地区的移民

随着中原地区社会动乱规模的不断扩大，自东汉末年以至西晋“永嘉之乱”，为躲避战乱，成千上万的北方世家大族开始向江南地区进行大规模的迁徙，形成了中国历史上空前的人口南迁高潮。唐末黄巢农民大起义和北宋、南宋政权更替之际，中原地区再次掀起两次南迁的移民运动，其中，不少移民徙入新安江流域，并在此定居繁衍，成为南宋以来新安江流域居民的主要构成。诚如民国《歙县志》所云：

> 邑中各姓，以程、汪为最古，族亦最繁，忠壮公，越国之遗泽长矣。其余各大族，半皆由北迁南，略举其时，则晋、宋两南渡及唐末避黄巢之乱。此三期为最盛。[②]

根据戴廷明、程尚宽等纂修的《新安名族志》和其他相关族谱资料统计，西晋“永嘉之乱”至东晋之初，由中原地区迁徙并定居于新安郡的世家大族主要有程、鲍、俞、余、黄、谢、詹、胡（常侍胡）和邵等 9 大姓氏。南朝时期，又相继有闵、任、巴三姓大族迁入新安江流域。这是新安江流域历史上第一次大规模接纳来自中原地区因逃避战乱迁徙而来的移民。

唐代安史之乱至黄巢农民大起义之后，以迄五代十国分裂割据时期，又有谢、查、夏、胡（明经胡）、张、陈、李、吴、叶、朱、郑、戴、许、孙、周、洪、江、高、项、梅、刘、罗、康、凌、唐、曹、王、蒋、范、舒、倪、徐、吕、毕、廖、潘、顾、金、冯、何、赵、姚、施、齐、祝、仰、卢、陆等 48 个大姓迁居新安江上游地区的歙州。这是徽州历史上第二次承接来自中原地区为主的移民，也是新安江流域接纳以中原

① [晋]陈寿：《三国志》卷五十八《吴书十三·陆逊传》，中华书局，1959年，第1344页。
② 民国《歙县志》卷一《舆地志·风土》。

地区为主的移民人口中规模最大、数量最多的一次，它基本奠定了宋明以来新安江流域特别是上游地区族姓和人口的基本格局。

北宋和南宋政权鼎革之际，为躲避宋、金交战兵锋，柯、臧、宋、孔、殷、阮、杨、董、赵、游、施、韩、佘、马、饶、滕、苏、葛、庄、杜、章、欧阳、石等24个大姓迁徙至徽州。这是新安江流域历史上第三次，也是最后一次，大规模接纳主要来自中原地区的移民。

除以上三次较为集中的大规模移民外，新安江流域的移民还包括为官该地、爱其山水而举家定居于此者。诚如许承尧所云："又半皆官于此土，爱其山水清淑，遂久居之以长子孙焉。"[①] 截止到明末清初，整个新安江流域人口的主要构成有被征服的山越土著、以中原地区为主迁徙而来的世家大族和仕宦该地致仕后定居于此的官员及其亲属们。尽管在明清时期随着徽商经营的成功，曾有少量外地游民来到新安江流域各地定居，但并未对这一地区人口的基本结构造成太大影响。

三、来自安庆等附近毗邻地区的棚民

新安江流域的棚民肇始于明末，至清代乾隆中叶至嘉庆、道光年间为最盛，来自安庆府怀宁、宿松、潜山、桐城、望江等县和江西北部、浙江西部与新安江流域接壤地区的大批百姓携家挈口，在清乾隆中叶至道光初年大规模进入新安江上游和中游山区，其中尤以上游徽州地区最为多。"该民等籍隶怀宁、潜山、太湖、宿松、桐城等处，间有江西、浙江民人，徽属距伊等原籍甚近"。[②] 进入新安江流域上中游地区的棚民，向当地居民租佃田地山场，或开垦荒地，种植明代中叶引入中国的高产稳产作物——苞芦，或开挖矿产，烧制石灰和木炭等原料。这批移民因在徽州山区搭棚居住，故被称为"棚民"。[③] 关于清代乾隆、嘉庆、道光三朝聚集于新安江流域上游徽州山区的棚民数量，因统计口径不一，当时就存在较大差距。据受遣前往徽州办理棚民事务的高廷瑶估计，"徽郡属境，俱有棚民，不下数十万人"。[④] 由于棚民为追求财富收益，不惜乱砍滥伐，"乃频年剪伐，肆行野林"，[⑤] 并广种苞芦，对

---

① 民国《歙县志》卷一《舆地志·风土》，清道光十年（1830）刻本。
② 道光《徽州府志》卷四之二《营建志·水利》。
③［清］高廷瑶：《宦游纪略》卷上，清同治十二年（1873）刻本。
④［清］高廷瑶：《宦游纪略》卷上，清同治十二年（1873）刻本。
⑤ 光绪《续纂淳安县志》卷首《旧序》。

流域山区脆弱的生态环境造成了严重破坏，导致严重的水土流失，“乾隆年间，安庆人携苞芦入境，租山垦种，而土著于民间亦效尤。其种法必焚山掘根，务尽地利，使寸草不生而后已。山既尽童，田尤受害。雨集则砂石并陨，雨止则水源理竭，不可复耕者，所在皆有。大溪旱不能蓄，涝不能泻，原田多被涨没。一邑之患，莫甚于此”。① 引起了当地士绅和百姓的强烈抵制和反对，形成了紧张的“土棚”矛盾与冲突，“徽民遭殃，惟棚为最。棚害之惨，惟休益深”。② 在广大山区民众愤怒的“驱棚”声中，徽州府和府属各县被迫颁文，对棚民加以严禁和驱逐。黟县嘉庆十六年(1811)七月颁布的《禁租山开垦示》布告中就严正申明：“照得郡境多山，近有外县各人租赁开垦，搭棚居住，日久蔓延。赖租抗赎，构衅结讼，滋生事端，最堪痛恨。前奉抚宪委员查饬，令各棚滋事者，退山回籍，并谕令改种蔬、果、茶、柯树木，不得种植苞芦，亦不得再行召租开种。如有公共山场，一家似召异籍之人搭棚开垦，即照子孙盗卖祖遗祀产例，分别充军；承租之人，亦照强估官民山场例，拟流为从，拟徒在案。”③ 并重申严禁之法。尽管在清代中央和地方驱逐棚民的运动中，一些棚民被迫离开了徽州，但最终还是有大批棚民在徽州各地特别是大山深处生存了下来，淳安县还提出了“远方之流民爰为之厉禁，警其私受赃木，棚民非编甲不容”④ 的处置棚民之法，棚民是新安江流域现有居民的一个重要组成部分。

正是生活于新安江流域的山越土著、中原世族、仕宦后裔和棚民，从最初的排斥、对立和冲突，到长期生产与生活实践中不断地融合，共同创造和丰富了新安江流域的历史与文化。

第三节 新安江流域行政区划的建置沿革

新安江流域在夏商时期属《禹贡》九州之中的扬州区域。西周时期，上游屯溪

---

① 同治《祁门县志》卷十二《水利志·水碓》。

② [清]佚名：《清嘉庆十七年休宁县棚民诉讼案稿》，清光绪抄本，原件现藏安徽大学图书馆。

③ 嘉庆《黟县志》卷十一《政事志·塘堨》，清嘉庆十七年(1812)刻本。

④ 光绪《续纂淳安县志》卷首《旧序》。

奕棋发掘出的 8 座土墩墓之青铜器中有閈，据此推测这里曾经建有閈国。[①]春秋战国时期，新安江流域隶属吴国管辖；公元前 473 年，吴国被越国灭亡后，新安江流域全境归于越国管辖；公元前 306 年，越国被楚国吞并，新安江流域属楚国管辖。公元前 223 年，楚国被秦国剪灭，新安江流域整个区域被纳入到秦国管辖的版图。

一、秦汉时期黟县和歙县的设置

在新安江流域历史上，最早建立的县级政权，是秦朝在统一中国之后设置的黟县和歙县。公元前 221 年，秦朝统一中国，在地方实行郡县制，率先在新安江流域设立了黝（即黟）、歙二县，并隶属鄣郡管辖。西汉袭秦制，于汉武帝元封二年（前 109 年），改鄣郡为丹阳郡，黟、歙二县亦由鄣郡改属丹阳郡管辖。

汉成帝鸿嘉二年（前 19 年），以黟县为广德王国，立中山宪王弟孙云客于此，这是新安江流域地区历史上第一次也是唯一一次设置的封国。

二、东汉末年至北宋末年郡州级政权和县级政权的变化

王莽在创建了新政权后，废除广德王国，改黟县为愬虏县。东汉建立后，光武帝恢复了黟县设置。汉献帝建安十三年（208），吴王孙权派遣威武中郎将贺齐平定黟、歙二县的山越叛乱，析歙县为始新、新定、黎阳、休阳四县。这样，连同已有的歙县和黟县，新安江流域全域共设置了六县。同时，割丹阳郡，置新都郡，统辖上述六县，郡治设于始新县。吴黄武四年（225），分富春县，置建德县，属吴郡，新安江下游建德之名自此始。新都郡的设置，是新安江流域上、中游地区建立郡一级地方政权的开端。其后，为避嗣主孙休之名讳，休阳县被改为海阳县。南朝梁普通年间，建德划归金华郡管辖。

西晋武帝太康元年（280），更新都郡为新安郡，改海阳县为海宁县、新定县为遂安县。东晋沿之。南朝宋孝武帝大明八年（464），省黎阳县，并入海宁县，此时的新安郡仅统领五县。梁武帝普通三年（522），割吴郡之寿昌县来属。大同元年（535），析歙县地，置良安县，是为绩溪建县之始。此时，新安郡共管辖始新、遂安、海宁、黟县、歙县、寿昌和良安七县，这是新安江流域历史上管辖县数最多、行政区划面积最广的时期。梁元帝承圣二年（553），复置黎阳县，分海宁、黟、歙三县为新宁郡，郡治设于海宁县，领黎阳、海宁、黟、歙四县，新安郡所辖仅有始新、

① 翟屯建：《徽州文化史·先秦至元代卷》，安徽人民出版社，2014年，第24～25页。

遂安和寿昌三县。陈世祖天嘉三年（562），省新宁郡，复新安郡，又省黎阳县入海宁县，新安郡遂辖有始新、遂安、歙、海宁、黟、良安和寿昌七县。

隋文帝罢郡设州，以州辖县。开皇九年（589），改新安郡为歙州，州治设于海宁县，同时裁歙县、黟县并入海宁县；又改始新县为新安县，并遂安、寿昌二县入新安县，建德并入金华县，改置为吴宁县，为婺州治，三县同隶婺州管辖。十一年（591），恢复黟县和歙县建置，歙州州治迁徙至黟县，此时歙州仅仅领有黟县、歙县和海宁三县，辖区缩小。十八年（598），更海宁县为休宁县。仁寿三年（603），置睦州于贺城，复遂安县，与新安县一道改隶睦州。隋炀帝大业三年（607），又改歙州为新安郡，州治在今黟县，管辖休宁、歙县和黟县三县。改新安县为雉山县，更睦州为遂安郡，辖县同睦州。十二年（616），新安郡治徙于休宁县万岁山（今安徽省休宁县万安镇）。隋恭帝义宁元年（617），新安郡治迁至歙县乌聊山，是为宋元明清时歙州和徽州（府）治所之始。

唐朝政权建立后，唐高祖于武德元年（618），例改郡为州，更郡太守为州刺史，复改新安郡为歙州。武德四年（621），复遂安郡为睦州。隋末于歙州拥兵自保的汪华归顺，唐王朝遂以歙州为总管府，汪华受命持节总管歙、宣、杭、睦、婺、饶六州诸军事。未几，改命王雄诞为歙、睦、衢三州刺史。武德七年（624），例改都督府，寻罢良安县。唐太宗贞观元年（627），罢都督府。唐高宗永徽五年（654），分歙县地，置北野县，歙州领歙县、休宁、黟县和北野四县。唐睿宗文明元年（684），复雉山县为新安县。唐玄宗开元二十年（732），改新安县为还淳县；开元二十八年（740），在平定洪真之叛后，析休宁县回玉乡和鄱阳县怀金乡地，置婺源县，隶歙州管辖。天宝元年（742），唐朝曾一度将“歙州”改为新安郡。唐肃宗乾元元年（758），复新安郡为歙州。唐代宗永泰元年（765），以方清起义平被平定，设置祁门县，“析黟县之六乡及饶州浮梁县地置以为县，合祁山、阊门，名之曰祁门”。[①]大历元年（766），又以平定宣州旌德县王万敌起义事，而析歙县之华阳镇置绩溪县。大历五年（770），罢省北野、归德二县。至此，歙州管辖的县域总计为歙县、黟县、休宁、婺源、祁门和绩溪六县，直至五代十国至北宋宣和三年（1121）之前，歙州所辖六县区域格局未再发生变动。唐顺宗永贞元年（805），改还淳县为青溪县。

① 淳熙《新安志》卷四《祁门沿革》。

三、南宋元明清时期行政区划及其变迁

在镇压了方腊起义之后，北宋徽宗宣和三年(1121)，“以绩有大徽村、徽岭、徽溪”，[①] 遂改歙州为徽州，仍辖上述六县；改睦州为严州，更清溪县为淳化县，与遂安、建德、寿昌同隶属严州。南宋绍兴宋高宗绍兴元年（1131），改淳化县为淳安县。元世祖至元十四年（1277），新安江流域纳入元朝版图，改州为路，徽州更名为徽州路，下辖歙县、休宁、婺源、祁门、黟县和绩溪六县；改建德府为建德路，建德、淳安和遂安三县归建德路所辖，徽州路和建德路同隶江浙行省管辖。元成宗贞元元年（1295），升婺源县为婺源州，仍隶徽州路管辖。

元顺帝至正十七年（1357），即韩林儿龙凤三年，朱元璋部将邓愈占领徽州和严州。次年，朱元璋改徽州路为兴安府，领歙县、休宁、祁门、黟县、绩溪五县和婺源州；改建德路为建安府，寻改建德府；龙凤八年（1362），更建德府为严州府，建德、淳安和遂安隶之。吴元年（1364），改兴安府为徽州府，继续统辖歙县、休宁、祁门、黟县、绩溪五县和婺源州，隶属浙江行省，后直隶京师。明太祖洪武二年（1369），降婺源州为县，徽州府所辖六县如旧。从此，直到清朝政权被推翻前夕的宣统三年（1911），新安江上游徽州府所辖的歙县、休宁、婺源、祁门、黟县和绩溪六县区域的行政格局一直保持稳定状态，未再发生大的变动；中、下游淳安、遂安和建德三县隶严州府未变。

四、民国时期的建置沿革

民国元年（1912)，裁府留县，徽州府和严州府行政建制被撤销，徽州府原辖歙县、休宁、婺源、祁门、黟县和绩溪六县直接隶属安徽省管辖，严州府所辖新安江流域淳安、遂安、建德三县归浙江省直辖。三年（1914），原徽州所属六县划归芜湖道管辖，淳安、遂安和建德三县归新设的金华道统辖。十六年（1927），废除金华道，淳安、遂安和建德三县再隶浙江省直辖。次年，罢除芜湖道，徽州原属六县仍由安徽省直接管辖。二十一年（1932)，试行首席县长制，徽州首席县长驻歙县。同年十月，废止首席县长制，改设行政督察专员公署，安徽全省共设立十个行政督察区，徽州原六县划归第十行政督察区统辖，行政督察专员公署驻休宁县。

民国二十三年（1934），婺源县划归江西省，属江西省第五行政督察区管辖。

---

① 康熙《徽州府志》卷一《舆地志一·建置沿革》，清康熙三十八年(1699)万青阁刻本。

二十四年（1935），淳安和遂安二县属浙江省第五行政督察区管辖，建德县则归浙江省第四督察区统领。二十七年（1938），设立皖南行署，驻屯溪镇，第十行政督察区隶属之。二十九年（1940）3月，撤销第十行政督察区，歙县、休宁、祁门、黟县和绩溪五县隶皖南行署管辖。8月，设置安徽省第七行政督察区，辖歙县、休宁、祁门、黟县、绩溪和旌德六县。三十四年（1945），撤销皖南行署，歙县、休宁、祁门、黟县和绩溪五县仍隶第七行政督察区统辖，行政督察专员公署驻地由休宁县城迁至屯溪镇。三十六年（1947）六月，经过胡适等徽州籍旅外人士的二次大规模回皖运动的力争，婺源县被划回安徽省，隶属第七行政督察区管辖。三十八年（1949），第七行政督察区所辖六县相继解放，婺源再次划归江西省管辖，徽州原属歙县、休宁、祁门、黟县和绩溪五县，改隶新成立的皖南地区人民行政公署徽州专区管辖。同年，淳安、遂安和建德三县，则悉归设署于淳安的浙江省第四行政督察区。

纵观千余年来行政区划的建置沿革及演变历程，自东汉献帝建安十三年（208）新都郡的设立，新安江流域上游和中游地区六县行政建制初具雏形，到唐代中叶前后婺源、祁门和绩溪县的正式设置，新安江流域上游地区的歙州六县格局完全形成。北宋宣和三年（1121），宋徽宗更歙州为徽州，管辖新安江流域上游六县；改睦州为严州，统辖新安江中、下游三县，其间虽历经近千年，新安江上游徽州区域行政格局始终未发生大的变化，中、下游的淳安、遂安和建德虽屡有变更，但至严州府设立后，基本也维持在一个相对较为统一的区域管辖空间之内。新安江流域上游相对徽州稳定的行政区域，为该地域经济发展、社会进步、教育发展和文化认同创造了极为优越的政治条件，徽州宗族组织对基层社会的有效控制，在外经营的徽商能够由血缘到地缘，广建徽州会馆和行业公所，形成“无徽不成镇”的局面，徽州科第能够异常发达，取得辉煌成就，以及新安理学、新安医学、新安画派等地域学术和艺术流派的形成与争奇斗艳，“东南邹鲁”“文献之邦”① 和“礼义之国”② 等独具特色的地域文化与文明形态能够产生并植根于徽州，除相对封闭的地理环境之外，大都得力于行政区域的稳定存在和“衣冠文献，绳绳不乏”③ 的代代传承。新安江流域中、下地区的三县，也在历史发展的长河中形成了自身文化教育繁荣、科第兴盛等鲜明特色。

---

① 弘治《新安黄氏会通谱·黄氏文献录卷乙》，明弘治十四年（1501）刻本。
② [明]汪道昆著，胡益民、余国庆点校：《太函集》卷一《黄氏建友于堂序》，黄山书社，2004年，第22页。
③ 宣统《富溪程氏中书房祖训家规封丘渊源考》，清宣统三年（1911）抄本。

第二章　新安宗族的形成与发展

作为新安江流域社会极为重要的血缘组织，新安宗族是在中国历史上东汉末年至永嘉之乱和唐末农民大起义之后二次大规模中原地区世家大族人口徙入后而渐次形成，并在第三次即两宋之际至南宋之初北宋宗室南渡之后随之而来的移民迁进之后而开始定型并趋于稳定和日臻完善的。作为宗族形成的重要标志，族谱的纂修特别是对祖先谱系的建构、祠堂的创建、祠祭和墓祭的展开，以及各类族田的兴置，在北宋时期即已在新安江流域各地的大姓名族中开始有序进行，新安宗族也在社会生产与生活实践，以及新安籍知识和文化精英的建构下得以形成。

第一节　新安宗族形成和初步发展的历史背景

一、北宋中叶的社会矛盾和新型宗族的产生

北宋以来至民国时期，中国历史上三次大规模中原地区世家大族暨人口迁移的完成，以及新安江流域山区经济的开发与发展、新安商人经营的成功、宗族社会的形成，以及教育、科举与文化的繁荣，至明代中叶以降，整个新安地域社会出现了“人文郁起，为海内之望，郁郁乎盛哉”[①]的局面。在这一经济社会、教育、科第、文化和科技出现繁荣昌盛的同时，包括徽州在内的新安江上、中下游各地大姓名族的知识和文化精英们开始从各个不同侧面与视角，对新安地域文化进行全面系统地整理，并由此拉开了新安地域宗族建构的大幕。

北宋中期以后，社会矛盾激化，在政府不抑制兼并政策的实施下，个体小农拥有的赖以为生的土地随时可能会因各种原因而被兼并，失去生活来源。因此，他们

---

① 万历《歙志》考卷五《风土》，明万历三十七年(1609)刻本。

在财产上和在人身关系上都缺乏安全感，需要有自己的物质依附和精神寄托。而造纸和印刷术的进步，使得张载、程颢、程颐和朱熹等理学家倡导的纲常伦理思想逐步开启了社会化进程，作为一种大众文化，在基层社会得到了广泛的传播，激发起个体小农对以伦理原则相结合的宗法性群体的依赖和需求。对于统治阶级而言，游离性增强的个体小农，势必会形成不安定的社会因素，会对国家政权造成破坏性的影响。因此，亟须在新的历史条件下确立一种新的社会组织，以便将无数游离的个体小农容纳其中，以达到稳定社会秩序、巩固统治的目的。为了适应这种形势变化的需要，程朱理学所倡导与强调的宗法组织改变了自身的形态，形成了中国封建社会后期特有的宗族血缘共同体。

从北宋中叶开始，在地主阶级的倡导和扶持下，长江流域及华南各地的地方性宗族组织得到了迅猛的发展。苏州范仲淹建立的旨在救济宗族中贫困成员的义田及其制度，欧阳修、苏洵创修的旨在追本报远、尊祖敬宗和睦族的新式家谱，一时为各地所效法。新安江流域各地的宗族组织也开始以纂修族谱、设置义田和创建祠堂等方式，强化血缘性宗族组织的功能与作用。从北宋开始至南宋末年，新安各地大姓名族纷纷发起了纂修族谱的活动，包括程氏、汪氏、许氏、方氏、吴氏、胡氏、金氏、詹氏和张氏等名门望族先后完成了本族谱牒的编纂，有的甚至多次重修，朱熹、程大昌、王炎和金若洙等新安理学的代表人物或亲自纂修族谱，或为族谱作序撰跋，阐发自己关于宗族和族谱功能的思想，从而有力地推进了理学的社会化进程。

二、新安理学的产生、发展及其与社会化、世俗化对宗族建构的理论指导

淳熙十年（1183）五月，作为理学的集大成者和新安理学的奠基人，祖籍新安婺源的朱熹在为《婺源茶院朱氏世谱》所作的《后序》中指出：

> 癸卯（1183）五月辛卯，因阅旧谱，感世次之易远，骨肉之易疏，而坟墓之不易保也，乃更为序次，定为《婺源茶院朱氏世谱》，而并书其后。如此仍录一通以示族人，十一世以下，来者未艾，徽、建二族自今，每岁当以新收名数，更相告语而附益之，庶千里之外两书如一，传之永远，有以不忘宗族之谊。[①]

①［明］程敏政撰辑，何庆善、于石点校：《新安文献志》卷十八《序·婺源茶院朱氏世谱后序》，黄山书社，2005年，第427页。

朱熹和弟子杨复还在《文公家礼》正文和注释（文中小字为杨复的注释——引者注）中阐发了关于“祠堂”的制度和主张，云：

祠堂……今以报本反始之心、尊祖敬宗之意，实有家名分之首，所以开业传世之本也，故特著此，冠于篇端，使览者知所以先立乎其大者。而凡后篇所以周旋升降、出入向背之曲折，亦有所据以考焉。然古之庙制，不见于经，且今士庶人之贱亦有所不得为者，故特以祠堂名之，而其制度亦多用俗礼云。君子将营宫室，先立祠堂于正寝之东。祠堂之制，三间，外为中门，中门外为两阶，皆三级。东曰阼阶，西曰西阶。阶下随地广狭以屋覆之，令可容家众叙立。又为遗书、衣物、祭器库及神厨于其东。缭以周垣，别为外门，常加扃闭。若家贫地狭，则止为一间，不立厨库，而东西壁下置立两柜，西藏遗书、衣物，东藏祭器亦可。正寝谓前堂也，地狭，则于厅事之东亦可。凡祠堂所在之宅，宗子世守之，不得分析。凡屋之制，不问何向背，但以前为南，后为北，左为东，右为西。①

朱熹有关祠堂的论述，提出和阐释了祠堂结构、样式与规模等祠堂建设的基本制度问题，其中最重要的主张之一就是祠堂三间制度，明清时期演变为三进，即仪门、享堂和寝堂制度。尽管受朝廷制度和山区地形地势的限制，宋代新安江流域的祠堂尚未能完全按照朱熹所主张的祠堂规制和结构进行建设，但它还是初步奠定了新安后世宗族祠堂的雏形，并揭开了南宋时期祠堂建设的序幕。据载，南宋时期，新安江流域创建了一批宗族祠堂，如休宁县茗洲吴氏宗族在淳祐年间即建立了宗祠观宇，以奉祀始迁祖程氏小婆太夫人。同是休宁县的率口程氏宗族、臧溪臧氏宗族和祁门善和程氏也都先后于此时创建了本族的祠堂。至此，新安江流域历史上出现了第一批宗族祠堂，“皇宋诞膺景运，五星聚奎。于是吾郡朱夫子者出，阐六经之幽奥，开万古之群蒙，复祖三代之制，酌古准今，著为《家礼》，以扶植世教。其所以正名分、别尊卑，敬宗睦族之道、亲亲长长之义，灿然具载，而欧、苏二子亦尝作为家谱以统族属。由是，海内之士闻其风而兴起焉者，莫不家有祠以祀其先祖，族有谱以别

① [宋]朱熹：《家礼》卷一《通礼》，朱杰人等：《朱子全书》第七册，安徽教育出版社，2010年，第875～876页。

其尊卑。”[①] 不过，这时的祠堂还是初步的宗族精英行祠或家庙，大规模的跨地域宗祠，受王朝和国家制度限制和约束，此时尚未见诸记录。

元代新安理学进一步社会化和世俗化，并与宗族相结合，使得新安宗族的“一本”理念更加深入人心。元代新安理学入世倡导忠孝节义，鼓吹三纲五常，强调学用结合，并身体力行，践履经世致用的思想与理念。诚如陈栎所云：“经所以载道，而道非有体，无用之道也；道之体必达于事之用，史所以载事，而事非有用，无体之事也”。[②] 郑玉亦曰：“幼而学焉，壮而行焉，盖幼而不学，则无以穷天下之理，而致其知。及其壮也，不究之用，则亦何以为学哉？未有用而不本之学，学而不究于用者。当其学时，若无所为于世，而人以为晦。及其用也，则人以其有补于世而谓之显。”[③] 至正十八年（1358）七月三十日，在为元朝尽忠自缢而死前夕，郑玉在留给族孙郑忠的遗书中写道：“我之死也，所以为天下立节义，为万世明纲常，应在亲族所宜自勉，为臣尽忠，为子尽孝，以不辱为亲、为族足矣。又何必区区悲慕邪？族孙忠自幼相从师山讲学，故特书此以遗之，使以此意告夫宗族焉。”[④] 郑玉以自身的实际行动向郑氏族人告白了自己践行“不仕二主”的理念。

元代理学社会化和世俗化的又一重大标志，是宗族观念更加深入，修族谱、缮祖墓、置祀田和祭祖先，成为新安理学家群体践行理学实践的普遍行为。继两宋之后，新安江流域各地的谱牒纂修活动更为普及与广泛，新安理学的代表人物不仅大量为新安宗族的谱牒作序，而且如陈栎等著名学者还亲自投身族谱纂修活动，并编纂完成了《陈氏谱略》，从而把南宋以来新安江流域族谱纂修活动推向了又一高峰。几乎每一个新安大族望姓都纂修了各自家族的族谱，并在族谱纂修实践中，形成了较为系统的谱牒纂修理论，如“一本万殊，万殊一本”[⑤] 或“一气”理论、宗族迁徙理论、跨地域联宗理论等，甚至出现了跨血缘和地域的望族谱，如陈栎纂修的《新安大族

① 弘治《新安黄氏会通谱》卷首《序·弘治辛酉俞芳集成会通谱序》。

② [元]陈栎：《定宇集》卷十三《试文·人心惟危道心惟微惟精惟一允执厥中》，《景印文渊阁四库全书》总第1205册，《集部》第144册，台湾商务印书馆，1986年，第370页。

③ [元]郑玉：《师山集》卷五《记·养晦山房记》，《景印文渊阁四库全书》总第1217册，《集部》第156册，台湾商务印书馆，1986年，第38页。

④ [元]郑玉：《师山集·师山遗文》卷三《书·与族孙忠》，《景印文渊阁四库全书》总第1217册，《集部》第156册，台湾商务印书馆，1986年，第86页。

⑤ [明]赵汸：《东山存稿》卷三《文·答汪德懋性理字义疑问书》，《景印文渊阁四库全书》总第1221，《集部》第160册，台湾商务印书馆，1986年，第231页。

志》。[①]不过，关于陈栎是否纂修《新安大族志》，学术界尚存有分歧。[②]因该问题并非本书讨论的主题，故此处不再展开论述。其实，陈栎和元代新安理学家大量参与的，包括《新安大族志》在内的族谱纂修活动，其实正是新安理学等知识精英在新安江流域经济和文化开发取得巨大成就之后，建构宗族血缘身份认同与新安地域文化认同行为和理念的集中反映。尽管元代新安族谱的纂修者在对始祖或始迁祖等祖先追溯和谱系建构方面，还存在着攀缘名人、牵强附会等非历史真实性等严重问题，个别族谱甚至是严重背离史实。但就情感归属、血缘身份和地域文化认同的建构而言，历史的真实性与文化认同心理并不是完全统一的。或者说，处在民族压迫和民族矛盾尖锐的背景下，特别是包括新安理学家在内的新安江流域各地知识与文化精英，在元代前中期借科举考试这一通道跻身仕途的理想幻灭后，内心的纠结和长期从事教书治学、广泛接触基层民众（含具有血缘关系的宗族成员）的现实实践，促使他们以另外一种途径和方式，即纂修族谱的方式，来阐发朱熹理学的思想，颂扬不仕元朝的节义理念，宣泄心中淤积的苦闷，铭记和缅怀祖先的辉煌，成为他们医治心理创伤而聊以自慰的一剂良药。

陈栎在为休宁汪溪金氏族谱撰写的《汪溪金氏族谱序》中，即盛赞金氏宗族“隐居有节义，出仕有治行，不徒志肥甘青紫而已”。[③]舒頔则在通过为绩溪《戴氏族谱》作序的方式，阐发儒家的伦理道德观及其自己的荣辱观，云：“后之子孙，思先世之贻谋，继古人之芳躅。比其富且贵焉，无愧也；贫且贱焉，无愧也。亢宗保族，岂以自外至者为荣辱哉。”[④]元代的族谱，现已所存无几。遗存至今的6种新安江流域的元代族谱，不仅为了解元代新安宗族的发展和谱牒编纂提供了极为重要的史料文献，而且也为探讨元代全国其他地域宗族与谱牒纂修提供了直接的文献依据。更为重要的是，这些保存至今的元代新安谱牒，以及大量收录于元代文人文集和明清新安谱牒中的元代谱牒序跋，为全面系统地分析这一时期新安江流域的地域经济文化

① 赵华富：《宋元时期徽州族谱研究》，《元史论丛》第七辑，江西教育出版社，1999年；又见赵华富：《徽州宗族研究》，安徽大学出版社，2016年，第184～196页。

② 郑力民：《〈新安大族志〉考辨——兼谈〈实录新安世家〉》，《安徽史学》1993年第3期；《〈新安大族志〉考辨——兼谈〈实录新安世家〉（续）》，《安徽史学》1994年第3期。

③ [元]陈栎：《定宇集》卷二《序汪溪金氏族谱序》，《景印文渊阁四库全书》总第1205册，《集部》第144册，台湾商务印书馆，1986年，第168页。

④ [元]舒頔：《贞素斋集》卷二《戴氏族谱序》，《景印文渊阁四库全书》总第1217册，《集部》第156册，台湾商务印书馆，1986年，第577页。

开发与文化认同乃至国家认同，提供了极具价值的丰富而翔实的史料。“谱之于族，犹史志于天下也。天下无史则事莫之纪，族而无谱在世系何从而叙邪？是则谱与史其不轻而重也，较然矣。……谱又甚于史者，盖史以纪事为职，一事失纪，未足以病天下；谱以叙行为职，一行失叙，固有以乱夫统系，纲常为之倒置，伦理为之不明，其病尤甚也”。① 汪松寿于泰定三年（1326）编纂的《汪氏渊源录》，论述了族谱与国史的关系，指出：“家之谱录，犹国之有史也。尊祖敬宗、叙亲明族，谱其庸泯乎？……仁民本于亲亲，治国必由家始。谱录之作，非辨乎亲疏昭穆之序之理者不能知也。”②

元代新安理学家群体正是通过纂修谱牒和为谱牒作序等实践，来传播其理学思想，抒发自己的家国情怀，进而实现新安宗族的血缘认同、地域认同，乃至国家认同的目的。

第二节 三次移民新安运动与祖先中原身份认同的建构

伴随新安江流域经济、社会、教育、文化与科第的开发和兴盛，大约从北宋中叶开始，来自新安江上游、中游和下游地区的知识与文化精英，即着手从新安人群来源于中原地区世家大族移民的故事拟构入手，开始了对新安宗族的血缘身份认同和地域文化认同的建构。延至南宋、元、明时期，新安大姓名族移民自中原和祖先中原的血缘身份认同，在一批学者尤其是知名学者的考证和各大地域名门望族纂修的谱牒中，逐渐得到确认，并取得共识，从而在心理和行为上取得了新安地域社会各阶级与阶层的认知和认同。

早在宋神宗熙宁元年（1068），王安石就在应特赐进士出身的歙县许村人许元请求，为许氏族谱所撰写的《许氏宗谱序》中留下了歙县许氏五代之初由高阳（今河北省高阳县）迁徙新安的文字记录，其云：“天宝之乱，敬宗有孙曰远，与张巡

① 成化《城北汪氏汪氏族谱》卷首《至元十八年汪潚〈重修登源图系序〉》，明成化二十三年（1487）刻本。
② 泰定《汪氏渊源录》卷四上《汪氏续谱》，明正德十三年（1518）刻本。

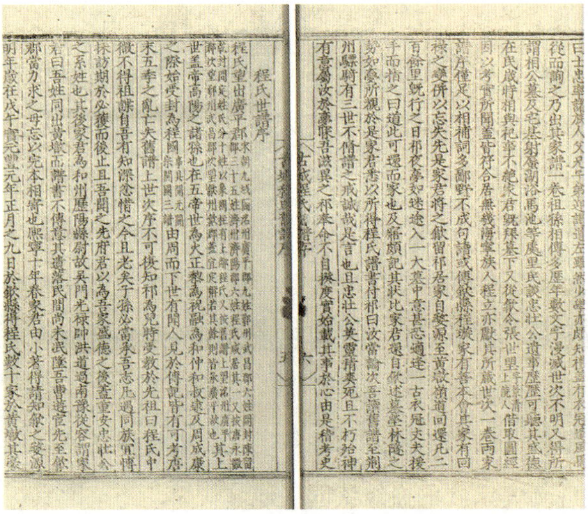

明隆庆《新安休宁古城程氏宗谱》卷首《程氏世谱序》

以睢阳抗贼，自以不及巡，推巡为守而为之下。久之，食乏无助，煮茶、纸以食，犹坚守。贼所以南向，以睢阳蔽其锋也，卒与俱死，皆天下豪杰义士云。唐亡，远孙儒不义朱梁，自雍州入于江南，隐居歙之黄墩，终身不出焉。”[①] 熙宁四年（1071），詹济在《庆源詹氏谱系序》中，也认定婺源庆源的詹氏始迁祖迁自河南南阳之说。[②]号称新安“邑中各姓，以程、汪为最古，族亦最繁”[③] 的程氏宗族，据传，远在唐代即有程淘纂修的《程氏世谱》，冯剑辉在对他考证后，认为其基本可信。[④] 但该谱序虽将新安程氏始祖追溯至南朝梁陈时的程灵洗，但并未述及其祖先中原的历史。而至北宋仁宗庆历三年（1043），歙县人程承议纂修的《程氏世录》的序文，则明确将新安程氏的始迁祖考订并上溯至东晋时期的新安太守程元谭。在这部早于欧阳修《欧阳氏谱图》和苏洵《苏氏族谱》的《程氏世录》序文中，程承议指出：

程氏自晋新安太守元谭公留居郡城，历唐迄今梁，代有显者，谱牒相传，灿如日星。……幼尝闻诸大父曰：“洎与淘为同产，唐末归黄墩，最长于诸房，因悉如父兄子弟共饮，遂言：‘我姓来江东将五百年，支派散漫，布满南国。’”[⑤]

---

① 隆庆《新安歙北许村许氏东支世谱》卷首《王荆公撰许氏宗谱序》，明隆庆三年（1569）刻本。按，王安石为歙县《许氏宗谱》所撰之《序》，不见收于各种王安石文集，但目前所见包括歙县在内的明清徽州各地许氏谱牒中，均收录了该序。且皇祐二年（1050）以发运使职而被特赐进士出身的歙县许村人许元与王安石交好，许元在自撰的《祖宗世次图序》中专门交代了王安石为许氏谱牒所撰序文之由来。故王安石所撰谱序，应基本可以认定为不诬。

② 弘治《休宁流塘詹氏宗谱》卷一《旧序录·熙宁四年詹济庆源詹氏谱系序》，明弘治十二年（1499）刻本。

③ 民国《歙县志》卷一《舆地志·风土》。

④ 冯剑辉：《徽州家谱叙事冲突研究》，合肥工业大学出版社，2014年，第20～21页。

⑤ 隆庆《新安休宁古城程氏宗谱》卷首《程氏世录序》。

至宋哲宗绍圣二年（1095），程祈父子经过实地调查与走访，结合传说，进一步对程氏宗族的迁徙历史和传承谱系进行建构。在《程氏世谱序》中，程祈写道：

程氏望出广平郡，宋朝九域图：洺州广平郡九姓，鄂州武昌郡六姓，开封陈留郡三十五姓，济州济阳郡六姓，程氏咸居其一。又按，唐永徽、乾封间定姓氏，分十姓，以象国柱，有上邴程氏。又按旧谱，上望洺州广平郡，次望鄂州武昌郡，次望歙州歙郡，盖宜定称。若其余则皆承广平故也。其上世盖帝高阳之诸孙也，在五帝，世为火正，黎为祝融，为和仲、和叔。逮及周成康之际，始受封为程国，事具开元、开宗、开国三谱。由周而下，世有闻人，见于传记，皆有可考。唐末五代之乱，亡失旧谱，上世次序，不可复知。祈为儿时，受教于先祖，曰："程氏中微，不得祖牒，自吾有知，深忿惜之。今且老矣，子孙必当承吾志，凡遇同族，宜博采访，期于必获而后止。且吾闻之先府君，以为吾家盛德之后，盖重安忠壮公之系姓也。"其后，家君为和州历阳县尉，故吴门光禄帅洪道过南豫，从容谓家君曰："吾姓同出黄墩，而谱书不传，意其遗落民间，尚未泯坠。吾曹游宦，先至歙郡，当力求之，毋忘以完本相寄也。"

熙宁十年春，家君由小著得请知歙之婺源。明年，岁在戊午，实元丰元年正月之九日，于歙县得程氏数十家于黄墩。其豪曰士忠，率族父兄子弟迎谒道左。虽然少学，亦颇知礼，盖有衣冠遗风焉。从而询之，乃出其家谱一卷，祖孙相传，多历年数，文字漫灭，世次不明。又得所谓相公墓及宅基、射蜃湖、浴马池等处。里民谈忠壮公遗事，历历可听。其盛德在民，岁时相与祀事不绝。家君既拜墓下，又从歙令张世望字景清，上饶人，借取图经，因以考实所闻，盖皆符合。居无几，海宁族人程立亦献其所藏《世次》一卷。两家谱叙，仅足以相补，词多鄙野，不成句读。或传歙县程璇家有善本，会其家有回禄之变，并已亡失。

先是，家君将之歙，留祈居家，自婺源至黄墩，岭道回还，凡二百余里。既行之日，祈夜梦如迷途，入一大墓中，意甚恐。适逢一古衣冠丈夫援手而指之曰："道此可还而家也。"及寐，颇记其状。比家君还自歙，述墓茔林隧之势，如梦所睹。于是，家君悉以所得程氏谱书付祈曰："汝当论次。吾读旧谱，至荆州骠骑有"三世不修谱"之戒。诚哉，是言也！且忠壮公英灵精爽，死且不朽，殆神有意嘱汝于梦寐，吾滋异之。"祈奉命不自揆度，实始载其事于心，由是稽考史传，以相证佐，一代定著为一谱，以开元谱为第一。其后十年，调补玉溪，掾其书粗成，然犹未敢以为是也。东南族人，或有好事者，随辄取去，离析卷帙，迁附臆说。其所定本，率多异同。往往摽写，以为祈所定。前后相诡，理出厚诬。元祐中，祈掌教卫学，暇日，复加铨择，铅堑编简，不去几案者，垂又五年，乃能讫事。因窃叹曰："程氏谱牒散漫无纪久矣，凡我同姓，宜所共惜。今以祈之固陋，其所论次，大惧，不文不足以发扬万分之一。然其世序条例，颇用史法，井井条理，不为不备也。倘宗人与我同志或别有藏书，与今《世谱》不同者，愿以见教焉。以祈犬马之齿或未衰也，尚庶几改之，予日望之。

绍圣二年岁在乙亥长至日，书于太学直舍，裔孙祈谨序。

皇宋康穆公讳戡，文简公讳琳，位至两府。熙宁中，文简公族有讳嗣宗者，以九卿出知新安，屡询副医博程宗颜，求黄墩世谱，未之得也。又，文简公赋吴门挽诗有"乌衣姓行"之语。又郎中璠亦文简公族，最重世契，与家君叙同姓之好甚欢。又讳颢，与家君同擢嘉祐进士；讳颐，崇政殿说书侍讲，倾动听闻。后退居于洛，尝著《洛宗谱》一卷，盖宜上系此谱之次云。祈再识。①

综上所述，如果说北宋时期新安江流域各地知识与文化精英对祖先源于中原的建构尚处于初始阶段。那么，到了南宋时期，随着第三次移民新安江流域高峰的完成，特别是流域经济的深度开发、教育文化的繁荣，以及科第的勃兴，激起了新安宗族人群追本报远、敬宗睦族的缕缕思绪。因此，在北宋时期，新安宗族在所撰修的族谱中零星追忆和建构中原移民身份的现象，至南宋时期，已逐步演变成为新安江流域各地宗族社会的一种群体性行为。这一时期，新安宗族为证明自己出身中原的高贵血统身份，纷纷以纂修族谱的方式，并通过始祖和始迁祖谱系的拟构，来建构和阐明祖先来自中原的移民故事，最终使其中原世家大族血统成为新安江流域社会的一种集体记忆和身份认同。诸如方氏宗族"自帝胄得姓以来，代有闻人。当西汉末，避地江左，居歙之东乡，即今淳安县是也"。② 程氏宗族"由新安而望广平"，③ 即祖先源自中原、望于新安，已成为新安江流域各地大姓名族的集体记忆和血缘身份认同。

① 隆庆《新安休宁古城程氏宗谱》卷首《程氏世谱序》，明隆庆二年（1568）家刻本。
② 乾隆《歙淳方氏柳山真应庙会宗统谱》卷二《历代谱牒序》，清乾隆十八年（1753）刻本。
③ 民国《遂安中洲程氏支谱》卷一《旧谱序》，1922年刻本。

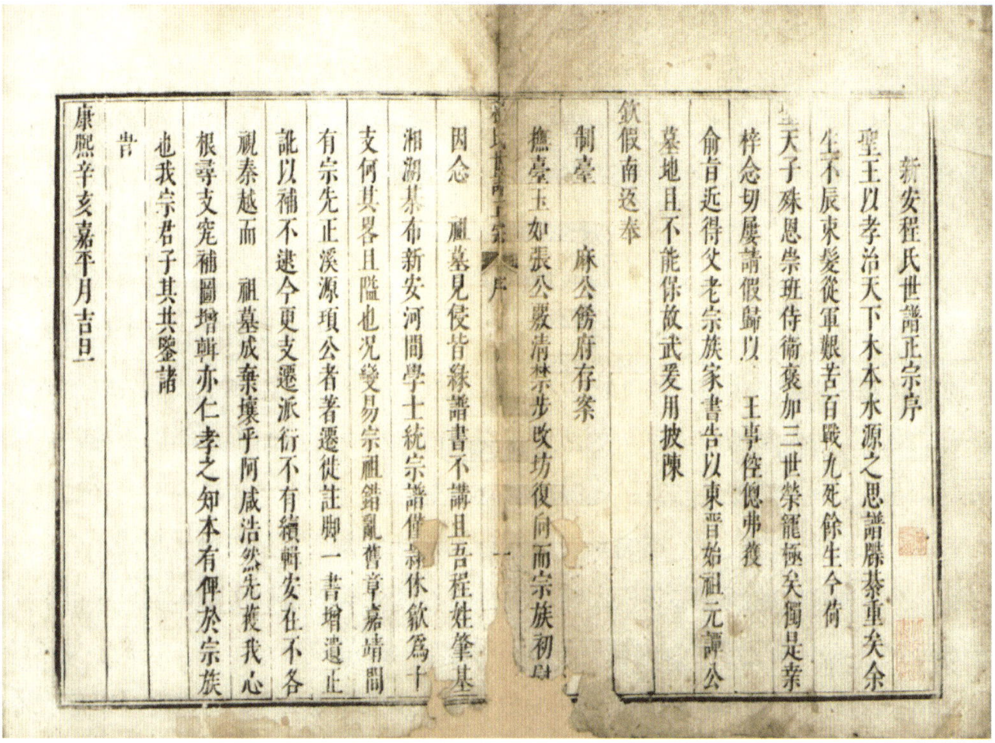

新安程氏世譜正宗序

聖王以孝治天下木本水源之思譜牒甚重矣余生不辰束髮從軍艱苦百戰九死餘生今倘

天子殊恩崇班侍衛褒加三世榮寵極矣獨是桑梓念切屢請假歸以 王事倥偬弗獲

俞旨近得父老宗族家書告以東晉始祖元譚公墓地且不能保故武爰用披陳

欽假南返奉

制臺 麻公𥳑府存案

撫臺玉如張公嚴清禁步改坊復向而宗族初

因念 祖墓見侵皆緣譜書不講且吾程姓肇基湘湖蕃布新安河間學士統宗譜借黃休欽為十支何其畧且隘也況變易宗祖錯亂舊章嘉靖間有宗先正溪源項公者著遷徙註腳一書增遺正訛以補不逮今更支遷派衍不有續輯安在不各祇泰越而 祖墓成棄壤乎阿咸浩然先獲我心根尋支完補圖增輯亦仁孝之知本有俾於宗族也我宗君子其共鑒諸

旹

康熙辛亥嘉平月吉旦

清康熙《新安程氏世谱正宗序》

南宋高宗绍兴年间，陈之茂在为休宁县《藤溪陈氏图谱》所撰写的序文中，借用该族陈质夫之语，开宗明义地阐述了藤溪陈氏之源于中原移民及辗转自桐庐迁徙至藤溪的历程，云："予尉休明年，陈君质夫藤溪人，讳尚文一日携族《谱图》以过予，曰：'吾祖有妫氏之苗裔，三代、秦汉以来，显晦不一，支离蔓衍，吾故不能狥迂儒之见，以强索系谱。自唐末巢寇扰攘，乃携家去故国桐庐郡，溯流而上，直指新安之城西百余里，得乡曰藤溪。'"① 绍兴七年（1137），休宁县博村范天民也在《新安范氏家乘序》中，对新安范氏宗族的历史追本溯源，并借此建构了中原移民的谱系，曰："吾家系出黄唐，至晋武子，始以封邑姓范，世将中军。贞定王十一年，为智韩赵魏所并，子孙散处梁、魏。献之子曰蠡，居邓州，师计然，用其术，相越伐吴，浮海出齐，止于定陶。至汉，龙舒侯讳显始居河内，其子滂仕汉，为清诏使。滂又十七传曰履冰，唐高宗永徽七年，登进士第，垂拱中，拜相，载初元年，坐举

① 康熙《藤溪陈氏宗谱》卷末《附录·藤溪陈氏图谱序》，清康熙十二年（1673）刻本。

逆人被杀。有子冬芬，宣州刺史，生十公，讳愉，为户部员外郎，天宝兵变，复居于邓。其第三子讳传正，贞元十年，登第，授集贤殿校书，历殿中侍御史、水部员外郎，出为歙州刺史，始为汪公华奏议立祠，转苏、湖二州，复擢宣歙观察使，历职江南甚久，殊勋美政，见白居易草制。公自吴元济乱后，无意北归，寻以风痹谢政，且爱新安山水，遂择里于休宁之博村而定居焉。”①

由于宋代新安江流域大姓名族的族谱散佚迨尽，无一遗存。我们仅能从收入后世族谱的旧谱序文中，略知两宋时期新安宗族族谱纂修状况及纂修者对本族祖先中原的零散记载，且不少谱序尚无法考订其真实性，故此处不再多录。但从以上明清新安宗族族谱中收录的较为可信的两宋新安族谱序文中，我们不难看出，截止到南宋高宗绍兴年间，新安宗族对祖先源自中原历史的建构并非全部基于历史真实事实，且前后矛盾重重，但这并不影响新安宗族对本族血缘群体的心理和集体认同意义上的整合。这种拟构的新安宗族祖先徙自中原的移民故事，终于在淳熙初年获得了官方的支持，由歙县著名学者罗愿撰写、成书于淳熙二年（1175）的《新安志》，在其《风俗志》中，正式将新安宗族祖先中原的故事载入其中，云："黄巢之乱，中原衣冠避地保于此，后或去或留，俗益向文雅。"② 从而使半实半虚的新安宗族祖先源自中原的拟构故事正式转变为一种历史事实，私家修谱拟构的宗族群体记忆亦由此演变成为新安江流域地域社会和文化的集体记忆，实现了血缘身份和地缘文化的整合与认同。不过，淳熙《新安志》毕竟是一部"博采详摭，论正得失，皆有据依"③ 的新安江流域历史上第一部志书，本着"访故老，求遗事"这一实事求是宗旨，罗愿在《新安志》中仅仅就其所知史实，较为审慎地将中原衣冠避乱移民新安的历史时间界定为"黄巢之乱"。但正是这一提法和界定，才为新安大姓望族建构祖先移民自中原的故事提供了最具说服力的官方依据。此后，几乎每一部新安大姓名族的谱牒都或多或少地将始祖或始迁祖拟构为中原地区世家大族的移民，并在"黄巢之乱"这一时间节点上进一步向前上溯或向后延伸，先后建构出了"永嘉之乱"和"宋室南渡"两个时间维度，从而使得新安宗族祖先中原世家大族的血缘身份取得了最广泛的认同。其实，早在两宋时期，这种认同就在新安宗族的谱牒中出现了。特别是《新安志》

① 万历《休宁范氏族谱》卷一《谱序·旧谱序文》，明万历三十三年(1605)补刻本。
② 淳熙《新安志》卷一《州郡·风俗》。
③ 淳熙《新安志》卷首《赵不悔·新安志序》。

之后纂修的新安宗族族谱，几乎全部都将族源追溯到上古传说时代的历史人物，如三皇五帝及其子孙等，这亦正是新安地区宗族一再强调的“一本万殊”①观念的直接体现。“山必主于昆仑之巅，千峰万岫皆其支也；水必主于天乙之精，千涯万川皆其派也；人必主于有生之源，千子万孙皆其胤也。”②

所谓“黄巢之乱，中原衣冠避地保于此”，这是罗愿经过审慎考订后所得出的结论。实际上，早在北宋时期，就有西晋“永嘉之乱”，甚至两汉末年动荡时期，中原地区世家大族因避乱而移民新安的记录。宋徽宗政和五年（1115），方仕夔在《方氏续修族谱序》中云：

> 余暇日留岩溪，会宗人以《续修族谱》一编来示，徵言以识其端。溯自太子雷公，食采于方邑，为吾宗得姓之始。厥后，云仍蕃衍，蔓衍硕大。至汉丹阳令纮公，值王莽篡逆，避地江南。孙储公聪明颖悟，精通神术，有驾鹤乘空之异，为雒阳令，忠义凛然，遭诬而殁，追封黟侯。侪、俨皆其兄弟，咸有令名。储公生三子，观之、赞之、弘之，世其家而丕大。传三十四世，至于念五公高，始迁寒山，子孙蕃盛，绳继引翼，延其休祚而家声日振。尝以鹤飞舞其庭，乐声间作于墓，赤湖水之谶，至今有之。讵非英灵忠直，死而不亡也耶？以时考之，则江淮以南方氏之宗，往往多出于是。但开元而下，子孙或遭世微弱，或流寓他邦，支分派别，盛衰存亡，概难悉考，是以后世多阙略焉。吁，可惜也哉！
>
> 夔自熙宁中，偶得是书于宗人家藏，因观祖宗功行之美、嫉谗诬害之深，遂作诗为摅其忿，而当时属称者甚众。政和甲午，有司以天子命修洛阳公庙，余又率邑人增广之。遂考其后封侯伯而上者，及元英先生三十二人，绘像于殿壁之左右，所以昭祖宗既往之成勋，示子孙无穷之遗训也。③

南宋高宗建炎四年（1130），方愚撰写的《方氏谱系序》云：“我祖宗本方山帝胄，将相传家。汉元始间，避地江左，于是桑梓歙之东乡，今称南路是也。衣冠相继数千年，

① 嘉靖《新安左田黄氏正宗谱》卷首《凡例》，明嘉靖三十七年（1558）刻本。
② 乾隆《遂阳广川黄氏宗谱》卷上《题黄氏家宝叙》，清乾隆十四年（1749）木活字本。
③ 乾隆《歙淳方氏柳山真应庙会宗统谱》卷二《各派谱序·方仕夔〈方氏续修族谱序〉》。

为新安之望族。”[①]进一步坐实了新安方氏祖先源于中原帝胄之裔的建构。而影响更大的理学之集大成者、新安理学的开山祖朱熹，更是在淳熙十年（1183）五月为《茶院朱氏世谱》撰写的《后序》中，直言不讳地指出：“熹闻之先君子太史吏部府君曰：吾家先世居歙州治黄墩，旧谱云长春乡呈坎人。相传望出吴郡，秋祭率用鱼鳖。旧谱云有讳介者，世数不可考矣。又按《聘游集目》云：系出金陵，盖唐孝友先生之后。考之《唐书》，孝友先生讳仁轨，自为丹阳朱氏，而居亳州永城，以孝义世被旌赏，一门阅相望，而非吴郡之族。奉使公作先吏部诗又云：‘迢迢建邺水，高台下凤凰。鼻祖有故庐，于今草树荒。’不知何所指也。唐天祐中，陶雅为歙州刺史，初克婺源，乃命吾祖领兵三千戍之，是为制置茶院府君。卒，葬连桐，子孙因家焉。”[②]罗愿在其所撰的《新安志》中，不仅首次提出了新安“十姓九汪”的概念，而且对汪氏的祖源也进行了精密的考证，针对是源于汪芒氏，还是“鲁成公支子，食采于汪，因氏焉”的疑问，罗愿最终得出“汪氏为诸侯之裔，似稍近人情”的结论。接着，罗愿根据宋哲宗时文士胡伸所作《唐越国汪公行状》等文献资料，对汪氏在新安的“州望”进行了考订，并提出了自己的看法，云：

《行状》称，汉建安二年，龙骧将军文和为会稽令，因世乱避地，家于新安。文和之名，他书无所见，沈约《宋书》云：龙骧将军，晋武帝始以王濬居之。然则自濬之前，安得有此官也？近世临川邓名世作《姓氏辩证》，言王始居新安，故望出新安。今黟、歙之人，十姓九汪，皆王后也。又云：陈稷州刺史汪纲，陈亡，自歙州徙河间，故又有河间汪氏。按，纲之由新安徙，既在陈时，则汪氏之居此旧矣。岂得言自王始乎？太平兴国中，有为《王庙记》者，言王乃隋将宝欢之族子，或谓陈隋以上，始处此邪。本之龙骧，则荒远；就王为说，则简陋；俱未适中，故内翰至此略而不言。若以新安之族由王而望始著，则可尔。[③]

从上文中不难看出，罗愿显然并不认同新安汪氏源于东汉建安年间避乱而迁徙入新安的说法。这或许就是其未在《新安志》中提及东汉末年至西晋永嘉之乱第一

① 乾隆《歙淳方氏柳山真应庙会宗统谱》卷首《各派谱序·方愚〈方氏谱系序〉》。
② 崇祯《朱氏统宗谱》卷首《朱熹〈婺源茶院朱氏世谱后序〉》，明崇祯刻本。
③ 淳熙《新安志》卷一《州郡·祠庙附汪王庙考实》。

次中原地区世家大族移民新安的原因。至于两宋之际第三次中原地区移民新安的历史，则因罗愿《新安志》之后移民者自身的记录而变得真实起来。也就是说，两宋以来，特别是南宋以降，新安宗族和文化精英所建构的新安宗族祖先中原的血缘和身份认同，除唐末“避黄巢乱”和“两宋之际”较为接近历史的真实之外，第一次中原世家大族移民新安的迁徙似乎更多是出于一种心理和文化的考量，而并非是全部的历史事实。但问题在于，在中国历史上，自东汉末年以来至西晋“永嘉之乱”，乃至东晋南渡及南朝时期，为躲避中原地区频繁的战乱，加之新安地区在三国时被吴国征服，第一次中原地区世家大族移民新安并非全部是一种虚拟的建构。南宋端明殿大学士程珌在为詹廷坚撰写的墓志铭中，就明白无误地记述了新安詹氏东晋大兴年间徙自邓州南阳的史实，云：“詹氏为邓州南阳著姓，晋大兴间，康邦公之孙曰瓘、曰敬者最知名。敬徙新安，而瓘徙严陵。高宗朝仕枢筦讳大方者，瓘后也。其徙新安者，世居婺源。”①

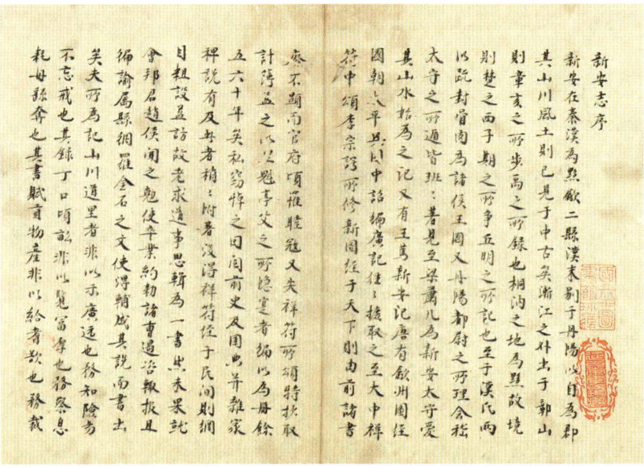
新安志序
新安在秦漢為黟歙二縣漢末割丹陽以自為郡
其山川風土則已見于中古矣浙江之行出于郡山
則章亥之所步禹之所錄也桐汭之地為黟故境
則楚之西于期之所爭丘明之所記也至于漢氏兩
以既封骨肉為諸侯王國又丹陽都尉之所理會稽
太守之所通皆班班著見至梁蕭幾為新安太守愛
其山水始為之記又有王篤新安記唐有歙州圖經
國朝太平興國中詔編廣記往往摭取之至大中祥
符中頒李宗諤所修新圖經于天下則由前諸書
然不顓而官府頃簁脞冗又失祥符所頒特抉取
計簿益之以吳魏亭文之所隱憲者編以為冊餘
五六十年矣私竊悼之因閱前史及圖典并雜家
稗說有及此者稍稍附著次得祥符經于民間則綱
目粗設益訪故老求遺事思輯為一書然未果就
會郡君趙侯聞之勉使卒業約勅諸曹遍洛報且
編諭屬縣綱羅金石之文使得輯成其說而書出
矣夫所為記山川道里者非以示廣遠也務知險易
不忘戒也其錄丁口頃畝非以覽富庶也務察息
耗毋繇奪也其書賦貢物產非以給耆欲也務裁

淳熙《新安志》抄本

在偏安东南一隅的南宋时期，不少新安大族成员被征迁至淮河南岸戍守。为逃避被征发戍守淮甸的命运，新安个别地区甚至出现了“世世分析而居，以祈侥免”兵役的现象。对此，清康熙休宁县《藤溪陈氏宗谱》云：“百六公出自尧仁公次子僎公之后，古城百五公出自尧仁公长子俊之后，盖从兄弟也。皆属韶公之苗裔，二支皆淮役而归。是时，丁宋之际，南国以淮为边徼，宋元累岁兵争，民多遣戍。其云迁淮者，讳之也。自淮归者，兵息而返役也。且其时人丁蕃聚者不免于简点，故世世分析而居，以祈侥免耳。”② 这种被征发戍守的痛苦，加上元朝蒙古贵族的残酷

① [宋]程珌：《洺水集》卷十《静胜居士承务致仕詹君墓志铭》，《景印文渊阁四库全书》总第1171册，《集部》第110册，台湾商务印书馆，1986年，第370页。

② 康熙《藤溪陈氏宗谱》卷二《本宗系牒第十五》。

剥削，使得新安江流域的人群在享受山区深度开发成果的同时，更增添了国难家仇。又由于新安理学家们的大力倡导，追怀祖先，建构中原世家大族尊贵血统的移民故事，便也在情理之中了。

新安宗族暨人群来源于三次中原地区移民的故事，经过新安各地大姓名族精英的努力下，终于在宋末元初被全面地成功建构，“盖江北、中土始以三国之争，继以五胡之乱，重之以五季，宋南渡之余，中原板荡，十室九空，其族无噍类者盖多矣”。① 明嘉靖中纂修刊刻的《新安名族志》，全面接受了新安大姓名族源自中国历史上三次中原地区移民的观点，并以此为依据来记录各大名族的祖源、迁徙与分布，从而完成了新安宗族暨人群祖先中原的移民史建构过程。对此，嘉靖三十年（1551）四川道监察御史胡晓在其所撰的《新安名族志序》文中云：新安“山峭水厉，燹火弗惊，巨室名族，或晋唐封勋，或宦游宣化，览形胜而居者恒多也。其故家遗俗，流风善政，宛然具在”。② 至明万历时，《歙志》亦记录和叙述了三次中原地区世家大族为避乱等原因而迁入包括歙县在内的新安江流域的历史，指出：

> 邑自汉唐以来，兵燹不加，人多安土。虽舒、聂浸衰，然而婚姻、谱牒，动皆千祀。溯之厥始，昭然可据。其或山水留人，宦游兴寓公之想；乱离避地，保家怀屯聚之谋。抑或遗骨莫返，羁旅忘归；又或间关跋涉，弗惮转徙。则以此中无硕鼠之侵，而彼土多猛虎之惨耳！因历考之，其寓公者，汉则方纮、汪文和也。纮为丹阳令，不仕新莽；文和以破黄巾功，为龙骧将军。晋则新安太守程元谭、黄积、鲍弘，征西大将军俞纵，刺史詹敬，皆永嘉、咸和、元兴间人。梁则大通间，新安太守徐摛。隋则教授会稽谢傑、邑令浔阳闵纮。唐则长安中，监察御史吴少微；大历中，兵曹陆傪；德宗时吕温以父渭为州司马，娶于邑中；广明中，刺史潘名、通判蒋莘。宋则建炎间，举明经摄州事者佘潜，补将仕郎尉新安者宋觃，州判事阮文彦，任州事何友信，府倅王熙，学正姚隆。元则徽州路总管府经历田秀实。其避地者，唐则王希羽、张保望、朱师古、毕景、梅思忠，皆因巢寇之乱，后先相至。朱梁则许

---

① [明]程敏政辑撰，何庆善、于石点校：《新安文献志》卷二十三《程荀轩·书婺源龙陂程氏谱》，黄山书社，2005年，第518页。

② [明]戴廷明、程尚宽等辑，朱万曙等点校：《新安名族志》卷首《胡晓序》，黄山书社，2004年，第4页。

儒义不肯仕，入于江南，终身不出。南唐则罗秋隐、罗文昌相踵而至。元则孙呈、桂德顺、唐虞，唐本李姓，元兵扰江南，声杀五大姓，遂从国号。其遗孤者，唐则州判凌安，宋则参军杨通，元则徽州路总管仇悬，浙江参政督管徽州路萧伯瑛。国朝则教授杨昇，斯皆魂无不之，魄有所祔，厥后遂重迁也。其羁旅者，唐则曹翔随军诛黄巢至，宋则殷恂役兵从芜湖至，斯皆末造之征役。读其宗牒，令人兴北风之慨也。其转徙至者，刘宋则遂安洪政，唐则叶孟、江祯。叶初音摄，后世与木叶同音；祯本萧氏，宰相遘之子，谋复唐室不克，遂指江为誓，因以易姓。项绶、项绍以应顺、清泰间从淳安迁，余自遂安迁洪，纮自婺迁。宋则刘汾、刘沆，嘉祐间迁。衢之郑球，以天禧间迁。清华之胡缙、昌翼之胡麟，夥胡育之后，以赘邑中金氏迁。昌翼本李姓，昭宗之子，依考水以为宗也。宗室赵士桧以三子扈从迁。陈旭、巴珣从休迁。庄大十从闽迁。章胜从遂安迁。祝承俊从德兴迁。李模、江友直俱从婺迁，斯又智者之择里，而允臧得于卜吉也。[①]

从上述引文中不难发现，尽管明万历时期纂修的《歙志》对歙县的各大姓望族三次移民大多来自中原地区，但移民又不仅仅限于中原地区，且并非全部皆因躲避兵燹和战乱，其中既有避乱而徙者即避地者，也有遗孤者、羁旅者，更有辗转迁徙而来者。故至民国时期，许承尧在其所撰之《歙县志》中，对宋明以来包括歙县在内的新安宗族暨人群徙自中原地区的移民故事进行了非常精练的总结性建构，从而完成了两宋以降关于三次移民新安运动与新安宗族暨人群祖先中原身份认同的概括，云：

邑中各姓，以程、汪为最古，族亦最繁，忠壮、越国之遗泽长矣。其余各大族，半皆由北迁南，略举其时，则而晋、宋两南渡及唐末避黄巢之乱，此三期为最盛。又半皆官于此土，爱其山水清淑，遂久居之以长子孙焉。[②]

---

① 万历《歙志》考卷五志六《氏族》。

② 民国《歙县志》卷一《舆地志·风土》。

尽管经过从罗愿、程荀轩至戴廷明、程尚宽，再到许承尧等新安江流域各地精英人物的不懈努力，最终完成了中原地区世家大族三次移民新安运动与新安宗族暨人群祖先中原身份认同的建构。但是，这种移民故事建构的逻辑并不是没有漏洞而无懈可击的。相反，在这一建构中，恰恰是矛盾重重，漏洞百出。历史上，新安江流域规模最大、人数最多的程氏和汪氏宗族祖先迁徙与宗族建构过程中出现的种种自相矛盾的族内分歧和族外争议，就很能说明问题。目前已知最早对汪氏宗族迁徙新安历史记载的，是北宋绍圣四年（1097）进士、被称为“江南二宝”[①]之一的婺源考水人胡伸。他在《唐越国汪公华行状》中，对汪氏的祖源进行了钩沉，云：“公姓汪氏，讳华，新安人。其先汪芒氏之后，或曰鲁成公支子食采于汪，因氏焉。哀公时，童踦其孙也。汉建安中，龙骧将军文和为会稽令，避地始家新安。”[②]从这段文字中可见，至少在北宋末年，有关汪氏宗族的祖源就有两种不同说法，即江南的汪芒氏和诸侯鲁成公之子。两种说法，何为是？何为非？罗愿在引用了胡伸《唐越国汪公华行状》并进行分析后，以“似稍近人情”，作出了“汪氏为诸侯之裔”[③]的结论。罗愿本着实事求是的态度，云“本之龙骧，则荒远；就王为说，则简陋，俱未适中”，无奈地以“稍近人情”和“以新安之族由王而望始著”作为自己模棱两可的理由。实际上，在孙吴时贺齐、诸葛恪次第平定了新安江流域土著山越人金奇、毛甘、陈仆和祖山等发动的叛乱后，山越人便由此消失在新安江流域历代文献的记载之中。那么，是不是这些土著居民山越人完全被融合与同化了呢？或者说，作为“十姓九汪”的新安江流域，汪氏族群究竟是山越土著汪芒氏的后裔，还是中原诸侯鲁成公后裔汪文和徙居新安后蕃衍的苗裔？在宋代以来包括族谱在内的新安江流域各地文献中，并未取得一致的看法，有的依然持汪芒氏后裔之说。汪高梧宋度宗咸淳二年（1266）撰写的《新安王氏族谱序》，即坚持新安汪氏祖源汪芒氏之说，曰：“吾鱼龙汪氏由人皇之世以迄于今，聚族新安数千年矣，非平阳、颍川二望所来也。汪芒氏再得国于斯，显圣王复开国于此，以成武之功，勋德之裔，绵绵不绝。”[④]但更

①[明]程敏政辑撰，何庆善、于石点校：《新安文献志》卷首《先贤事略上》，黄山书社，2005年，第12页。

②[明]程敏政辑撰，何庆善、于石点校：《新安文献志》卷六十一《唐越国汪公华行状》，黄山书社，2005年，第1455～1456页。

③淳熙《新安志》卷一《州郡·祠庙附汪王庙考实》。

④后至元《新安汪氏族谱·新安汪氏族谱序》，元后至元三年（1337）刻本。

多的则还是坚持鲁成公支子后裔汪文和始迁新安的观点，分歧也不过是颍川汪氏或平阳汪氏而已。直到近代，陈去病经过认真的考证，才郑重地将新安汪氏之祖源确定为汪芒氏后裔之说，云：

> 汪氏源出汪芒之后，昔禹会诸侯于会稽，防风氏后至，戮之，其骨专车，盖即汪芒也。其国在今湖州山中，楚灭于越，遗黎四窜，汪芒氏入歙，当在斯时，故时号歙曰山越。及秦立鄣郡，故城在今湖州鄣山。彼土日辟，汪芒益有所逼迫，而不得不西窜于歙，居今绩溪境内。因其时，吴越皆开辟，惟歙县初立，可匿迹。递嬗至孙吴，山越殆灭，孙权使贺齐讨黟、歙，分为新都郡。而汪芒之裔，遂列于编氓，然其时当群聚绩溪也。及越国公华，起自澄源，绩溪乡名，保障六州，卒归命唐室，受国殊封，子姓济济，咸在朝列，由是而汪芒氏苗裔日益繁衍遍歙郡矣。[①]

接着，针对汪道昆《太函集·始祖龙骧将军墓域碑阴》称："吾宗得姓，自鲁颍川侯汪始。汉建安二年，龙骧将军讳文和为会稽令，始渡江南，于时郡新都而治始新。公迁始新，因而占籍。其后始新入歙州，公卒，与夫人孙合葬郡邵石山。胄子弭寇将军讳轸卒，与夫人合葬都督山。后世附葬邵石山者墓二十五，附都督山者六，而公实江南汪氏始祖也。"[②] 许承尧以按语和引注的形式，推断汪氏为新安土著即山越人，云："汪氏在歙占族为最古，以汉末时来也。汪注：先公考汪氏为新安土著，有《汪氏原姓篇》，非迁江南也。"[③] 至此，我们可以认定，包括徽州在内的宋明以来新安江流域各地知识和文化精英们所建构的三次中原地区世家大族南迁新安故事与新安宗族及人群祖先中原的血缘身份和地域认同，并非完全是历史的真实揭示，而是一种文化和心理上的整合与认同。

---

① 陈去病：《五石脂》(不分卷)，载《丹午笔记·吴城日记·五石脂》，江苏古籍出版社，1999年，第322～323页。

② [明]汪道昆著，胡益民、余国庆点校：《太函集》卷七十《始祖龙骧将军墓域碑阴》，黄山书社，2004年，第1451～1452页。

③ 许承尧撰，李明回等校点：《歙事闲谭》卷十八《汪氏迁江南始祖为汪文和》，黄山书社，2001年，第150页。

第三节　宋明以来新安族谱的纂修与宗族血缘身份认同的建构

一、新安族谱的纂修与宗族集体记忆和身份认同的建构

宋代以来，特别是明清以降，经过自东汉末年至南北宋之交的三次大规模的移民，新安江流域逐渐成为一个聚族而居、相对较为稳定的宗族社会。在新安江上游的徽州，所谓“徽俗士夫巨室，多处于乡，每一村落，聚族而居，不杂他姓”。[①]作为新安宗族社会标志的族谱、祠堂和祖墓，更是屡屡重修，其地位在不断地强化之中，以致形成了具有独特地域特点的新安宗族文化。尤其是族谱，在宗族成员的心目中，更被视为是“审本源，别支派，叙昭穆，等尊卑，辨异同，明嗣续”[②]的工具，是“尊祖，敬宗，收族”必不可少的媒介，[③]具有神圣不可侵犯的地位。而由于南宋以来新安江流域各地科第勃兴和新安商人的崛起，大量商人资本和利润回流桑梓故里，成为纂修和刊刻、印刷族谱源源不断的经济支撑，“文人发起，商人助资”，[④]因此成为新安宗族族谱纂修的基本模式，这是新安族谱纂修能够始终保持绵延不断传统的智力支持和经济保障。而新安本土以及周边地区发达的文房四宝行业，特别是造纸业和刻书业，又为新安族谱的印刷和出版提供了强有力的物质基础。

作为宗族集体记忆和血缘身份认同的重要载体，新安江流域的族谱纂修历史，可以追溯到唐宋时期。尽管唐宋新安族谱原本现已无一遗存，但我们依然可以宋代以来名人文集和元、明、清及民国时期纂修的新安族谱留存的序文中，了解新安族谱纂修的一般情况。不过，与唐代官修和私纂族谱不同的是，创新和转型时期的宋元族谱，是在士族门阀退出历史舞台、官修谱牒废绝和唐末五代各类谱牒因战火而荡然无存等背景下兴起的，无论是纂修宗旨、形式、谱图之法，还是族谱内容和续修时间上，都因政治、经济、社会、教育和文化形势的变化而呈现出新的特征。[⑤]

---

① [清]程且硕：《春帆纪程》，载《小方壶斋舆地丛钞》，杭州古籍书店，1985年。

② 道光《遂安萝蔓堂松林余氏世家宗谱》卷首《凡例》，清道光二十七年(1847)宗约堂木活字本。

③ 咸丰《崇坡叶氏宗谱》卷首《序·重修叶氏宗谱序》，清咸丰八年(1858)木活字本。

④ 民国《龙川胡氏支派宗谱》卷首《序·章献琳序》，1924年木活字本。

⑤ 王鹤鸣：《宋代谱学的创新》，《安徽史学》2008年第2期；又见王鹤鸣：《中国家谱学通论》，上海古籍出版社，2010年，第107～144页。

新安宗族则是由于第二、三次中原地区移民徙入高潮的两宋时代逐渐完成、山区经济和文化教育资源得到全面开发、社会持续稳定、聚族而居宗族社会次第形成等背景下，开始揭开族谱编纂序幕的。其纂修宗旨也由魏晋南北朝至隋唐时期的区分士族门第、身份地望和婚姻仕宦，所谓“自隋唐而上，官有簿状，家有谱系。官之选举，必由于簿状；家之婚姻，必由于谱系”，[①] 转变为“管摄天下人心，收宗族，厚风俗，使人不忘本”[②] 的“尊祖、敬宗、收族”，以及“序昭穆、别尊卑、严内外”的工具。在理学家张载、程颢、程颐和朱熹等人的倡导下，宋元以降至明清和民国时期新安族谱的纂修，也出现了较大的变化。在宋真宗天禧五年（1021）颁布了一则《敕文武群臣修家谱诏》之后，新安程氏宗族和詹氏宗族即于宋仁宗庆历三年（1043）纂修了《程氏世录》。[③] 随后，欧阳修和苏洵相继纂修了各自的族谱《苏氏族谱》和《欧阳氏谱图》，分别创造了“以线图系”的五世一体的谱图法和“以格列名”的大宗谱法。但不管是哪一种谱法，欧阳修和苏洵所创修的族谱，其目的都是为了尊祖敬宗，即尊尊亲亲、统宗收族。他们所开启的谱法与谱例，在当时及之后产生了重大的影响。在他们的示范效应带动下，包括徽州在内的新安江流域广大地域的大姓名族纷纷掀起了纂修族谱之风，特别是徽州地区，几乎每一个宗族都在此前后至南宋时期，仿照欧、苏族谱体例，或融合两种修谱之法，各自纂修了本宗族的谱牒，不少宗族甚至连续性续修，新安江流域亦因此跃升为当时中国谱牒纂修最为发达的地区之一。“欧、苏二子亦尝作为家谱以统族属。由是，海内之士闻其风而兴起焉者，莫不家有祠以祀其先祖，族有谱以别其尊卑”。[④] 弘治《新安黄氏会通谱》纂修者甚至盛赞欧阳氏谱图之法为修谱之准

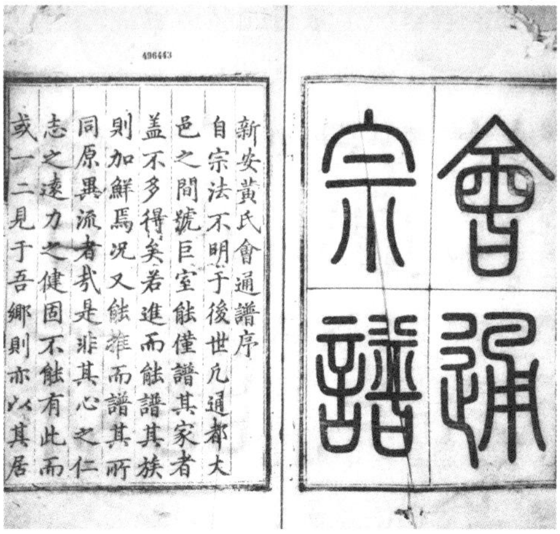
496443

新安黃氏會通譜序
自宗法不明于後世凡通都大
邑之間號巨室能僅譜其家者
蓋不多得矣若進而能譜其族
則加鮮焉況又能推而譜其所
同原異流者哉是非其心之仁
志之遠力之健固不能有此而
或一二見于吾鄉則亦以其居

會通宗譜

明弘治刻本《新安黄氏会通谱》书影

① [宋]郑樵：《通志》卷二十五《氏族略第一·氏族序》，《景印文渊阁四库全书》总第373册，《史部》第131册，台湾商务印书馆，1986年，第254页。

② [宋]张载撰，章锡琛点校：《张载集》，中华书局，1978年，第258页。

③ 隆庆《新安休宁古城程氏宗谱》卷首《程氏世录序》。

④ 弘治《新安黄氏会通谱》卷首《弘治辛酉俞芳〈集成会通谱叙〉》。

绳，云："欧阳文忠公谱例用小宗法，每五世为图，图再列而别九族，三十年为世，世十传而合定数，其前世简而未备者略之，实作谱之准绳也。"[①] 而王宠在明正德十年（1515）撰写的《重修王氏统宗世谱序》则认为，欧阳修和苏洵的谱法各有优长，并为后世修谱者所效法，"宋庐陵欧阳氏、眉山苏氏皆有谱，而为法不同。欧谱则世经人纬，若史氏之年表；苏谱则系联瓜属，若礼家之宗图。后之言谱者，莫不以二家为准"。[②]

限于新安江流域宋代族谱无一遗存之现状，我们无法具体得知两宋时期新安族谱纂修的总数。但根据程孟纂修的景泰《新安程氏诸谱会通》和民国《河南方氏宗谱》等统计，两宋时期，宋代新安江上游地区的歙县槐塘，休宁县率滨、会里、汊口、芳干、山斗，婺源县长径、城东、城西冲山、龙首山、环溪、彰睦、龙陂，祁门县善和，黟县南山，绩溪县仁里程氏宗族共纂修了 15 种族谱。[③] 又据乾隆《歙淳方氏柳山真应庙会宗统谱》等谱牒统计，自北宋仁宗嘉祐八年至南宋理宗宝祐六年（1063 ~ 1258），新安江流域各地方氏也先后纂修了 11 种各类谱牒。[④] 这些谱牒以尊祖敬宗、叙亲亲之道和重建宗法秩序为宗旨，从祖先的溯源和重构宗族谱系入手，初步建构起了新安各大宗族人群的集体记忆。正如熙宁四年（1071），王汝舟在《庆源詹氏谱序》中所云：

> 詹氏世居庆源嘉福之里，去邑之东七十里，大山深谷，湍流峻岭，舟车之所不到。而其山水秀美，居人数百家，楼台沼沚，占其胜概，风俗醇厚，自为一乐土也，他乡里第不能及者。予表兄新道同居外家洪氏，得闻其详，又出谱系，曰："吾族先有大公，生一子曰一公，一公生二子，曰小一公、小二公。惟小二公俊后裔扶疏生三子，曰云烟公、云岳公、云气公，云岳公派居闾源，云气公派居闾岭。云烟公一子小八公，讳士龙，字有道，迁居庆源，子子孙孙，枝叶繁盛。予之高祖之祖生于五代之末，兵戈征役，四方骚然未定，立于离乱纷扰之中，劳苦艰难，可谓至矣。及天下已定，人获安息，又有子孙以辅翼之孝行义风表表于前，乡里称为长者。"汝舟闻而深羡之。吾想其时，济济锵锵，

① 弘治《新安黄氏会通谱》卷首《世次》。
② 嘉靖《新安琅琊王氏统宗世谱》卷首《序》，明嘉靖三十九年（1560）刻本。
③ 景泰《新安程氏诸谱会通》卷首《总目迁居地》，明景泰二年（1451）刻本。
④ 乾隆《歙淳方氏柳山真应庙会宗统谱》卷一《各派族谱序跋记考》。

雍雍肃肃。自大宗法废而亲亲之道衰，德义之教不行，祖祢之亲不著，至有父子异居、兄弟为仇，或不能守其坟墓而弃其先人之祀者，天下何可胜数？为吾兄弟之所存，既志以事其先，又欲教其子孙，相继而无穷，可谓继志君子矣。[1]

以上文字，反映了北宋时期新安江流域关于祖先记忆建构和族谱纂修的基本状况。作为流域新安地区现存最早一部郡志《新安志》的撰著者，罗愿在为本宗族纂修的歙县呈坎《罗氏宗谱》所作的序文中，亦以较大的篇幅，对呈坎罗氏宗族的迁徙溯源和谱系进行了详尽的考证与阐述，从而完整地建构了罗氏宗族的集体记忆，他写道：

新安城西四十里，曰歙呈坎，罗氏倚山环溪而居，族属蕃蔓，可无谱以志其源流乎？缘稽旧谱并宗弟德迈属其婿稠墅秘阁汪应元所具予前后二支世略云：汉大农令珠世居长沙城东。又云湘东，今灵妃庙者，其居也。父君用，秦武陵令；叔君同，封孝感侯；妹某封灵妃。珠事高帝，忤廷臣，适灌侯以南服筑城事闻，因命下珠同郡人张交司其事。功就，手植豫章为记，遂以名城，而又以手植处家焉。卒葬西山南岭，六子环墓而居。配张氏，葬今万寿宫前，即黄古巷之茅园也。再傅氏葬乌龟岭，七世孙中大夫达因徙而居其傍矣。达生太尉，讳叶，字季茂。茂有治水功，庙祀辟邪，叶子光禄大夫昇因徙而祀其庙矣。昇生季实，为东郡太守，继薛令羊和，后居泗州，即涂埠。实生霄，义不帝晋，封总管，故桥梓俱庙祀于涂埠。霄生佐，为蜀折冲郎将。佐生瑭，赘北林黄向女，植大农柏于居右，秀茂，后因号柏林公。瑭生文通、文慧、文佑，讲学于丰城，故今名其学道处曰罗山。佑与浮丘伯、王裒、郭似，传轩辕，容成久视之学于歙黄山，晚隐歙呈坎，改姓程，奉葬母处，即天尊先墓。随由狮潭跨白狼，超巨石轻举而去，奉直鼐婿郑总管昭祖，葬潭东西北。虞集志墓处云：狮潭仙人罗君居之，为神明所游。山川奇会处，即呈坎天尊。通生英毅王锵，锵生刑曹左丞绥，绥生企生、遵生，一忠一孝。而四世以来，俱有祠报其功德，则曰徽君忠惠岱王上报下报庙是也。企生生昌雷，次宗志、昌高，封父企冢，故名罗墓，表其孝也。昌生五子，智慧、智亮、智达、智通、智强。智达补兰台正

① 弘治《流塘詹氏宗谱》卷一《旧序录》。

书令史，生冲祖，讳和，御灾有功，庙祀市汉，封谏议大夫。和生景休，讳腰，膂力过人，广汉宗人罗研奏其义勇。适梁元帝敕程灵洗守新安，遂以腰为洗郡主簿。华皎之反，洗命腰斩使，陈兵以威之，回兵遇涧，有石去岸数丈，众惧，不敢踰，腰跳而踰之，用木渡兵。跳迹尚在，今歙治西北曰跳石是也。腰生万平，隐居乐道，父母殁，哀毁庐墓。今洪都城墙墺下坟者，是其垒土之孝处也。曰莲花塘者，是其授徒之隐处也。配朱氏，号十三娘，有贤行。万平生元晖，名刻万寿官铜钟，补隋大理寺律学博士，早逝。配王氏，有孝节。今洪都南曰朱姑墺者，王氏麻衣队土之所成者也。曰朱姑桥与寺者，朱氏去钗捐赀之所建者也。寺今存柏，实朱手植；存桐乃族贤仁节祀祖之时封。朱王遗像在寺，故并祀之而手植是桐，以识不忘。仁寿间，三世以孝节旌其门。生中书省都事世义。世义生志羲，志羲生尹时，尹时生有作。有作生汉直，捐赀创金谷院，院左莳花自乐，没后同配谌氏祠于寺侧。直生弘爱，帖授闽中尉。爱子二：绍忱，讳敬。好善乐施，曰祭田，曰思贤坊，曰蛇冈，曰桥里路，曰柏林桥头者，皆其当时义迹之遗也；绍长，讳芰，乾符初，为弦高镇将，追寇于铜步，死之。其后，居婺源水东至林和也。忱子二：鸣尹，字周伊，奉节度使李公讽檄，置炉于永王墓并丰城、引溪二所，铸钱以便商旅。生先物，字仪通，明经，授上元主簿，因居鸡鸣山。通生天秩，号秋隐公，徙居歙呈坎，为后罗，有《思乡赋》，配呈坎汪古悦女。秋隐葬杨干地，汪葬东里；鸣谦，字周益，元和十二年，诏入粟助边，授解褐宣议。生先义，字仪则，乾宁二年举进士，复试落下。义生天真，号文昌公。徙居歙呈坎，为前罗，配篁墩朱将军古僚女，夫妇合葬柿坑葛木坞。

循是诸府君而观之，则源流亦概可见矣。昔渊明赠族祖曰："同源分派，人易世疏。慨然寤叹，念兹厥初。"以见谱不可不作也。谱作，可以序昭穆，可以辨亲疏，可以联宗属，可以起孝思，可以励风俗，可以使来者知所自焉。①

作为一位严肃的学者，罗愿撰写的《罗氏宗谱序》对呈坎罗氏宗族的由来、迁徙及其宗族谱系等宗族集体记忆的建构，尽管做了较为详细的考订，但与其所撰著的备受赞誉的《新安志》相比，其中的轩辕、荣成子及虚幻祖先学道等传说故

① [清]罗斗等：《溁川足徵录》卷七《序·罗愿〈罗氏宗谱序〉》，清稿本。

事，显然是很不严谨的，但这也反映了两宋时期谱牒纂修者们普遍存在的弊端。正如林济所言，宋元新安宗族谱系的构造，“体现了宋元时期徽州姓族企图在王朝历史中说明自身，在地方社会中展现其优越性与主导地位的努力”。为了达到这一目的，包括徽州族谱的纂修者们在内的新安江流域知识和文化精英，试图将虚构的宗族祖先与谱系传说故事历史化，并在历史化中使“神明祖先成为历史祖先”，[①] 进而在宗族成员的心理上产生强烈的认同，形成一种并非历史真实的宗族集体记忆。

元朝是新安族谱纂修又一个重要发展时期。宋代业已纂修族谱的各大宗族继续续修。以程氏宗族为例，元代新安地区又续修或纂修了各种族谱达16种之多。[②] 其中，尚有《新安胡氏历代报功图》《新安汪氏族谱》《汪氏渊源录》《新安旌城汪氏家录》和休宁县藤溪《陈氏谱略》等6种族谱遗存至今。与两宋时期谱牒纂修宗旨、内容和形式的转型相比，元代新安江流域各地族谱纂修又向前迈进了一步。聚居新安江流域上中下游各地的程、汪、方等大族连续不断地纂修和续修各自的族谱，为跨地域的宗族联宗纂修统宗谱，扩张本族的势力范围，建构跨地域的血缘和身份认同创造了最基本条件。其中，纂修于泰定三年（1326）和后至元三年（1337）的《汪氏渊源录》与《新安王氏族谱》二谱，即具有了跨地域会通统宗谱系的汪氏统宗谱雏形。也就是说，元代新安宗族的“一本”或“一气”观念为中心的血缘身份认同和集体记忆进一步扩大，“君子修身，必本于孝，孝莫大于敬亲。自吾亲推而至于高曾，同此一气，下而及乎曾玄，传此一气也。《传》曰：身也者，亲之枝也。敢不敬乎？自高曾至于吾身几世矣，由吾身而及乎曾玄，又不知几世矣。传愈久，支愈远，厥宗纪系，此家谱所由作也”。[③] 但元

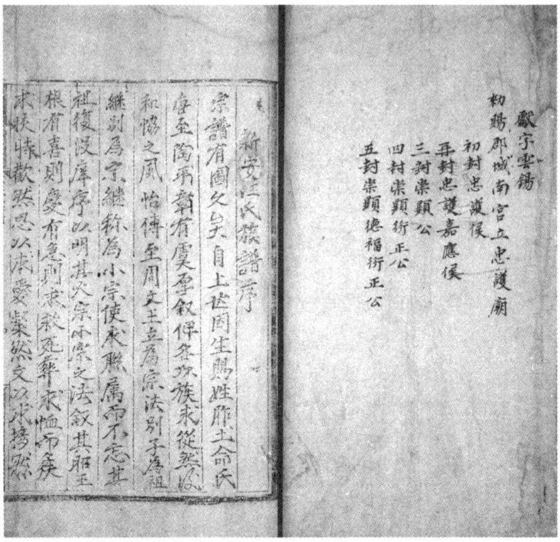

元后至元刊本《新安汪氏族谱》

① 林济：《宋元宗族谱系的构造——以徽州程氏为例》，《安徽史学》2014年第3期。

② 景泰《新安程氏诸谱会通》卷首《迁居郡地》。

③ [元]舒頔：《素贞斋集》卷二《章氏族谱序》，《景印文渊阁四库全书》第1217册，《集部》第156册，台湾商务印书馆，1986年，第577页。

代新安族谱也更注重求真求实，对“妄取前代名公卿以为上世”也多有批评。对此，理学家郑玉在《方氏族谱序》中指出：

自宗法废，而先王所以睦族之意竟不可见，独赖谱系之存，世数犹可考也。然非大家官姓、声势足以动其乡州、德泽足以及于后世者，则又不久而辄亡之，使其子孙服未尽而已为途人，岂不重可叹哉！予家来居西溪之上，今十二世，至以姓名其村，谱牒历历可考，坟墓无所遗失，非有达官大人之势、豪家巨室之资，世以力田相尚，而能保守不坏如此，余尝私自庆幸，以为积者深矣。及观方氏族谱，益有感焉。方在江南为大族，居睦、歙间尤盛。盖自真应黟侯在汉和帝时，以贤良方正对策为天下第一，死而血食其地，故居其间者祖焉。以虚谷使君之博学多闻，亦自以为实其所出，是信不诬也。方君之谱不及者，世则远矣。而于源流行实复备录焉，所以著其始也，其亦识隆杀之等而尽亲亲之道者哉。予每怪世之奸人、佚士妄取前代名公卿以为上世，自诧遥遥华胄以诬其祖，以辱其身，如郭崇韬拜子仪之墓者，其亦可诛也已。至若以为谱系有限，高曾之外，即不复著。而不知先王制服以情，后世著谱以考其源，二者义实不同。如苏明允之序其族谱者，其亦隘矣。方公之谱，举无此弊，可谓善于书法者，抑犹有说。聿修厥德，人之所以念其祖也；全而归之，人之所以孝其父母也。然修德以显身而体无不全，全身以道而德无不修。盖修德然后能全其身，全身所以为修其德，则念其祖考、孝其父母也，亦非有二道也。方氏之先，多闻人，其子孙当益进于学，求所以显身修德，以光大其门闾，使家声复振，斯谱之传不坠，此则谱外之意也。方氏子孙勉之。①

二、新安族谱在祖先和谱系建构中的冲突及其血缘身份认同

宋明以来，尽管新安江流域各大宗族在积极倡导纂修的大量族谱中，持续不断地对本宗族的祖先（含始祖和始迁祖）谱系进行建构，并在木本水源、尊祖敬宗、敬宗收族等“万殊一本”观念的支配下，来统合具有血缘关系的宗族成员，强化同

① [元]郑玉：《师山集·师山遗文》卷一《方氏族谱序》，《景印文渊阁四库全书》总第1217册，《集部》第156册，台湾商务印书馆，1986年，第70页。

族成员的血缘身份认同。但问题在于，在追溯和建构祖先及其谱系的过程中，各大姓内部往往产生较大分歧，特别是程氏、汪氏、黄氏和胡氏等大姓名族，不仅彼此之间分歧较大，甚至产生了冲突和对立。唐代至北宋之初，新安程氏宗族始迁祖大都以南朝梁齐时的程灵洗为始迁祖，而至北宋中叶以后，则逐渐虚拟建构出东晋新安太守程元谭这一人物，并将其作为新安程氏宗族的始迁祖。而汪氏的始祖也有汪芒氏和鲁成公支子之争；主张鲁成公支子者，其地望又有颍川和平阳之分。新安黄氏宗族始迁祖，则有五代后梁时的黄叔宏和晋新安太守黄积之分。至于新安胡氏始迁祖，也有东晋新安太守胡焱和唐末五代常侍胡与明经胡的不同。①

下面，我们谨以程氏祖先及其谱系建构为例，对新安江流域宗族祖先及其谱系建构中的冲突进行探讨。

新安宗族的始祖或始迁祖形象，是由杂糅历史真实与传说故事的宗族群体记忆逐渐形塑和建构而成的，是一个宗族祖先信仰和祖源观念的集中反映。它所解决的其实是一个宗族的源流谱系问题，是划分“我群”与“他群”作用的一把标尺。②宋元以来，特别是明清时期，随着中原地区世家大族三次移民高峰的完成，新安江流域逐渐发展成为聚族而居的宗族社会，宗族发展异常繁荣。无论大小贵贱贫富，新安江流域几乎每一个宗族都会通过纂修谱牒等方式，建构本族的远祖形象。这些远祖形象随着时间的推衍，呈现出越来越清晰的发展趋势，如新安程氏宗族的始迁祖——新安太守程元谭便是一个非常典型的案例。

综合明清以来新安江流域的地方志、程氏宗族族谱及相关文集记载，有关程元谭的生平及事迹大体可概述如下：

程元谭，洛阳人，新安程氏宗族始迁祖。晋元帝平定东阳、信安等六郡后，元谭以镇东军谋身份出任襄州刺史。大兴年间，因其军功显赫、安定一方，被授为新安郡太守，秩二千石。因施仁政，政绩斐然，深受新安百姓爱戴。任职期满调任升迁时，百姓不忍其离去，群请其留下。事为晋元帝闻知，对其予以褒奖。去世后，晋元帝为示隆恩，于歙县黄墩赐其田宅，程元谭因此成为新安程氏宗族的始迁祖。南宋德祐元年（1275），朝廷追封其为“忠佑公”。其墓在“郡城（今安徽歙县）

---

① 冯剑辉：《徽州家谱宗族史叙事冲突研究》，合肥工业大学出版社，2014年。

② 祝立业：《从碑志看高句丽人的始祖记忆与祖群认同》，《社会科学战线》2016年第5期。

之西十里驿路之旁”。[①] 程元谭墓地广袤，墓前有双石人标示，但因年代久远和后裔迁徙等原因，程元谭墓曾一度湮灭。程元谭后裔中显赫者代不乏人，其中较为知名者有萧梁时“忠壮公”程灵洗，宋代学者程大昌和明代程敏政等。

尽管现存明清至民国时期的新安程氏族谱均有始迁祖程元谭事迹的记载，且谱系脉络清晰。但在宋代以前的程氏族谱及相关文献中，并未有程元谭的文字记录。事实上，程元谭真正作为新安程氏宗族始迁祖的文字记录，在宋代以后才开始出现。我们将现存的程氏族谱和有关文献中关于程元谭的记录加以梳理，大致可将关于程氏宗族始迁祖程元谭的建构过程分为以下四个阶段：

第一阶段是宋代以前，现存有关程氏宗族各类族谱中并未见有程元谭的文字记录。因唐末五代动乱，之前的新安程氏宗族谱牒基本亡佚，我们仅能从后世程氏谱牒中所保存的由唐代检校国子祭酒兼侍御史、上柱国程淘所撰《程氏世谱序》中窥见一二。但程淘在《序》中仅将祖先追溯至忠壮公程灵洗，并未对程灵洗之前的世系进行追溯，更无程元谭的任何文字记录。[②]

第二阶段是两宋时期，程元谭作为新安程氏宗族始迁祖的形象开始出现，但十分模糊，且并未得到程氏族人和地方社会的普遍接受和认同。目前所见最早在族谱中提及程元谭的，是北宋庆历三年（1043）程承议所撰写的《程氏世录序》，该序文云：“程氏自晋新安太守元谭公留居郡城，历唐迄梁，代有显者。”[③] 其后，程氏宗族族谱大多因袭这一记载，“东晋新安太守程元谭”“始居新安”“得赐田宅”，这些文字相继出现。如北宋程璇所撰《程氏世谱序》中即云：“东晋元谭公自洛阳过江，居新安之黄墩。传至忠壮公，凡十三世矣。”[④] 南宋端明殿学士程珌则在《世忠庙碑记》中自称：“程氏得姓凡十四世而生忠翼，强济公由忠翼而来，三十二世而为新安太守。越自太守，始居新安。”[⑤] 南宋宰相程元凤撰文称：程元谭为“东晋大兴三年假节新安太守，百姓请留。诏从民便，仍赐田宅于歙之黄端。子孙因家焉，

---

① [明]程敏政辑撰，何庆善、于石点校：《新安文献志》卷四十五《晋新安太守程公墓碑》，黄山书社，2005年，第954页。

② 景泰《新安程氏诸谱会通》卷首《旧谱序·程淘〈程氏世谱序〉》。

③ 隆庆《新安休宁古城程氏宗谱》卷首《旧谱序·程承议〈程氏世录序〉》。

④ 隆庆《新安休宁古城程氏宗谱》卷首《程璇〈程氏世谱序〉》。

⑤ [宋]程珌：《洺水集》卷七《世忠庙碑记》，《景印文渊阁四库全书》总第1171册，《集部》第110册，台湾商务印书馆，1986年，第322页。

遂为新安著姓。”[①]可见，在这一阶段中，程元谭的事迹、谱系、官秩及所获封赐等信息得到初步建构。但值得注意的是，程元谭的始迁祖形象并未取得程氏族人的一致认同。北宋绍圣二年（1095），程祁在撰写的谱序中仅自称系忠壮公之后，未有提及程元谭；[②]南宋学者程大昌在撰写宗族谱序时则采用了疑问句式：“则吾宗之来此者，其东晋元谭公乎？”[③]显然，程大昌对所谓的始迁祖“元谭公”身份并不认同。而程氏族谱中所记载的南宋末年对程元谭身份“认定”十分重要的追封诰敕，是以程元谭为“忠壮公（即程灵洗）远祖”的身份，而非以其“新安太守”的名义和政绩为依据。[④]由此可见，程元谭是因程灵洗在南宋时期的社会地位大幅度提高而得以册封的。这亦从另一个侧面说明，至少在南宋时期，无论在宗族内部，还是在新安社会中，程元谭的事迹和形象尽管得以初步建构，但其影响力是微不足道的。不过，也正是从南宋开始，作为新安程氏的始迁祖，程元谭逐渐在程氏宗族之外的群体中取得了部分认同，如南宋诗人杨万里在为宋代黟县名臣程叔达撰写墓志铭时，便称其“胄出重黎氏，自伯休及婴，晋元谭守新安，民德之，诏赐田宅于歙，因家焉”。[⑤]但是，在南宋罗愿所纂的淳熙《新安志》中，东晋新安郡“牧守”序列里并无程元谭的记载。[⑥]检索《晋书》《资治通鉴》等正史文献，亦皆无程元谭的文字记录，[⑦]这说明程元谭在当时尚未得到新安郡等地方官府和社会的认同。

第三阶段为南宋后期至元代。程元谭的形象渐趋清晰，社会认同度亦日渐提高。在这一阶段中，程元谭任新安太守的具体时间开始明朗，并被形塑为一个生平清晰、政绩斐然、怀德爱民的地方官员。宋元之际，方回在为程元谭所撰写碑文中云：“程公讳元谭，为假持节新安太守大兴二年己卯也。良二千石，民爱怀之，受代请留，竟不得去。卒于郡，永昌元年壬午也。墓在今郡城西十里驿路之旁，歙之程

---

① [明]程敏政：《新安程氏贻范集》乙集卷之四《程氏宗祖墓铭》，明弘治刻本。

② 隆庆《新安休宁古城程氏宗谱》卷首《旧谱序·程祈〈程氏世谱序〉》。

③ 景泰《新安程氏诸谱会通》卷首《旧序·附录程大昌〈休宁会里中泽谱序〉》。

④ 弘治《陪郭程氏敦本录》卷下《诰敕·忠壮公远祖元谭追封忠佑公诰》，明弘治五年（1492）程玺刻本。

⑤ [宋]杨万里《诚斋集》卷一百二十五《宋故华文阁直学士赠特进程公墓志铭》，《景印文渊阁四库全书》总第1161册，《集部》第100册，台湾商务印书馆，1986年，第602页。

⑥ 淳熙《新安志》卷九《牧守》。

⑦ 按，冯剑辉在《新安程氏始祖程元谭研究》中指出，《新安志》漏载太多，未记载程元谭不能作为其不存在的证据。而正史中未记载程元谭，也最多只能“推论其可能无，而不能断定必然无”。

氏自此始。"[①]元代大德年间，紫阳书院山长程逢午则在所撰写的程元谭墓志铭中称："徽之程氏，自新安太守元谭始。晋元帝兴江左，太守由襄州刺史守新安郡，及代，百姓遮留不得发，诏褒嘉之，赐第于新安之歙县，子孙家焉。其墓在州之西十里，今名双石前，盖指墓前二石人也。有地广袤，可容数万人。"[②]这些记载是否是后人假前人之手而为之，我们不得而知，但这至少说明在元代，程氏族人对程元谭的任职时间、政绩、待遇、墓地等相关信息进行了添加和建构，前后的世系脉络也记载得十分清晰，并得到社会各界的普遍接受与广泛认同。郑玉在其所作的《重修忠烈陵庙记》中，曾提及"歙县有古邱墓凡三，晋新安太守程元谭墓在予所居贞白里中，今唯双石人可识，然沉沦土中殆尽矣"。[③]赵汸在《长乐县程令君行状》中，亦称"令君讳愿学，字希圣，别字节卿，徽之休宁人，其先自晋新安太守元谭以治郡有绩，锡褒诏赐田宅于郡，因留家焉"。[④]可见，在元代中后期，程元谭作为新安程氏宗族始迁祖的形象在程氏宗族中已深入人心，其政治形象也得到了一些社会精英的认同。

第四阶段是明清时期。这一阶段中，作为新安程氏宗族的始迁祖，程元谭的事迹和形象的建构更加成熟与完善，不仅新安程氏宗族各类谱牒文献中，程元谭以不容置疑的身份给予记录，而且亦得到了社会的广泛接受和认同。尽管各种程氏宗族谱牒对程元谭的记载略有出入，但都大同小异。其中，程敏政综合各家之说，对程元谭事迹进行全景式记述，堪称是程元谭始迁祖形象建构的集大成者。他明确将程元谭视为新安程氏宗族的始迁祖，云：

> 一世太守府君讳元谭，为人清洁敏达，晋怀、愍时历广平太守，值胡羯之乱，失官，弃家徒步归琅琊王，为镇东军谋，从之渡江。……大兴三年……府君以襄州刺史假节行新安太守，绥辑流民，疏通畎浍，教民孝弟，举俊造于朝，

---

① [明]程敏政辑撰，何庆善、于石点校：《新安文献志》卷四十五《晋新安太守程公墓碑》，黄山书社，2005年，第954页。

② [明]程敏政辑撰，何庆善、于石点校：《新安文献志》卷十四《晋新安太守程公墓志》，黄山书社，2005年，第380页。

③ [元]郑玉：《师山集》卷四《重修忠烈陵庙记》，《景印文渊阁四库全书》总第1217册，《集部》156册，台湾商务印书馆，1986年，第32～33页。

④ [元]赵汸：《东山存稿》卷七《长乐县程令君行状》，《景印文渊阁四库全书》总第1221册，《集部》第160册，台湾商务印书馆，1986年，第346页。

歙民爱之如父母。永昌元年，代还，百姓遮道请留，卒不得去，诏褒嘉之。俄卒于郡，元帝闻为之惊惜，赐田宅于郡之篁墩，是为新安程氏始祖。墓在城西十里衮绣乡二十三都，墓前有双石人，历宋元无恙。土人思之，名其地曰双石，出郡志及碑。宋以府君裔孙忠壮公庙祀有灵，用越国汪王追爵上世及子孙例，封公为忠佑公，封忠壮子为忠护侯。①

显然，程敏政关于程元谭的记录已非“一家之言”，而是有了更加正规和可信的依据，即“出郡志及碑”。在此之后，新安江流域各类程氏宗族的谱牒大多采用程敏政之说，从而完成了对程元谭这位新安程氏宗族始迁祖事迹和形象的建构。

清代程氏族谱甚至还出现了这样的记载，即：

元谭祖，初历江阳太守，转襄州刺史。……公为镇东军谋，辅琅琊王即位江东，是为元帝，号东晋。……大兴三年，新定、东阳、信安六郡既平，以襄州刺史假持节镇抚新安。公任太守，绥辑流民，疏通畎浍，教民孝弟，举俊造于朝，歙民大悦，立遗爱碑亭。永昌元年，秩满代还，百姓遮道请留，卒不得发。帝闻而嘉之，诏褒赐第新安歙之黄墩，子孙遂因家焉，是为新安程氏之始祖也。殁于晋明帝太宁二年乙丑，享年八十有一。宋追封忠佑公。葬城西十里驿路旁，制二石人于墓前，遂名其地曰双石。②

程元谭的人物性格、仕途经历、生卒时间③等具体信息在这一阶段得到建构。至清代康熙年间，祖先程元谭对于程氏后裔而言，已成为一种固然的存在：“东晋元谭公以太守赐第世居，……余自志学以来，固已闻之孰矣。”④新安江流域各地的学者和社会精英也都接纳并认同了程元谭这一人物的客观存在。如休宁儒学教谕张

① 成化《休宁陪郭程氏本宗谱·事略》，明成化十年(1474)刻本。

② 康熙《南宋新安褒嘉里程氏世谱》卷首之二《元谭》，清康熙十一年(1672)刻本。

③ 按，关于程元谭生卒时间，主要有以下几种说法：一说其殁于永昌元年(322)，见《新安文献志》卷四十五《晋新安太守程公墓碑》、道光《徽州府志》卷八《职官志·名宦》等；一说太宁二年(324)，见康熙《南宋新安褒嘉里程氏世谱》卷首等；还有永昌六年(无此年代)，见成化《新安程氏统宗世谱》卷一《江东派》、嘉靖《祁门善和程氏谱·谱辨》。

④ 乾隆《新安程氏统宗补正图纂》卷首《新安程氏统宗补正图纂大成序》，清乾隆十二年(1747)刻本。

日孜为程氏族谱撰写《序》时即称："又推而上十四世则新安太守元谭公也，自北而南为新安始祖。"[①] 歙县学者鲍宁为程氏族谱撰写序文时，云："其迁南而居新安者，又由元谭公始，东晋大兴二年，公由广平太守假节守新安，有德于民。及他迁，遮道请留，卒不得发。诏褒嘉之，赐第于新安之歙邑，子孙遂家焉。"[②] 这一记载因鲍宁参与地方志纂修而被收入弘治版的《徽州府志》。汪道昆亦在其《太函集》中多次提及程元谭。[③] 遂安中洲徙自休宁县富溪的程氏炳公支派，也对程氏宗族的始迁祖程元谭深信不疑，云："新安程氏肇自元谭公，自公以下，世次支派皆有所考，故《新安程氏宗谱》皆以元谭公为一世祖。自始祖以下，至十四世，生忠壮公灵洗，居黄墩。"[④] 至此，程元谭作为新安程氏宗族始迁祖的形象，不仅在程氏宗族中得到完全认同，而且还为新安江流域其他小姓所仰慕，并冀图通过各种手段予以攀附，借以提高本宗族的社会地位。如，清康熙年间，世忠庙庙祝方氏冒姓冒祖，新安程氏宗族即以"始迁祖程元谭"的名义而团结在一起，并为守护千年太守坟墓而引发了大规模宗族诉讼案件，造成了深远的社会影响。[⑤]

综上所述，在程氏族谱和后裔及后世学者的文献著述中，"始祖程元谭"从宋代开始进行初步建构，其后不断加以强化和完善其事迹与形象，至明代中期程敏政时完成了建构过程，并在程氏宗族和新安地域社会中获得广泛认同。除祖先事迹和前后世系的建构，程氏宗族还通过祖先祭祀[⑥]、祖先画像、祖墓修建及其维护、创建祠堂等手段和途径，以深化族人对程元谭的"祖先记忆"，使"始迁祖程元谭"在程氏后裔中不断得到群体认同，且地位不断得以巩固。

还应指出的是，认同程元谭为新安宗族始迁祖的程氏宗族，并非纯粹都是有着共同血缘关系的程氏宗族。实际上，除了原生的程氏宗族之外，还有后来附加进去的其他外姓宗族联合体。对此，宋人程璇在《程氏世谱序》中曾称："今新安尚有呈姓，多慕忠壮之风，辄改呈附程氏者有之矣。"[⑦] 甚至远至"江浙士大夫非程氏族

---

① 弘治《休宁陪郭程氏敦本录》卷首《陪郭程氏敦本录序》。

② 景泰《新安程氏诸谱会通》卷首《程氏会通谱序》。

③ [明]汪道昆著，胡益民、余国庆点校：《太函集》卷十六《海阳程次公七十寿序》、卷二十一《长原程氏本支谱序》、卷六十九《潘氏宗祠碑记》，黄山书社2004年版。

④ 民国《遂安中洲程氏宗谱》卷首《凡例》。

⑤ 康熙《新安程氏世忠原录琼公支谱》卷十，清康熙刻本。

⑥ 光绪《大谷程氏宗谱》卷一《祀典规》，清光绪三年（1877）叙伦堂刻本。

⑦ 隆庆《新安休宁古城程氏宗谱》卷首《旧谱序·程璇<程氏世谱序>》。

姓，而自言系出黄墩者甚多”。[①] 明代学者程敏政甚至亦一度被视为是外姓冒族，有人甚至指责其撰修《新安程氏统宗世谱》的目的就是为了“冒祖附族”。[②] 也就是说，在程氏宗族发展的历程中，在遗漏了部分弱小宗支[③] 的同时，还吸纳了一部分当地的外姓宗族。这些外姓因仰慕程氏之望族地位而不惜冒族以攀缘，自称“元谭公后裔”，并参与了为程元谭始迁祖地位的形塑与建构过程。因此，作为新安程氏宗族的始迁祖，程元谭形象的建构和宗族认同的确立，是以程氏宗族精英为主体，并有非程氏宗族成员共同参与、彼此互动的结果。

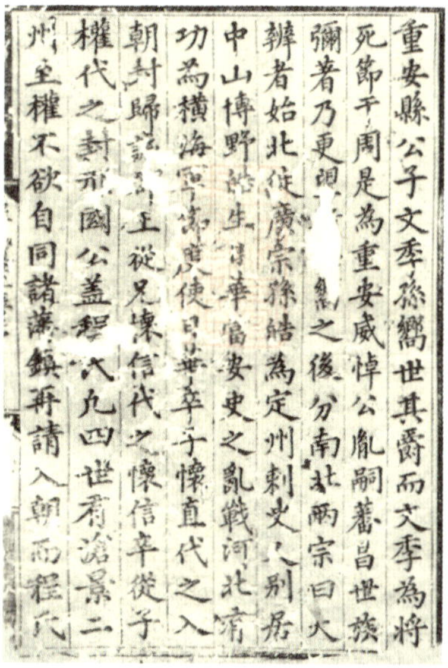
重安縣公子文季孫嚮世其爵而文季為將
死節于周是為重安威悼公胤嗣蕃昌世族
彌著乃更[illegible]之後分南北兩宗曰大
辨者始北徙廣宗孫皓為定州刺史又別居
中山博野[illegible]生[illegible]華當安史之亂戰河北宗
功為橫海[illegible]使[illegible]卒于懷直代之入
朝封歸[illegible]王從兄懷信代之懷信卒從子
權代之封邢國公蓋程氏九四世有[illegible]景二
州至權不欲自同諸藩鎮再請入朝而程氏

明成化刻本

程敏政纂修的《新安程氏统宗世谱序》

在新安程氏宗族祖先谱系的建构过程中，不断地发生分歧、矛盾、对立与冲突。其中最大一次对立与冲突发生在明代中叶，是在《新安学系录》著者、休宁县富溪人程曈与休宁县汉口程氏宗族之间发生的。冲突缘起于程曈对汉口程梦龙撰写之《十万公辨》提出不同意见，程曈认为：

> 吾家十万公与君家所谓十万公，其号虽同，而其实则不同也。吾家十万公讳渝，生于唐末，则勿斋撰《德秀行状》曰：居汉口，号四门程；迁闵川，号十万程，有十万公墓在焉是也。君家之所谓十万公讳绪，生于宋。则勿斋撰《举膠楼记》曰：居汉川，号四门；迁闵口，号十万；迁西郢，号京山大家者是也。[④]

程曈对汉口程氏声称系十万公后裔观点所提出的质疑，原本出于一个严肃学者

① 景泰《新安程氏诸谱会通》卷首《旧序·附录程大昌〈休宁会里中泽谱序柏》。

② 林济：《程敏政“冒祖附族”说考辨》，《安徽史学》2007年第2期。

③ 按：程敏政编修的《新安程氏统宗世谱》成为后来程氏宗族修谱的范本，祖先世系等内容大多依据程敏政版本。而程敏政谱在编修时并未统合所有程氏宗支，还有很多宗支因财力有限或其他原因，并未前来“会通”。这便意味着程敏政谱及之后的程氏族谱遗漏了部分程氏宗支。参考康熙《新安程氏统宗补正图纂》卷十四《休宁汉口派》，崇祯《率溪桃梅程氏重续宗谱》卷首《凡例》。

④ [明]程曈撰，王国良、张健点校：《新安学系录》卷末《附录一：与本书相关之集外文·与九桥程秀才求免死书》，黄山书社，2006年，第307页。

的认真求实态度。至于结论是否正确，程疃并无不十分把握，于是乃求质于率口族人程应征，并拟择机登门向程梦龙讨教。不料程应征未经程疃同意，擅自将程疃的意见转达于左右，致使程应龙及叔父程记堂及汉口程氏宗族头面人物数十人大发雷霆之怒，严责程疃之罪，并呼程疃族弟程新庭至汉口，当面持戟而叱之曰：

> 尔兄程象甚无道理，不识高下，乃敢驳我《十万公辨》。今当伺其出入，拦截之，羁絷之，羞辱之。一曰拔其髯，挞其背；一曰幽囚之，绝其食，使不毙于吾人之手不信也。①

在汉口程氏宗族欲置程疃于死地的威胁和恫吓下，程疃自知惹下大祸，惊恐万分，遂修书自责，四处求饶免死。在托其亲程梦龙之舅吴斯望转交的《与九桥程秀才求免死书》②中，程疃心惊胆战向程梦龙自责和求饶道：

> 继闻道途纷纷籍籍，相传锦乡数日之中，巷而议，家而谈，无非责仆者。或切齿怒目而欲以詈仆为事，或攘拳露臂而欲以殴仆为能，或唾手拔剑而欲以刺仆为快。仆不胜恐惧股栗，心掉而胆落魂飞也屡日矣。于是反躬自省，徒知寻源究本以为心，实犯事大畏天之不谨，妄肆评论，委涉唐突，罪当万死。虽粉骨碎身不足以息大人先生雷霆之怒，而逭大人先生斧钺之诛也。
>
> 仆伏惟圣门有见过自讼之叹，国律有自首免罪之条。仆愿至今伊始，钤口结舌，不敢胶柱鼓瑟，复论是非，而惟尊辨是从。曰吾祖可也，吾祖可也；曰非吾祖也实吾祖也，亦可也。伏望大人先生及令叔列位察仆自首之诚，钦遵朝廷之法，容仆肉袒负荆，诣门请罪，赦以不死，并存髭须，使他日全归得以见先人于地下，以免不孝之名。则感大人先生及令叔记堂太朝奉列位更生之慈无穷，亦可以为世之不量时势、胶柱鼓瑟、妄评是非以取辱身羞亲之患如仆者之戒也。万一仆罪重责轻，不足以息列位之怒，则仆二男一孙能负薪矣，可不能

---

① [明]程疃撰，王国良、张健点校：《新安学系录》卷末《附录一：与本书相关之集外文·与九桥程秀才求免死书》，黄山书社，2006年，第307页。

② [明]程疃撰，王国良、张健点校：《新安学系录》卷末《附录一：与本书相关之集外文·与九桥程秀才求免死书》云："程九桥，名梦龙，字献吉。"黄山书社，2006年，第306页。

各分父祖之责哉，亦愿骈首而延颈阶下也。[①]

接着，程曈继续致书程应征[②]和孙云汀，[③]或恳请免死，或求其从中斡旋，其情其状，足见一位文弱学者在面对同族死亡威胁时的绝望无助与惶恐畏惧。

程梦龙在托其舅吴斯望转答程曈的《九桥答吴斯望书》中，不仅对程曈赞誉有加，承诺不会加害之，而且对引起汉口程氏宗族与程曈争端的原委进行说明；同时强调汉口程氏宗族谱系建构的正确性，并力斥程曈认十万公为祖之非。指出：

梦龙非才末学，谬辱朝廷教养，日惟以不能深究圣贤蕴奥，晓达治道，大惧上负吾君、下玷宗亲，勉勉循循，不遑宁处，一切事务，咸就谢避。缅惟令亲莪山程先生，博学洽闻，研穷追老，诸子百家，三教九流，靡不疏阅。梦龙幼时得观与汪仁峰先生往来书札、《朱陆辨》《闲辟录》，是以道学尚亦得其绪余，非泛泛山林剽窃训诂者比。以故现任本邑宋大尹特征主修《休宁志》事，远近见闻，后学模范。某以密迩，乃不得趋陪左右，觑观蕴蓄，抱歉抱歉。

今年族众以别派妄认吾祖十万公，编刻诗序，布满四方。虽曰蝉鸣蛙闹，诚恐以伪乱真，乃汇吾族先达英贤相传序记派系有关十万公者，集为一帙，以告宗亲高明，剖析真伪。某尝沮之曰：无以为也，是非之自见。昔者狄青不认狄仁杰，志者有取焉。崇韬拜子仪之墓，君子耻之。彼诚吾宗也，以其微而弃之，固不可；彼虽非吾族也，而欲窃附以夸耀闾阎，此世俗常情，忠厚者亦不之校。吾族众以某年弱识浅，不谙宗系大故，故言不见听，而其事卒行，某实无预于其间也。且文宗索课尤严，诸友文会，日促匆匆，卒无须臾之闲，亦尊舅之所备知也。梦龙岂暇及此乎？寒族虽乏贤，亦恶用梦龙为此琐屑乎？而令亲乃不相谅，谓为梦龙意，亦独何心？及《谱辨》刊出，散吾各派宗彦，海山观之，谓是辨虽某旧闻，实足为统宗羽翼，沮抑杂伪，特

① [明]程曈撰，王国良、张健点校：《新安学系录》卷末《附录一：与本书相关之集外文·与九桥程秀才求免死书》，黄山书社，2006年，第307～308页。

② [明]程曈撰，王国良、张健点校：《新安学系录》卷末《附录一：与本书相关之集外文·与海山程解元求救死书》，黄山书社，2006年，第311～314页。

③ [明]程曈撰，王国良、张健点校：《新安学系录》卷末《附录一：与本书相关之集外文·与孙云汀秀才光宇求救死书》，黄山书社，2006年，第315～323页。

> 书序其首，此固吾族幸也。不意吾宗望如令亲莪山先生者，乃不满其说而条加辩驳，故吾族众情汹汹不愤。令亲来谕书，云各有十万公，吾族之所集，实宋十万公绪，固吾祖也；令亲所谓十万公渝，是令亲祖也。彼此既无相关，令亲宏博之学岂无他用，而顾屑屑于吾祖辨？是驳焉。吾尝闻诸父老，令亲祖荣公葬古墓山，炳公始迁富溪。其十二世孙常，元季编本宗谱，历历可考。荣乃杭公之弟，今又认十万公为祖，是如一人而认二父矣。曾谓博稽远照、究本穷源者，顾无定主若是耶？年湮世远，以伪为真，妄续宗系，若“踈”去“足”为“束”，“沈”之去“水”为“尤”，滕之冒母为孙，刘之比伍为员。不顾本祖而妄冒之者，天下皆是也。吾果盍与之深辩？邪正是非，真伪杂错。天理之在人心者，未尝亡；四乡之传闻者，未之泯。用夏变夷，下乔入谷，惟令亲之惕然自省与夫自处何如耳？妄肆言以招祸，窃为令亲不取也。各祖其祖，又何以事为哉？若夫族众对某云云，及族众人人怀愤，疾邪害正，恶伪乱真，梦龙虽不敢必其尽无，而解怨释纷，梦龙可任其无咎。兹非他也，以斯文故也。令亲过往山乡，决不必虑。日促僮幼，仓促不尽欲言，谨此。烦尊舅转详达令亲，幸甚。①

以程曈为代表的富溪程氏和以程梦龙为代表的汊口程氏，在本族祖先系谱程十万公归属与何为正宗问题上，始于程曈之谱辨，终于程曈认错告饶而终结。程氏宗族在程敏政之后，再一次出现了因学者求真而被攻击，甚至遭到剥夺生命之威胁，这既是学者的悲哀，更是新安宗族祖先谱系建构中文化意义上血缘身份认同彻底战胜历史事实的集中反映。

---

①［明］程曈撰，王国良、张健点校：《新安学系录》卷末《附录一：与本书相关之集外文·九桥答吴斯望书》，黄山书社，2006年，第308～310页。

第四节 跨地域统宗谱的纂修、血缘身份认同的扩大和新安宗族的发展

明景泰年间程孟纂修的
《新安程氏诸谱会通》抄本封面

延至明代，随着新安江流域经济结构的变化特别是富甲一方的新安商人群体的崛起、科举功名的勃兴，以及教育文化的发达，新安族谱纂修无论在体例还是在内容上，都更加完备和成熟，跨地域的会通统宗谱自明初至中后期更加普及，几乎每一个大姓名族都纂修出了跨地域的统宗谱。如，洪武二十五年（1392），祁门县王氏宗族即纂修并刊刻了《王氏统宗谱》，“洪武壬申，统宗谱刊成，名《丁未谱》”。① 至景泰二年（1451）、成化十八年（1482），程孟和程敏政各自完成了跨地域的程姓会通谱与统宗谱的纂修及刊刻，有关会通谱和统宗谱概念之内涵，实际上还是“一本万殊，万殊一本”等“一本观念”的延续与扩大，是血缘身份扩大化的又一体现。鲍宁在景泰二年（1451）为程孟纂修的《新安程氏诸谱会通》所撰的序文中，对“会通”概念与会通谱的功能作了解释，云：“会者，会其源，万殊而归一本也；通者，通其派，一本而达之万殊。挈其要，于前诸谱之名公贤士、义夫节妇咸表而出之，仰而可法也；详其目于后，各谱之分支衍派，亲疏远近，备述不遗，可考而可念也。呜呼！观是谱者，当知其规模之宏大，又当知其取舍之谨严，而于尊祖敬宗、睦族之道自有不可得而忽者，人伦之明，风俗之厚，又岂不由于是乎？”②

统宗谱的纂修，一方面是出于跨地域联宗、扩大宗族血缘身份认同的需要，所谓“支则有本，继则有别，类则有秩，氏则有姓，裔则有始，迁则有止，往则有归，涣则有敦，谱则有系，异则有统，附则有革，诬则有徵，纵则有黜。夫岂谓人

① [明]戴廷明、程尚宽等辑，朱万曙等点校：《新安名族志》后卷《王》，黄山书社，2004年，第568页。
② 景泰《新安程氏诸谱会通》卷首《序》。

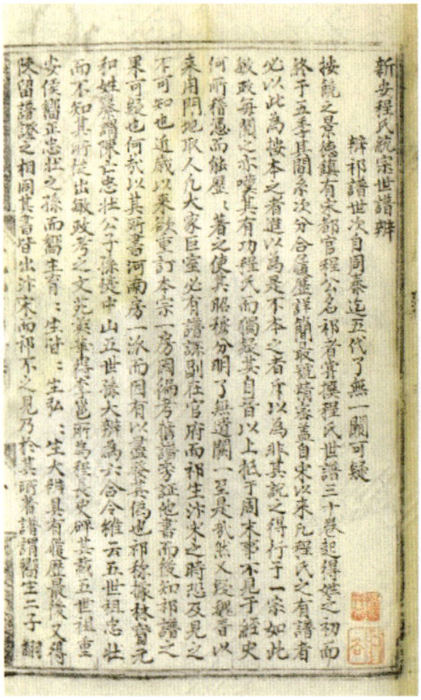
新安程氏統宗世譜辨
辨祁譜世次自周秦迄五代了無一闕可疑
按饒之景德鎮有宋都官程公名祁者嘗撰程氏世譜三十卷起得姓之初而終于五季其間系次分合纖悉詳備取覽者蓋自宋以來凡程氏之有譜者必以此為按本之者遂以為是不本之者斥以為非其說之得行于一宗如此敏政每閱之亦嘆其有功程氏而獨疑其自晉以上秪于周末事不見于經史何所稽憑而能歷歷著之使其昭穆分明了無遺闕一至是哉然又疑魏晉以來用門地取人凡大家巨室必有譜諜副在官府而祁生汴宋之時恐及見之不可知也近歲以來欲更訂本宗一房因偏考舊譜旁証他書而後知祁譜之果可疑也何哉以其所書河南房一派而因有以盡發其偽也祁特據林寶元和姓纂謂隋忠壯公子孫徒中山五世孫大辯為安令維云五世祖忠壯而不知其所徒出敏政考之文苑英華得李邕所為程長史碑其載五世祖重安侯驪亦忠壯之孫而驪生育育生佳佳生弘弘生大辯具有履歷最後又得陳留譜證之相同其言皆出汴宋而祁不之見乃於其所著譜謂驪生二子翻

明程敏政纂修《新安程氏统宗世谱》之《谱辨》

贤胥族贤，人贵胥族贵哉？若贵非族，以则同族，得民敬宗追祖，是谱其绪邪”。[①]另一方面也有纠正各地宗族在始祖或始迁祖及祖先谱系建构中讹误混乱，进而统一宗族思想、强化宗族控制的目的。就此而言，会通谱或统宗谱的纂修依然是“万世一身”“万殊一本”和“一气”观念的延续与发展，“谱牒之作，所以究一本之源也。夫一气之传而至于千万世，一身之传而至于千万人，非由谱牒以纪载，则一本之源又何所从而究哉”？[②]而纠谬订讹、统一各支族关于祖先及谱系建构中的口径，则正是程敏政纂修《新安程氏统宗世谱》主要目的之所在。为此，程敏政以“谱系有异同者，有舛误者，悉以历代诸谱参较，不专主旧说，蹈因袭之弊，不自出意见，取传会之讥。同者书之，正其舛；误者书之，否则辟之”[③]为《凡例》之一，针对被各地程氏宗族遵奉的程祈和程孟撰修的《程氏世谱》和《新安程氏诸谱会》等谱中存在的舛误和作伪，程敏政以一个学者的严谨态度，“积之二十年，颇尽得诸谱异同之故”，撰写了37条《谱辨》，如“辨祈谱世次自周秦迄五代了无一阙可疑”“辨祈谱不知程氏初迁江南出吴都亭侯普之后，误据《元和姓纂》以为出魏安乡侯昱，欧阳文忠公碑铭亦从其误”“辨祈谱新安太守元谭以下世次绝与陈留谱不同及书忠壮公二十二子可疑”等，[④]以有力的证据，力辩其非，并以程元谭为新安程氏始迁祖，重新建构起了庞大的程氏宗族主干谱系。尽管程敏政的《谱辨》论据翔实有力，但对已经接受了程祈等建构的祖先谱系和身份认同之新安江流域各地程氏宗族而言，在情感和心理上根本无法接受程敏政推翻程祈和程孟结论而重构的几乎颠覆性的新安程氏谱系，最终导致了来自新安各地程氏宗族群起而围攻之的

① 万历《三田李氏统宗谱》卷首《自序》，明万历四十三年(1615)刻本。
② 乾隆《歙淳方氏柳山真应庙会宗统谱》卷一《各派谱序》。
③ 成化《新安程氏统宗世谱》卷首《凡例》，明成化十八年(1482)刻本。
④ 成化《新安程氏统宗世谱》卷首《新安程氏统宗世谱辨》。

命运。尤其是程项纂修并刊刻于嘉靖四十二年（1563）的《新安程氏统宗列派迁徙注脚纂》，综合了新安各地程氏宗族所撰族谱对程敏政的批判，集中火力，以《辨说》八章即八个专题的方式，对程敏政纂修的《新安程氏统宗世谱》进行了激烈的驳斥与批判。在《统宗讹谬说章并序》中，程项云：

> 《统宗》讹谬，序谱略见，若匪详悉，曷免来议？外著《辨说》八章，用悉所以。或曰："续谱而讼先正之非，无乃无可乎？"曰："子昧矣。谱者，家乘实录，昭孝之书。圣人述经，不刊之典，毫有讹谬，污辱宗君，有杀无赦。知而蹈舛承讹，比之同科。且季世贵，贵崇名，是非不辨，《统宗》一行，大泽波颓，孰之能遏？虽有富溪莪山公之辨、龙山秋山公之议与檄，言之不行，不言何异？是故用说以弁篇端，的然从旧而不敢从新，是而不敢从非也。庶几我程氏有志氏族君子，不妨探讨二公辨议与檄，及项所著者，增其所未备，遍告诸族，正其讹而续其支，宁不为统宗之幸冰释？"后生贵，贵崇名之惑乎？或人唯唯。①

从以程氏为中心的新安宗族会通或统宗纂修宗旨、目的及其纂修过程中发生的种种矛盾和冲突中，我们不难看出，在宗族集体记忆和血缘身份认同中，情感和心理上的文化因素远远超过历史真实的面目。正如常建华所云："尽管新安程氏尊重程敏政，佩服他的学问与考证功力，但是不愿接受其考证结果。这不能不说是学者修谱的悲哀。"②

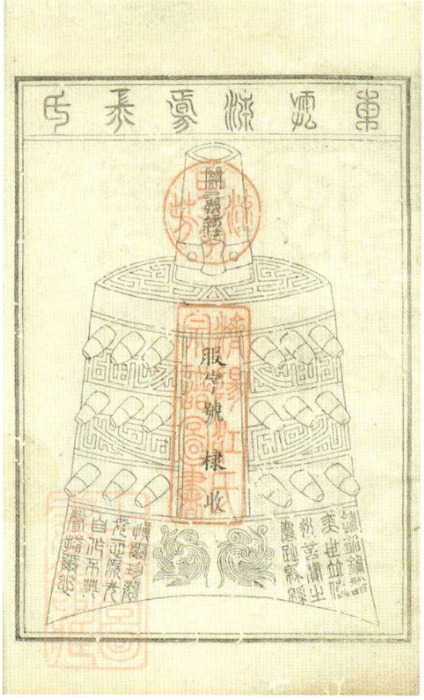
新安东关济阳江氏宗谱

继明代嘉靖、万历新安地区出现纂修统宗谱高峰之后，至清代乾隆时期，随着经济的恢复、社会的稳定和新安商人群体的再次崛起与繁荣，新安江流域各地再度掀起了续修统宗谱的热

① 嘉靖《新安程氏统宗迁徙注脚纂》卷首《统宗讹谬说章并序》，明嘉靖四十二年（1563）刻本。
② 常建华：《程敏政〈新安程氏统宗世谱〉谱学问题初探》，《河北学刊》2005年第11期。

潮，诸如歙淳方氏、程氏、汪氏，琅琊王氏，济阳江氏，考川胡氏，甲道张氏等又在明代基础上，分别续修了各自宗族的统宗谱。直至民国时期，新安江流域这种统宗谱的纂修热度依然持续不减，其中尤以江峯青联合族人，于民国四年（1915）开局并历时三年纂修完成的《济阳江氏统宗谱》规模最浩大。这部总篇幅达 80 卷（不含首一卷）、刊刻装订成 68 册的《济阳江氏统宗谱》，不仅将新安江流域上游地区徽州境内六县济阳江氏宗族悉数收入卷内，而且还跨省收录了新安江中下游的浙江遂安、开化等县，以及江苏、江西和河南等地的部分江氏支派的谱系，堪称是一部具有全国性质的济阳江氏统宗谱。特别值得一提的是，《济阳江氏统宗谱》是在中华民国建立后不久，在新思想和旧观念交织的背景下纂修的，不可避免地打下了时代的印记。正如江峯青为该谱撰写的《甲寅邀集各派启》中所言，“我《江氏统宗谱》自同治戊辰续修后，迄今将五十年。其间，生齿蕃殖，人事变迁，又中更患难，世界改造，国是未定，礼教不修，社会无彰瘅之公，学子慕欧美之化。自由、平等之说，嗜之所脍炙；伦敦、纪饬之训，弃之如弁髦。所赖缙绅之家明长幼，别疏戚，始之于彝伦之叙，推之为比邻之洽，广之即大同之象，人人亲其亲，长其长，而天下平。然则敬宗收族之所关，岂细故哉？然则我江氏宗谱之续修又岂可缓哉？”[①] 显然，由亡清进士、授荣禄大夫、召试经济特科、诏举硕学通儒、赏花翎二品顶戴一品封典政务处记名道奏委江西调查道、奏充宪政馆咨议官，民国改元后任江西全省审判庭臣的江峯青发起和主持的规模庞大的《济阳江氏统宗谱》纂修，在剧烈的社会变革中依然坚持以敬宗收族为宗旨，并希冀通过对跨地域济阳江氏各地各派宗族的整合与血缘身份认同，来达到对抗新时代、新思想的目的。可见，新安江流域地区统宗谱纂修和木本水源等血缘身份认同观念，是何等的根深蒂固、牢不可破。

平心而论，新安江流域各地跨地域的统宗谱纂修，可以追溯到南宋时期。至元代为止，包括汪氏等大族相继完成了部分统宗谱的纂修。明代新安江流域统宗谱纂修一度达到繁荣的巅峰，特别是嘉靖、万历时期，各大宗族纷纷利用自身的权力、身份、地位和财富等优势与人脉资源，纷纷投入到本宗族统宗谱的会通与纂修之中，相继纂修并刊刻了跨越地域空间规模庞大、数量众多的统宗谱，这其中尤以汪湘纂修、汪同文增修、隆庆四年（1570）刊刻的 172 卷本《汪氏统宗谱》篇帙为最。

① 民国《济阳江氏统宗谱》卷八十《杂志二·甲寅邀集各派启》，1919年木活字本。

乾隆《汪氏通宗世谱》封面

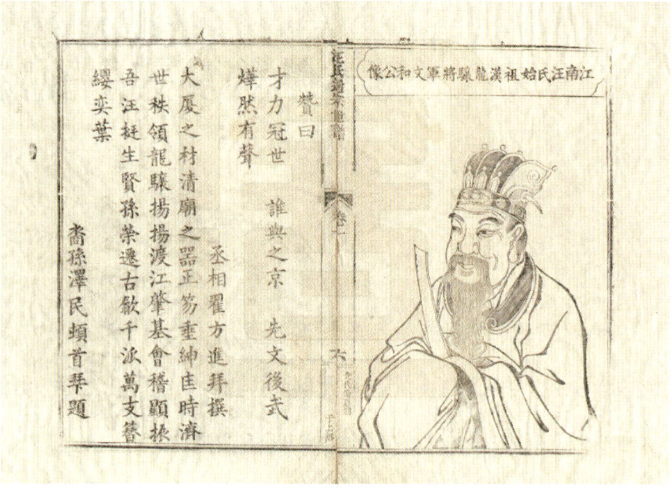

乾隆《汪氏通宗世谱》中的汪文和画像

清乾隆时再度崛起的统宗谱纂修高潮，使得新安江流域大部分大姓望族又一次纂修和刊刻了数量和规模庞大的统宗谱。因此，与其说这类会通或统宗谱的纂修是新安宗族集体记忆和血缘身份认同在地域上不断扩张的产物，毋宁说是其宗族统合与控制扩大化的结果。事实上，明清至民国时期，新安江流域在数次统宗谱纂修高潮中编纂和刊刻的统宗谱，不少已超越了新安江流域的地域空间，而成为具有全国性意义的单一姓氏名门望族谱。也就是说，新安宗族通过规模庞大、耗资不菲的会通谱或统宗谱的纂修与刊刻，进一步扩大了同姓同祖宗族谱系的建构范围，扩展和完善了本宗族的群体记忆，使得宗族血缘身份认同在一个更大的时空内得到了有效拓展，从而强化了宗族与地方，甚至中央权力的结合，加强了对宗族成员的控制。

第三章　新安宗族、家庭与房分的基本结构及其主要特征

尽管新安江流域的宗族起源很早，但其大姓名族主要是经历了历史上三次中原地区士家大族的南迁，至宋元时期才逐步定型，并在明清时期得到繁荣发展的。诚如赵吉士所云：“新安各姓聚族而居，绝无一杂姓掺入者，其风最为近古。出入齿让，姓各有宗祠统之，岁时伏腊，一姓村中，千丁皆集，祭用朱文公家礼，彬彬合度。父老尝谓新安有数种风俗，胜于他邑：千年之冢，不动一抔；千丁之族，未常散处；千载之谱系，丝毫不紊。”① 在家庭之上，宋明以来，新安宗族大体有三种组织结构：一是一般宗族：宗族－房分；二是大宗族：宗族－房分－支派；三是联宗宗族：始居地宗族－迁徙地宗族－房分－支派。② 不同的宗族结构，体现在宗族祠堂上也有不同的类型，既有“会祭有万丁之祠”③ 的统宗祠，也有宗祠、支祠和家祠。许承尧在《歙县志》中云：“邑俗重宗法，聚族而居。每村一姓或数姓各有祠，支分派别，复为支祠，堂皇闳丽，与居室相间。”④ 在号称祠堂之乡的黟县南屏，至今仍保存有全族共有的宗祠、某姓支派所有的支祠和一家或数家所有的家祠等三种类型的祠堂。在绩溪，一般小姓宗族则仅“有香火堂，无宗祠”。⑤

① [清]赵吉士辑撰，周晓光、刘道胜点校：《寄园寄所寄》卷十一《泛叶寄·故老杂记》，黄山书社，2008年。

② 冯尔康：《中国古代的宗族与祠堂》，商务印书馆国际有限公司，1996年，第46页。

③ 乾隆《绩溪县志》卷首《曹有光序》，清乾隆二十一年（1756）刻本。

④ 民国《歙县志》卷一《舆地志·风土》。

⑤ 乾隆《绩溪县志》卷一《方舆志·风俗》。

第一节　新安一般宗族的基本结构与主要特征

家庭是社会的细胞，是家庭成员社会生产与社会生活的基本组织单位。家上有房，一般单一血缘姓氏宗族本身就是由若干房构成。作为相对较为独立的地理单元，宋明以来至民国时期，新安江流域的宗族组织高度发达，不仅一般的单一血缘姓氏的宗族广泛存在，而且由宗族－房分－支派构成的大宗族，以及由始居地宗族－迁徙地宗族－房分－支派组成的联宗宗族也为数不菲。在宋元明清，乃至民国时期，新安江流域的宗族几乎控制了整个流域上中下游各地的基层社会。

本节以一般单一血缘姓氏宗族为例，对宋明以来新安江流域宗族的基本结构和主要特征进行说明与阐释。

一、新安宗族的结构

什么是宗族？据《白虎通义》所说，“宗”主要是尊重之意，是族人敬重的祭祀祖先，并以之为中心和睦族人的人；“族”是聚合自高祖至玄孙，相互恩爱不同辈分的各代人的家庭。因此，“宗族是由男性血缘关系的各个家庭，在宗法观念的规范下组成的社会群体”组织。[①] 作为一种社会群体组织，一般单一血缘姓氏的宗族，通常上可追溯自高祖、曾祖、祖父、父亲，下可延伸至子、孙、曾孙、玄孙，一共九代，这就是我们通常所说的“九族”，新安宗族大体也不例外。

宋明以来，新安宗族中族众的成员结构，基本上呈宝塔形结构。宗族的族长高居于宝塔的塔尖，拥有对全族事务的处置权与决定。族长，一些地方亦称“户长”“家长”“族正”“宗正”等。族长之下，为各房房长。房长一般代表本房，被推选参加协助族长处理重大事务。如，休宁商山吴氏宗族就于族规中规定：“祠规虽立，无人管摄，乃虚文也。须会族众，公同推举制行端方、立心平直者四人，四支内每房推选一人，为宗正、副，总理一族之事。遇有正事议论，首家邀请宗正、副裁酌。如有大故难处之事，会同该族品官、举监生员、各房尊长，虚心明审，以警人心，以肃宗法。”[②] 祁门汪氏宗族则主要以户长充任宗族族长。《平阳汪氏宗谱·家规》云：

---

① 冯尔康：《中国古代的宗族与祠堂》，商务印书馆国际有限公司，1996年，第8页。

② 万历《商山吴氏宗法规条》，明抄本。

“宗子主祀，礼也。或年幼分卑，不能表率一族，必择族中才德兼优、为族所推重者，立为户长。又于各房择年长者，为之赞焉。合族有事，主持有人。子弟有不肖者，亦得循规惩戒，庶公举有成，家法得申。”张有栋在对这条《家规》做注解时，进一步对户长的作用、地位和选拔标准等问题进行了阐释，指出：“户有长，以统一族之众，而后一族有主。犹家有长，以统一家之事，而后一家有主。然族之立，不必徒以年分，须择平素为人端正、刚直不阿，可以统驭一户、协服人心者，以为之长。事有关宗祖、合族利害，彼自会众商榷，不退缩推诿，轻败乃事，族中所宜急举也。”①总之，宗族的族长是宗族中辈分较尊、处事公正而被族众等推选出来的一族负责人。族长是族权的代表，族长拥有对本宗族经济财产，成员之间纠纷和打架斗殴等事务的处置权与裁判权。族长主持宗族的各类祭祀，负责制订族规家法，劝化教导族众奉规守法，处理本宗族对外交往与交涉事务，维护本宗族成员的共同利益。正如民国《歙县志》所云：歙县聚族而居，族必有祠，“祠各有规约，族众公守之。退辈行尊而年齿高者为族长，执行其规约。族长之能称职与否，则视乎其人矣。祠之富者，皆有祭田，岁征其租，以供祠用，有余则以济族中之孤寡。”②因此，族长的地位和作用极大，堪称肩负一族团结振兴之重任。因此，族长必须要有非常广博的知识和修养。对此，地处新安江下游的建德县西龙吴氏宗族特别指出：“族长为一姓之主，除行齿并尊外，尤须读书明理，躬列绅衿，并有子侄代劳者，方堪胜任。如不合例，本身不得冒充，族众不得滥举。”③在祁门善和里程氏宗族内，族长窦山公程新春“尤操履刚正，里或有讼，率不白郡县，惟求公以言决平。”④正是靠着这种处事公正、操履刚直的作风，窦山公赢得了族人的普遍尊重和爱戴，善和程氏宗族也由此得以振兴，成为祁门北鄙的一方巨姓大族。在新安江流域，担任族长之职的既有缙绅、平民，也有商人和农民，但基本以缙绅地主为主，毕竟宗族祭田等经济基础主要是靠“富室捐置”的，⑤贫民族长只是极少数。族长是封建王朝统治者行使对基层统治权的代表，因此，在某种程度上说，宗族是封建社会乡村基层社会的准基层组织。为进一步发挥宗族

① 民国《平阳汪氏宗谱》卷一《家规》，1929年裕源堂刻本。
② 民国《歙县志》卷一《舆地志·风土》。
③ 光绪《西龙吴氏宗谱》卷一《吴氏家规》，清光绪四年（1878）木活字本。
④ 万历《窦山公家议》卷首《窦山先生程公行实》，明万历三年（1575）刻本。
⑤ 民国《歙县志》卷一《舆地志·风土》。

维护基层社会治安的作用，清世宗和高宗时期曾专门颁布法令，要求各族设立族正，以加强对宗族的改造，发挥其教化、治安之作用，所谓“今各祠既有族长，而族长之下又有房长。地近而情亲，分尊而责专。既为房、族之长，岂有止司祠祭而于族中之贤否利害不相关之理？莫若官给牌照，假以事权，专司化导、约束之事”。①

族长之下是各房的房长，他们出席由族长召集的讨论和商议族中重大事务的会议，拥有对某人、某事的发言权。他们和族长一道，共同组成了以族长为核心，族副、房长、家长一道参与决策的缙绅集团。如，黟县环山余氏宗族就在《家规》中明确规定，由族长为核心所组成宗族缙绅决策集团，“家规议立家长一人，以昭穆名分有德者为之；家佐三人，以齿德众所推者为之；监视三人，以刚明公正者为之。每年掌事十人，二十以上、五十以下子弟轮流为之。凡行家规事宜，家长主之，家佐辅之，监视裁决之，掌事奉行之，其余家众，毋得各执己见，拗众纷更者倍罚”。②

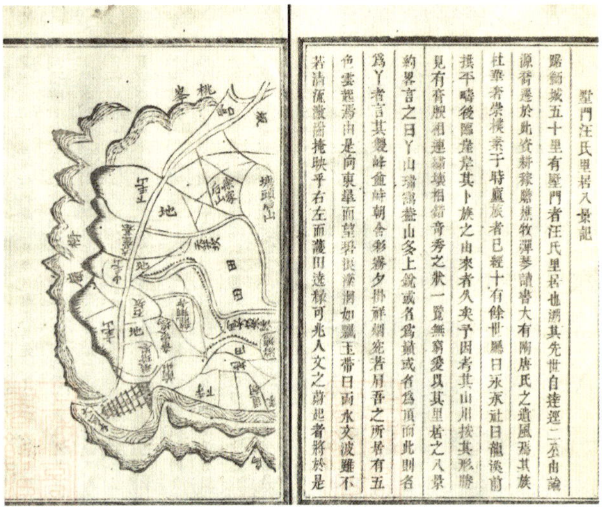

遂安墅门里居图

遂安墅门汪氏宗族对家长作为一族之长的视听言动行为还进行了规范，强调其楷模与示范作用，指出：“为家长者，视听言动，一以正直，不可轻信妇人、仆隶，致伤和气。倘子侄有过，正言谕之，使得自新。如或怙过不改，则会众各庙，明指其罪而重责之，毋得容隐，以致败类。”③

家众即本宗族有血缘关系的宗族成员，他们是宗族中主体，占据了宗族中的绝大多数。当然，这里有一个族籍的问题。一般来说，族籍的获得主要有出生和婚姻两条途径。由于宗族是以血缘关系为其内部构造的联结纽带，因而出生是获取族籍

---

① [清]贺长龄等：《清经世文编》卷五十八《礼政五 · 选举族正族约檄》；又见(清)徐栋：《保甲书辑要》卷三《广存 · 谕议每族各设约正》。

② 民国《古黟环山余氏宗谱》卷首《余氏家规》，1917年刻本。

③ 道光《平阳郡汪氏宗谱》卷二《家规》，清道光二十九年(1849)木活字本。

的主要途径。关于出生获取族籍，新安宗族的谱牒一般都有较为明确而具体的规定，即预先设立添丁红簿，统一格式，婴孩一出生或某一特定时间内，即予以填写，并由有关方面监督公证。歙县棠樾《重编宗谱凡例》即规定："设立红、白二簿，置各派祠匣内。其红簿定于春祭前三日，凡去年至今春诞子之家，开明某人第几子、婴孩名讳及生年月日，送司祠公处登载于簿。如有犯祖讳者，可令更名。娶来新妇姓名、出某处某人之女、生年月日，亦如之。"① 一旦登记入簿，即取得了该族的族籍，成为该族的族众。现存清代嘉庆年间祁门善和的《衍庆录》，即属此类红簿的标准样式，其内容尽是每家出生婴孩、新娶媳妇之姓名登记。关于如何填写，该书卷首专门辟有《格式》，其要点如下："以二十一世日字行人领分，凡某分生人，则记于某分之下。待后，此簿录满，其生更繁，又宜分出某支，各记其下庶益了如。……今此统记生名，逐年登录，则以世从年，不能以年从世，只于其名之上记明某世可也。"② 为严肃红簿草谱的纂修质量，保证草谱的真实性，清代建德县西龙吴氏宗族还专门选择了每年负责草谱纪录的族人，称之为"司草"。据光绪《西龙吴氏宗谱》之《编草叙名》的前言所云："编辑草谱，须择族中贤能子弟，于每岁清明到祠，登收生子分资，挨次填注其生卒与嫁娶，可当下收明，分资载入。"③ 此添丁红簿所记，实际上即是下届修谱的主要依据。在新安江流域，类似的添丁红簿遗存至今还有不少。所以，出生是新安江流域人取得族籍的最一般途径。而通过婚姻以取得族籍者，上述棠樾鲍氏《重编宗谱凡例》即已道明了新娶之妇进入本族族籍的途径。不过，进入本族族籍的新娶之妇，并不在于婚姻本身，而主要是新娶之妇能为本族繁衍子孙，延续香火。取得族籍的方式还有过继，不过，过继入籍受到许多限制，对此，新安宗族大都采取了较为谨慎的做法。如，歙县和淳安《方氏统宗谱》即对过继入籍做出这样的规定："继嗣必以序承，间有世系差紊者，已从改正。于本生父下书曰'嗣某后'，于所后父下书曰'某子承继'。无子者于图内书曰'止附'，于父志下书曰'某无嗣、无传'，旧谱未明载者曰'失考'。其异姓承祧，无裨宗祊，徒乱宗脉者，已削不录。"④

歙县呈坎罗氏宗族对过继入籍及异姓过继是否入籍，前后曾有过从宽到严的变

① 乾隆《重编棠樾鲍氏三族宗谱》卷首《重编宗谱凡例》，清乾隆二十五年(1760)刻本。
② 嘉庆《衍庆录·书法格式》，清抄本。
③ 光绪《西龙吴氏宗谱》卷首《编草叙名》。
④ 乾隆《歙淳方氏柳山真应庙会宗统谱》卷一《凡例》。

化，据民国二十一年（1932）《罗氏历代宗谱》（抄本）之《续谱凡例》云："继子同宗相应者，小传内所生父下书曰'出继某人'，所继父下书曰'以某之第几子某继'，其继子名下则书'本某之第几子继某为子'。其继异姓者，书曰'出继某姓'，其支派不续。异姓来继者，旧谱书'来螟他姓子'，今悉不载。"① 祁门历溪王氏宗族向以"一脉流传，清白传家"自居，其《王氏统宗谱》更是严格声明："义子、异姓不得紊乱宗支。"清代咸丰年间，族人王清池抱来异姓子，甚至被"控告在案，不能入谱"。② 由此足见祁门王氏宗族对紊乱宗支、朦胧入籍的严禁和打击程度。地处新安江下游的建德县西龙吴氏宗族，对异性继嗣采取非常严厉的办法进行管理，规定："继嗣俱当依律，毋许异姓混入。如前夫之子随母再醮，或前夫遗腹所生者，不得引为继子。违者，谱必削之。"③

祁门善和程氏宗祠——承恩堂

家众拥有参加宗族祭祀等活动的权利和遵守族规的义务，享受宗族的赈济、教育与保护。如，祁门善和程氏仁山门宗族的五大房家众即拥有参加祠祀，享受分胙的权利。该族《窦山公家议》规定："正居祠堂，东、西二房不时致奠，每岁除夕、正旦，少长毕集，照次叙拜，各房为首者各备果酒，奠后相庆。"合族祠，"每岁正旦，合族为首者具酒饼致奠。奠毕，分少长叙拜散饼"。④ 对不守族规家法者，轻则警告惩治，重则削除族籍，所谓"祠立家规，犯者必戒。"⑤ 歙、淳《方氏统宗谱》就明确规定："倘有不孝不义、行止有亏，及败伦伤化者，黜而削之。"⑥

在新安宗族的结构中，处在最底层的是各类仆人，如佃仆、庄仆、世仆、家仆

① 民国《罗氏历代宗谱·续谱凡例》，1933年抄本。
②《祁门历溪咸丰六年同心合文契》，原件藏安徽师范大学图书馆。转引自张海鹏、王廷元：《明清徽商资料选编》，黄山书社，1985年，第32页。
③ 光绪《西龙吴氏宗谱》卷一《家规》。
④ 万历《窦山公家议》卷三《祠祀议》。
⑤ 许承尧：《朱氏祠志》，转引自张海鹏、王廷元：《明清徽商资料选编》，黄山书社，1985年，第33页。
⑥ 乾隆《歙淳方氏柳山真应庙会宗统谱》卷一《凡例》。

和奴婢等，他们与主家并无血缘关系，同主家无论族长还是族中成员族众，都拥有较强的人身依附关系，地位卑贱，但常年甚至世代与主家宗族成员生活在一起。因此，将其归入宗族结构是有一定道理和依据的。清道光年间，遂安月山雁门童氏宗族专门订有《家规》之“严地仆”条款，对地仆应尽的义务进行规定和约束，“吾族祖制，凡庆贺、婚嫁、丧葬，并迎神灯会，祈求丰熟，俱着地仆任事。有推诿挨延者，家法惩治”。[①]

总之，在新安封建宗族结构中，等级制度是极其森严的。宗族的一切活动虽然表面上都围绕着血缘关系的亲疏进行，但事实上，正是这种脉脉的血缘关系，掩盖了宗族内部的剥削关系和等级制度。

二、宋明以来新安宗族的基本特征

作为牢固存在于宋明以来新安社会中的宗族，其对新安江流域社会及其人群的影响是深刻的，涉及各个领域、各个方面，并在长期的宗族活动中，逐渐形成了一系列区别于其他地区的基本特征。

(一)千丁之族,未常散处

聚族而聚居，不仅是宋明以来新安江流域村落和居住的主要特点，而且也是新安宗族的基本特征。宋明以来，新安强宗大族大都居于一村或相邻数村，过着一种聚族而居的生活。即使村内偶有外姓，也或为亲戚（如母舅家族人），或为佃仆等辈。同全国其他地区迥然相异的是，新安江流域的村落与居住于此的宗族族姓几乎是同义语，村庄之名与大族姓氏紧密相连,难以分割,正是“相逢哪用通姓名,但问高居何处村”,[②]就是这种聚族而居特征的真切反映。当然，形成这样一种宗族聚居的传统，主要是由于新安江流域所处的山区地理环境相对封闭、历代战火较少波及所致，同时也与日后本族势力渐长后极力排斥外族势力进入,以及该地区人群“安土重迁”[③]的传统密切相关。因此，程庭说：“徽俗，士夫巨室多处于乡，每一村落，聚族而居，不杂他姓。”[④]赵吉士亦云：“千丁之族，未常散处。”[⑤]

① 道光《重修雁门童氏宗谱》卷一《家规》,清道光十一年(1831)月山堂刻本。

② 许承尧撰,李明回等校点:《歙事闲谭》卷七《新安竹枝词》,黄山书社,2001年,第208页。

③ 弘治《徽州府志》卷一《地理一·风俗》。

④ [清]程庭:《春帆纪程》,《小方壶舆地丛钞》第五帙。

⑤ [清]赵吉士辑撰,周晓光、刘道胜点校:《寄园寄所寄》卷十一《泛叶寄·故老杂记》,黄山书社,2008年,第872页。

(二)千载谱系,丝毫不紊

为了维系宗族血缘的纯洁性，体现报本追远的目的，新安江流域的人群非常重视族谱的编修。在这一广袤地域聚族而居的人群心目中，作为宗族祖先的历史记录，族谱是极为神圣的，家之有谱就像国之有史、郡之有志一样，成为与国史郡志并列的又一重要的宗族文献。所谓“谱者，家之大典，姓氏之统于是乎出，宗祖之绩于是乎章，自姓之绪于是乎传，宗法于是乎立，礼义于是乎兴”。①“谱者，家之宝也，尤史之细也。史有世家，有世表，皆于谱为近。而谱与史较，其谱为最重。溯源流，考世系，列支派，序昭穆，胥于是乎在。是谱固不可不葺修，而尤不可不续修也”。②而且，素有重宗谊、讲世好传统的新安人，始终尊奉朱熹“三世不修谱，罪莫大焉”的训诫，将修谱视为敬祖收宗、振兴礼义之大事，世世修谱，代代相传，“隋唐世家，历历可考，且家各有谱”。③宋明以来，聚族而居的新安人认为，一家或一族若没有族谱，那将是非常尴尬的，“无之，将见贵不齿贱、富薄其贫，吾恐昭穆不分、尊卑失序。宗法不立，嫡庶奚明？势不至等，亲又为陌路，而视陌路为亲亲者，几希矣。吾知谱之所系匪细也。然则家之无谱，不犹国之无史乎？国无史无以纪历代，无以征文献；家无谱，无以明世系，无以溯渊源。谱之时义大矣哉”！④因此，新安宗族文化中的一个突出特点便是族谱纂修。诚如《平阳汪氏宗谱》所云：“谱之修，为人第一件事。苟代远年湮，生卒莫考，何从汇稿？今议嗣后三十年一小修，五十年一大修。”⑤

宋明以来，新安族谱的编纂体例大体仿照宋欧阳修、苏洵所创之两种体例而综合之，所谓“后世修谱，必以欧、苏为法”是也。⑥就类型与形式而言，新安族谱既有地域性的望族谱，如陈栎的《新安大族志》，戴廷明、程尚宽的《新安名族志》和曹叔明的《休宁名族志》等；也有跨地区的某姓族谱，如《考川胡氏统宗谱》《歙淳方氏柳山真应庙会宗统谱》和《汪氏统宗谱》等。不过，其中数量最多的还是某地一族一姓的族谱或支谱。就族谱的名称而言，也是名目繁多，既有称宗谱、族谱、房谱、支谱者，也有家记、家典、世典等名目。作为大族族谱范畴之内的谱牒，新

---

① 万历《程典》卷首《序》,明万历二十七年(1599)家刻本。
② 民国《遂安中洲程氏宗谱》卷首《序》,1922年刻本。
③ 嘉庆《桂溪项氏族谱》卷首《序》,清嘉庆十六年(1811)木活字本。
④ 崇祯《海阳吴氏族谱·序》,明崇祯三年(1630)抄本。
⑤ 民国《平阳汪氏宗谱》卷一《家规》。
⑥ 弘治《新安黄氏会通谱·后序》。

安还有所谓的祠谱、祠志、墓谱等类型。

宋明以来，新安族谱的内容非常丰富，其中既有相对较为简单俗称“谱书”的叙述式族谱，也有俗称“谱单”的图表式族谱。一般宗族的族谱大体包括谱序（含旧序）、凡例、祖训家规、辈分字号、世系图、祖墓图、列传、艺文、后序（跋）等内容，有的族谱还在卷首录有皇帝恩荣、诰命等文字，以示宗族荣耀辉煌的历史。由于宋明以来新安江流域社会与宗族的发展相对较为繁荣，因此，尚有不少族谱别开体例、充实内容，以使族谱真正如《史记》等正史和地方志那样，形成与国史、郡志并列的体例完备的家族史志。如，明代中叶，程一枝纂修的休宁泰塘程氏宗族族谱《程典》就别出心裁，以典的形式来显示族谱的威严，“典，法也，在上所奉，程可预者。夫能亢其法于家，于是亦所以助上为政也。虽谓《程典》，夫何不可”？[①]因此，该典广征博引，其中引用家谱 41 部、集书 13 部、志书 24 部、经书 2 部、史书 20 部、子书 5 部、类书 5 部和杂书 3 部等 113 部各类典籍，并采用史志体例，编成拥有序、凡例和系谱四卷、表四卷、世家二卷、列传六卷、志九卷、图四卷、录三卷及其附录等多卷体例完备，内容丰富，风格独特的泰塘程氏族谱。其他如休宁《茗洲吴氏家记》《茗洲吴氏家典》等族谱，都是内容丰富，体例独特，形式灵活的新安著名宗族谱牒。

宋明以来，新安族谱在修纂、保存和使用等环节上也有很多共同的特点。首先，纂修族谱有年限的限制，“近则三五年，远则三五十年”。[②]每届修谱，宗族要专门成立编纂班子，负责筹集钱财、搜集资料，组织撰写和印制发放，“小修只本抄腾，大修则醵赀刊刻”。[③]族谱修毕后，编定字号，通常在祠堂内，颁发于各家，不得损坏、丢失，更不能轻示于人，或贪利出卖。违者，将被严厉处治。清乾隆《歙淳方氏柳山真应庙会宗统谱》就规定：“不肖子孙，或奉守弗谨而失之，或贪牟货利而鬻之，如此者，众生其罪，追出原谱，仍逐出祠。”[④]

总之，新安族谱之纂修，是新安宗族文化传统的重要组成部分，在一定程度上反映了新安江流域普遍存在和盛行的祖先崇拜之风，“千载谱系，丝毫不紊”，正是

① 万历《程典》卷首《序》。
② 万历《新安歙西溪南吴氏世谱》，明万历三十年（1602）刻本。
③ 民国《平阳汪氏宗谱》卷一《家规》。
④ 乾隆《歙淳方氏柳山真应庙会宗统谱》卷一《凡例》。

新安宗族文化中严格血缘、尊卑和长幼的最直接表现。

(三)千年之冢,不动一抔

宋明以来，聚族而居的新安江流域广大人群拥有强烈的祖先崇拜理念，重视人的生死。尤其于先人之死，礼节极为隆重而烦琐，仅选择坟墓一项，其花费即十分惊人。如，清初休宁人赵吉士为给父母选择一块风水宝地下葬，不惜广延合郡堪舆家二十余人，“纷纷点穴不定”。[1] 由于“求者既多，而售者顿涌，甚至周椁片地，可以布金而成”。[2] 新安宗族认为，祖先“坟墓乃祖宗藏真之域，若年远坍塌，恐致暴露，须于祭奠之日，协力运土培之。凡冢上木植，坟茔疆界，不时巡视，以防不肖之侵犯墓下。子孙有私伐丘木者，从重罚；侵葬者倍罚，改正仍行醮祭。若外人窃犯及侵葬者，见即捉获赃据，鸣公理论。有隐匿买放者，察出究治”。[3] 新安江上游的徽州，清代以来民间流传着两首民谣：一是“生要生到苏州，长要长到扬州，

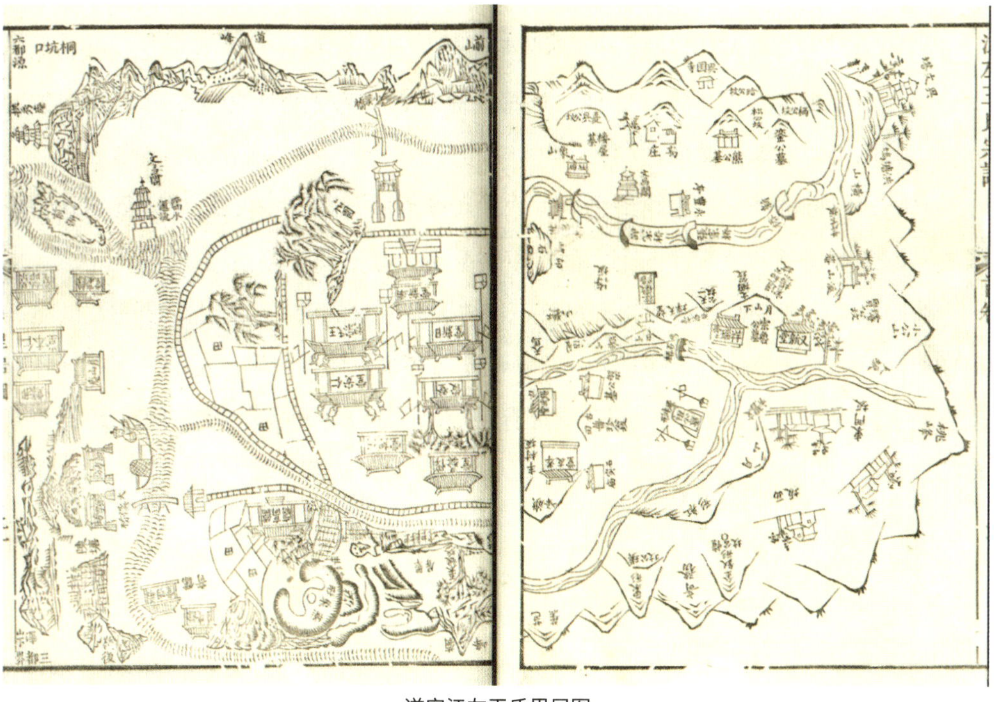

遂安江左王氏里居图

① [清]赵吉士辑撰，周晓光、刘道胜点校：《寄园寄所寄》卷十一《泛叶寄·杂记》，黄山书社，2008年，第878页。
② 万历《歙志》考卷五志六《风土》。
③ 乾隆《内黄骆氏重辑宗谱》卷一《家规》，清乾隆十八年(1753)刻本。

葬要葬到徽州”；[①] 一是“生在扬州，玩在杭州，死在徽州”。这两句民谣尽管生地和玩地不同，但死地却是相同的，那就是都在徽州。

包括徽州人在内的新安江流域各地人群，由于风水观念的根深蒂固，在亲人死后，并不急于立即下葬，入土为安。而是惑于堪舆风水之说，将亲人尸棺弃于野，“富者为屋以殡，贫者仅覆茅茨，至暴露不忍见者，由俗溺阴阳、择地择日拘忌，以故至屡世不能覆土举葬”。[②] 这一陋俗，虽经历代地方官严申禁革，但皆收效甚微。直至清末徽州宪政调查时，浮棺暴露于野陋俗依然如故。如祁门县，“又有择地待葬者，厝棺在外，架木覆瓦，四围砌泥砖，惑于阴阳家之说，或历数十年未得一佳城”。[③] 据歙县调查云：“歙多浮棺，久且暴露，半惑于堪舆祸福之说，半为习俗所缚。中人之产，苟遇大故，棺殓之费仅数十金，而僧道之追荐，冥器、冥财之焚烧，求神散福之食用，往往数倍于此。否则众訾之。偶有心知其非者，亦震于物议，不敢居薄待其亲之名。”[④] 对此，遂安县江左王氏宗族在《家规》中，一再告诫族人，云：“近世惑于形家之说，有亲死数十年不获归土者。凡吾族姓，宜速营宅兆，以妥先灵，一不侵犯本家祖茔，二不得损坏他人坟墓。总之，亡人以得土为安，死者安则生者亦安矣，风水之有无，又何论焉？”[⑤]

当耗费巨资选择好风水坟地之后，才举行隆重的营墓下葬仪式，“既得地开茔域，亲友具馔送葬。葬则填石灰泥土，面筑草饼甚坚，立石碣于墓前”。[⑥]

宋明以来，新安宗族重视先人坟墓不仅体现在坟墓的精心选择上，更重要的是表现在年年岁岁的培植保护和祭祀上。新安江流域各大宗族的坟墓大都有专门的佃仆或下户看守护理，家族的墓祭则一年四季都有举行。所谓“远近祖墓，献岁有谒，清明有祭，霜降送寒衣。自唐宋以来，树者、封者可无失其故物，过墓思哀，人其省诸”。[⑦] 正如

---

① 民国《庙子山王氏谱》卷十一《宅里略四·谚语》，1936年铅印本。

② 康熙《徽州府志》卷二《舆地志下·风俗》。

③［清］刘汝骥编撰，梁仁志校注：《陶甓公牍》卷十二《法制科·祁门风俗之习惯》，安徽师范大学出版社，2018年，第257页。

④［清］刘汝骥编撰，梁仁志校注：《陶甓公牍》卷十二《法制科·歙县风俗之习惯》，安徽师范大学出版社，2018年，第221页。

⑤ 嘉庆《江左王氏宗谱》卷一《家规》，清嘉庆二十三年（1818）木活字本。

⑥［清］刘汝骥编撰，梁仁志校注：《陶甓公牍》卷十二《法制科·祁门风俗之习惯》，安徽师范大学出版社，2018年。第257页。

⑦ 乾隆《绩溪县志》卷一《方舆志·风俗》。

《歙风俗礼教考》所言：新安人“墓祭最重，曰挂钱，亦曰挂纸。举于清明，标识增封也。族祖则合族祭之，支祖则本支祭之，下及单丁小户，罔有不上墓者。故自汉、晋、唐、宋迄今，诸大族世代绵长，而祖墓历历咸在，无或迷失，执此故也”。[①] 在一些大族的族规家法中，保持祖先坟墓及其周围环境不受侵犯，被视为是宗族“根本”和“命脉”的头等大事。《平阳汪氏宗谱》在《家规》中云：“坟墓先人兆焉，子孙命脉所由关也。荫树、来脉以及山场界段，须加意照管。倘有派下不肖子孙，钻穴窃葬，盗伐荫木，皆以不孝论。或外姓暗侵飞占，合族协力同攻。一有推诿徇情，即合族之蠡贼也，立绌其丁。”[②] 祁门善和程氏宗族甚至在《窦山公家议》中，专门辟有《墓茔议》一卷，以告诫族人：程氏祖墓“盖以人之根本在是，不宜轻动耳。苟轻动之，犹植木而戕其根，欲枝叶之茂，得乎？故凡所当保者，不可忽”“自今以上祖墓，各得山水环聚之所，俱系前人积德所致，有非偶然。然所据一席之地，已尽翕聚之理，再无余蕴，观其发散于后人者可验。其有尼而侵祔者，斯两失之。以往勿论，日后倘有各房子孙侵祔祖墓者，众共攻之，责令立时改正，仍加重罚。如有不伏，众即立时举起，仍行告鸣理治，以不孝论。……各处墓茔树木，属前遮蔽者，可少剪除；系庇荫者，宜慎保守。各房勿得纵容奴仆擅自盗伐，及外人侵损，管理者查访，从重处治。”[③]

正是各宗族的常年维护和四时祭扫，才使得新安江流域的古墓虽历千年而昭然俱在，形成“千年之冢，不动一抔”的局面，诚如光绪《婺源县志》所说：“尤重先茔，自唐宋以来，丘墓松楸，世守勿懈，盖自新安而外所未有也。”[④] 这是新安宗族文化中区别于其他地区文化的一个重要特点。

(四)族规家法，卓成体系

宋明以来，新安宗族顽固存在，宗族控制牢不可破。在长期的历史实践中，新安江流域各大宗族逐渐形成和发展了一整套治理宗族的族规家法，这种以民间习惯法形式而出现和存在的族规家法，对新安宗族成员具有极强的约束力。有些族规家法甚至经过当地官府的钤印认可，成为国家法的一个重要补充形式。

族规家法是新安宗族履行族权的一个集中体现，综合各类族规家法的内容与形

① 许承尧撰，李明回等点校：《歙事闲谭》卷十八《歙风俗礼教考》，黄山书社，2001年，第609页。
② 民国《平阳汪氏宗谱》卷一《家规》。
③ 万历《窦山公家议》卷二《墓茔议》。
④ 康熙《婺源县志》卷二《疆域志·风俗》，清康熙三十三年(1694)刻本。

式。宋明以来，新安宗族的族规家法大体包括以下几方面内容：

第一，维护封建的等级名分制度，是宋明以来新安族规家法的主要内容，也是宗族统治者制订族规家法的首要目的。

传统时代，新安社会是一个封建等级社会，官僚与商人、地主与农民、主人与奴仆、长辈与晚辈、男子与女子、族长与族众之间，政治经济地位悬殊，尊卑贵贱等级森严。为使这种等级名分制度长久地维护下去，宋明以来，新安江流域的强宗大族在朱熹理学思想的指导下，致力于制定和完善族规家法，希图通过这种成文法规，将宗族内部进而将整个社会纳入一个壁垒森严、尊卑有序、秩序井然的等级社会之中。在宗族内部，这种等级制度不容丝毫僭越。在新安地区许多宗族谱牒的祖训族规中，都专门辟有“别尊卑”“严内外”“驭仆婢”等条款，以约束宗族成员和仆婢等成员。民国《平阳汪氏宗谱》在《家规》中就立有这些条款，在“别尊卑”中规定：“益年养老，帝王且然，况乡党莫如？齿理宜尊敬，彼与我祖父非属雁行，则在诸父之列。至族长，尤为一姓纲领，非可等夷目之。每见风俗浇漓，小加大、幼凌长，齿让之道蔑有。愿族人以为戒。”而在“严内外”条款中更是对妇女的行为进行了严格的约束与限制：“内则云：男不言内，女不言外。非丧非祭，不相授器。男女相渎，便非佳事。要慎闺门，别嫌疑，非同父子侄，不得穿房入户；奴仆无令，不许进中堂；妇女无事，不得出外游。至于入寺赛愿并观演剧，尤宜禁绝。”①

至于以何种方式来维护宗族内部的等级名分制度，从新安江流域各类族（家）规的内容来看，大体上都是以封建的“三纲五常”“三从四德”为基本准绳。一旦违犯这些戒律规条，轻则教训斥责，重则笞杖，再重者则可能被削除族籍，鸣官处置。而最为严重者，甚至有被剥夺生命的危险。

第二，维护国法，调整宗族内部的财产关系。作为国家法的一种补充，宋明以来，新安宗族的族规家法一般都在不违反国法的前提下，对国法条款加以细化，使之成为约束和惩治宗族成员的基本依据。因此，新安宗族族规在处理宗族内部的财产时，首先要求宗族成员必须“尊国法”,及时足额完纳封建国家的“皇粮国税”。休宁《葆和堂冠昏丧祭及扫墓差遣各仆条规》就严格要求堂下各仆，遵守国法，云：“朝廷号令甚严，于斗牌、打降、赌博、盗贼四事，法在必究，更觉凛然。尔等小心安分，

① 民国《平阳汪氏宗谱》卷一《家规》。

庶可以保身家。设有犯此四事者，鸣官究治。”[①] 祁门《平阳汪氏宗谱》则在《家规》中一再告诫族人，要及时完纳国课，“三限两税，国有常典。需办官税，先期输纳，即或年荒岁歉，亦要设法，以杜官债。盖钱粮分毫为重，谚云：‘若要宽，先了官；完了粮，盖了墙，门前犬吠莫惊慌。’切不可拖欠，至差拘比较，有碍脸面也”。在该条家规之后，还专门附有钱鹤滩关于完纳国税的议论，云：“以下事上，古今通义。赋税之征，国家法度所系。若拖欠钱粮，便非良民。故国课早完，何等自在，亦为义务所当尽者。”[②]

在宗族内部成员的财产关系上，新安宗族大多也是以族规的形式加以制约和调整。作为主要生产和生活资料的田宅山场，新安宗族在肯定国家法及传统习惯的基础上，确立了田宅买卖严格限制在宗族亲邻优先购买和析产“诸子均分”的原则。还严格限制族内田宅等不动产的外流，买卖田宅山场，首先要求先尽宗族成员和亲邻等，他们不买，才能向族外人等出卖，所谓“其田请问亲房人等，不愿成交”。[③] 我们看到，在清顺治十四年至雍正七年（1657 ~ 1729）婺源县一位胡姓地主的 33 件土地买卖案例中，有 31 件是在兄弟、叔侄和承孙等宗族成员内部进行的，另有两例系房东胡某，当亦系胡姓宗族成员。[④] 不过，在宗族贫困成员不得已而鬻产时，宗族族规会从保护弱者的角度，对买卖价格进行调节，如清雍正休宁《茗洲吴氏家典》即在《家规》中重申，“贫困将产业典鬻，此是万不得已。凡受产之家须估时值，如数清缴，不许货物抬算，并不许旧逋准折。此祖宗数百年遗训，违者天必诛之”。[⑤] 至于宗族共有的族田、祠产、祀田和山场等财产，新安宗族的族规家法是严禁在族外买卖的，否则即是盗卖，是不孝行为。一旦被发现，将会受到族规家法的惩治。祁门善和程氏宗族即在《窦山公家议》中严格规定：祖宗产业，“俱毋许秩下子孙私业私卖”。[⑥] 不仅不能私自买卖，就是连私自租佃都不行。祁门箬溪王氏宗族为捍卫宗族安全，保持生态平衡，专门立有《环山王履和堂养山会簿》，责令“合族山场，

① 光绪《葆和堂冠昏丧祭及扫墓差遣各仆条规》，转引自叶显恩：《明清徽州农村社会与佃仆制》，安徽人民出版社，1983年，第330页。

② 民国《平阳汪氏宗谱》卷一《家规》。

③ [明]陈继儒：《尺牍双鱼》卷十《关约·契帖》，清康熙刻本。

④《婺源县胡姓誊契簿》，转引自章有义：《明清及近代农业史论集》，中国农业出版社，1997年，第441 ~ 457页。

⑤ [清]吴翟辑撰，刘梦芙点校：《茗洲吴氏家典》卷一《家规》，黄山书社，2006年，第18页。

⑥ 万历《窦山公家议》卷四《田地议》。

无论公私，合议条规，以期划一。……秩下人等，不得私自召佃。如违，定行禀究”。[1]总之，新安宗族的族规家法，已经成为在遵守国法的前提下调整宗族内部财产关系一种重要的民间法律法规形式。

第三，维护社会秩序，强化伦理教化。宋明以来，新安宗族的族规家法的一个主要宗旨和目的就是惩戒梗顽，维护社会秩序和基层社会的稳定。为达到这一目的，新安宗族的族规家法特别重视教化。在许多宗族的族规家法中，厉行教化往往是首要的条款。如，祁门《平阳汪氏宗谱》的《家规》就专门立有“敦孝弟”“训子孙”“别尊卑”“严内外”“业耕读”“尚勤俭”“睦宗族”“明嫁娶”“慎交友”“戒健讼”“禁邪巫”等条规，以期以教化的手段，将整个宗族成员纳入到一个秩序井然、各安本分的稳定的社会之中。为使这些条款能得到有效遵守，一些宗族还强行规定了宣讲《族规》的条款。如，休宁《茗洲吴氏家典》就于《家规》中规定：“族讲定于四仲月，择日行之。先释菜，后开讲，族之长幼，俱宜赴祠肃听，不得喧哗。其塾讲有实心正学，则于朔望日，二三同志虚心商兑体验，庶有实得。”[2]绩溪《华阳邵氏宗谱》则将该族《祠规》视为“整齐一族之法”，要求“每季定期由斯文、族长督率子弟赴祠，择读书少年善讲解者一人，将《祠规》宣讲一遍，并讲解《训俗遗规》一二条”。[3]

正是依靠教化这一强有力的手段，才使得族规家法得以执行和实施，宗族内部等级秩序和基层社会稳定也才由此得到维系。不过，应当指出的是，教化并不是宗族治理的唯一手段。教化只是防患于未然，若怙恶不悛，不听教化，即会受到族规家法的严惩。雍正《茗洲吴氏家典》之《家规》首先立足于对族内赌博无赖之徒进行教化，教化不成，则视情节轻重层层加以惩处：“子孙赌博、无赖及一应违于礼法之事，其家长训诲之；诲之不悛，则痛箠之；又不悛，则陈于官而放绝之。仍告于祠堂，于祭祀除其胙，于宗谱削其名。”[4]

（五）会祭有常，祠堂林立

祠堂是祭祀祖先、商议族内事务、开展宗族活动的场所，宋明以来逐渐发展成为宗族成员集体活动、族长发号施令的场所。在新安江流域，凡是宗族聚居之地，

① 民国《平阳汪氏宗谱》卷一《家规》。
② [清]吴翟辑撰，刘梦芙点校：《茗洲吴氏家典》卷一《家规》，黄山书社，2006年，第25页。
③ 宣统《华阳邵氏宗谱》卷首《新增祠规》，清宣统二年（1910）木活字本。
④ [清]吴翟辑撰，刘梦芙点校：《茗洲吴氏家典》卷一《家规》，黄山书社，2006年，第19页。

一般必会建有祠堂，所谓“家构祠宇，岁时俎豆其间”。[①] 在一些宗族聚居的大村落，甚至形成宗祠、支祠林立的局面，“每村一姓或数姓，姓各有祠。支派分别，复为支祠，堂皇闳丽”[②]“家崇宗祀，木主列于祠堂，值岁时吉凶大事，不论贵贱贫富，集众子孙，广备牲醴，得以展其孝敬”[③]“奉先有千年之墓，会祭有万丁之祠，宗祐有百世之谱”。[④] 这是除新安之外，其他地区很少有的独特的宗族文化现象，祠堂已经成为新安宗族文化的象征。

新安江流域的宗族祠堂大都高大壮观，气势恢宏。建于明嘉靖末年的绩溪龙川胡氏宗祠，至今仍以其高大宽敞、木雕精美、气势恢宏而享有“江南第一祠”的美誉。不仅如此，在新安江流域的部分地区，还出现了专为妇女所立的祠堂，如至今尚存的歙县棠樾清懿堂和呈坎罗东舒祠中的则内等。

绩溪县龙川胡氏宗祠

① 嘉靖《徽州府志》卷二《风俗志》。
② 民国《歙县志》卷一《舆地志·风土》。
③ 康熙《黟县志》卷四《箴佑论》。
④ 乾隆《绩溪县志》卷首《序》。

第二节　介于家庭和宗族之间的房分

在中国传统宗族制度研究中，人们往往忽视“房”的概念和意义。事实上，家庭是构成宗族的最基本单位,是社会的最小细胞。介于家庭和宗族之间,还有一个“房分”的问题。正如陈其南所指出，“过去中外学者对于传统汉人家族的研究，一般都是从家、族、家族或宗族等概念入手。但作者根据在台湾彰化平原社头地区的田野调查发现，如果我们不先解明有关‘房’的含义及其作用，那么上述的这些用语实际上并不能真正表现中国家族制度的特质及其内部结构，反而往往带来不少的混淆。‘房’的观念才是厘清汉人祭祖制度的关键。”① 陈其南进一步阐释其中的三个主要原因，即“(1) 家、族、家族或宗族的用语本身无法分别系谱性的宗祧概念和功能性的团体概念，而‘房’很清楚地显示出这两个概念的差别。房所指涉的语意范围可以是完全建立在系谱关系上的成员资格，无须涉及诸如同居、共财、共爨或其他任何非系谱性的功能因素。(2) 房的核心概念，即儿子相对于父亲称为一房，直接明确地解明了一个家族的内部关系和运作法则。(3) 房所指涉的范围很清楚地不受世代的限制，二代之间可以称为房，跨越数十代的范围也可以称为房，不像家、族、家族或宗族等用语容易让人联想到像英文的 family, lineage，或 clan，那样有清楚的系谱范围之分界。”② 的确，在我们分析新安宗族的结构中，尽管家庭是构成宗族的最小团体单位,但其实并无法在新安的宗族谱牒系谱中找到家庭的踪迹,倒是“房”却成为新安宗族谱牒的基本组织单位，它并不限于一代或父子二代，而是可以跨越数代甚至数十代。

位于祁门县西北部的六都善和里，向为程氏宗族聚居村，整个善和程氏宗族共由仁山门、圭山门和学山门组成，其中仁山门一门独秀。它发轫于元末明初，仁山门的开门始祖为程弥寿，字德坚，号仁山。曾随邓愈征战江西有功，被授予枢密分院都事，明初受命镇守浮梁县景德镇。弥寿生有二子，长子程佐为仁山门东房，次子程仪为仁山门西房。程佐于洪武中被佥派吏书，后以吏举授工科给事中，因受牵

① 陈其南：《家族与社会》，台湾联经出版事业股份有限公司，1990年，第129页。
② 陈其南：《家族与社会》，台湾联经出版事业股份有限公司，1990年，第129～130页。

连而被罢职，并发配至辽东永远充军。程氏宗族仁山门遂沦为军户，世代服役。洪武二十年（1387），程佐在辽东服军役中死亡，其弟程仪也死于服军役途中。程弥寿深知军役繁重，遂于建文元年（1399）弥留之际，立下遗嘱："务要佐、仪二分轮流前去充补军役。"并拨田作为军产，取租专门送至辽东，供应役之人支用。程佐生有二子，长程庭春，次程新春。程庭春往辽东服役时，程新春年方9岁。程新春成年后，深得垦殖之方，"早岁辛勤起家，日益饶裕，晚节资产，甲于一乡"。[①]程新春生有五子，后分别独立门户，成为善和程氏宗族仁山门东房中的五大房，人以后周窦禹钧比之，尊称程新春为"窦山公"。无论是程新春祖父和叔祖程佐与程仪分成的东、西两房，还是程新春东房中的五大房，都拥有自己独立的经济来源——土地、山场收益和经商利润。东、西两房和五大房的众存资产不断拓展，成为善和程氏宗族仁山门拥有和支配的宗族公产，用于祭祀和资助辽东军役等项浩繁开支，并轮房值守祭祀和进行经营，不许盗卖和分析。对此，万历三年（1575）五月，仁山公八世孙程宗濂在《窦山公家议附录序》中云："自万历元年始，每年西房轮议二人，东房即于管理五人众着二人，与西房二人协掌，其管理区画更代稽算，悉如《窦山公家议》，二房子孙，世守勿易。"[②]在《东西军业议》中，"仁山公深念军役繁重，原系众家户门，遗文嘱令佐、仪二房子孙永远轮役，不许推故争论。将存留未分田租若干存积，以备军装，并所积续置田产，日后二房子孙俱不许分析变卖。后还春公复立合同，申明祖令，其意拳拳矣。日后二房子孙，倘有将军产分析及变卖家外人者，各房管理遍告各房家长及家众，即时理治追复，以不孝论。"[③]从仁山公二子程佐、程仪分立的善和程氏宗族仁山门东、西二房，到窦山公时东房分立成五大房，"房"始终是善和程氏宗族仁山门的核心组织，而族内所有个体家庭却完全纳入到东、西二房的组织体系之中，东房的个体家庭则又被纳入到五大房组织之中，"房"成为实实在在的宗族构成单位和经济组织。

在遂安汪墅，璜瑝余氏宗族组织也是由玑公房、樟公房、梁公房和栢公房四大房构成的。据余开熊主修的道光《璜瑝余氏宗谱》记载，该余氏宗族德明公后栋公支世系经历了下面的演变过程：

① 万历《窦山公家议》卷二《窦山先生程公行实》。
② 万历《窦山公家议》卷末《窦山公家议附录序》。
③ 万历《窦山公家议》卷末《窦山公家议附录·东西军业议》。

予祖讳栋公，字隆，其行文三者，始祖究公之十世孙、编修德明公之曾孙也。由大屋基始迁汪墅，为汪墅不迁之祖，生节甫、良甫二公。良甫公缺，而节甫公生添丁公、添鼎公、多益公。添鼎公亦缺，添丁公生庆寿、庆同、道同三公。寿公又缺；庆同公生万、汉、党三公；而万公生玑、樟、梁三公，汉公出继母舅义门毛越。党公生栢公，此汪墅世系所著玑、樟、梁、栢四大房也。若道同公生记寿公，迁居十五都沙坂；多益公分居昏口，前谱曾各以另图起世，尾玑、樟、梁、栢四房之后。乾隆丙午，统修宗谱，原委甚详，毋庸更易。[①]

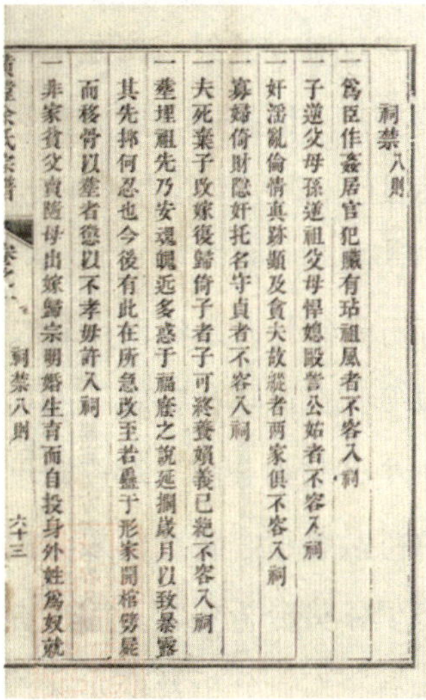
祠禁八則

一爲臣作姦居官犯贓有玷祖風者不容入祠

一子逆父母孫逆祖父母悍媳毆詈公姑者不容入祠

一奸淫亂倫情真跡顯及貪夫故縱者兩家俱不容入祠

一寡婦倚財隱奸托名守貞者不容入祠

一夫死棄子改嫁後歸倚子者子可終養頻義已絕不容入祠

一塟埋祖先乃安魂魄近多惑于福蔭之說延擱歲月以致暴露其先抔何忍也今後有此在所急改至若蟲于形家闘棺勞髮而移骨以塟者懲以不孝毋許入祠

一非家貧父喪隨母出嫁歸宗明婚生育而自投身外姓爲奴就

祠禁八則　六十三

清乾隆遂安《璜瓊余氏宗谱》中的《祠禁八则》

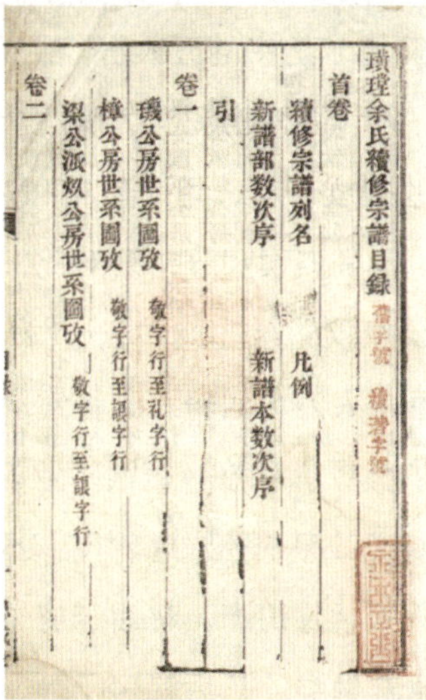
璜瓊余氏續修宗譜目錄

首卷

續修宗譜列名　凡例

新譜部数次序　新譜本数次序

引

卷一

璣公房世系圖攷　敬字行至礼字行

樟公房世系圖攷　敬字行至誼字行

梁公派烈公房世系圖攷　敬字行至誼字行

卷二

民国《璜瓊余氏宗谱》目录

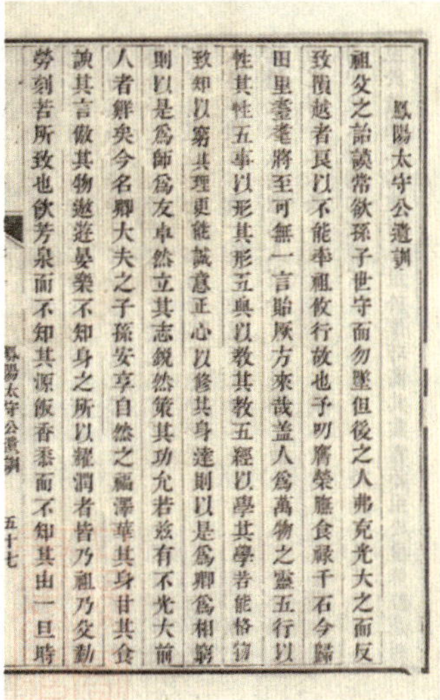
鳳陽太守公遺訓

祖父之詒謀常欲孫子世守而勿墜但後之人弗克光大之而反致隕越者良以不能率祖攸行故也予叨膺榮膴食祿千石今歸田里耄老將至可無一言貽厥方來哉蓋人爲萬物之靈五行以性其性五事以形其形五典以教其教五經以學其學若能格物致知以窮其理更能誠意正心以修其身達則以是爲卿爲相窮則以是爲師爲友卓然立其志毅然策其功允若玆有不光大前人者鮮矣今名卿大夫之子孫安享自然之福澤華其身甘其食諛其言傲其物遨遊晏樂不知身之所以耀潤者皆乃祖乃父勤勞刻苦所致也飲芳泉而不知其源飯香黍而不知其由一旦時

鳳陽太守公遺訓　五十七

遂安《璜瓊余氏宗谱》中的《宋元丰元年凤阳公遗训》

显然，作为一般的单一血缘姓氏宗族，基本上是由“房分”构成的，无数的具有同一血缘关系的个体家庭都被纳入了“房分”的组织之内。

① 道光《璜瓊余氏宗谱》卷首《璜瓊余氏宗谱德明公后栋公支世系图考续编引》，清道光十二年（1832）思成堂刻本。

第三节　新安家庭的主体类型与结构

一、新安家庭的主体类型

家庭是社会的细胞，是构成宗族的最小团体单位，它是由夫妻关系与亲子女关系结成的最小的社会生活共同体。[①] 具体到新安江流域各地，有的学者将新安江上游地区的徽州家庭概括为是“以父系血缘关系为基础的具有独立财产权的社会基层组织”。[②] 强调夫妻和子女关系在家庭中的地位和作用，这一定义符合现代家庭的基本要求。强调父系血缘和财产关系，这对以新安商人著称的新安江流域而言，似乎更为切合实际。

由于新安江流域从上游到中下游各地，其居民的居住形态基本上呈聚族而居的格局，宗族观念非常浓郁。因此，以父母与子女同居共爨的主干型家庭、以父母与未婚子女同居共爨的核心型家庭,以及以祖孙三代或多代同居共爨的联结型家庭（或称“大家庭”），是传统新安江流域家庭类型的主要构成类型。在新安江流域，传统时代，佃仆制顽固存在。因此，我们将佃仆亦视为新安家庭成员特别是地主家庭成员中的特殊一员。[③]

那么，在宋明以来的新安社会中，上述四种类型的家庭，哪一类家庭占据着主导地位，或者说是主要的家庭类型呢？累世同居共爨的联结型大家庭，始终是封建统治者所极力倡导和表彰的典范，如浙江浦江县的郑氏家庭因累世同居共爨，自南宋以来至明代屡屡被朝廷旌表为“义门”。在新安江流域，累世同居共食的家庭也不在少数，如早在南朝时期，歙人鲍安国就是“富甲一方，田置六邑，宗族三百余口同爨”的大家庭。[④] 北宋真宗时期,婺源汪廷美也“聚众数百口,旦暮食必同席”。[⑤] 宋仁宗时，婺源武口王德聪“为人孝友信义，人咸称长者。有田百顷，非公事不入城郭，一家食几五千指，同居七十余年”。[⑥] 明代歙县岩镇人程相，其家“数百余指

① 乌丙安:《中国民俗学》,辽宁大学出版社,1985年,第130页。

② 高寿仙:《徽州文化》,辽宁教育出版社,1993年,第35页。

③ [荷兰]宋汉理:《〈新安大族志〉与中国士绅阶层的发展(800～1600)》,《中国社会经济史研究》1983年第3期。

④ 民国《歙县志》卷九《义行》。

⑤ 康熙《徽州府志》卷十五《孝友》。

⑥ 天启《新安武口王氏统宗世谱·评事德聪公传》,明天启四年(1624)刻本。

同爨”。[①] 清代歙县方统来也是“五世同居”的大家庭。[②] 新安江流域这些累世同居共爨的大家庭是客观存在的。但是，此类家庭并非新安江流域家庭结构中的主体。在新安商人大量外出、社会急剧变迁的明代中叶以后，这种同居共爨的联结式共祖大家庭，正在不断地减少。大家庭的共产为小家庭的不断析产所取代，兄弟或父子等家庭成员在经商和财产方面的纠纷与矛盾，以及因分家析产不断被稀释的财富，动摇着大家庭存在的经济根基。至清末，连一向民风淳朴的绩溪县，因大家庭或小家庭成员之间矛盾的不断激化，已使累世同居公爨成为无法实现的理想。“我绩析产者十之八九，共产者不过百分之二三。……然兄弟叔侄之析产者，商铺仍合赀。不肖者彼此妒忌，大都貌合神离”。[③] 从新安江流域各地历史上父子、叔侄、兄弟之间严格按法律程序进行田宅买卖交易、钱财借贷典当，以及明清以来诸子均分家产而留下的分家阄（关）书的大量存在情况来看，这一地区的联结式同居共爨的共祖大家庭日益减少。因此，新安江流域家庭普遍存在的家庭类型，并非是累世同居共爨的联结型家庭，相反，恰恰是主干型和核心型的小家庭居于主导与支配地位。

二、新安家庭的内部结构

宋明以来至民国时期，新安江流域家庭的内部成员大体上呈宝塔形结构分布，高居宝塔顶部的是家长。家长不仅掌握着整个家庭的钱物和田宅等动产与不动产，而且支配和控制着家庭成员的日常生产与生活，特别是经济行为。在“父母之命，媒妁之言”的家长制统治下，儿女的婚姻大事，亦都受着家长的强烈支配。“任情嫁娶，不禀家族长，不告庙而行者，众罚之。或有良贱混乱者，斥之不许入祠”。[④] 当然，作为一家之长，在社会发生急剧变迁之时，也深感治家的艰难，地处祁门县善和里的程氏家族即在《窦山公家议》中开宗明义地指出：“家国一理，齐治一机，况国易而家难，家之齐者尤难乎。”为使家庭保持稳定，维护家长的权威，就显得特别的重要而迫切。为此，程氏家族拼命地强调家长的权威，要求家族所有成员，“凡事属兴废大节，管理者俱要告各房家长，集家众，商榷干办。如有徇已见执拗误事者，

① 万历《歙志》传卷七志一七《孝友》。

② 民国《歙县志》卷九《义行》。

③ [清]刘汝骥编撰，梁仁志校注：《陶甓公牍》卷十二《法制科·绩溪民情之习惯》，安徽师范大学出版社，2018年，第269页。

④ 道光《遂安萝蔓世家下洲余氏族谱》卷一《宗约》，清道光三年（1823）尚忠堂木活字本。

家长、家众指实纠正，令其即行改过。如能奉公守正者，家长核实奖劝，家众毋许妄以爱憎参之，以昧贤否”。[1] 家长对内管理家庭成员的共同生产与生活秩序，维持家庭成员之间和睦相处；对外以家庭名义处理各种日常事务与邻里家庭之间纠纷，承担封建国家的赋税和差役。家属以及寄养在本家的佃仆等成员，一律在家长的统一管辖下，按尊卑、长幼、男女的等级次序各行其是。

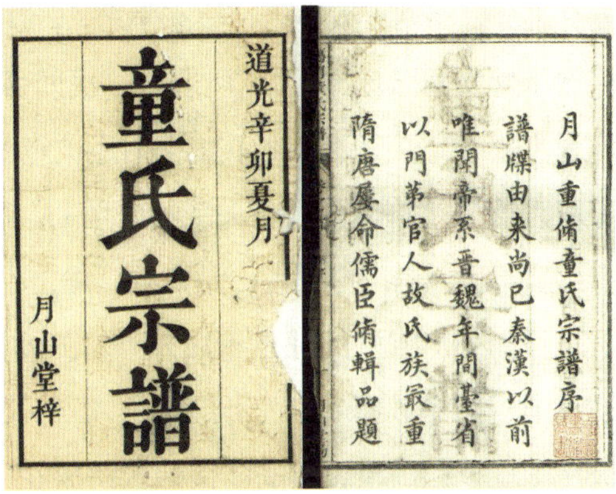

道光淳安童氏宗谱

对未成年的子女，家长有教育其做人成才的责任与义务，“若人家有子孙者，用心教训，则孝顺和睦相延不了，读书者可望争气做官，治家者可望殷富出头，就是命运稍薄者，亦肯立身学好。如树木枝干，栽培不歇，则所结果子种之别地，生发根苗，亦同甘美，是光前裕后第一件事也”。[2] 清道光年间，遂安县童氏宗族《重修雁门童氏宗谱》在《家规》中，一再告诫家长，要“严训课”，云：“自古名门世家，大率发迹诗书，凡子弟自六七岁时入乡塾，授句读。训以揖让周旋。十二岁外，敦请名师，讲究经史，涵养德器，训以名节自重，远大为期。然崇师重传，职在父兄，而承命遵训，责在子弟矣。”[3] 毕竟“小小成若天性，习惯如自然。身为祖父，不能教训子孙，他日门户之玷，岂是小事？但培养德性，当在少时。平居无事，讲明孝弟、忠信、礼义、廉耻的道理，使他闻善言，又戒放言、戒胡行、戒交匪类，无使体披绸绢，口厌膏粱。其有天性明敏者，令从良师习学。不然，令稍读书，计力耕田亩，毋误终身可也”。[4] 成年男子，或读书入仕，或经商力田，总之以各安生理为要。对女子，家长要教以闺门礼仪，严男女内外之别，做到“男不言内，女不言外。非丧非祭，不相授器。男女相渎，便非佳事。须要慎闺门、别嫌疑，非同父子侄，不得穿房入户。”[5]

① 万历《窦山公家议》卷一《管理议》。
② 隆庆《文堂乡约家法·圣谕演附》。
③ 道光《重修雁门童氏宗谱》卷一《家规》。
④ 民国《平阳汪氏族谱》卷首《家规》。
⑤ 民国《平阳汪氏族谱》卷首《家规》。

对家中老人要善待之以孝，使其颐养天年。遂安江左王氏宗族在《家规》中，明确指出："百行之本，莫大于孝；子职一亏，枉为人类。凡为人子者，服劳奉养，务尽心力。富贵者，鸡豕固可将敬；贫贱者，菽水亦可承欢。毋盛气相承，毋谇语相加，毋故违亲命，毋心怀怨诽。若或侮慢不恭、得罪父母者，众共击之。"[①] 对奴仆、佃仆和婢女，要严尊卑等级名分，新安江上游徽州地区的主仆名分极其森严，"脱有稍紊住仆之分，始则一人争之，一家争之，一族争之，并通国争之，不直不已"。[②] 新安家庭虐待婢女恶名远播，"休邑恶俗，民间畜养女婢，皆至四五十岁不准婚配。家家如是视为故常"。[③] 不仅如此，婢女们还被施以残酷的刑罚，"徽俗御婢之酷，炮烙、挺刃，习以为常"。[④] 在卑幼尊长关系的处理上，新安宗族特别强调"卑幼不得抵抗尊长，其有出言不逊、制行悖戾者，姑诲之，诲之不悛，则众叱之。"[⑤]

除佃仆、奴婢的地位卑贱以外，妇女的地位也非常卑微，很多家庭在管理家庭的《家规》中，都在"三纲五常""三从四德"的总体要求下，对妇女的言行进行严格的规范和约束，遂安泮南余氏宗族在《家规》中明确规定，"妇有四德，不可阙一"。[⑥] 休宁《茗洲吴氏家典》在其近 80 条的《家规》中，有关妇女的规定就达 19 条之多，其中既有关于长辈主母、少母的规定，也有晚辈子女、媳妇以及诸妇的详细规定，其内容涉及言行举止等各个方面。《家规》明显歧视妇女，认定"女子小人，最能翻斗是非"。因而谆谆告诫家长和家众，"切不可纵其往来，一或不察，为祸不浅"。[⑦] 歙县潭渡黄氏家庭家长，在《家训》中明确教训妇女，"使之安详恭敬，俭约操持。奉舅姑以孝，侍丈夫以礼，待娣姒以和，抚子女以慈。内职宜勤，女红勿怠，服饰勿事奢华，饮食莫思饕餮。毋搬斗是非，勿凌厉婢妾，并不得出村游戏，如观剧、玩灯、朝山、看花之类。倘不率教，罚及其夫"。[⑧] 清代嘉庆年间，遂安县江左王氏宗族在其《家规》的"驭家人"。条款中，认定"小人、女子，号为难养，过宽则纵，过严则怨"。其驾驭之法，"务在恩威并用，平时，家主宜足其衣食，恤其困苦，均

① 嘉庆《江左王氏宗谱》卷一《家规》。
② 康熙《徽州府志》卷二《舆地志下·风俗》。
③ [清]廖腾煃：《海阳纪略》卷下《两江总制傅、安徽巡抚江详文》，清康熙刻本。
④ [明]傅岩撰，陈春秀校点：《歙纪》卷九《纪谳语》，黄山书社，2007年，第120页。
⑤ [清]吴翟辑撰，刘梦芙点校：《茗洲吴氏家典》卷一《家规》，黄山书社，2006年，第19页。
⑥ 道光《泮南余氏宗谱》卷一《家规》，清道光二十七年（1847）木活字本。
⑦ [清]吴翟辑撰，刘梦芙点校：《茗洲吴氏家典》卷一《家规》，黄山书社，2006年，第22页。
⑧ 雍正《潭渡孝里黄氏族谱》卷四《家训》，清雍正九年（1731）校补刻本。

其劳逸，宽其小过。其有怠惰不任事、强梗不循法者，轻则诃谴，重则鞭朴。其又甚者，则斥而逐之，论罪毋恕”。在“严闺范”条中，则对家中妇女的言行举止有着极其严厉的规范，规定：“1. 不许冶容盛饰，坐废妇功；2. 不许烧香礼佛，偕端游玩；3. 不许听女奴言语，妄生是非；4. 妇翁及诸尊长，除岁时庆祝外，不许与诸妇相见；5. 妇党姻戚，除父母、亲兄弟外，止于中堂一见，不许延入私室；6. 亲房诸妇，虽同室者，不许聚谈喧哗；7. 疏属诸妇，除庆吊外，不许私相往来；8. 家奴年过十四五者，不许擅入闺门。以上数端，严而有法，正家之道。”① 新安江流域妇女社会及经济地位的卑微，其直接源于程、朱，尤其是朱熹理学关于“三从四德”的强调，即“在家从父，既嫁从夫，夫死从子”。尤其在上游的徽州地区，节烈妇女数量之多，是其他地区所罕见，故有“新安节烈最多，一邑当他省之半”的记载。②

三、新安家庭的家世、家教、家产、家务、与家法

宋明以来，在长期的社会生产与生活实践中，新安江流域的家庭逐渐形成了一整套相对较为完整的家庭和宗族文化。

家世是家族世系主要职业特征所标志的社会地位，宋明以来新安江流域的家世通常是指家族或宗族的世业或门第、门祚，如官宦人家、世代为农、书香门第、祖传名医、世仆等。职业或特定的地位与身份一旦确定，往往世袭不变，尤其是地位卑贱的佃仆、奴婢，其家世一般是很难改变的。“奴而兼佃户者，即退佃而名分永存”。③ 黟县“严主仆之分，数世不更其名，一投门下，终身听役，即生子女，一任主为婚配”。④ “徽俗重门族，凡仆隶之裔，虽显贵，故家皆不与缔姻”。⑤ 即使是日后致富或入仕，其仆人的身份和地位都不能改变，“即其人盛赀积行作吏，不得列上流”。⑥ 宋明以来，特别是明清时期，新安江流域这种根深蒂固的家世观念，严重阻碍了其社会的进步与经济的发展，使世仆失去了进取的意志，以致有所谓“仆生不值半文”的谣谚。

当然，良好的家世往往赢得人们的尊重，如医学世家、书香门第、将门之后

---

① 嘉庆《江左王氏宗谱》卷一《家规》。

② [清]赵吉士辑撰，周晓光、刘道胜点校：《寄园寄所寄》卷二《镜中寄·孝》，黄山书社，2008年，第62页。

③《祁门诉讼档案》，转引自叶显恩：《明清徽州农村社会与佃仆制》，安徽人民出版社，1983年，第268页。

④ 康熙《黟县志》卷四《箴佑论》。

⑤ [清]赵吉士辑撰，周晓光、刘道胜点校：《寄园寄所寄》卷十一《泛叶寄·故老杂记》，黄山书社，2008年，第893页。

⑥ 万历《祁门县志》卷四《人事志·风俗》，明万历十八年（1590）刻本。

等，由于这些家庭或家族的家世，具有受人们尊重颂扬的积极一面。因而，这是值得弘扬的家世。相反，还有一些家世受到人们的鄙夷、厌恶，如历史上的奸臣、降将、贪官污吏、地痞流氓，则受到人们的唾弃。如，明末歙县有一户人家“父母兄弟皆以拐骗为生”，[①] 这类专以拐骗为生的家庭，其家世将永远受到人们的唾弃。家世的习惯势力及影响很大，可以说，这种源于封建父系大家族“血统论”的家世观念，直至今天仍有存在。

新安江流域的家庭以主干或核心家庭为主，其上有“房”，“房”上有“门”，“门”上有族；家有家长，房有房长，门有门长，族有族长。家产是指家庭的私有财产，这些财产包括不动产的土地、山场、房屋和动产的金钱银两、生产和生活用具。在私有制下，家产是家庭的经济基础，是家庭赖以为生的命脉，家产的多寡决定着家庭的经济影响和社会地位。

在家庭中，家长对家产拥有绝对的支配权。在家庭财产继承和处置方面，一般由家长或父母主盟，以分家阄（关）书的方式，实行诸子均分制，所谓“父业子分，兄弟均分”。[②] 这主要是按照当时的封建法律的规定进行的。《大明令》和《大清律例》规定：“凡嫡庶子男，除有官荫袭，先尽嫡长子孙，其分析家财田产，不问妻、妾、婢生，止依子数均分。奸生之子，依子数量与半分。如无别子，立应继之人为嗣，与奸生子均分；无应继之人，方许承绍全分。”[③] 不过《大清律例》又增加了户绝财产的继承《条例》，云：“户绝财产，果无同宗应继之人，所有亲女承受。无女者，听地方官详明上司，酌拨充公。”[④] 在家庭财产处置与继承上，妇女的权利和地位是极其有限的。通常情况下，妇女无权处置家庭财产。但亦有例外，如因丈夫去世，丈夫在外经商，或游学经年不归，或家中发生意外变故等因素的影响，新安妇女（主要是祖母或母亲）往往可以以主盟的身份，对家产特别是土地、房屋等不动产进行买卖、转让，或分割。[⑤]

家务是指一个家庭日常生活事务。开门七件事，柴、米、油、盐、酱、醋、茶，

---

① [明]傅岩撰，陈春秀校点：《歙纪》卷九《纪谳语》，第147页。

②《乾隆八年华文英等分关文约》，引自王钰欣、周绍泉：《徽州千年契约文书》（清民国编）卷一，花山文艺出版社，1993年，第298页。

③ 怀效锋点校：《大明律》附录《大明令·户令》；法律出版社，1999年，第241页。《大清律例》卷八《户律·卑幼私擅用财条例》内容基本与《大明令》规定相同。

④ 田涛、郑秦点校：《大清律例》卷八《户律·卑幼私擅用财条例》，法律出版社，1999年，第187页。

⑤ 阿风：《明清徽州批契与其法律意义》，《中国史研究》1997年第3期；《徽州文书中“主盟”的性质》，《明史研究》第6辑，黄山书社，1999年；《明清时期徽州妇女在土地买卖中的权利与地位》，《历史研究》200年第1期。

都属于家务的范畴。这其中既有饮食、衣服、起居等家务劳动，也有社交往来的安排与应酬。家务是新安家庭事务中最具有普遍性意义的内容。在家庭中，家务主要由妇女承担，妇女亦因此成为家务习俗的主要传承者。据史料记载，宋元明清以来，新安江上游地区徽州的妇女非常勤奋，吃苦耐劳，不仅操持各种家务，相夫教子，而且还直接参加生产劳动，如采茶、砍柴、舂米。她们衣着俭朴，饮食吝啬。在歙县，“妇女尤勤勉节啬，不事修饰。往往夫商于外，所入甚薄，数口之家，端资内助，无冻馁之虞”。新安商人之所以能够取得空前成功，某种程度来说，是与该地区和宗族内妇女勤俭操持家务，勉励维系家业的“内德”分不开的。所以，嘉靖《徽州府志》说：“女人尤号能俭，居乡者数月不占鱼肉，日挫针治缣纫绽。黟、祁之俗织木棉，同巷从相纺绩，女工一月得四十五日。徽俗能蓄积不至卮漏者，盖亦由内德焉。”①

除了勤苦操劳家务、维系家业之外，宋明以来，新安江流域各地的妇女还被家长或宗族族长赋予其他必须恪守的诸多清规戒律，“妇人必须安详恭敬，奉舅姑以孝，侍丈夫以礼，待娣姒以和。无故不出中门，夜行以烛，无烛则止。如其淫狎，即宜屏放。若有妒忌长舌者，姑诲之，诲之不悛，则出之。……妇女宜恪守家规，一切看牌、嬉戏之具，宜严禁之，违者罪家长”。② 因此，新安妇女在家务操持中的勤俭节约、主内不主外的习俗，作为一种传统，至今仍普遍存在于新安江流域各地城市乡村之中。

新安向有重文兴教、耕读传家的良好传统，注重子女的教育，是新安江流域各地普遍存在的一种优良的家庭传统。在新安人的心目中，“养子不读书，不如养肥猪”。因而，各个家庭几乎都对子女读书教育给予了特别的关注，有的甚至在家族的《家训》和《家规》中予以强调。如，建德西龙吴氏宗族《确实公遗言》中，就在《垂戒六事》中明确规定子弟“要读书”。指出：

读书乃一件最苦最难之事，又是一件至贵至美之事，上之发科发甲，固能改换门楣，显扬父母；次之入学补廪，亦能撑持门户，承接家声。若子弟不读书，必至愚顽粗蠢，不明道理，不晓世务，不识礼貌，为人所轻薄，门风便倒

① 嘉靖《徽州府志》卷二《风俗》。
② [清]吴翟辑撰，刘梦芙点校：《茗洲吴氏家典》卷一《家规》，黄山书社，2006年，第21～22页。

壤矣。试看做百姓者，见官府如砧上之肉，见衙门如掌上之丸，凭他弄舞，凭他咀嚼，方知读书之足贵也。毋论有无产业之家，不可不读书。就是无产业者，能读书成名，岂至落薄？故人家有几个子弟，必须请师玉成，督责勤学。上等之资，固期发达；中等之资，亦可游庠。至于下等之资，即不能成名，但能识字，能晓文，自不至愚呆，亦可经营生理，筹画几务，以成其家，诗书岂误人也。至于读书之法，为师者不过做个领袖，总要自己用心。早晚之间，能刻苦精勤。一旦所读之书，必求熟；一旦所解之书，必求明。决不怠惰苟安，将就放过。勤学勤问，自能一旦豁然贯通。故读书者志要坚，力要健，心要敛，气要静，神要闲，精要养，学要博，识要广，解要详，辨要明，疑要问，悟要开，法要周，机要熟。又总要功无间断，不可作辍。此古人所以十年面壁、目不窥园，所为积三余以成学也。[①]

有的家庭还对子弟在不同年龄阶段接受的教育，进行了详细而具体的规定，清道光遂安《狮山余氏族谱》就在《家规》中明确要求："训子弟，年五岁，当教以爱敬及语默、方数之道；六岁，则教以长幼、进退之礼，朔、望令随长者同谒祠堂，使之观察祭祀礼节；七岁，入小学；十二岁，就外傅，聘延明师，训以经书、子史之文，孝弟忠信之行，务期本末兼该，底于有成。若年过二十以外，学问不就者，则令治家理事。违者，罪及父母。"[②]

在家庭对子弟教育的重视下，一批学者名儒开始把精力投向蒙学和小学教材的编纂上。如，明初名儒朱升即专门编纂了《小四书》，以其作为蒙学的教材。除蒙学、小学外，新安江流域各地各级各类学校也大量兴起，"当其时，自井邑田野，以至远山深谷，居民之处莫不有学、有师、有书史之藏。其学所本，则一以郡先师子朱子为归，凡六经传注、诸子百氏之书，非经朱子论定者，父兄不以为教，子弟不以为学也"。[③] 在婺源，虽"十户之村，不废诵读"。[④] 在绩溪登源龙川，明代著名军事家胡宗宪，自幼即受到家庭和学校的良好教育，五六岁时，其母即授以纸笔，"训

① 光绪《西龙吴氏宗谱》卷一《确实遗言附》。
② 道光《狮山余氏族谱》卷一《家规》，清道光八年（1828）嘉会堂木活字本。
③ 道光《休宁县志》卷一《疆域志·风俗》。
④ 嘉靖《婺源县志》卷四《风俗》。

以千文、小学"，并"每以古今哲人饬励之"。[①]至七岁以后，父母还专门"筑室为延师"以教育之。[②]正是在这一良好的家教氛围熏陶下，胡宗宪才最终成为抗击倭寇、捍卫明朝海疆的栋梁之材。

宋以来至民国时期，新安的家庭和家族为鼓励子弟读书入仕，往往专门辟有膏火田、学田，或专门出资资助贫困家庭子弟读书。如遂安童沂汪氏宗族即在其《家规》中，有对贫困家庭子弟作出资助读书的规定，曰："诗书传家，非止掇巍科、登显仕也。所以敦礼义、崇廉耻，纲常于是乎立，人心于是乎正，习尚于是乎淳，仁义道德之泽，百世不泯，称为望族。吾族子姓繁衍，宜多立家塾。仿古人，八岁入小学，习句读，知书数。其有俊秀子弟，则教之通经书大义，习举子业，尤必延明师，以礼接待，无得惜财吝费。家贫则众为资助。若入泮与科举者，遵祖旧例，给以花红路费无缺。"[③]

家教的育德育才是社会教育的基础，事实证明，新安历史上的家庭教育是成功的，它直接净化了新安江流域各地的社会风气，促进了社会的不断进步。

历史上，新安江流域家庭的家法非常严肃，几乎每一个家庭或家族都有自己独立的家法以约束家庭成员，著名的有明嘉靖祁门善和程氏宗族仁山门的《窦山公家议》、明隆庆祁门文堂陈氏宗族《文堂乡约家法》、清康熙和雍正休宁的《茗洲吴氏家典》、道光婺源龙池王氏宗族《家法》和同治祁门县武溪陈氏宗族《崇公家法》等。这些家法大都经过当地官府的认可，具有一定的民间习惯法的性质。这些家法的内容涉及家庭和宗族的管理、生产和生活的组织、尊卑长幼等级秩序的维系、家庭或家族子弟的教育、和睦乡邻的强调、扶贫济困的举措、赋税徭役的劝纳、危害社会行为的惩治、祠堂坟墓的保护，以及各种陋俗的革除等。应当说，历史上新安的家法规定是全面的、具体的，它构成了新安家庭或家族文化的主要内容。只要能够遵守族规家法，按照族规家法的要求，势必能形成良好的家风。所谓"世守家法，砥砺名节，上之为国桢干，下亦不失为乡里善人"。[④]这或许正是新安地区家庭和宗族所倡导的教育宗旨与目的所在。

---

① [明]袁炜：《袁文荣公集》卷八《明故赠文林郎监察御史胡公合葬墓志铭》，明万历元年(1573)刻本。

② [明]胡煜原本、(清)胡渭仁校刊：《忠敬堂汇录》卷六《显亲录》，民国刊本。

③ 康熙《童沂汪氏宗谱》卷首《家规》，清康熙四十八年(1709)刻本。

④ 道光《顿邱葛氏宗谱》卷首《序》。

第四章　新安宗族族谱的纂修、刊刻、避讳、管理与家国互动

宋明以降，经过历史上著名的三次大规模中原地区的移民徙入，新安江流域的社会逐渐发展成为极富典型意义的宗族社会。广大的新安乡村乃至城镇等聚落，聚族而居的宗族构成了社会的基本结构。所谓“徽俗士夫巨室，多处于乡，每一村落，聚族而居，不杂他姓”。[①]这段文字，真实地反映了该地区乡村社会聚族而居的事实。而作为显示宗族特征最主要标志的族谱、祠堂和祖墓，在新安江流域各地更是被屡屡重申，其功能与地位在不断地强化之中，形成了具有独特地域特点的新安宗族文化。正如胡晓所云：“新安则异是矣，山峭水厉，燹火弗惊，巨室名族，或晋唐封勋，或宦游宣化，览形胜而居者恒多也。其故家遗俗，流风善政，宛然具在。以言乎派，则如江淮河汉，汪汪千顷，会于海而不乱；以言乎宗，则如泰华之松，枝叶繁茂，归一本而无二；言乎世次，则尊卑有定，族居则闾阎辐辏，商贾则云合通津；言乎才德，则或信义徵于乡闾，或友爱达于中外，或恬退著述，或忠孝赫烈。”[②]族谱在宗族成员的心目中，是“审本源，别支派，叙昭穆，等尊卑，辨异同，明嗣续”[③]的工具。而由于木本水源、尊祖敬宗、追本报远的理念不断传播和深入人心，加之官员士人的倡导，以及新安商人商业利润源源不断地输入，这就为新安族谱的纂修和刊刻、印刷提供了强有力的社会、经济和精神上的支持，并使得新安宗族的族谱纂修始终保持一种延续不绝的传统。而新安江流域以及周边地区，如杭州等地发达的印刷出版业，亦为新安族谱的印刷和出版提供重要的物质保障。

在新安宗族所纂修的海量族谱中，既有单一姓氏和血缘关系的宗谱等谱牒，也有跨地区的具有血缘性质的某姓族谱，如明成化《新安程氏统宗世谱》和清乾隆《歙淳方氏柳山真应庙会宗统谱》等，还有非血缘性的地域大姓望族汇谱，如元陈栎纂

---

① [清]程且硕：《春帆纪程》。

② [明]戴廷明、程尚宽等撰，朱万曙等点校：《新安名族志》卷首《序·胡晓序》，黄山书社，2004年，第4页。

③ 道光《遂安萝蔓堂松林余氏世家宗谱》卷首《凡例》。

修的《新安大族志》、明程尚宽和戴廷明等纂修的《新安名族志》，以及曹嗣轩等纂著的《休宁名族志》等。不过，新安族谱中数量最多的还是某地一宗一姓、一支一派的具有血缘性质的单一姓氏族谱或支谱。就族谱的名称而言，新安族谱亦是名目繁多、丰富多彩，既有称宗谱、族谱、房谱者、支谱者，也有家乘、家记、家典、世典者，诸如万历休宁《茗洲吴氏家记》、清雍正《茗洲吴氏家典》等名目。至于与正本族谱相对应具有草谱性质的各种添丁红簿等，在新安江流域更是比比皆是。

为叙述的方便，我们将本书所涉及的各种谱牒，一概称之为“族谱”。新安江流域族谱存世数量巨丰。根据《中国古籍善本书目》《中国家谱总目》，以及国内各大图书馆的藏书目录，整个新安江流域各地现存元、明、清和民国时期纂修的族谱，总计约有 2500 余种。其中属于新安江上游地区的徽州族谱，就有元代族谱 6 种，明代 495 种，清代 731 种，民国 211 种，时间不详 18 种。就版本而言，明代纂修和刊印族谱又占据了较大的比重。因此，赵万里说：“传世明代谱牒，大都是徽州一带大族居多，徽州以外绝少。”[①]

本章着重对新安族谱纂修、刊刻、印刷、避讳和管理，以及族谱纂修中家国关系进行分析和探讨。

第一节　新安宗族的族谱纂修

新安江流域各地宗族族谱的纂修，大体上可以追溯到唐宋时期。在许多明清和民国的新安大姓望族的族谱中，保留了数量不菲的宋元时期族谱序文，个别族谱甚至还有唐代族谱的序文。由于大量宋代族谱的“序”被广泛地收录进明清及民国时期纂修的新安宗族纂修的族谱之中，这就为我们了解宋代新安江流域的族谱编纂提供了极大的便利。然而，毕竟刊刻本唐宋时期的新安族谱现已无一留存，元代遗存的新安族谱亦仅有 6 种传世。因此，本部分重点以明清和民国时期的新安族谱为例，来探讨和阐释新安族谱的纂修、刊刻、印刷、出版、管理和避讳等问题，并由此而

① 赵万里：《从天一阁说到东方图书馆》，《大公报·图书副刊》1934年2月3日。

分析新安宗族与地方官府的互动问题。

一、新安族谱纂修的宗旨和谱例

宋明以来，新安江流域各地的族谱纂修宗旨和主要目的，是“以尊祖，以敬宗，以收族也，一举而三善备焉”。[①]“谱何谓而作也？盖企于正名分，别尊卑，镇家规，习风俗，定贤不肖，追远报本，后裔流芳者也”。[②]所谓“谱为尊祖、敬宗、收族而作也，前不作则不知其由来，后不述则不能继其志”。[③]族谱在聚族而居、敦于孝道的新安江流域人群言行举止和思想观念中，具有一种神圣的地位。“谱牒所载，皆宗族祖父名讳，孝子顺孙目可得睹，口不可得言。收藏贵密，保守贵久”。[④]有的宗族甚至将族谱比喻为身体的四肢，云：“人生不能一日不对天地，即不可一日不念祖宗。盖祖宗为吾身之源，然必有谱之可按，而后知系之所出，故修谱尚焉。夫家之有谱，犹身之有四肢，百体灿然其备，而脉络相为流通也。”[⑤]“领谱之人，务要藏之巾笥，珍重什袭。纵遇不测，亦当亟为救护，不得轻弃。”[⑥]纂修族谱则是一种追本报远、弘扬孝道的大事。所谓“一族之事，莫重于修谱”。[⑦]“族谱一书，所以序昭穆、纪绝续也。夫序昭穆，则尊卑之分明；纪绝续，则善恶之理著，皆足维世教也”。[⑧]

在新安江流域各地，族谱甚至被提升到与国史、郡志并列的高度，加以强化。“家之有谱，犹国之有史，郡邑之有志也”。[⑨]“国非史无以纪政治，家非谱无以别源流，理固一耳。然则谱之作也，而岂徒哉在玩忽？苟安者视之为缓图，识微先见之士固以为家政之务莫有要于此者”。[⑩]宋明以来，新安江流域各地普遍流传一种“人家三十不修谱，则同小人也”。[⑪]的诫语。“无之（指族谱——引者注），将见贵不齿贱，富薄其贫。吾恐昭穆不分，尊卑失序。宗法不立，嫡庶奚明？势不至等，亲又为陌路，而视陌路为亲亲者，几稀矣。吾知谱之所系匪细也。然家之无谱，不犹国之无史乎？

---

① 崇祯《严氏家乘》卷首《严氏谱乘》，明崇祯十六年（1643）刻本。
② 咸丰《崇坡叶氏宗谱》卷三《自叙》。
③ 民国《巨川毕氏宗谱》卷首《原序·元洪武甲子年毕民协序》。
④ 万历《休宁范氏族谱》卷六《谱祠·统宗祠规》。
⑤ 乾隆《遂阳广川黄氏宗谱》卷上《黄衣礼〈广川黄氏续谱序〉》。
⑥ 同治《方氏宗谱》卷四《领谱字号》，清同治八年（1869）崇本祠刻本。
⑦ 光绪《绩溪县东关戴氏宗谱》卷五《序·失考序》，清光绪十五年（1889）木活字本。
⑧ 民国《巨川毕氏宗谱》卷首《原序·成化七年毕文灏序》。
⑨ 民国《绩溪城南方氏宗谱》卷一《旧序·康熙十五年象璜纂辑真应庙谱序》，1919年木活字本。
⑩ 道光《遂阳大墅方氏宗谱》上卷卷首《方氏宗谱旧序》，清道光二十二年（1842）木活字本。
⑪ 乾隆《歙淳方氏柳山真应庙会宗统谱》卷一《先儒谱论》。

国无史，无以纪历代，无以征文献；家无谱，无以明世系，无以溯渊源，谱之时义大矣哉”！[①] 因此，宋明以来，新安宗族纂修族谱之风极盛，以致形成“新安多望族，族各有谱”的社会现象。[②]

尽管新安宗族纂修族谱的行为，表面上打着“尊祖、敬宗、收族”的旗帜。实际上，其主要目的和动机归根结底还是为了维系宗族的尊卑、长幼、男女等社会等级秩序，维护包括族长在内的宗族控制者自身的既得利益。“使恶者有所惩，吉凶相告，患难相恤，疾病相扶；孝弟行于家，则身修而家齐；忠义行于国，则国治而天下平”。[③]“宗谱之修，亲疏不紊，支派分明；吉凶庆吊之际，酒筵之间，尊卑有分，上下相安。不可以贵凌贱，以众暴寡，以尊辱卑，以强欺弱”。[④] 这就是新安宗族纂修族谱的最主要目的和实质所在。

在纂修族谱的过程中，谱例和谱法是直接关系到族谱如何编纂和内容怎样取舍的大问题。宋代以欧阳修和苏洵为代表的按照“小宗之法”编纂的族谱体例，可以说是后世族谱编纂的圭臬和指针。但两者不同的是，欧阳修采用的是图表亦即“吊线”或“挂线”的方式，将五世祖以来的家族迁徙、婚嫁、官封、名谥、墓葬及其行事，编成《欧阳氏图谱》。而苏洵编纂的《苏氏族谱》则采用谱派的方式，将直系六世祖以来的事迹，按照“序、表、后录”的结构进行叙述。

不管欧、苏两种族谱的优劣如何，但这两种族谱所创立的新式族谱编纂体例，为北宋以来族谱编纂奠定了标准的体式。值得一提的是，宋明以来，新安宗族族谱编纂的体例，并未单纯遵循欧氏或苏氏族谱的某一体例，而是取其优、祛其劣，将两者合而为一。嘉靖《新安张氏统宗世谱》不仅综合采用了苏洵和欧阳修创设的两种体例，而且还兼用了司马迁《史记》中“年表”的体例，其《凡例》曰：“宋眉山苏氏谱法系联派属，图后有传，示垂统绪。欧文忠公谱例以五世为图，四世为序，乃世经人纬之法。统谱系联派属，仿苏氏之图规；世经人纬，循欧阳之要法。其忠孝、节义、著作、功勋、政事、隐逸传文，依太史公年表之例附之。总三法之宏纲，酌

① 崇祯《海阳吴氏族谱》卷首《序》。

② 乾隆《考川明经胡氏统宗谱》卷首《序·乾隆二十四年吴炜序》，清乾隆二十四年(1759)刻本。

③ 民国《巨川毕氏宗谱》卷首《原序·正德四年毕馨〈休宁闵川毕氏重修会通世谱序〉序》。

④ 同治《武溪陈氏宗谱》卷一《新编凡例》，清同治十二年(1873)敦厚堂刻本。

统宗之要义，盖不令偏废尔。”[①] 正如明万历《重修休邑城北周氏宗谱》的《凡例》所云，“谱义例起于欧、苏，今合两式者。欧吊而不派，则亲疏别而长幼莫究，或窒于尊尊；苏派而不吊，则长幼序而亲疏难考，或病于亲亲。苟独遵一式，恐未得其长而先蹈其弊矣。故先欧图以明亲疏之分，继苏派以定长幼之序。二式相兼，其法始备。”[②] 清光绪遂安县《石峰吴氏宗谱》亦合欧、苏二式以纂修之，记述世系时，“以五代为则，仿欧阳文忠公、苏文公，用《史记》年表法”。[③] 而“故统修谱牒，既遵欧法，以线图系，使昭穆适，庶便于查考。而常修谱稿，则仿苏体，以格列名，使生殁娶葬便于登记”。[④]

在现存2500余种新安江流域的族谱中，绝大部分族谱的编纂体例，基本上是糅合了欧阳修和苏洵所创造的两种编纂体例形式，遵循了吊线和房派图文并重的原则。

二、新安族谱的倡修

编纂族谱，除极少数个人独立完成者以外，绝大部分是由宗族集体纂修完成的。新安族谱编纂亦遵循了这种模式。因此，就宗族群体力量编纂的族谱而言，其第一步工作便是由倡修人向族人发起纂修倡议，制订章程，成立诸如谱局和谱馆等相应的组织结构，具体负责开展族谱编纂的联络、筹资与纂修工作。

清嘉庆年间，黟县南屏叶氏宗族在倡修族谱的过程中，即遵循了这样一个程序，“先设公局，分定总修，综理汇世系、缮写、绘图、校对、监刷等项，各款列名，以专责成”。[⑤] 而遂安黎墅杨氏嘉庆十二年（1807）修谱时，则是设谱馆于该宗族的祠堂——和英堂。[⑥] 有的宗族还广泛召集同宗诸支派进行讨论，以商议确定修谱事项。为认真组织族谱的纂修工作。咸丰年间修谱时，黎墅杨氏宗族不仅建立了谱局，组建了分工有序的纂修人员，其中包括醵资督修14人、经理谱局1人、汇稿编辑1人、誊真校正2人，还专门制定了修谱规则——《谨参修谱六则》，其内容如下：

统宗族：《礼》曰：“敬宗收族。”于父母之党可谓详矣，次及妻女，亦属推广亲爱之义。

---

① 嘉靖《张氏统宗世谱》卷首《编谱凡例》。
② 万历《重修休邑城北周氏宗谱》卷二《凡例》。
③ 光绪《石峰吴氏宗谱》卷一《凡例》，清光绪二十三年（1897）木活字本。
④ 光绪《梁安高氏宗谱》卷十二《常修谱稿序》，清光绪三年（1877）刻本。
⑤ 嘉庆《南屏叶氏族谱》卷八《修谱事宜》，清嘉庆十七年（1812）木活字本。
⑥ 咸丰《遂安杨氏宗谱》卷一《和英堂记》，清咸丰七年（1857）八行堂木活字本。

辨同异：姓不可冒，是同族者，虽微不弃；非同族者，虽显不录，盖所以明一本之亲而杜谬援之失也。

别尊卑：大小之分，惟在行辈，当挨次序定之，庶不颠倒错乱，以昭敬重。

避名讳：先人行讳，子孙应当谨避，毋得重复命名。倘或外郡雷同者，会修时，亦须以先为定，余令更改载谱。

参详略：谱有三详，孚内外者必详，登科甲者必详，守四民之业而勋劳于家者必详；又有四略，播迁他郡者略之，采访无据者略之，游荡无家者略之，行谊不修者略之。

勤编葺：谱牒之作，所以防遗失，生卒葬娶，一切当集族人于祠，每年岁底，汇登一次，十年汇稿一次，遵往例，五十年付梓一次，庶有元本且无挂一漏万之弊。①

民国十年（1921），绩溪县洪川程氏宗族在由程铭发起倡修族谱后，即召集族人进行议决，“公推派裔以文纂修，恭综理事务，铭与禹平、宗俊、宗光、昭安、宗清等帮同提倡”。为尽可能不在新修族谱中遗漏某一支派，当年六月六日，程铭又与程礼垣等一道，“不辞劳苦，越山过岭，遍赴牛屋山、石纹桥、和阳坞等处，调查世系，并咨职务”。直到六月二十四日，各派派出代表齐集程氏宗祠——敦睦堂讨论表决，才最终决定纂修族谱。“各派亦来祠，表决赞成，同意进行”。② 民国十一年（1922），绩溪柯氏宗族修谱也采取了与程氏宗族相同的办法，在征得族人赞成之后，设立谱局，开展族谱的纂修工作。“本届修谱，倡议于大谷川，而竹溪、瑞川两族赞成之，局设大谷川听泉山馆”。③

新安宗族倡修族谱以集体讨论议决的方式统一议决意见和事项后，即开始以“谱启”或“知单”形式，向远近族人广而告之，以期得到族人的响应和支持。

为说明新安修谱启文的详细情况，我们仅将明嘉靖十九年（1540）休宁县泰塘程氏宗族的《重修族谱启》和清乾隆十四年（1749）遂安县广川黄氏宗族的《江夏黄氏会修统谱启》文字照录：

① 咸丰《遂安杨氏宗谱》卷一《谨参修谱六则》。
② 民国《洪川程氏宗谱》卷末下《谱跋》，1923年敦睦堂木活字本。
③ 民国《新安柯氏宗谱》卷首《凡例》，1925年汤乙熙斋刻本。

重修族谱启

窃惟谱以叙世系，籍以纪典章，二者乃相须以行，而实世家之所重者也。故三世不修谱，君子讥非大族；二代之缺文，孔子伤其无征。顾我泰塘，迁自秦祖，溯世二十有一，计年四百有奇，诗书相传，乡里硕望。但谱虽续修而未锓梓，是焉足凭？文虽大备而无纪籍，所以散逸。使世系罔闻，而亲亲之道薄；考证无地，故盛美之弗彰。实先世之遗志，为今日之急务也。况今藉祖宗之庇，家声克昌；赖山川之灵，英贤辈出。特恐及此谱不续修，锓梓之无日；文不搜罗，订籍之无时。文章渐散于丘墟，祠墓将废于荆棘。各派之源流难于究索，而非我族类得以溷淆，实非以尊祖收族而称世家者也。珪等每念及此，实切寒心。且继志乃孝之先，见义以勇为贵，故忘辈陋，勉欲效劳。但事体匪轻，须得族之高年特达者为之纲领，俾珪等得厕前驱，庶数世之遗志克成于一旦，而旷古之盛事有光于千年矣。

谨启。

嘉靖庚子一阳月朔日，靖师公房裔孙子珪顿首拜书。①

江夏黄氏会修统谱启

宗功祖德，庆常积于百年；子继孙承，情实关乎一脉。故敦伦即所以尊祖，而睦族要在于联宗。亲不可疏，须体连枝之谊；离而求合，惟期统谱之修。时阅残编，知祖宗之灵爽所属；重修家乘，问孙子之责任何辞？况我黄氏始建国于豫州，后世居于江夏。九龄温席，当年之为孝可风；两美回澜，近代之精忠在水。嘉禾呈瑞，爵貤关内之侯；烈火杨威，计迈吴中之将。数锦江之四俊，代有伟人；仰吴越之一峰，世多奇士。枝分叶布，发荣于吴楚、岭南之区；椒衍瓜瓞，绵延于江淮、闽浙之域。千流万派，难寻脉络以穷源；三家五都，畸攀枝条而探本。所以宗祊莫考，皆由文献无徵。若非谱牒之光昭，尊卑有序；将见宗盟之淆乱，昭穆难分。纵支谱时修，不免一隅之限；而大宗毕会，庶联九族之亲。等遥溯渊源，近稽支系，觉今日之分形异体，始属一家；忆前代之共干同条，物非二本。爰订纂修之约，情切敦伦；遍投统会之书，心怀睦族。

---

① 嘉靖《世忠程氏泰塘族谱》卷首《重修族谱启》，明嘉靖二十年（1541）刻本。

藤萝必辩，虽乔木其何攀；泾渭既分，即细流而不择。伏愿生花巨笔，掞藻奇文，展作史之鸿才；嗣徽山谷，发通经之名论。媲美声隅，则文子文孙同襄厥事，而序昭序穆不紊其斑。定简成编，上以继夫知国；雕梨刻枣，近以绍乎漆园。翼翼者数十人之小心，煌煌者百千年之大典。芜辞是播，凡例并闻。

乾隆十四年岁次己巳仲夏月谷旦　裔孙

休宁端翼　婺源学涞　祁门懋椿

黟县洪茂　鄱阳士毅、天爵　开化升孙

浮梁肇修　德兴一樑、一枢　乐平孟侯　　仝拜具[①]

以上引录的两则修谱启文，虽然都是告知族人踊跃参与修谱，但两者的区别是明显的。第一件休宁县泰塘程氏宗族的《重修族谱启》，仅限于告知泰塘支系的单一血缘程氏族人，冀望其踊跃为族谱纂修提供信息。第二件《江夏黄氏会修统谱启》，显然是跨地域联宗统会修谱的倡议书，而从发起者籍贯来看，遂安黄氏宗族并非是发起者，而是《会修统谱启》的告知对象和参与者而已。与黄氏宗族类似的情况，清康熙年间遂安童沂汪氏宗族也在《汪氏宗谱》中转录了始迁祖故里婺源大畈的《谱启》，且直接名之曰《婺源大畈会修宗谱启》。[②]

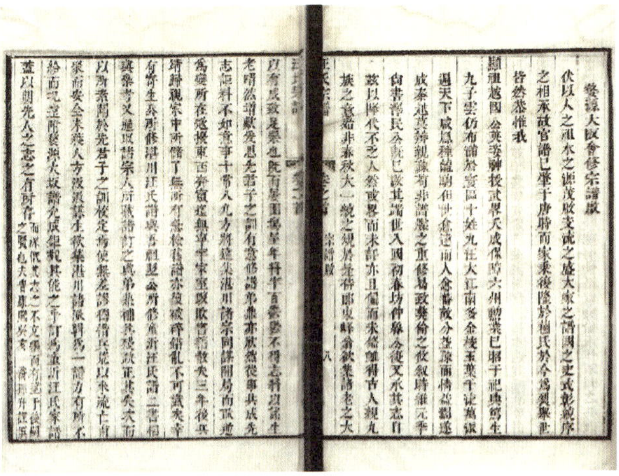
婺源大畈會修宗譜啟

清康熙淳安《汪氏宗谱》中收录的《婺源大畈会修宗谱启》

除上述两种以谱启形式告知族众积极支持和参与纂修族谱活动外，宋明以来，新安江流域各地还普遍存在一种书信式的修谱启文，其收文对象具有唯一性，它针对的往往是该宗族的某一支或某一房派。我们在乾隆《新安大程村程氏支谱》中，发现歙县大程村程氏宗族五十五世孙程豫即曾分别以书信方式，向歙县岑山派、槐

① 乾隆《遂阳广川黄氏宗谱》卷上《会修启》。

② 康熙《童沂汪氏宗谱》卷首《宗谱启》。

塘上府后派和凤凰派、休宁县陪郭派和富溪派发起了修谱的倡议。[①] 光绪二十三年（1897）二、三月，祁门竹源坑口会源堂陈氏宗族谱局主修陈朝牧（字秉仁）、副主修陈树人、陈斗文和陈居正分别给江西鄱阳县和安徽东流（今东至）县宗支的书信式修谱启文，倡议修谱。其内容全文如下：

达鄱阳陈家墩书

国珍、子英、光达诸位宗台先生阁下：

旷隔光仪，云山追递。景宗已久，趋谒无由。启者。吾家自颍川迁浮梁，迁祁之竹源。唐官太湖县令友迪公之子京公子姓族党居之。千百年来，竹源之分徙者甚夥，先朝里社丘墓，惟向此里得咨询之，则此里为竹源文献贵处。本从公一支，即京公之孙怀兴，敝族宋官金吾大将军立公同胞兄弟也。及从公之孙永丰公，由竹源迁鄱阳罗田、陈家墩，历数百年，椒实繁衍，雍雍乎振。振公族人多硕彦，代有令名。奈水山遥，未见追远而报本；枝分叶散，不能穷流以溯源。尊祖敬宗之义何在乎？敝族于同治六年，复建祖庙，今又纂修宗谱，年湮代远，工程浩大，每丁皆派费洋壹元，旧已开局汇稿。联一本之亲，于是乎在；昭祖宗之德，莫此为先；望族皆然，名邦尤盛。惟念贵处源流一脉，应托鲤以达情。凡属本支，均宜修纂。秩下子孙千亿，此心之孝敬即同。聚毛可以成裘，敛金亦堪铸鼎。始于一身以旁及九族，同抒尊亲爱敬之诚，人情自此而即安，祖灵因而降福。冀鉴鄙忱，共襄盛举。当思重本笃亲，毋忘所自。南鸿北雁，道里无多。便惠好音，尤所企望。候得暇留谒瑶阶，祇聆钧诲，冗中裁渎，并候近祉。

贵族暨陈家岭各宅诸位宗台先生统此申候。

光绪二十三年二月

祁西竹源坑口会源堂秉仁　树人　斗文　居正仝顿

达东流蟹子坑、石峡里宗家书　斗文稿

山青水碧，暌隔鸿仪；柳绿桃红，恒思尘教。启者。吾家自京公始迁竹

① 乾隆《新安大程村程氏支谱》卷下《各支续录》，清乾隆三年（1738）受祉堂刻本。

源，他族皆由此分迁矣。宗谱久未纂修，姑待苟安二百余年矣。兹幸众志翕从，旧已开局汇稿，誊写将成。每丁派出费洋壹元，约于冬季镌板。惟念贵处源流一脉，应嘱鸿申意，合同纂修。当思重本笃亲，毋忘所自。拟候六月烦驾来局会商，共襄盛举，以尽尊祖敬宗之义，弥切木本水源之思，则幸甚。专此顺达，并候春安。

宅上诸位先生统此申候。

光绪二十三年三月上浣

祁西竹源坑口会源堂秉仁　树人　斗文　居正仝顿[①]

以上所录光绪二十三年（1897）祁门县竹源坑口陈氏宗族会源堂谱局以主修和副主修名义写给鄱阳与东流县陈氏宗支的修谱启文，与前引休宁县泰塘程氏宗族的《重修族谱启》和遂安县广川黄氏宗族的《江夏黄氏会修统谱启》，尽管在性质上都是属于告知宗支前来汇修族谱的通知书，“来局会商，共襄盛举”，但在形式上则采取了两种不同的方式，显然后一种方式更具亲和力与号召力。但也有例外，类似乾隆年间歙县大程村向村外各支派发出的修谱会谱私信，有的发出后如石沉大海，并未得到各支派的回应。

三、新安族谱纂修的组织和经费

纂修族谱是一项规模浩大的工程，远非个人之力所能独立承担，“日久事繁，固非一人所能任，各支下之倡而和之者，实与有力焉”。[②] 一般必须要成立专门的修谱组织和机构，如谱馆、谱堂、谱局、修谱筹备处等，推选专门的纂修人员，专门负责修谱活动的组织与管理工作。正如清嘉庆黟县《南屏叶氏族谱》在总结纂修族谱经验时所言：“修谱先设公局，分定总修，综理汇世系、缮写、绘图、校对、监刷等项，各款列名，以专责成；一、设局后，各支分理世系者，汇齐稿本，查实事迹，以便总理，分类登载。”[③] 真正做到了“总理有人，纂修有人，同修有人，司库有人，誊录有人，

① 光绪《祁门竹源陈氏修谱文书汇编》。陈琪在《清末徽州民间宗谱纂修活动初探——以光绪二十三年祁门竹源陈氏宗族文书为例》（未刊稿，2005年“徽州谱牒：家族与社会”国际学术研讨会论文）一文中，将该书定名为《祁门竹源陈氏宗谱文书》。承蒙陈琪惠赐该书复印本，经初步研究后改为今书名。

② 康熙《周氏族谱正宗》卷十五《书名小引》，清康熙四十五年（1706）刻本。

③ 嘉庆《南屏叶氏族谱》卷八《修谱事宜》。

催趱有人，司事有人。分工合作，各负责任，一心一德”。[①] 道光八年（1828），遂安县姜氏宗族修谱时，也是在建立谱局、明确资金后，建立了分工有序的纂修班子和人员的，“自戊子重修而后，合立承先一祀，以作后来谱资之会。虽微利无多，聊佐支度于一二，则鼓舞兴工，视曩日之拮据从事者，难易判然矣……开局于睦旺敬义堂，叨卓然、圣斯诸叔祖共襄厥事，赴功各循各职。若海川则以董戒胜其任，若聚五、遇九、嗣周则以总理展其财。誊录、封勘冠侯、宝廷、侯周等之不辞其责也。徵钱、理杂，余庆、荣乡、良求等之各殚其心也。传也、赞也、文也、铭也，了如指掌；生也、娶也、卒也、葬也，炳若日星。不数月而工已告成”。[②] 只有建立组织机构建立、确定具体编纂人员，并明确各自的分工，特别是拥有或明确纂修资金之后，族谱的纂修才能真正步入正轨。尽管宋代至民国年间，新安江流域各地族谱的纂修机构和人员被冠以不同的名称或称谓，但其围绕族谱纂修这一目的和宗旨则是十分明确的。

纂修族谱所开销的资金浩繁巨大，族谱纂修工作能否成功顺利展开，在很大程度上取决于能否筹集到经费，以及所筹措经费的多寡，所谓“兴举大事必筹经费，应先将用款若干，豫约大数，然后酌量筹费，出入相准，不至亏空，致误正事”。[③] 特别是在新安江流域这样一个人口迁徙与流动极其频繁的山区，大量新安商人侨居他乡，没有编纂人员的辛勤奔波操劳采访调查，没有雄厚的资金支持，要想毕其功于一役，其难度是可想而知的。素以经商外地居多的歙县西沙溪汪氏宗族，在清道光年间编纂族谱时，编纂人员为了调查和搜罗本宗族的材料，可以说是历经了艰辛。族谱编纂者汪琦就曾感叹道，“修谱之役，纂辑不易，搜罗更难。纂辑仅耗心思，搜罗艰于跋涉。吾乡人丁散处，如两粤滇黔，孑遗远寓，恍星落天涯，欲循源溯流，匪第路费不给，且恐乏嗣无传，或迁徙他处，徒往无益，惟注明当日所迁之地，使日后易查可矣。吴越燕齐楚豫西江之间，或暂寓，或久居，平昔既识某处某支，设未访到，谱中即缺，罪将安归。是以吴越附近之区，年虽迈，犹可勉强躬亲阅历，至燕齐楚豫西江道里云遥，则遣子文源、道源与仆朱福、杨贵分投往收。其间江海风波，性命介于呼吸；霜雪冲冒，困苦迫于长途。甚鞍马奇寒，绝无敝裘□冻，备

① 民国《巨川毕氏宗谱》卷六《巨川毕氏修理宗谱题名录》。

② 民国《新定渭川姜氏宗谱》卷首《序·姜际文〈咸丰七年重修姜氏宗谱序〉》，1926年木活字本。

③ 宣统《华阳邵氏宗谱》卷首《续修条议》。

尝险阻，遍历艰辛。水陆之程五万余里，往来约费百五十金，稿方征全”。[①]许多宗族在纂修族谱的过程中，都遇到了短缺不济的资金缺口问题，有的甚至是在族谱修成付之剞劂时，发生了资金不济。歙县大阜吕氏宗族在族谱修毕即将刊刻之际，即遇到了资金缺口较大的问题。无奈之下，被迫商议以本社祭祀银两用以冲抵，“宗谱既成，约用工食、求文二百余金，所得该分银者，不过五拾余两而已。荷蒙各派族英资助，虽有白金，仍银五拾两无出。黄川万五公派下四门族众继寿等商议，只得权将本社祭祀银充偿”。[②]民国十二年（1923），绩溪洪川程氏宗族修谱因轮值当年篁墩统宗祠祭祀，也出现了“费用乏绌”的问题。[③]

为了保证纂修族谱的费用支出，新安宗族大体采取了以下途径筹集经费：第一种，是宗族公产甚至祀费收入。清嘉庆四年（1799），遂安睦旺等地的姜氏宗族就是以宗族祀费为最初修谱资金的，“裔孙启櫕、懋蕃爰于戊午之冬邀集诸派，倡议统修，豫储二祀之粮，以给剞氏之费”。[④]实际上，在动议进行族谱纂修时，作为宗族公产重要收入来源的祀产，往往成为最初的启动资金，这在整个新安江流域基本形成了通例。

第二种，是科丁派捐。“照丁敛资”[⑤]“催敛丁银”，[⑥]筹集修谱资金，这是新安宗族纂修族谱最为常用的一种方式。康熙五十五年（1716），歙县《周氏族谱正宗》即采用了族内按丁征收“科丁银”方式筹集修谱资金。[⑦]道光二十一年（1841）祁门《关西方氏宗谱》同样也是“约族众派费同修”的方式，筹措修谱经费。[⑧]光绪二十二年（1896），祁门竹源陈氏宗族纂修族谱时，不仅男丁派捐，而且女口亦有派捐任务。但其派捐的数额前后有一个变化过程，“光绪二十二年冬，合议纂修宗谱，众志悉从。始而一丁派出钱二百文，继而一丁派出洋蚨壹元，统计合族三百六十九丁。女一口出米十二升”。[⑨]为保证族内派捐的正常进行，光绪绩溪东关戴氏宗族，甚至专门于

① 道光《新安歙邑西沙溪汪氏族谱》卷首《重修宗谱引》，清道光二十九年（1849）麟书堂重刊康熙本。
② 民国重印万历《新安吕氏宗谱》卷五《休宁松萝门凤湖街祭祀家规》，1935年木活字重印明万历五年（1577）本。
③ 民国《洪川程氏宗谱》卷末下《谱跋》。
④ 民国《新定渭川姜氏宗谱》卷首《序·姜凤起〈嘉庆四年重修宗谱引〉》。
⑤ 道光《平阳郡汪氏宗谱》卷六《旧跋·汪京科〈清乾隆十五年跋〉》。
⑥ 民国《云山洪氏宗谱》卷八《壬戌谱跋》，1922年木活字本。
⑦ 康熙《周氏族谱正宗》卷十五《书名小引》。
⑧ 道光《关西方氏宗谱》卷首《序》，清道光二十一年（1841）木活字本。
⑨ 光绪《祁门竹源陈氏宗谱领谱字号》，清光绪抄本。

谱局中设立了“经催丁捐”人员,[①] 以具体负责丁捐的催征任务。民国十四年（1925），绩溪坦川洪氏宗族为保证派征的丁捐能够按期交纳，不致延误拖欠，甚至制订了对抗捐不交者“除名”的办法，规定：“至各派支丁，亦望将丁口捐按期交纳，毋得延误。倘有抗捐不交者，应即除名示儆。”[②] 显然，在筹集纂修和刊刻族谱经费的方式和渠道上，新安宗族基本上采取的是按丁派捐的方式进行。尽管这种筹措方式不一定完全能够筹集到族谱编修和刊刻的全部经费，但这种几乎是行政命令式的筹措经费办法，至少可以在一定程度上有效保证族谱纂修最基本的资金来源。

第三种，是包括商人出资在内的个人独立自愿捐资助修。以这种方式筹集纂修族谱经费，在富商巨贾辈出的新安江流域应当说是一个普遍现象。民国十三年（1924），绩溪县龙川胡氏宗族胡村支派所纂修的《龙川胡氏支派宗谱》，就是通过“文人发起，商人助资”的方式，[③] 筹措修谱资金的。休宁西门汪立正自康熙年间修成族谱《西门汪氏大公房挥签公支谱》，但因“人益繁，费益重，无力者艰于资斧，有力者置而不问”，一直未能付之剞劂。直到乾隆四年（1739），才由汪栋独立捐资，方

绩溪胡村胡氏祠堂

① 光绪《绩溪县东关戴氏宗谱》卷九《后序·光绪十五年戴弘儒序》。
② 民国《坦川洪氏宗谱》卷首《凡例》，1927年刻本。
③ 民国《龙川胡氏支派宗谱》卷首《序·章献琳序》。

才刷印，“栋乃毅然输赀付梓，同支均未派费。”[①] 至于规模宏大的乾隆《歙淳方氏柳山真应庙会宗统谱》，因经济实力雄厚的方祖善独立捐资，“其剞劂纸张、工价，皆善祖独立肩之”，[②] 而得以顺利纂修和刊刻。

尽管宗族祀产和照丁派卷是宋明以来新安宗族纂修族谱经费最基本的资金来源渠道，但是除了资产雄厚的强宗大族外，单纯依靠宗族公产祀费和按丁派银的丁捐方式筹集修谱经费，并不能够完全满足纂修和刊刻族谱的全部费用，有的甚至可能加重族人的经济负担，造成族人的抵触情绪，“谱之费甚钜。若照丁摊派，秩下之贫苦难胜。若将公拨用，祖祀款项有缺”。[③] 因此，事实上，新安不少宗族经常采用按丁派捐和自愿乐输相结合的办法，来筹集修谱的资金。正如清康熙年间歙县周氏宗族所言，“除科丁银外，非有乐输，事何由济”？[④] 光绪三年（1877），绩溪《梁安高氏宗谱》即采用了“经费或派或捐”[⑤] 以筹集修谱经费。

显然，采取发动和鼓励宗族成员共同自愿捐输的方式以筹集修谱资金，是新安宗族纂修族谱经费的一个极为重要的渠道。清嘉庆十七年（1812），黟县《南屏叶氏族谱》就是完全采用这种方式筹措修谱经费的，“修谱使用，俱系各支乐输，并非动支公项”。[⑥] 对此，新安各大族谱大都在“序”“跋”等相关文字中予以交代。如明万历五年（1577）歙县大阜吕氏族谱即采取了族人捐资的方式筹措经费，而且，带头倡捐者几乎都是主持修谱人员，从总裁编修吕继华，到校正吕廷福，甚至管账、催督等，都或多或少地进行了捐输。[⑦] 有的族谱为鼓励捐输，甚至专门辟有《捐输芳名》一卷，对踊跃捐输者予以表彰。万历十八年（1590）刊刻的《歙西岩镇百忍程氏本宗信谱》就在该谱中专门立有《助赀编刻人名》，以记录之，惜有目无文。[⑧] 清康熙四十五年（1706）刊刻的《周氏族谱正宗》，在《捐输小引》一卷中，除号召族人踊跃捐输外，还按照捐资多寡对捐输者依次进行记录表彰，“今将各派捐输

① 乾隆《休宁西门汪氏大公房挥签公支谱》卷首《凡例》，清乾隆四年（1739）百城书屋刻本。
② 乾隆《歙淳方氏柳山真应庙会宗统谱》卷二十《编号印照》，清光绪三十三年（1907）木活字本。
③ 光绪《祁门善和仁山门程氏支谱》第一本卷首《光绪三十年程际隆经修谱述》。
④ 康熙《周氏族谱正宗》卷十五《捐输小引》。
⑤ 光绪《梁安高氏宗谱》卷十二《修谱人名知单》。
⑥ 嘉庆《南屏叶氏族谱》卷八《修谱事宜》。
⑦ 重印万历《新安吕氏宗谱》卷五《休宁松萝门凤湖街祭祀家规》。
⑧ 万历《歙西岩镇百忍程氏本宗信谱》卷十二《续后篇》，明万历十八年（1590）刻本。

急公仗义者，较其多寡，次第书之于谱，庶几不没其善，用为将来者劝”。[①]道光初年，遂安萝蔓余氏宗族修谱时，对踊跃捐输者及其捐输银两数额给予列名刊谱表彰，其中包括“来龙山捐木价钱文壹百两正，乾利公祀捐千文壹佰两正”，以及元公房、亨公房、贞公房、鐩公房各房祠堂、祀产和个人捐资，“共捐钱文叁佰陆拾两五钱正，除修谱资费外，仍者入众公用”。[②]可见，包括房分和新安商人等组织及个人捐款，已成为宋、明至民国时期新安宗族族谱纂修的主要资金渠道。

此外，新安宗族还特别重视修谱资金的管理，通过捐输渠道筹集修谱的资金，捐输者除了绝大多数系本宗族成员外，也有少数非本族成员。因此，对其进行严格管理，避免铺张浪费和徇私渔利行为，就显得极其重要。对此，道光三年（1823），遂安萝蔓余氏宗族就制订了严格的管理规范，不仅成立了各派代表参加的纂修、同修和任事的谱局纂修班子，而且还建立了管账和监局，以通盘统筹和监督资金的使用。[③]绩溪华阳邵氏宗族修谱时也特别明确规定：“修谱银钱，取诸大众，应分立二簿，一曰本派，一曰外派，而每派账目又须分房登记，以便检查。至经手银钱，最易招谤，所有收存款洋，出入账目，必须多派精明妥慎之人分别管理，每月结一大总。另派公直者一人，逐加稽核。倘有少数，由经手者赔偿。如无错误，即于结总处盖一图记，以表无私而昭大信。”[④]这种严格的控制与管理，对确保将有限资金用在修谱的刀刃上，是有很大帮助的。

四、新安族谱纂修中存在的“三难”和“五难”问题

尽管包括新安在内的中国许多地区的族谱都声称，族谱和国史、地方志一样，是宗族历史的记录。但是，在纂修族谱的过程中，许多族谱是根本做不到同国史、方志一样忠奸俱书、善恶并存，全面真实反映宗族全部历史过程的。它要为尊者讳，亲者讳，隐者讳和贤者讳。因此，族谱和国史、方志相比，其区别是显而易见的。正如咸丰《遂安杨氏宗谱》所云：“家有谱犹国有史，但家谱书善不书恶，则与史异。盖仁人孝子为亲者讳之意，使后人至为善必传，益兴起于为善之心也。”[⑤]

---

① 康熙《周氏族谱正宗》卷十五《捐输小引》。
② 道光《遂安萝蔓余氏族谱》卷一《续修捐款》，清道光三年（1823）木活字本。
③ 道光《遂安萝蔓余氏族谱》卷一《续修氏讳》
④ 宣统《华阳邵氏宗谱》卷首《续修条议》。
⑤ 咸丰《遂安杨氏宗谱》卷一《凡例》。

宋明以来，新安宗族纂修的族谱中存在着很多问题，其中首推是牵强附会、攀富援贵的问题。其实，这也是中国族谱中普遍存在的通病。对此，清康熙三十二年(1693)，翰林院检讨鲁瑗在遂安县《渭川姜氏重修总谱序》中，曾一针见血地指出："世之谱其族有二谬，其强附强宗，联异为同；鄙弃弱族，视亲如疏者，固恶习不足道。间有一二介然有好之士，又或刻意矫俗。"① 清乾隆二年(1737)刊刻的《新安徐氏宗谱》指出："世俗作谱，多以铺张扬厉为事，每采古昔同姓名公巨卿汇载篇首。……世俗作谱，每广叙宗盟，远引世派以矜巨族，而其中多牵强附会。"② 乾隆十四年（1749），方有闻在《歙淳方氏柳山真应庙会宗统谱》的《后序》中，也指出："自夫人心不古，仁孝之思顿忘。祖孙父子妄为假冒，或慕高名，呼罗隐为叔侄者有之；或趋炎附势，推义甫为父兄者有之。"③ 桐冈张文凤更是对古今修谱之两大弊端进行了揭示和挞伐，认为："古今有大戒者二，有乐富贵而认其非族者，有耻贫贱而弃其同族者，尤为名教之罪人也。"④ 这种有意攀附名公巨卿、豪右贵族和嫌贫爱富的心态与现象，完全是修谱者的主观故意造成的，它直接导致了族谱内容信度的失真。

造成族谱失真的另一原因，是世远年湮、旧谱散佚、族派散居难以联络以及战乱等因素的影响，使得新修族谱在搜罗文献、考订史实等方面出现了客观上的困难。所谓"修谱之役，纂辑不易，搜罗更难。"⑤ 诚斯谓也。康熙四年（1665），黟县横冈胡氏宗族在修谱时，即遇到了族人居址星散、被迫稽之残简和访之老成的现象，"奈居址星散，人心纷更，任大责重，难于骤举。惟体先人之遗言，而访之老成，稽之残简。"⑥ 而乾隆年间婺源甲道张氏修谱也遇到了和黟县横冈胡氏宗族几乎同样的问题，"我张氏族大人稠，星棋散布者，较之他姓，十倍其数。自前明景泰间辑修，而后廖阔三百余载。世远年湮，编残简断，煨烬散佚，莫可奈何。一旦联而修之，以集其成"。⑦ 乾隆二十三年（1758），绩溪华阳邵氏宗族修谱时的《会宗小启》就说："徽（州）、严（州）艰于荟萃，家各为书，难免舛误。"⑧ 尤其是太平天国运动之后，

① 民国《新定渭川姜氏总谱》卷首《序》。
② 乾隆《新安徐氏宗谱》卷首《凡例》，清乾隆三年(1738)刻本。
③ 乾隆《歙淳方氏柳山真应庙会宗统谱》卷二十《后序·乾隆十四年方有闻序》。
④ 民国《巨川毕氏宗谱》卷首《原序·桐冈张文凤序》。
⑤ 道光《新安歙邑西沙溪汪氏族谱》卷首《重修族谱凡例》。
⑥ 康熙《横冈胡氏支谱》卷首《序·暻百序》，清康熙四十三年(1704)刻本。
⑦ 乾隆《星源甲道张氏宗谱》卷四十二《领谱字号》，清乾隆四十七年(1782)刻本。
⑧ 宣统《华阳邵氏宗谱》卷首《会宗小启》。

新安江流域各地掀起修谱热潮时，面临兵燹所造成的文献散失残缺不全等局面，许多修谱人员不得不采取口头采访的方式，这就难免造成错误百出的现象。光绪三年(1877) 祁门红紫纂修《京兆金氏统谱》，对咸丰兵燹造成谱牒散失、文献无征、口头记述又颠倒错乱的情形，就有着细致的描述："咸丰年间，……房屋烧毁一空，男逃女散，惨不胜言。因谱牒散失，幸同治初年，四方平静，查考宗谱，半属遗亡。于同治九年，公族邀集各支已修，亦无老谱对录联接。惟父老族长口传，生娶卒葬而略言之，录为新谱。遗志颠倒错乱，行派不接，遗失名目甚多。"①

针对宋明以来新安宗族族谱纂修中存在的上述种种弊端，康熙四十七年(1708)，王掞在为遂安童沂《汪氏宗谱》撰写的《重修汪氏族谱序》中，提出了修谱"三难"问题，即"修谱之事，抑亦难矣。世远年湮，无以溯其所自出，一难也；支流派别，无以析其所由分，二难也；所存典籍，虞其残缺失次，而得之传闻者，抑或各有同异而纷纭，不可据以为可信而直书之，失之轻以为可疑而竟阙之失之敢，三难也。且夫考古证今者，学也；别嫌明微者，识也；辞远而旨显，斌斌乎质有其文者，才也"。② 也就是说，要解决修谱中的"三难"问题，必须具备唐代著名史评学者刘知幾所指出的史家应具备的"才""学""识"的素质，这对新安民间的修谱活动缺乏专业人才而言，的确是非常困难的。道光遂安《汪氏宗谱》进一步提出了修谱存在"五难"的问题，即所谓"谱之作也，联属乎万众，而秉笔一人，成之若甚易也，而其势则有五难。何也？先涣散而今收合，则物情参差，如理分丝，头绪紊而难齐也；此富贵而彼贫贱，则势利悬殊，如临殿升分，位判而难合也；行公正而遇邪险，则趋向反背，如薰莸兰蕙，香臭异而难投也；怀小忿而昧大义，则心志蛊惑，如祸起萧墙，亲友成仇而南平也；执己见而背公论，则举动颇僻，如拗蠢骡，性发起后而难驯也。苟作者不得其人，则五难遇于外也，势必至于无成矣"。③

针对族谱普遍存在的"三难""五难"，以及牵强附会、攀富援贵与故意涂改，甚至公然制造伪谱而形成的"诈伪纷纷而出"④ 的现象，新安各大宗族纷纷制订和实施了严格的修谱原则，严格遴选修谱人员，严厉打击主观恶意造假行为，尽量避免

① 光绪《京兆金氏统谱》卷八《谱略》，清光绪三年(1877)木活字本。
② 康熙《童沂汪氏宗谱》卷首《新序 · 王掞〈重修汪氏族谱序〉》。
③ 道光《平阳郡汪氏宗谱》卷二《修谱五难》。
④ 嘉靖《新安琅琊王氏统宗世谱》卷首《凡例》。

客观失误，以期尽可能革除族谱庞杂、紊乱失真的积弊。

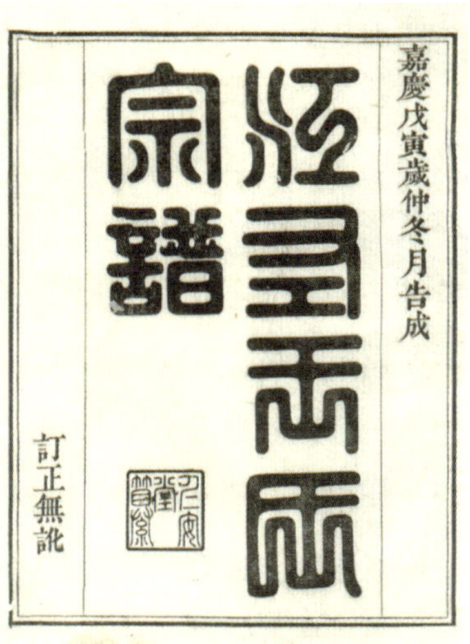

清遂安《江左王氏宗谱》扉页

首先，对参与修谱人员，无论主修还是主撰者，明确对其提出道德素养和业务素质提出要求，认真采访，广搜文献，详细刊订，厘定错误，从实书写。乾隆十八年（1753）刊刻的《歙淳方氏柳山真应庙会宗统谱》在《凡例》中谆谆告诫修谱人员，“斯谱参前代各家旧牒，搜考不厌周详。昔遁囊讹，悉从厘定，按时考事。一事之差，一字之误，必稽于国史郡县志诸书及互参诸派族谱，以订其是”。[①] 事实上，该部族谱也确实做到了“国史郡县志诸书及互参诸派族谱”。据该谱卷首《考证诸书》统计，除各种谱牒未列外，该谱总共参考了纪传体、典章体、编年体、文集、杂记，以及各种方志类典籍达 44 种之多。[②] 嘉庆遂安《江左王氏宗谱》正是修谱人员互相考订、彼此合作的一部质量堪称上乘的族谱，对此，王恭先特地记述道：“是役也，予与毓文虽滥列编次，然执笔谨严，互相考订者，则仰之叔祖诸位也。至若总理庶务，无不矢公矢慎者，唯若亮兄之力居多。其他如出纳、催款诸人，咸能协力赞襄，始终弗倦，以聿观厥成，是皆有功于先灵，有裨于后嗣者也。”[③] 而为了纂修一部翔实全面可靠的《新安歙邑西沙溪汪氏族谱》，作者汪琦甚至不惜积十年之功，处心积虑，呕心沥血，四易成稿，“凡有可采，悉编入谱。先在姑孰聘扶曦公缮写五年，稿经四易丁卯、戊辰、己巳、庚午、辛未，又于乌溪拼梨截板，载往云间，转运到里，己卯周流七省，填写生殁庚辰，先将人丁刊成七卷。嗣缘力绵，暂停赴任，不期海滨清淡，迥异别邑，日复日，年复年，早夜焦劳，神魂飘荡。”[④] 针对康熙年间遂安县童沂《汪氏宗谱》纂修中的“三难”问题，王掞提出了主修和撰修人员要具备“才”“学”“识”的问题。民国遂安《渭川姜氏宗谱》即在《凡例》中要求纂修人员，在纂修族谱时，“是吾族者，虽贫

① 乾隆《歙淳方氏柳山真应庙会宗统谱》卷一《凡例》。
② 乾隆《歙淳方氏柳山真应庙会宗统谱》卷首《考证诸书》。
③ 嘉庆《江左王氏宗谱》卷首《编次》。
④ 道光《新安歙邑西沙溪汪氏族谱》卷首《重修·族谱凡例》。

寒而不弃置；非吾族者，虽富贵而不冒认。秉笔之公，一如史法，毫不容私。”①

其次，为杜绝因主观因素造成的族谱评议失真的现象，新安江流域一些宗族在纂修族谱时，往往要求族谱编修人员集体讨论、反复斟酌，再下结论。清宣统初年，绩溪华阳邵氏宗族为避免续修族谱中产生讹误，专门公举纂修、协修和分修各数人，具体协同负责叙次宗族原委和考订厘清世系工作，“谱牒者所以垂示百世，俾知一本所出、面相亲爱也。其中叙次原委、清厘世系，一切稿件，至为繁重。应公举纂修、协修、分修各数人，以期责有专归而免舛误”。②而乾隆婺源庆源詹氏宗族鉴于明万历年间“庐源改造宗谱，颠倒弟兄。国朝雍正乙卯，又转因袭承讹，中多鱼目，一时不可再文”造成庆源支派记录失实的弊端，于乾隆四十六年（1781），断然拒绝了庐源詹氏宗族纂修统宗谱的邀请，特地于乾隆四十七年（1782）邀集远近宗支，开设谱局，独立修谱，“特于嘉靖谱底汇出云烟宗派，厘其支裔，矢慎矢公。翻木至检坟茔、查婚嫁、考迁居、综继嗣、究乏绝、辨世次、分行序、飘丁外养，搜寻毕极苦心”。对“有世系衰落，木主无存，生殁葬所，委实难稽。更有仅存名字，谁为祖父，谁为孙子，都无连属者”，宁可“暂阙所疑”，也不轻易载入谱中，以免讹误而紊乱世系。③为解决修谱中存在的“五难”问题，道光遂安负责《汪氏宗谱》纂修任务的谱局，则提出了自身的解决之道：“势之所在，不患物情之难齐，而理之有绪，如以本支自清本支之名派是也，则涣者以收；不患势利之难合，而视之泰然，如礼以分定、义以情维是也，则判者以忘；不患邪正之难同，而处之有道，如闻流言不信、闻誉言不徇是也，则背者以归；不患忿小之难平，而制之以义，如含忍以惩小忿、以直报怨是也，则惑者以解；不患偏执之难驯，而议之自公，如以顺应而百折不回，循理而鬼神亦服是也，则拗者自直。然则其难也，不在万众从一人之难，而在一人服万众之难；不在一人服万众之难，而在作者之心足推人众之心为难耳！苟不罪己之所致难，而徒谓五难之在人，斯作之而有成于难矣。”④不仅如此，《汪氏宗谱》还进一步提出了修谱者要掌握“修谱五法”的技术问题，即“明族属”“别少长”“辨

① 民国《渭川姜氏宗谱》卷一《凡例》。
② 宣统《华阳邵氏宗谱》卷首《续修条议》。
③ 乾隆《庆源詹氏宗谱》卷首《序·乾隆乙巳詹建邦序》，清乾隆五十年（1785）惇叙堂木活字本。
④ 道光《平阳郡汪氏宗谱》卷二《修谱五难》。

同异”“避名讳”和“参详略”。[①]

最后，严厉打击和惩治纂修宗谱中的任意涂改、变易私弊等行为。对此，新安江流域一些宗族专门制订了极其严厉的惩罚规条。如道光祁门《琅琊王氏宗谱》即在《凡例》中规定：“倘有添涂、变易私弊等情，违者查出，罚纹银三十两，入献公祀收贮。凡各支子孙，切宜慎之。”[②]对族内不肖子孙盗卖族谱而致真赝混淆、支派紊乱者，其惩治之例尤为严厉，最重者甚至被革除族籍。乾隆《休宁古林黄氏重修族谱》在《祠规》中规定：“或有不肖子孙卖谱盗写觅利，致使真赝溷淆，支派紊乱，得罪祖宗极矣。众共绌之，不许入祠拜墓，仍会族众追谱惩治。”[③]宣统年间，祁门汪氏宗族在纂修《韩楚二溪汪氏家乘》时，建立了相当精干的谱局班子，同时设置监修总裁一人，作为“主持鉴定体裁，颁行《凡例》，督办大局”的负责人，对纂修人员及其所修内容进行严格把关，规定：“倘有隐私贩冒，横议紊乱，致掣倡修、纂修肘者，质正于是，众裔莫违，违则众从屏斥。”[④]祁门河间凌氏宗族谱局甚至引录颍川振奇子的《族谱九戒》，其中涉及修谱的有“五戒”，即“谱不可忽”“谱不可偏”“谱不可误”“谱不可肉”和“谱不可伪”。[⑤]

总而言之，新安族谱修纂中存在的诸多主观和客观因素，是直接造成了新安族谱失真和失实现象的罪魁祸首。如何解决这一痼疾，公正客观、实事求是地记录宗族的历史，“是族者，不以贫贱而遗之；非族者，不以富贵而援之，诚然实录”。[⑥]真正做到所纂修的族谱“无假借，无攀缘，无一妄语，从实阙疑”。[⑦]这就要求修谱者必须本着严谨公道的态度与作风，所谓“修谱须秉公心，不可各执私见”，[⑧]广泛搜集资料，认真采访调查，摈弃因主观的故意和客观的失误，做到“心有所主。始以家乘遗墨并石刻余文，参互考溯，不妄援引以紊吾宗，不假名显以迷所出”。[⑨]为避免出现类似问题，有些新安宗族甚至在《祖训》中对族人予以训诫，“爱护勿借鬻，

① 道光《平阳郡汪氏宗谱》卷二《修谱五法》。
② 道光《琅琊王氏宗谱》卷首《凡例》，清道光二十九年（1849）刻本。
③ 乾隆《休宁古林黄氏重修族谱》卷首下《祠规》，清乾隆十八年（1753）刻本。
④ 宣统《韩楚二溪汪氏家乘》卷十《文献·谱局规章》，清宣统二年（1910）木活字本。
⑤ 民国《河间凌氏宗谱》卷一《九戒》，1921年刻本。
⑥ 咸丰《崇坡叶氏宗谱》卷一《序·明隆庆元年叶必秀序》。
⑦ 道光《关西方氏宗谱》卷首《序·永乐壬寅胡滢序》。
⑧ 乾隆《新安徐氏宗谱》卷首《凡例》。
⑨ 光绪《京兆金氏统谱》卷八《谱略》。

非族莫攀缘。行止有瑕玷，芟除不入编。三代一修五代吊，相传慎勿忝于先”。[①]训诫归训诫，但新安族谱纂修中攀缘高枝、富贵和假借等现象，由于既成痼疾，毕竟积重难返，依然不能从根本上杜绝。

五、新安族谱纂修人员的薪水和待遇问题

新安族谱纂修人员的薪水和待遇问题，在以往的学术探讨中，较少被学术界关注。但由于这一问题直接关系到修谱人员的工作态度和所修族谱的质量。因此，对其进行分析和研究，显然具有重要的学术意义和价值。

由于纂修族谱纯粹出自对宗族报本追远和尊祖敬宗收族的公心，加上修谱所筹集资金的限制。故新安宗族在纂修族谱时，其修谱人员更多的是无偿尽义务，而无薪水和待遇，有的甚至在采访时还被要求费用自理。清嘉庆黟县南屏叶氏宗族为节约经费开支，对参与修谱人员的待遇，就明确规定："修谱使用，俱系各支乐输，并非动支公项。支丁到局司事者，公局不设伙食，惟备茶水，免致多费。此皆修谱节略，紧要物件，时价高下，因时裁酌，不拘成格。"[②]道光遂安月山童氏宗族，一再勉力谱局人员，各司其职，其待遇也只是列名族谱以精神表彰而已，"主修、总修、纂修、同阅、辑录、绘图、敛资，凡任事者，俱列名以志勤劳"。[③]民国初年，绩溪洪川程氏宗族也对包括修谱人员在内的所有办事者，不予任何薪水和酬劳，"次此办事之人，均各不交薪费"。[④]同是绩溪的鱼川耿氏宗族，民国初年对修谱者也是实行"勉尽义务"、免发薪水的措施。[⑤]而民国歙县巨川毕氏宗族痛鉴借修谱为射利之端，不仅要求修谱人员自备膳食赴局修谱，而且连掌修者的薪水和车马之费也要求自理，规定："族谱之设，原以敦本睦族，但今人心不古，每有藉此为射利之端。故本局痛鉴前辙，凡司事诸人，皆自膳赴局。即掌修者薪水、车马之费，概皆自任，以尽为子孙之义务，于局内无丝毫染指，以示至公。"[⑥]

当然，鉴于修谱者的辛勤劳动，相对较为富裕或修谱筹集资金较为宽裕的新安宗族，一般对修谱人员会酌情给予一定薪水酬劳的，但其限制极其严格。宣统《华

① 民国《清华胡氏统谱》卷首《事迹类考》，1917年刻本。
② 嘉庆《南屏叶氏族谱》卷八《修谱事宜》。
③ 道光《重修雁门童氏宗谱》卷一《凡例》。
④ 民国《洪川程氏宗谱》卷末下《谱跋》。
⑤ 民国《鱼川耿氏宗谱》卷末《后序》，1919年木活字本。
⑥ 民国《巨川毕氏宗谱》卷首《凡例》。

阳邵氏宗谱》的纂修人员，除常年坐局和理谱者酌给薪水之外，其余人员一概不给。该谱的《续修条议》规定：“此时筹费极难，除常年坐局及理谱者，应酌给薪水外，其余一概不给。……大众必须团结一心，始终不變，时时以祖宗为念，而以谱事为分内要务，则众志成城。”①

第二节 新安族谱的刊刻与刷印

新安族谱的版本主要有雕版刊刻本、木活字本、石印本和铅印本等印刷本，但抄本和稿本也有不少。不过，刊刻本族谱在新安族谱的现存总量中依然占据了较大的比重。限于所探讨的内容，本节中所指的族谱严格限定在刊刻本(含雕版和活字本)的范围之内。

一、新安族谱的刊刻协议及其“谱司”的工价

新安宗族的族谱纂修编定成稿后，除极少数因资金等因素外，一般都要付诸剞劂。在最后刊刻印刷成书之前，通常由谱局或谱局委托人出具“招约”，招揽“谱司”或“谱师”② 进行刊刻印刷，并与其协商签订权利、义务和责任明确的“议单”或“协议”，规定具体的工价、待遇和质量标准等条款。

下面是清嘉庆黟县南屏叶氏宗族谱局关于刊刻《南屏叶氏族谱》的一些规定：

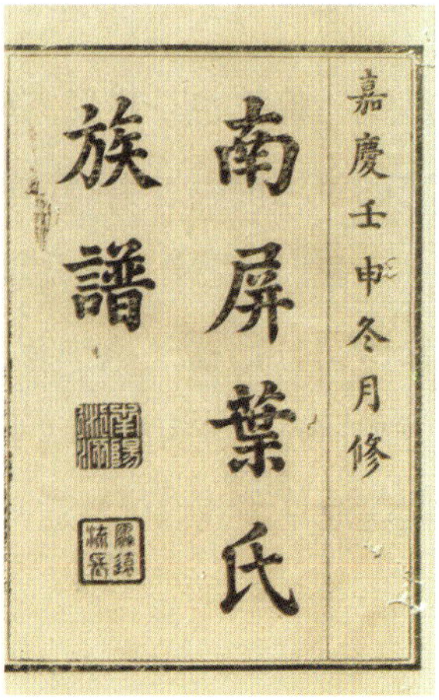

嘉庆南屏叶氏族谱封面

一、谱用聚珍字版，谱司系婺邑人。先立定议单：文献每盘元银贰钱，世系每盘银一钱一分，墓图每盘银二钱，两图合一盘，加填字注，世系一盘算公。镌墓图至五代，余图俱各自认工价。村图序文，计工扣算，或补换字，系本家

① 宣统《华阳邵氏宗谱》卷首《续修条议》。
② 负责族谱刊刻印刷的人员，称为“谱司”，或“谱师”。

自办梨木。另倩小木，造成大小谱子字料，以备临时补刻。所有镌工饭食等项，俱谱司自认。外逢朔望及起完工本，家各送神福一次。

一、谱司未到门，预办一切应用家伙，便伊自爨。[①]

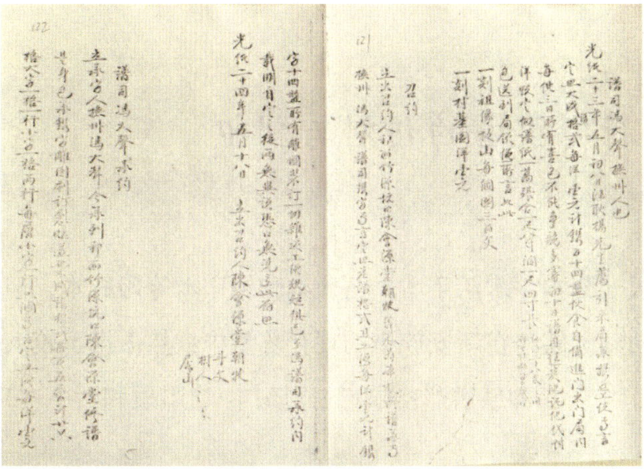

清光绪《祁门竹源陈氏修谱文书汇编》中关于谱司的“召约”和“承约”

这则规定内容十分详尽具体，首先关于族谱的字版，明确规定用“聚珍版”，谱司为婺源人。在开印之前，必须先与谱司签订《议单》，根据族谱刊刻内容的复杂程度规定了镌刻族谱的不同价格。如纯粹简单的世系刊刻，其用功的难易程度，显然比墓图的要简单得多，因此，其刻工价格也是最便宜的，只有一钱一分，而墓图刊刻则需二钱。这些都是根据当时的市场价经过精确计算的。

我们还意外地发现清光绪年间祁门竹源坑口陈氏宗族的修谱资料《祁门竹源陈氏修谱文书汇编》。其中有关族谱主修和副主修出具的刊刻族谱的《招约》和谱司冯大声等承揽刊刻该族谱的《承约》，由于系首次发现，其内容和形式格外引人注目。为说明问题起见，我们仅将这两纸珍贵的《招约》和《承约》全文照录于下：

召　约

立出召约人祁西竹源坑陈会源堂朝牧等，今为本族修谱，承与抚州冯大声谱司镌字，面言定照老谱格式。其工价每洋壹元，计镌字十四盘。所有雕图、装订一切杂项工价规矩，俱已于冯谱司承约内载明。自定之后，两无异说。恐口无凭，立此存照。

光绪二十四年五月十八日立出召约人陈会源堂朝牧

① 嘉庆《南屏叶氏族谱》卷八《修谱事宜》。

斗文
树人
居正

谱司冯大声承约

立承约人抚州冯大声，今承到祁西竹源坑口陈会源堂修谱，是身包承镌字、雕图、刷订、熨贴。遵照大成谱格式，每页五层，计廿六格，大字一格一行，小字一格两行，每层小字一行六个。面言定工价每洋壹元，计镌字十四盘。自承之后，毋得异言，以致违误。恐口无凭，立此存照。

一、刻祖像、坟山，每个图计钱三百文，图上字内；

一、刻村基图计洋壹元；

一、切谱贴鞋一双；

一、喜包听随东家之意，不得争竞多寡；

一、伙食，进门、出门，局内均供膳数日，其余自备；

一、柴薪、时菜，局内津贴；

一、刷谱数多寡，听随东意，毋得异说；

一、刷定之谱，倘有错字增改，如过十盘以外，只照所承盘数工价扣算，不得多取钱文；

一、谱说、序赞、诗引、杂文，概照十四盘扣算；

一、开刷之日，如有盘内字迹模糊、大小不一，以及讹误等弊，听凭本东指换；

一、谱自起工、完工，中间不得间工，耽误日期。如违，自愿赔本东伙食开支之费，仍听另召他人，无得异说；

一、本洋价每元作钱壹千三百文；

一、起神开刷装订，议贴钱喜包洋壹元，神福每个月贴大秤亥四斤；

一、大成谱上刻各派阴字，议贴钱四千文；

一、装订切谱，每幅正谱贴钱四百文。①

① 光绪《祁门竹源陈氏修谱文书汇编》。

从上述《招约》《承约》的录文内容上看，我们不难发现以下几个重要问题。

第一，光绪《祁门竹源陈氏宗谱》的刊刻是通过颁布《招约》，以公开招标的方式进行的。在《招约》中，招标方即《祁门竹源陈氏宗谱》的主修陈朝牧和副主修陈斗文、陈树人和陈居正，对招标的标的即刊刻族谱的标准样式、刻工价格，以及其他事项，予以十分详细而具体的规定。这件《招约》的学术价值在于，它第一次给我们提供了新安刊刻刷印族谱招揽文约的标准样本，以及刻工的具体价格，即“工价每洋壹元”。这就为研究明清，特别是清代新安刻书业的运作形式和利润，提供了极为珍贵的第一手翔实材料。尽管投标方冯大声并非是新安本土刻工，但在刻书业发达的新安江上游的徽州地区，来自江西抚州的刻工冯大声、周崧甫和浮梁的张逢源和郑仲之能够承揽这一刻谱工程，自然有其自身的优势。据光绪二十三年(1897)五月初八日荐引至《祁门竹源陈氏宗谱》谱局的汪庚杨先生介绍，冯大声和周崧甫，都是以“刻工甚佳”而享誉遐迩的族谱刊刻的专业刻工。他们所报出的刻谱价格，应当能够反映当时新安刻书业的价格和行情。

第二，冯大声出具的《承约》，作为投标方承揽族谱刊刻的投标书，其学术价值也是极为重大的。它至少给我们了解明清，特别是清代新安刻书业的规范运作形式，提供了珍贵的原始资料。冯大声在《承约》中所开具的任务、操作标准、刊刻价格是具体的、操作性极强的承诺保证，即“包承镌字、雕图、刷订、慰贴。遵照大成谱格式，每页五层，计廿六格，大字一格一行，小字一格两行。每层小字一行六个，面言定工价每洋壹元，计镌字十四盘。自承之后，毋得异言，以致违误”。通过这纸《承约》，谱司的权利、义务和责任更加明晰了。一旦出现了违反《承约》的事项，即要承担相应的责任。如关于印刷族谱错字增改问题，开刷后如出现字迹模糊、字号大小不一，以及出现讹误等违约现象，《承约》表示，“开刷之日，如有盘内字迹模糊、大小不一以及讹误等弊，听凭本东指换”。还有，族谱开印后的时间问题，《承约》也郑重承诺，“谱自起工、完工，中间不得间工，耽误日期。如违，自愿赔本东伙食开支之费，仍听另召他人，无得异说。”① 权利、义务和责任如此明确具体的刊刻族谱合同，在刻书业素称发达的新安江流域各地，无疑具有极其典型的范本意义。即如刻工的伙食问题，该《承约》就明确确定为由谱局负责办理，“伙食，进门、出门，

① 光绪《祁门竹源陈氏修谱文书汇编》。

局内均供膳数日，其余自备。柴薪、时菜，局内津贴”。而在新安江流域的其他地区，这一由谱局提供伙食的现象，应是一个惯例。嘉庆黟县南屏叶氏宗族也是实行刻工伙食由谱局供应的办法，规定：“所有镌工饭食等项，俱谱司自认。外逢朔望及起完工本，家各送神福一次。谱司未到门，预办一切应用家伙，便伊自爨。”① 因此可见，祁门竹源坑口陈氏宗族修谱的《招约》和谱司冯大声承揽刊刻族谱的《承约》，其学术价值和意义并不仅仅限于研究祁门竹源陈氏宗族刊刻族谱的本身，而在于它反映的是当时新安刻书业，特别是族谱刊刻业的一般状况。其对新安刻书业的状况和行业利润的研究，其标准的范本和典型的个案意义，是不可低估的。

第三，镌刻族谱费用的计算和支付。新安族谱镌刻的费用，一般采取承包制予以计算和支付。其具体出资支付人，因宗族不同情况而各有所不同。有的是全部由谱局负责支付，有的则根据个别族人的需求，由需求人自行支付部分费用。上引祁门竹源陈氏族谱的镌刻费用，无论是图文文献还是世系表，其所有费用皆系由谱局负责支付。而嘉庆黟县南屏叶氏宗族规定，镌刻墓图，只限五代以内，如族人要求刊刻五代以外的墓图，其费用则由其自理，即“镌墓图至五代，余图俱各自认工价”。② 民国二十四年（1935），由婺源县迁至金华县竹马馆东的李氏宗族在刷印族谱时，对旧谱中已有的坟图，一概照旧刷印，对有坟图而无原版者，需自行出费，托谱师再刻。对新坟图，其费用亦系自理，并由出资者自行与谱师议价，“前谱所有，概行照旧刷印，内有坟图而无原板者，令自出费，托谱师再刻。其有新刻坟图者，自向谱师议费”。③ 民国十六年（1927）绩溪坦川洪氏宗族对自行要求刊刻像赞的族人，不仅实行费用自付的方式，而且还规定了相应的条件和价格，即“刊刻像赞者，应另纳刻资洋两元，但所刻之像，生前须具有相当品望与职衔方可刻入”。④ 在祁门竹源坑口陈氏宗族镌刻谱司的《承约》中还出现了谱工工价支付的银圆和铜钱的兑换比例和标准，即“本洋价每元作钱壹千三百文”。⑤ 这一珍贵史料，为详细了解清光绪年间新安江流域银、钱兑换的比例和标准，提供了最具说服力的依据。

① 嘉庆《南屏叶氏族谱》卷八《修谱事宜》。
② 嘉庆《南屏叶氏族谱》卷八《修谱事宜》。
③ 民国《星源竹马馆东李氏宗谱》卷十《壬寅重修祠庙宗谱纪事》，1935年刻本。
④ 民国《坦川洪氏宗谱》卷首《凡例》。
⑤ 光绪《祁门竹源陈氏修谱文书汇编》。

第三，关于装订和切谱的工价问题。祁门竹源坑口陈氏宗谱谱局，基本实行的是刊刻、印刷、装订、切谱一条龙服务。但值得注意的是，刻工的工价中，并不包括装订和切谱工的费用。因此，其装订和切谱的工价，需要单独支付，具体支付数额和标准是："装订切谱，每幅正谱贴钱四百文。"[①]其实，不仅祁门如此，即使是黟县，同样也采用刻工和装订工价分别计价付酬的方式，除支付给刻工工价外，还需另外支付装订工的工价。嘉庆黟县南屏叶氏宗族支付给装订工的工价数额和标准是："另倩书坊人装订，每部计四本，工价钱壹百文。"[②]

第四，谱司的其他额外待遇。负责新安族谱纂修任务的谱局，除按合约支付给刻工和装订工的工价外，通常在他们进局刊刻印刷装订期间，还有一些额外的报酬或待遇。嘉庆黟县南屏叶氏宗族谱局规定："外逢朔望及起完工本，家各送神福一次。"[③]也就是说，在谱司刊刻族谱期间，逢每月的朔望日和起工、完工日，谱局还要求每家各送神福一次，即酒宴款待一餐。光绪祁门竹源坑口陈氏谱局由于负担刻工刊刻期间的所有伙食费用，因此不存在额外的酒席款待问题，但享有相应的额外补贴。比如，东家即谱局额外发放的喜包、猪肉及布鞋等。在谱司冯大声的刷印族谱的《承约》中，这些额外补贴都立有明确的条款，如"切谱贴鞋一双""喜包听随东家之意"和"起神开刷装订，议贴钱喜包洋壹元，神福每个月贴大秤亥四斤"等。[④]

总之，新安族谱刷印过程中的花费是巨大的，谱司的工价、伙食，以及其他额外费用的多寡，直接影响到谱司的积极性，关系到新镌族谱的质量。因此，为了使新镌族谱刊刻精美，新安江流域许多宗族的谱局往往不惜代价，聘请镌刻名家前来谱局刊刻刷印。这也许就是不少新安宗族在谱稿已定，但因梓资匮乏而久延不梓的主要原因之所在。

二、新安族谱中关于刊刻板数和刊刻人的记述

在宋明以来至民国期间的新安族谱中，我们发现关于族谱的刷印镌刻板数及镌刻者（含堂名，或人名）往往被专门镌刻在族谱中的不同部位。其中既有镌刻于扉页者，特别是镌刻族谱的堂名，即刻书机构，基本上是被镌于族谱的扉页之上的，

① 光绪《祁门竹源陈氏修谱文书汇编》。
② 嘉庆《南屏叶氏族谱》卷八《修谱事宜》。
③ 嘉庆《南屏叶氏族谱》卷八《修谱事宜》。
④ 光绪《祁门竹源陈氏修谱文书汇编》。

也有镌刻于族谱的卷首或卷尾。

下面，分别就新安族谱中关于刊刻板数和刊刻人的记录情况，进行简要叙述：

第一，关于镌刻堂名即刻书机构的记录。不少新安刻本族谱中，通常都会在族谱的扉页上镌录刊刻族谱的堂名，即刻书机构。民国年间，绩溪各大宗族的族谱大都由该县的汤乙照斋刊印，从多部民国绩溪族谱的扉页上皆可看到“绩城汤乙照斋刊印”的字样，这表明绩溪县城汤乙照斋是民国年间新安重要的刻书坊。

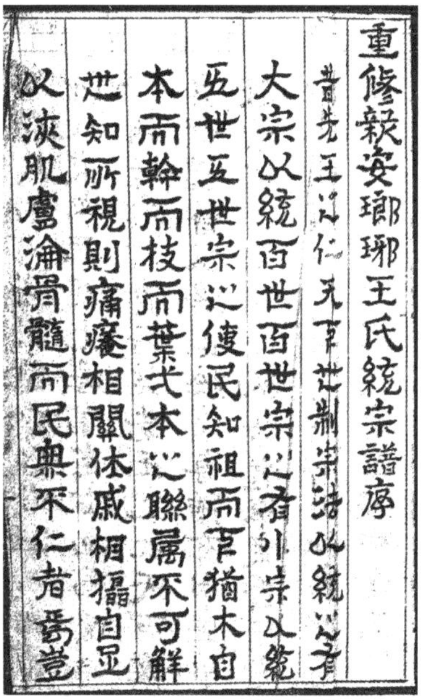
重修歙安瑯琊王氏統宗譜序
昔先王以仁天下世制宗法以統以尊
大宗以統百世百世宗以合小宗以統
五世五世宗以使民知祖而下猶木自
本而幹而枝而葉弌本以聯屬不可解
世知所視則痛癢相關休戚相攝自豆
以浹肌膚淪骨髓而民興不仁者焉豈

明嘉靖刻本《新安琅琊王氏统宗谱序》

第二，关于刻工的署名问题。在新安许多族谱中，留下了镌刻族谱的刻工的署名，这为研究新安的刻书业提供了珍贵的第一手文献资料。素以刻工闻名遐迩的歙县虬村黄氏宗族，在其兴盛的明代中后期，曾经刊刻了无以计数的精美图书，族谱也是其中的重要组成部分。弘治十二年(1499)，由虬村黄文通、黄嵩、黄升、黄旻、黄昱、黄晟、黄昊、黄士、黄川等黄氏宗族刻工联袂镌刻刷印的六卷本《休宁流塘詹氏宗谱》；由黄早、黄士、黄文迪、黄旻等虬村黄氏宗族十三人合刻的正德元年（1506）版《泗水余氏会通世谱》，都是素以“雕龙手”闻名的虬村黄氏宗族刻书中的精品。因此，“时人有刻，其刻工往往求之新安黄氏”。[①] 翻阅明嘉靖九年（1530）刊刻精致的《新安琅琊王氏统宗世谱》，虬村黄氏宗族的刻书世家黄钟、黄镃、黄锐、黄铅、黄时镇、黄邦用、黄鉽、黄镗、黄金復、黄鈇和、黄仲元等大名赫然列诸谱首。[②] 乾隆《休宁西门汪氏大公房挥签公支谱》则在《纂修支谱名氏》一卷中，录有镌工“古歙洪天秩”的姓名。分别刊刻于清道光五年（1825）祁门《新安琅琊王氏统宗世谱》和道光二十九年（1849）祁门《琅琊王氏宗谱》，其刻工则皆系来自江西临川的刻工陈玉华等人。结合光绪祁门《竹源坑口陈氏宗谱》由来自江西抚州的冯大声刊刻的事实，我们以为僻处新安江上游

① 郑振铎：《西谛书话》，三联书店，1983年，第497页。

② 嘉靖《新安琅琊王氏统宗世谱》卷首《各房领谱字号》。

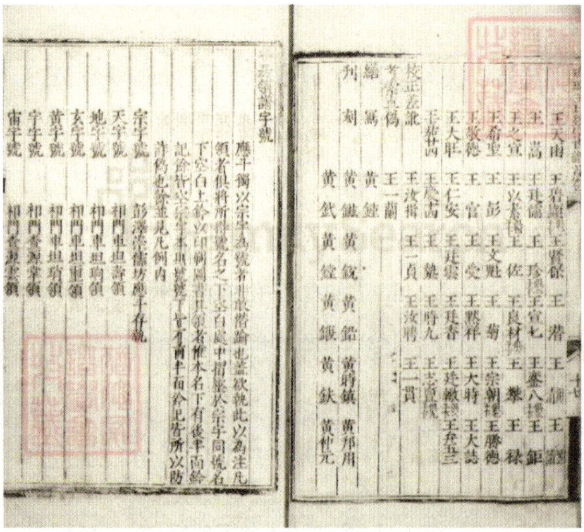

嘉靖《新安琅琊王氏统宗世谱》中的歙县虬村黄氏刻工姓名

的祁门西乡许多族谱，特别是清代纂修的族谱，大都系由江西包括临川县在内的抚州府谱司刻工镌刻。这一事实表明，在刻书业繁荣的新安，至少在族谱刊刻方面，江西抚州的刻工们占有重要的一席之地。

从新安族谱镌刻刻工的堂（坊）名和姓名的情况来看，不管其在族谱中署名的部位如何，但它的署名至少说明两点问题：一是责任制问题。署上了刻工的堂名和姓名，其刊刻和印刷质量的好坏便可由此加以了解；二是刻书书坊和刻工的广告招牌效应。署上书坊和刻工之名，本身就具有广告的效应。明代歙县虬村的黄氏刻工、清代江西抚州的陈氏刻工，以及民国初年绩溪的汤乙照斋，这些响当当的刻坊和刻工，在新安族谱的刊刻方面的质量和信誉，至少通过署名族谱而得以广泛传播。

三、关于新安族谱刊刻书板数量的记述

在宋明以来编修和刊刻的新安族谱中，有关族谱镌刻板数的文字记录，个别族谱不仅记录镌刻的板数，而且还将每板的规格和字数如实地记录下来，这就为进一步深入探讨和研究新安族谱的刊刻成本费用和刻书业的行业利润，提供了最为宝贵的资料。

在明代新安族谱中，记录刻板数量较为详细的，当推嘉靖九年（1530）刊刻的《新安琅琊王氏统宗世谱》。该谱在卷首《附录各房人丁板张数》中，不仅如实记录了《新安琅琊王氏统宗世谱》各号刻板的数量，而且更为难得的是，它还记录了雕刻的文字数量和涉及的人名数量。其内容如下：

附录各房人丁板张数于后：

孝字号一百四十板，六万一千五百三十五字，二千六百四十三人；

悌字号一百五十二板，六万一千零六十八字，二千九百八十五人；

忠字号四十三板，一万三千二百九十字，一千五百六十三人；

信字号六十板，二万四千三百四十一字，一千五百二十六人。[①]

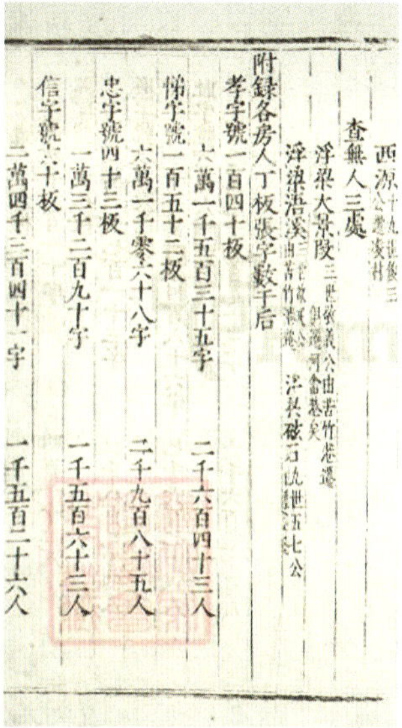

嘉靖《新安琅琊王氏统宗世谱》附录的各房人丁刊刻板张字数

根据上述记录的数据，我们可以统计出明嘉靖新安《新安琅琊王氏统宗世谱》每一刻板的文字多少。如果再结合该谱的刻工价格，那么，有关明代新安族谱的每一刻板，甚至千字文字的价格，便会清晰地呈现出来，关于明清新安刻书业的行业利润，也由此可知。

此外，有关新安族谱镌刻板数在族谱中记录的部位，情况各有不同，并无统一规范。如嘉靖二十四年（1545）刊刻的休宁《世忠程氏泰塘族谱》是于扉页上注明刊刻的卷数、板数和字数的，“族谱五卷，共壹百捌拾陆板，计字五万有奇，更历六载，始克告成”。[②]而清乾隆三十八年（1773）刊刻告竣的《新安岑山渡程氏支谱》所镌刻的板数“计一千一百有奇”，则被记录在族谱的《序》中。[③]

有些新安族谱出于防伪和管理的需要，还将所刊印族谱的卷数、册数、页数以及印数如实地记录，这对研究每部族谱的成本显然也有很大的帮助。如，乾隆黟县《弘村汪氏家谱》卷首《凡例》中有如此记录：“家谱凡一十二本，计二十六卷，共一千零九页。”乾隆十八年《歙淳方氏柳山真应庙会宗统谱》卷二十《编号印照》：“正副共七十部，每部凡二十卷，计七百七十二叶，装为四册。”

关于刻板所刻文字的规格，在一些族谱中也有记录。如清嘉庆十七年（1812）版黟县《南屏叶氏族谱》就要求“谱用聚珍版”。[④]而光绪二十四年（1898）祁门竹源坑口《陈氏宗谱》则于谱司冯大声的《承约》中明确规定了版刻族谱的规格，即“遵照大成谱格式，每页五层，计廿六格，大字一格一行，小字一格两行，每层小字一

---

① 嘉靖《新安琅琊王氏统宗世谱》卷首《附录各房人丁板张数》。

② 嘉靖《世忠程氏泰塘族谱》扉页。

③ 乾隆《新安岑山渡程氏支谱》卷首《序》，清乾隆六年（1741）木活本。

④ 嘉庆《南屏叶氏族谱》卷八《修谱事宜》。

行六个。”[①]

四、新安族谱刊印纸张的采买与刷印

谱司雕完全部族谱的雕版或者排好活字版式之后，下一步程序便是刷印了。关于族谱刷印、校对及其装订，很多新安宗族的谱局都要求谱司一次性完成，但也有谱局分别招标完成的。

刷印必须采买纸张。纸张由谱局负责采买，还是由谱司负责采购，这在新安江流域各地有着不同的习惯和规定，并无固定不变的成规。但无论谱局采买还是谱司购置，其采买纸张的产地、规格、质量，甚至价格，谱局一般都会有相对较为具体的规定。

清嘉庆年间，黟县南屏叶氏宗族刷印《南屏叶氏族谱》的纸张，就是由叶氏宗族的谱局直接派人采买的，其纸张产地、规格、质量等，都有十分具体的规定。“谱纸采在青阳县隔山杨西冲地方甘维翰槽，一百斤约一万一千张，其价足钱二十三千八百文，一张作谱一页，须先期定槽，拣选白净，免致临时受急”。[②]光绪年间，祁门竹源陈氏宗族谱局采买纸张，则委托谱司冯大声预先垫付资金代为购置，并包送至谱局，然后领取垫付的资金。尽管如此，陈氏宗族的谱局对纸张的产地、规格和价格依然亦做出较为详细的规定：“初十日，谱司往贵池，托他代付洋蚨，定做谱纸一万张，合一尺八寸阔、一尺四寸长。价约二十八文之间，计重十六秤一百零贰斤，包送到局领价。”[③]

新安族谱刷印的校对工作，一般由谱局责成专门人员进行。在族谱的纂修人员中，校对、校正或校对差讹人员是必不可少的。族谱刊刻雕版或活字排版之后，即付诸刷印。而校对者此时便派上了用场，一部族谱差错率的高低、印刷质量的好坏，校对者负有重要的责任。为尽可能减少差错，不少宗族的谱局都要求校对人员一定要本着高度负责的态度，认真进行校对。嘉庆黟县南屏叶氏宗族谱局，在族谱刷印期间，就责令监印之人每天委派4名校对人员，黎明赴局，逐字校对，“监刷，日派四人，黎明至局，逐字校对”。为避免延误工期和保证质量，南屏叶氏宗族谱局还专门设立夜班值班人员两人，负责供应纸张，核对每天印刷数量，“夜派值宿二人，以便早晨预发谱纸共

① 光绪《祁门竹源陈氏修谱文书汇编》。
② 嘉庆《南屏叶氏族谱》卷八《修谱事宜》。
③ 光绪《祁门竹源陈氏修谱文书汇编》。

若干，破碎者当刻更换。晚间查收刷印若干，数目务宜细心查对，以防遗失”。[①] 如此完备的印刷监管体制，在很大程度上保证了《南屏叶氏族谱》的印刷质量。

第三节　新安宗族族谱的避讳

在中国历史上，有关避讳的起源可以追溯到先秦时期。为尊者讳，亲者讳，贤者讳和隐者讳，这是中国历史上独特的一种避讳文化现象。仅就族谱而言，清代的避讳最严，乾隆二十九年（1764）和四十六年（1781），全国先后历经了两次较大规模的族谱避讳之禁。如果说第一次避讳和查禁毁板还仅限于江西一地，那么，乾隆四十六年（1781）的第二次大规模的避讳和禁毁，则席卷新安乃至全国各地，其余波一直延续到有清一代。

在刊刻于乾隆三十年（1765）的婺源《星源甲道张氏宗谱》的卷首中，有乾隆四十七年（1782）张图南和张元泮补刻记录的有关乾隆四十六年婺源知县彭家桂奉宪颁布的关于自行检举家谱中不知检点敬避问题的《告示》《星源甲道张氏宗谱》中应当避讳的内容，以及自行检查纠正的事项。而乾隆以后新安族谱的避讳问题，道光婺源《星源甲道张氏宗谱》和光绪《祁门倪氏族谱》也有着较为细致的记录。所有这些，都为了解和研究新安族谱的避讳现象，以及处置避讳问题，提供了珍贵的原始资料依据。

一、乾隆婺源知县彭家桂奉宪颁布自行检举家谱中不知检点敬避的《告示》

为详细了解新安族谱中的避讳问题，我们谨将乾隆四十六年（1781）婺源知县彭家桂奉宪颁布关于自行检举家谱中不知检点敬避问题的《告示》的内容照录于下：

> 特授婺源县正堂加五级纪录十次彭，为自行检举事。本年八月初七日，奉各宪檄，饬令各县人民家谱中不知检点、敬避应作何查办之处，作速悉心妥协核议通禀等因到县。奉此。合摘简明告示，遍行晓谕。为此，示仰阖邑城乡各

① 嘉庆《南屏叶氏族谱》卷八《修谱事宜》。

姓衿族理祠人等知悉，各家谱系内，如有庙讳御名，未经敬选者，及语有违碍者，并叙述姓氏来源，远引古时帝王为始祖，以示荣耀，暨措词失检、混用经书语句，如创业垂统、丕基丕业、升遐薨逝、在天之灵，暨王父、王大父等字样，涉于僭逾。一切夸张、诞妄、不经、违碍之语，概行严禁。如刊刻在前，内有违犯字样，该族长等将谱并板片赴县呈缴，以凭檄饬刊正销毁，概免治罪。倘敢匿不呈，又不更正销毁，一经查出或被首告，定即招律严行究拟，决不宽贷。凛遵毋违。特示。

乾隆四十六年八月二十六日示[①]

乾隆皇帝查禁族谱不知检点和避讳之事，可以追溯到乾隆四十三年（1778）《四库全书》拟订的查办违禁书籍条款九则。该条款将查缴禁书的时限由晚明提前到宋元，并为此多次兴起文字狱。在这一背景下，各地官员为免受株连，积极主动地卷入“皇上厘定文体”的行动，族谱当然也不例外。[②]从乾隆四十六年（1781）八月二十六日婺源知县彭家桂颁布的关于自行检举家谱中不知检点敬避问题的《告示》来看，新安族谱的纂修和刊印，显然受到了乾隆皇帝查禁违规图书的影响。从乾隆婺源《星源甲道张氏宗谱》提供的信息来看，知县彭家桂也是尊奉上级檄令而颁发的《告示》。也就是说，婺源县的这件查禁违规家谱的《告示》是为了贯彻执行上级的指示而展开的。据乾隆《星源甲道张氏宗谱》之《重修宗谱小引》云：“我张氏宗谱，自乾隆癸未集修，至乙酉之冬告竣，为时未远。今辛丑之秋，奉各上宪饬示：各郡邑凡有宗谱之家，不知检点敬避讳字及一切违碍、妄诞诸句，务必逐一改正，不得藏匿干究。”[③]其查禁的主要内容包括：“各家谱系内，如有庙讳御名，未经敬避者，及语有违碍者，并叙述姓氏来源，远引古时帝王为始祖，以示荣耀，暨措词失检、混用经书语句，如创业垂统、丕基丕业、升遐薨逝、在天之灵，暨王父、王大父等字样，涉于僭逾。一切夸张、诞妄、不经、违碍之语，概行严禁。”[④]

关于乾隆四十六年（1781）婺源县查禁族谱之违禁文字及其避讳改正文字，乾

① 乾隆《星源甲道张氏宗谱》卷首《宪示》。
② 徐建华《中国家谱》，百花文艺出版社，2002年。
③ 乾隆《星源甲道张氏宗谱》卷首《重修宗谱小引》。
④ 乾隆《星源甲道张氏宗谱》卷首《宪示》。

隆《星源甲道张氏宗谱》有着详细的揭示。根据该族谱提供的信息，这些违禁和更正的避讳文字，是以“遵照部颁字式”为依据的。为便于了解乾隆查禁族谱中之避讳文字，以及更正情况，我们谨将载入乾隆《星源甲道张氏宗谱》“宪颁谱内应改敬避字句”全文照录于下：

一、谱内如有庙讳御名本字，亟宜敬避，遵照部颁字式更正：圣祖仁皇帝讳，上一字写“元”字，下一字写□字；世宗宪皇帝讳，上一字写“允”字，下一字写“正”字；皇上御名，上一字写“宏”字，下一字写“歷”字。谱内引用：天子、皇上、圣上、一人、当宁、宸衷、恩旨、温纶、龙章、凤诰、予告、垂问、召对人、觐、熙朝、盛世等字，系指国朝者，俱应敬谨抬头写，其余可以类推；

一、谱系有国朝重修，卷首载列明代旧序，仍将帝王国号抬写出格者，殊失体制，应改刊作一行直书；

一、各谱艺文内，如有引用吕留良、钱谦益、屈大均等著作诗文，亟宜删去；

一、谱内刊有明末暨国朝定鼎之初士民小传以及诗文、序记，最宜细心校阅。倘有不知体要，语涉不经者，应速更正；

一、各谱艺文内引用创业垂统、燕天昌后、大启尔宇、保世滋大、卜年卜世、肇迹肇基、烈祖烈考、丕显丕承、中兴缔造、受天之祜、锡我无疆、笃生发祥、聿兴大业、开创丕基、世庙太室、升遐薨逝、在天之灵，以暨天命、天佑、天宠、天贶、天眷、天庥、告庙、配享、笔削、家史、王父、王大父等项字样，俱属僭妄，亟宜更正，余可以类推。

以上各条，系就谱中所常有者，略为标出。推如此类字句，殊难尽举。尔有谱之家，务各仰体各宪勒限饬令查改之意，悉心翻阅。有类前开字样，及语涉违碍者，星即遵限更正，慎毋率忽，自罹重罪。切切。续奉宪谕修谱式，凡谱内尧、舜、禹、汤、文、武圣讳，及四大贤人、帝、圣、君、皇、王、后、朕、御、龙、凤等字，概不许取名。①

由上引文可知，由部颁和各宪颁的族谱避讳的内容文字，包括的范围是极其广

① 乾隆《星源甲道张氏宗谱》卷首《重修宗谱小引》。

泛的。其中既有清代历朝皇帝的名字和庙号的避讳，也有明末清初一些逆臣的著作诗文等，还有先贤，以及涉及皇帝专用的文字等。可以说，这次颁行的有关族谱中避讳文字，涉及的面是极为广泛的。

关于如何避讳，彭家桂颁行的《告示》针对谱稿和已付梓之族谱两种情况，实行了两种不同的处置办法。就尚未付梓的谱稿，按照避讳字词句等相关内容，径直改之。对已经付梓的族谱，“如刊刻在前，内有违犯字样，该族长等将谱并板片，赴县呈缴，以凭檄饬刊正销毁，概免治罪。倘敢匿不呈，又不更正销毁，一经查出或被首告，定即招律严行究拟，决不宽贷”。显然，乾隆三十年（1765）的婺源《星源甲道张氏宗谱》，属于已刊之谱，按《告示》规定，属于后一种情况，其处置办法是，将“内有违犯字样，该族长等将谱并板片，赴县呈缴，以凭檄饬刊正销毁”。有关乾隆甲道张氏宗族处理避讳事件的情况，乾隆四十七年（1782）张氏宗族裔孙张图南、张元泮专门做了较为详细的记录。谨将其文字照录于下：

我张氏宗谱，自乾隆癸未集修，至乙酉之冬告竣，为时未远。今辛丑之秋，奉各上宪敕示：各郡邑凡有宗谱之家，不知检点敬避讳字及一切违碍、妄诞诸句，务必逐一改正，不得藏匿干究。某等奉诵之下，窃思从前修集之时，因支派甚多，卷帙浩繁，各族誊送红格草本，不及检查，遂概付梓。字句之愆，固所不免。因凛遵功令，将存局原谱呈明邑尊彭父师。荷蒙详加查核，逐一粘佥，指示迷途，幸得有所遵循。遂与同事诸人议定事例，知会远近宗祊，合一办理。属在我婺诸宗，搜集无违，惟外郡远邑以地隔途遥，跋涉维艰，愿各自就近改修。而地稍邻比，郑重其事，必欲寻源者，间亦有之。是役也，始于辛丑之仲冬，成于壬寅之季夏。凡单词只句应避者，删之、改之；连行类句违碍者，抽而换之。虽刮垢除瑕，依然完璧归赵，毫无损毁，且协力者多，成功遂速。殆吾祖之灵有默相焉耳。噫，以罔之忌讳之蚩愚，幸逢圣明之宽政，又得贤父母垂慈教诲，得以修饰无愆，垂诸永久，不可谓非吾宗之厚幸也。因将各宪示谕刊列于前，并略述其事，以弁于简端，使人知重修之故云。

时乾隆四十七年壬寅季夏月，裔孙图南、元泮同记。[①]

① 道光《星源甲道张氏宗谱》卷首《重修宗谱小引》，清道光十九年（1839）刻本。

张图南和张元泮真实地记录了乾隆《星源甲道张氏宗谱》的修纂过程，并不折不扣地按照知县彭家桂的《告示》处置避讳文字的方式，将已刊刻并藏于谱局的族谱原件呈送彭家桂“详加查核，逐一粘佥，指示迷途”。然后会同同事诸人“议定事例，知会远近宗祊，合一办理。”具体办理原则，主要是根据领谱人居住地的距离远近，逐一办理。领谱者居住地在婺源本地者，悉数收集办理；婺源县之外的，因“地隔途遥，跋涉维艰，”则责成其就近办理；相邻诸县，亦尽力寻源。至于避讳内容的修改与处置方法，该《重修宗谱小引》要求“凡单词只句应避者，删之、改之；连行累句违碍者，抽而换之。虽刮垢除瑕，依然完璧归赵，毫无损毁。”经过删改后的族谱，扉页钤上印章，以作标志。该部《星源甲道张氏宗谱》，扉页即钤有“乾隆乙酉年给壬寅遵谕改正”方形印章一枚。

二、道光《星源甲道张氏宗谱》和光绪《祁门倪氏族谱》关于避讳的处置

乾隆《星源甲道张氏宗谱》关于乾隆年间有关避讳，以及处置避讳的记录是十分详细的，它为我们了解族谱中避讳事项，提供了最有价值的第一手原始资料。那么，族谱中避讳，是否仅限于乾隆年间，乾隆以后是否还有类似的避讳和处置避讳的规定呢？

答案是肯定的。我们在道光十九年（1839）的《星源甲道张氏宗谱》和光绪二年（1876）《祁门倪氏族谱》中，发现了关于清代乾隆以后族谱中避讳的文字，以及处置避讳文字方法的文字记载。

先来看道光十九（1839）版《星源甲道张氏宗谱》的有关避讳和处置避讳文字的记述。该族谱在第一卷中，不仅全部照录了乾隆版《星源甲道张氏宗谱》关于《重修宗谱小引》，以及乾隆四十六年（1781）八月二十六日婺源知县彭家桂的查禁族谱避讳《告示》的所有文字，而且于乾隆之后的避讳及其处置避讳方式，也进行了较为具体的记录。其具体内容如下：“高宗纯皇帝讳，上一字写‘宏’字，下一字写‘歴’字。仁宗睿皇帝讳，上一字旁“頁”字，缺写一撇一点，写‘顒’，下一字旁‘炎’下火字改‘又’字，写‘炎’；皇上御名，上一字中缺一点，写‘旻’字，下一字中心改一划一撇，写宁。至圣先师讳旁宜加‘阝’，不得以丘字代。”除此之外，其他避讳及处置避讳方法，全部与乾隆《星源甲道张氏宗谱》相同，此处不再赘述。显而易见的是，皇帝的避讳，在诸多避讳文字中，是最重要的避讳内容。

再来看光绪二年（1876）版的《祁门倪氏族谱》，该族谱收录了《康熙丁卯修谱凡例》11 条，其中并无避讳的记录。这告诉我们，至少在清康熙二十六年（1687）之前，包括祁门在内的新安族谱尚无强制性避讳的具体规定。而在《重修族谱新增凡例》17 条中，则于第 14 条增加了避讳和处置避讳的文字。其内容如下："至圣讳：上从'斤'，下从'一'，敬避作'邱'。亚圣讳：左从'车'，右从'可'，敬避作'珂'。先贤讳：上从'喜'，下从'灬'，敬避作'熈'。又庙讳宜敬避者，左从'禺'，右从'頁'，作'顒'；左从'弓'，右从'厶'，作'宏'；左从'丿'，右从亂，作肩；左从'日'，右从'華'，作'曅'；上从'厤'，下从'日'，作'歴'；左从'王'，右从'炎'，作'琰'；上从'日'，下从'文'，作'民'；又作'景'；上从'宀'，下从'盅'，作'甯'；左从'氵'，右从'享'，作'纯'。端慧太子讳，左从'王'，右从'連'，作'连'。谱中所载，后之览者宜切究焉。"[①]光绪《祁门倪氏族谱》关于避讳以及处置避讳文字方式的记载，其价值在于，它给我们了解处置至圣先师孔子和亚圣孟子，以及嘉庆、道光皇帝等的避讳，提供了最具说服力的文字依据。

由此可见，自乾隆四十三年（1778）以来，无论是嘉庆、道光还是光绪年间，清代的族谱中避讳传统便一直被延续了下来，这是清王朝专制统治的见证，也是新安族谱中普遍存在的现象。明乎此，我们在阅读和使用新安族谱时，才能对一些不得其解的看似异体字的避讳文字，有一个基本了解。

综上所述，关于新安族谱的纂修、刊刻、印刷及其避讳等一系列问题，的确是一个极为重要的课题。只有对这些问题进行深入全面系统的探讨和研究，我们才能对历史上，特别是宋明以来，新安宗族及谱牒文化有一个全面的认识，我们才能准确而有效地利用新安族谱来进行相关专题的研究。因此，对新安族谱本身纂修、刊刻、印刷和避讳问题的研究，有助于我们更深刻地了解新安宗族与谱牒文化、新安江流域刻书业和宗族社会，有助于我们更好地利用新安宗族与族谱新安社会、经济和文化等相关领域的探讨与研究。

---

① 光绪《祁门倪氏族谱》卷上《重修族谱新增凡例》，清光绪三年（1877）刻本。

第四节　新安宗族族谱的颁发与管理

由于新安宗族的族谱中大量记载了祖先名讳和宗族内部信息，“谱中皆祖宗先讳及祖宗往迹，不可慢藏，以致污坏。即污坏不可贱弃，不可以饥寒轻售，不可贪利售同姓以乱宗。犯此三戒，祖宗不祐。”① 因此，在族谱付梓后，即要举行隆重的仪式，颁发给各房派的族众，同时对谱板予以销毁。此后，族谱便进入到了保存和管理阶段。为防止其他相关宗族或非宗非房小姓的冒认、篡改和伪造，从而造成宗族血缘谱系的混乱，严重影响宗族血缘的纯洁性问题，宋明以来，新安宗族对族谱颁发、收藏、保管、防伪与管理，进行了严格的规定，对污损、鬻卖和丢失族谱行为进行极为严厉的惩处，除课以重金处罚外，严重者甚至对当事人处以削除族籍的惩罚，使其生不许入祠堂，死不得葬祖坟。

首先，对业已修成并剞劂的族谱逐一进行编号，然后举行隆重的颁谱仪式，将族谱逐号钤印颁发给族众收领，并旋即对族谱予以销毁，以防被他族或本族非亲支派赝顶冒祖混宗。清乾隆《歙淳方氏柳山真应庙会宗统谱》甚至向歙县政府请求给60部颁发给族众的族谱逐号钤印，以防假冒。明崇祯休宁《古林黄氏重修族谱》在《谱给谱名号》中云 :“给谱名号者何？虔其始而谨其终也。虔始谨终者何？盖以是谱竭十余年之心血而获底厥成，苟不谋其所以善其事者，则有以至重之典一旦隳之矣。窃见今时宗谱之滥弊者三 ：谱成而刻印弗时 ；刻印时矣，而匪人妄售 ；匪人妄售者，多由稽考无序，以故奸弊日滋，非族紊乱。嗟乎，其所以严宗族之辨者，适以为混宗之媒，有谱之不若无谱之为愈矣。刻印已成，定其数目，编其名号，即削毁其板。由一而十，由十而百，井井可纪，

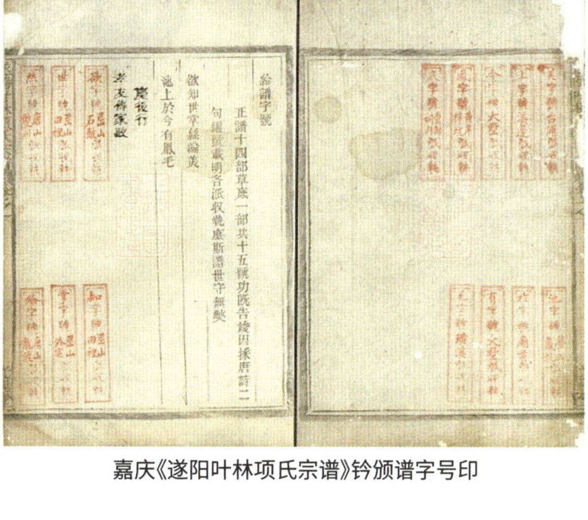

嘉庆《遂阳叶林项氏宗谱》钤颁谱字号印

① 隆庆《休宁珰溪金氏族谱》卷末《谱号》，明隆庆二年（1568）刻本。

庶善始而善终者欤。明愿我族共珍之，毋取戾焉。”[①] 清乾隆九年（1744），遂安县三径蒋氏在颁谱时，还要求领谱者书写《收谱文约》（道光《三径蒋氏宗谱》卷二十），其内容如下：

收谱文约

皇清乾隆甲子之冬，《三径蒋氏宗谱》镌刻成书，编为十二册。通族各房，照丁出资，共印谱书四十五部，各房首填号注名，分给收管，以传后嗣。收谱书者，各宜家藏宝守，毋以弁髦视之，可也。

每岁春、秋宗祠祀日，谱首会集查阅。收谱之人，倘有遗失谱书一部者，罚银拾贰两正；损坏谱书者，罚银陆两正入祠。

第二，采用各种防伪手段，加大对族谱仿冒盗印的难度。为了从根本上断绝族谱被仿冒、盗印，或混插其中谱系，特别是明代中叶以来，新安宗族对所刷印和颁发的族谱使用了各种技术手段来防患于未然。其中，利用族谱内部页数、行数和字数及记号，防止被别有用心者插行、插字而混入族谱。如嘉靖《祁门善和程氏谱》就在《凡例》中明确告知领谱族人：“是谱叶数、字号，逐卷顺序编定，并无重叶，

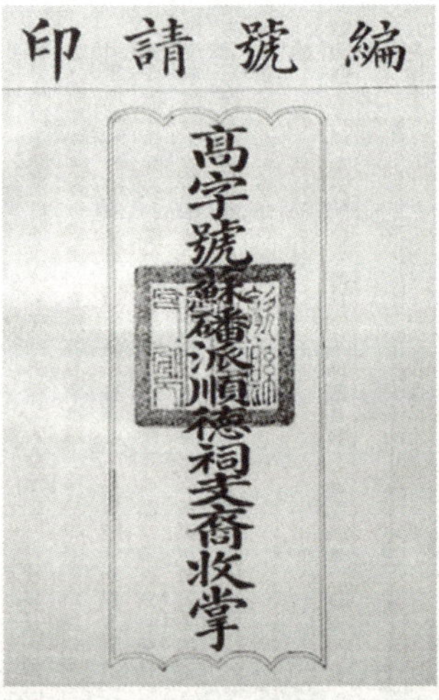

乾隆《歙淳方氏柳山真应庙会宗统谱》所钤歙县满汉合璧官印

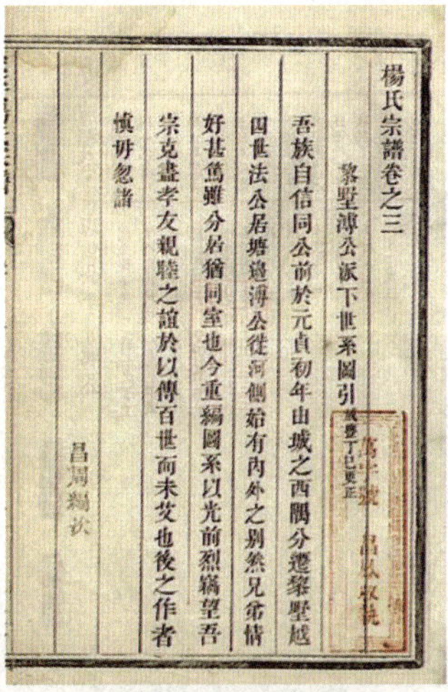

乾隆遂安《杨氏宗谱》每卷右下方钤领谱字号

清康熙遂安《汪氏宗谱》收支谱鳌鱼防伪图记

① 崇祯《古林黄氏族谱》卷四《谱给谱名号》。

如‘又几’‘前几’‘后几’之类，每叶二十二行，每行二十五字，字字相对，高下有伦，俱是一手写出，并无异笔及添插减除参差不齐。后人如有插叶、插行、插字、改字等弊，观者察之。”[①]再有就是使用特定防伪图案进行防伪，如明朝徽州各地刊印谱牒普遍使用葆和锺、鼎和信篆等图案，康熙遂安《汪氏宗谱》则使用鳌鱼图案，以强化对谱牒防伪管理工作，并于图案中印上或写下本部族谱字号，注明妥为珍藏及违规处罚文字。可以说，为了防止族谱被盗印、私鬻、丢失，进而为他族或他人所用，可谓挖空心思，想尽办法。

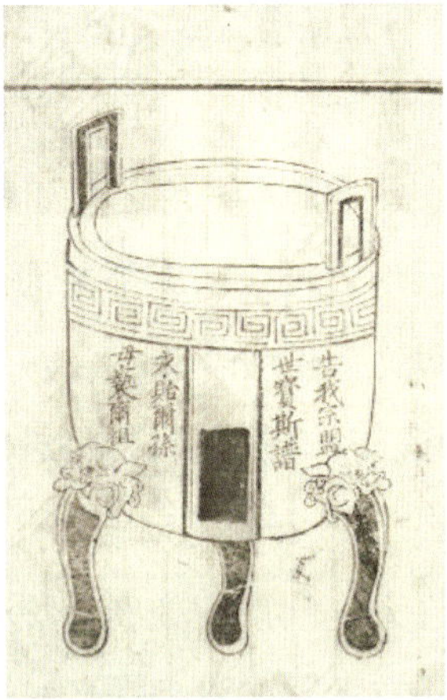

明弘治《倍郭叶氏世谱》之宝鼎图防伪标识

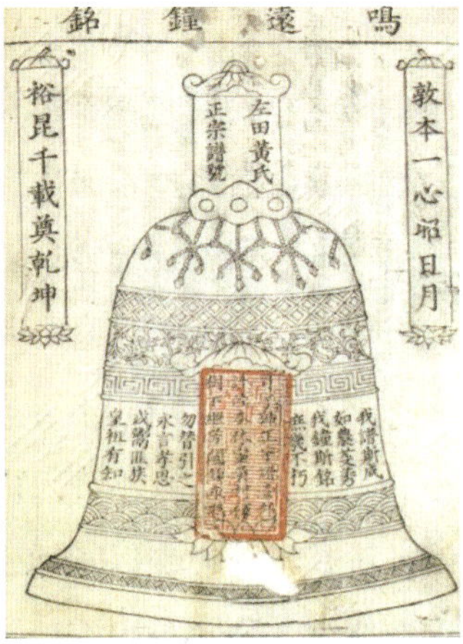

明嘉靖《新安左田黄氏正宗谱》鸣远锺铭图

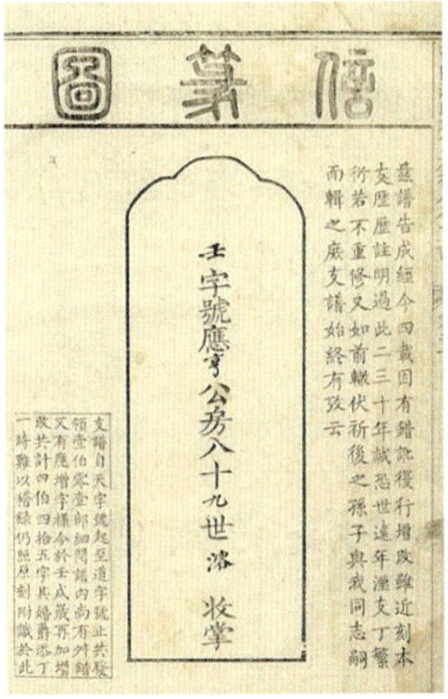

明嘉靖休宁《西门汪氏宗谱》领谱字号信篆图

清嘉庆《张氏统宗世谱》领谱字号图

最后，对颁发的族谱每年进行查验，以防污坏、丢失和私鬻等而导致的族谱灭失。宋明以来，新安宗族对族谱的管理非常重视，很多宗族规定，每年在祠堂祭祖时，每位领谱人须将族谱随身携带入祠，进行查验。查验合格后，给予盖章确认。清康熙遂安《汪氏宗谱》在《收执谱鳌鱼为记》的文字中指出：“夫谱，史之流也，所系讵容轻哉？兹因宗谱重修，公私共印拾部，编定字号，每部注一字，给付本人收执。此系传家巨典，宜藏之什袭，毋许轻忽。各置箱一个，将谱盛于其内。凡遇霾雳，取谱一晒，以免蠹鱼侵损。其谱原无公私，如谱资公输

① 嘉靖《祁门善和程氏谱》卷首《凡例》，明嘉靖二十四年（1545）刻本。

者，则为公谱，自捐己囊者，则为私谱，一一著明，以辨公私。递年祭祀，领谱之人，捧至祠堂，公同查验。倘有损坏者，罚银壹两；踈虞者，罚银十两，贮公营放，以为日后续谱之需。若遇兵燹、急难，本于情之无如者，原情以论。”① 类似规定，在宋明以来的新安江流域，业已形成每一宗族都共同遵守的规则和惯例。清乾隆遂安广川黄氏宗族甚至对遗失和鬻卖所藏宗谱者，给予“不许入祠”的处罚，规定：“以上各谱，务须珍藏，不可损坏。每逢祭祀时，将赴祀堂献验。违者，公罚白银两入祀。遗失、货卖者，不许入祠。”② 遂安杨氏宗族不仅对贪财盗卖族谱者本人驱逐出祠，而且对其子孙亦课以永远不许入祠的严厉处罚，该处罚规条如下：“各派所领宗谱，每逢祭祀，均须赴祠查验。倘有贪财盗卖，一经察出，即以不孝论，并将本人子孙概行逐出，永远毋许入祠与祭。”③

宋明以来，在聚族而居的新安宗族社会中，纂修、刊刻、颁发和珍藏和管理族谱，不仅成为一种常态，形成约定俗成的规则和管理，而且这种常态以及规则和惯例一直持续至 1949 年。它对巩固和强化宗族血缘观念，维持宗族制度对社会特别是乡村基层社会的控制，起到不可低估的作用。

第五节　新安族宗族谱纂修与家国互动

作为中国历代封建王朝的统治思想和精神支柱，儒家伦理向来强调修身、齐家、治国、平天下等四位一体的理念，而自给自足的小农经济恰恰需要这种伦理秩序的支撑。正如程昌在为嘉靖《祁门金吾谢氏宗谱》题写的序文中所指出的那样，“谱也者，谱一家也，有治道存焉。夫天下之不治者，凡以不能统宗联属而归一也。圣王知其然，封建也者，所以统一国敬天也者，所以统一乡宗法也者，所以统一家。故天下之本在国，国之本在乡，乡之本在家。由国而乡而家，则尽乎人矣而各有统”。④ 以新安

① 康熙《童沂汪氏宗谱》卷首《收执谱字号》。
② 乾隆《遂阳广川黄氏宗谱》卷下《乾隆拾肆年秋纂修宗谱字号》。
③ 咸丰《遂安杨氏宗谱》卷一《家规》。
④ 嘉靖《祁门金吾谢氏宗谱》卷首《序·嘉靖庚寅程昌序》。

江流域为代表的中国宗族社会，以纂修和管理谱牒为中心，将儒家伦理道德中的个人、家庭、宗族与国家有机地统一了起来，形成了宗族与国家相呼应的良性互动局面。

纂修宗族内部的谱牒，进而到编修非血缘的地域性名族谱，如《新安名族志》和《休宁名族志》，原本是一族、一地之事，但由于新安江流域号称“东南邹鲁”和“程朱阙里”的特殊文化和社会地位，使得这种看似简单的谱牒纂修与管理，因有助于既有社会秩序的维系而变得复杂起来。或者说，在“家国一理、齐治一机”①的家国互动与文化认同观念驱使下，宋明以来至民国时期的新安谱牒纂修与管理的宗旨与目的，在更多层面上体现和显示出了新安江流域宗族强烈的祖先和国家认同意识，并希冀在“尊祖宗，崇孝敬”的名义下，通过谱牒的纂修来规范宗族的个体与群体行为，使宗族全体成员在同姓同族血缘的外衣下，“谨时祭，念祖德，保世业，振家纲，孝父母，敬长上，友兄弟，教子孙，务生理，勤学业，立树艺，肃内外，谨火烛，和邻里，礼宾亲”，②并最终实现“心正而身修，身修而家齐，家齐而国治，国治而天下平”③的家国良性互动目的。

不唯如此，在谱牒纂修过程中，宋明以来的新安宗族还一再强调谱牒与国史的相通相同关系，并为史书善恶并书和谱书隐恶扬善之异同进行辩护。万历歙县托山程氏宗族在纂修《托山程氏家谱凡例》时重申，“谱书与史无异，史录一国之事，谱书一家之事。其贤愚不肖，举世有之，今书善而不书恶者，亲亲之道则然耳”。④崇祯《徽城杨氏宗谱》亦云：“家乘之与国史取义不殊，法戒具存，劝惩斯大，故传游侠不碍儒林，传循吏不遗酷吏，洵良史也。”⑤对谱牒与国史之殊途同归关系进行辩解。从这些辩解中，不难看出，新安宗族正是通过纂修谱牒、阐明谱牒与国史的殊途而同归，这种方式在强化宗族内部控制和宗族成员认同的同时，来寻求国家的认同，进而实现家国互动和家国一体的目的。

作为国家在地方的代表，明清时期新安江流域的徽州府和严州府，以及所属各县等地方官府，拥有代表国家行使治理地方的权力。因此，为强化谱牒的真实性、权威

---

① 万历《窦山公家议》卷一《管理议》。

② 万历《祁门清溪郑氏家乘》卷四《祖训》，明万历十一年(1583)刻本。

③ 万历《休宁茗洲吴氏家记》卷一《谱序汇记·万历辛卯陈文烛序》，明万历十九年(1591)写本。

④ 万历《托山程氏家谱》卷首《凡例》，明万历元年(1573)刻本。

⑤ 崇祯《徽城杨氏宗谱》卷首《凡例》，明崇祯三年(1630)刻本。

性和严肃性，宋明以来新安宗族在纂修谱牒的过程中，在大量寻求全国和地方有影响的名人撰写序跋的同时，还呈文宗族所在地方官府，希望得到官府的批准，从而使修谱这一单纯的族内行为转化为官方行动。清乾隆十八年（1753），歙县和淳安方氏宗族各支派共同发起纂修的《歙淳方氏柳山真应庙会宗统谱》，在谱牒纂修和刊刻完成后，分别向歙县知县和徽州知府请求钤印颁发执照牒文，以强化《歙淳方氏柳山真应庙会宗统谱》的正统性和权威性，就是这种寻求官府支持与保护，将族内修谱行为转变为官府行动的集中体现。鉴于该批牒文学术价值弥足珍贵，谨将其全文照录于下：

乾隆十八年二月初六日徽州知府何达善执照

特授江南徽州府正堂加三级纪录二次何（达善）恳赏印信、永光世守事。据歙县柳亭山真应庙汉黟侯后裔职监生方善祖等呈称：生等姓锡轩辕，系由炎帝自西陵而保世滋大，历周汉而锡祚悠隆。元老佐周，诗人歌其武烈；方望辅汉，范史表其忠良。洎乎西汉陵夷，莽新伪命。望之子曰纮者，先为长史，曾守河南。适丁龙战之秋，乃决鸿飞之志，徙家江左，辟地丹阳，为昔歙州东乡，属今淳安西境。纮之孙尚书令黟侯曰储，东京门第，汉室名臣，束发受经，精究洛书洪范，弹冠应举，宠膺方正贤良，位洊历于九卿，爵复跻于五等。灵昭淮水，庙祀柳山。粤宋明帝太始元年，曾致太牢之祭。至宋徽宗政和七岁，复宠真应之褒，备载志书，光荣家乘，历年一千七百，阅世六十有余。有栋宇以奉先，有祀田以供祭。前明成化四年，支裔方启修成谱牒，具呈本府，准给钤印。正德八年，支裔方远宜等会同编辑，呈请南畿户部，钤印一百五十三颗。岁月既久，散逸遂多。生等恐远益无征，久而就没，复集诸宗，重加修纂。第专牒难以广传，惟雕本乃堪遍及，印成六十部，分布十二支，使条分派别，各有其书，庶日久年深，不至尽没。为此，公叩宪恩，准给印牒，刊订谱首。每谱一部，赏印一颗，俾奉守敬谨，传之无穷，将感戴宏恩，垂于不朽矣。上呈等情。据此，为查礼有五经，治人必先于重祭；亲惟一本，教孝必始于推恩。如万物向荣于春，既根生而枝播等；百川朝宗于海，复汇流而导源。将似续夫古人，再重辑其旧牒。该生等志切承先，心能裕后，远求遗迹，广集群书，风流直溯乎千年，考核必严于一字。著敦本明伦之义，有敬宗收族之仁，古所称大方家可以举风，斯世所云贤子孙将无共鉴兹编。本府忝守是土，乐观其成，合准给印钤其书，并给牒弁诸首，俾该子孙世世守承。须至印牒者。

右牒给真应庙方氏子孙永远执照

乾隆拾捌年贰月初六日给

牒押（钤有满汉篆文“徽州府印”——引者注）①

乾隆十八年四月廿六日歙县知县王鸣照帖

特授江南徽州府歙县正堂加五级纪录二次王（鸣），为叩恩赏印、永重传承事。据柳山真应庙汉黟侯后裔职监生方善祖等具禀前事，并呈新葺谱牒六十部，公请印钤收掌诸名以杜假冒等情。据此，合准所请，给帖编号，按名钤盖印信，俾重传承。该子孙其各敬谨奉守，奕世保之。须给照帖者。实。

乾隆拾捌年肆月廿六日给。（钤有满汉篆文“歙县之印”——引者注）②

新安宗族纂修和刊刻的谱牒，其实是在强调对祖先、尊长尽孝的名义下公开进行的。如果说，中央和地方官府强调的是对皇帝和国家效忠的话，那么，新安宗族谱牒则重点强调“孝”。而无论是“忠”还是“孝”，只要恪守在封建统治者所倡导的“礼法”范围之内，两者则又可以完全相辅相成，并完美地统一起来。宋明以来，新安宗族谱牒所规范的家与国、忠与孝关系，实际上就是新安江流域各地大姓名族所一向标榜的“家国虽殊，忠孝则一”③的道理。

宋明以来至民国时期，新安江流域各地官府对当地宗族编纂刊刻谱牒颁发牒文、告示予以认可和支持的做法行为，始终贯穿着对宗族开展编刻谱牒、强化家国一体观念的接受和认可。这种方式和手段，对谱牒本身及谱牒内容进行批准和确认，从而使宗族内部纂修和刊刻谱牒的民间行为转化为官方意志。同样，新安宗族自身为了获得所编纂刊刻谱牒的权威性，也往往借助国家和地方官府来伸展自己的意志，通过主动邀请国家和地方权力介入的办法，达成官方和民间行为的一致，维护自身组织和群体的利益。就此而言，宋明以来至民国时期，新安宗族谱牒纂修、刊刻和管理中国家、地方官府和宗族之间互动是双向的，其整体目标也是一致的。

---

① 乾隆《歙淳方氏柳山真应庙会宗统谱》卷首《宪给印牒》。

② 乾隆《歙淳方氏柳山真应庙会宗统谱》卷二十《县给编号印照》。

③ 万历《祁门清溪郑氏家乘》卷三《祀产条例》。

第五章　新安宗族的祠堂营建及其规制

祠堂是宗族祭祖、议事、管理和进行其他宗族活动的场所，也是新安江流域各地族权的象征。作为新安江流域建筑中最具特色的公共建筑之一，新安宗族的祠堂在村落整体中处于核心的地位，是村落和宗族的精神寄托之所在，“祠，祖宗神灵所依；墓，祖宗体魄所藏。子孙思祖宗不可见，见所依所藏之处，即如见祖宗一般”。[①]

第一节　新安宗族祠堂概述

在鳞次栉比、宗族聚居的新安江流域的传统村落中，飞檐翘角的五凤楼式建筑——祠堂分布广泛，成为该地区村落空间中重要的公共建筑。“俗重宗祠，祠有统宗，有支宗，而家自为礼”。[②]在新安江流域这样一个聚族而居的宗族社会中，宗族为了团结族人，不仅在经济上广辟族田，而且还在精神和心理上，以建立和拓展祖先魂魄所藏的祠堂为纽带，增强宗族血缘的向心力和凝聚力。正是“村墟霭相望，往往聚处”，[③]新安的宗族祠堂就是在这样一个大背景下，开始大规模地兴建起来。历史上，新安江流域曾经在祠堂兴建最盛的明清时期，建造了万余座各式各类祠堂。

在新安江上游原徽州府属六县的不少古村落，祠堂往往不止一处，它们分别有宗祠、支祠、家祠之分。中游的淳安县芹川村，明清时期最早曾有7个祠堂，至今仍存有4个，其中光裕堂、敦睦堂等古祠堂保护完好。

非同姓聚居的村庄里，多姓祠堂并存的局面在这里也十分普遍，典型者如黟县的南屏，叶姓、程姓祠堂并存不悖，只是大姓和小姓略有区别而已。在歙县上丰乡

① 万历《休宁范氏族谱》卷六《谱祠·林塘宗规》。
② 康熙《婺源县志》卷二《疆域志·风俗》。
③ 嘉庆《棠樾鲍氏宣忠堂支谱》卷二十二《文翰·同老会诗》，清嘉庆十年(1805)家刻本。

蕃村，既有富丽堂皇的鲍氏宗祠，也有规模较小的许氏家庙。在绩溪，大姓宗族聚居村庄，除有大姓宗祠之外，还有小姓设立的所谓香火堂。正如乾隆《绩溪县志》云："邑中大族，有宗祠，有香火堂，岁时伏腊、生忌、荐新，皆在香火堂。宗祠礼较严肃，春分、冬至，鸠宗合祭，盖报族功、洽宗盟，有萃涣之义焉。宗祠立有家法，旌别淑慝，凡乱宗、渎伦、奸恶事迹显著者，皆摈斥不许入祠。至小族，则有香火堂无宗祠，故邑俗宗祠最重。"①

在明代嘉靖年间程昌始撰、记录祁门县善和宗族组织管理、山林和地租赋税征收为主体的典籍文献《窦山公家议》一书中，我们发现，每逢重大节日，善和程氏宗族全体成员都要不分长幼，在族长的指挥下，齐集崇恩堂的程氏宗族祠堂里，祭祀祖先，并聆听族长的教诲，庄严肃穆地向祖宗的容像和灵位跪拜，以期获得祖先的庇荫和施舍。现已破败不堪的崇恩堂前，尽管大门左右一对石狮历经数百年沧桑，风化严重，但数十株木质圆柱撑起的门庭、享堂和寝堂前后三进祠堂，依然显得庄严。

据不完全统计，在新安江上游的徽州府所辖歙县、休宁、婺源、祁门、黟县和绩溪六县中，现存的各类祠堂尚有近300座之多。在这些林林总总的各类祠堂中，其中规模最大的几座有歙县郑村的郑氏宗祠、徽州区潜口的汪氏金紫祠和呈坎的罗东舒祠，以及婺源黄村的百柱宗祠和绩溪的龙川胡氏宗祠。被誉为"江南第一祠"的呈坎村中罗东舒祠始建于明代嘉靖年间，前后历时70余年方才最后竣工，它系罗氏子孙为祭祀宋元之际隐士罗东舒而建的家庙。该祠堂整体按照山东曲阜孔庙的格局兴建，祠堂共四进四院，且一进比一进高。通面阔26～30米，总长79米，建筑面积2000余平方米，占地近5亩。整个建筑包括照壁、棂星门、左右碑亭、仪门、两庑、拜台、享堂、后寝等，结构上轴线对称、布局十分严谨，石雕、木雕、砖雕和彩绘，都精美绝伦。祠堂大院面积4000余平方米，前阶檐石是用长6米、宽1米、厚0.15米的花岗岩石铺成，这一结构和规模在江南地区是极为罕见的。一株拥有400多年树龄的桂花树依然枝繁叶茂，花香四溢，有"江南第一桂"的美誉。祠堂内的石栏板上，装饰有64块精美的青石浮雕，画面内容无一雷同。正梁上高悬着明代书法家董其昌手书的"彝伦攸叙"巨匾，长近6米米，高2.5米，庄严肃穆。祠堂内气势最为恢宏部分要数后寝的宝纶阁了，宝纶阁是整个祠堂的精华部分，相传

① 乾隆《绩溪县志》卷一《方舆志·风俗》。

罗东舒祠内景

主持续建罗东舒祠的罗应鹤，明万历间曾任监察御史和大理寺丞等职，深得明神宗宠信。罗应鹤“盖之以阁用藏历代恩纶”，故名宝纶阁。宝纶阁由三个三开间构成，加上两头的楼梯间，共 11 开间，吴士鸿手书的“宝纶阁”匾额高悬楼檐。天井与楼宇间由黟县青石板栏杆相隔，石栏板上饰有花草、几何图案浮雕。三道台阶扶栏的望柱头上均饰以浮雕石狮。台阶上 10 根面向内凹成弧形的石柱屹立前沿，数十根圆柱拱立其后，架起纵横交错的月梁。圆穹形的屋面和飞扬的檐角，梁柱之间的盘斗云朵雕、镂空的梁头替木和童柱、荷花托木雕，令人眼花缭乱，而又美不胜收。横梁上，彩绘图案优美，色彩绚丽，虽历 400 余年，至今仍鲜艳夺目。罗东舒祠规模宏大，气势宏伟，技艺精湛，风格独特，整个建筑融古、雅、美、大于一体，具有很高的艺术观赏价值，为徽派建筑的典范。

位于今绩溪县城东偏北约 5 公里的龙川胡氏宗祠，系明代兵部尚书胡宗宪于嘉靖四十一年（1562）所建。之后历经多次重修，其中清末光绪二十四年（1898）最后一次重修，基本上奠定了今日的规模。该祠堂位于登源河与龙传河的交汇处，坐北面南，砖木结构，共三进七开间，整座祠堂分别由照壁、泮池、平台、门楼、天井、廊庑、祭堂、厢房、寝堂和特祭祠等十大部分组成。祠堂纵深 84 米，宽 24 米，建筑总面积达 1570 平方米。祠堂由前至后，高度依次递增。龙川胡氏宗祠的照壁跨龙传河而立，祠堂门楼是徽派建筑中典型的五凤楼式结构。楼顶 10 个翼角，对称谨严，如五对展翅而飞的凤凰，这种类型的建筑一般称为“五凤楼”。五凤楼式的祠堂门楼建筑，在新安江流域具有一定代表性和普遍性。龙川胡氏宗祠的仪门上彩绘有秦叔宝和尉迟恭两个门神，仪门两侧石鼓相对，并有一对石狮蹲峙拱卫。门楼与正厅之间和左右两廊庑相连，门楼、正厅和廊庑构成了面积 200 余平方米的天井。正厅即享堂，系龙传胡氏宗祠的主体，是旧时胡氏宗族祭祀祖先和议决族中大事的场所。它由 48 根立柱和 54 根梁枋构成，正厅祭龛前一排 24 扇隔扇门裙板，全系木雕组成，千姿百态的鹿雕图案，栩栩如生。至于各种荷花和百花瓶图案的木质浮雕，则更是形态逼真，水底游鱼、天高翔鸟、碧波戏鸭、鸳鸯交颈和青蛙捕食等形象，活脱脱宛若一幅幅动人的山水画。此外，龙川胡氏宗祠的雀替、斜撑、斗拱、梁托和浮驮等部件，也都雕刻精美。由于木雕图案精美奢华，集各种木雕艺术为一体，故龙川胡氏宗祠又被古建筑学家誉为是“中国木雕建筑博物馆”。

新安江上游的徽州地区还有大量被列入全国重点文物保护单位的祠堂，如歙县郑村的郑氏宗祠，北岸吴氏宗祠，婺源以黄村经义堂和汪口俞氏宗祠为代表的古祠堂群等。

在距歙县徽城镇东约 11 公里处，分别有两座宗族祠堂被列为全国重点文物保护单位，它们是大阜的潘氏宗祠和北岸的吴氏宗祠。潘氏宗祠建于明万历十三年（1585），清同治年间重修。其结构为三进五凤楼式建筑，两侧八字墙上以细腻的砖雕为装饰，中进 5 开间，大厅梁柱粗硕，雀替、平盘斗拱等处雕刻有百骏图，俗称“百马图”，月梁上悬有历代名人题写的匾额。后进高出地面 1 米有余，七开间，青石檐柱。该祠气势壮观，雕饰精美。距潘氏宗祠东约两公里的北岸村不仅以著名的绵溪廊桥享誉遐迩，而且木石雕刻精致的吴氏宗祠也驰名远近。这座建于清朝道光六年（1826）的吴氏宗祠，位于北岸村口，其凌翼翘角的五凤楼气势非凡，大门两旁的石狮威严庄重。该祠八字墙的须弥座石刻与祠檐下砖雕、博缝板木雕，都极尽华美。中进台面高出前进达两米之多，石雕栏板上的百鹿图造型生动，憨态可掬。

歙县大阜氏宗祠

歙县昌溪吴氏宗祠

歙县昌溪的木牌坊背后的吴氏宗族员公支祠，是新安江流域上游的徽州地区又一座具有代表性的祠堂。本来，木牌坊能够保存下来的大概也不足一二，而以门坊即棂星门的建筑形式出现的祠堂，在徽州目前已所剩无几。当然，木牌坊门面的祠堂，也许只有歙县的昌溪保存了下来。但是，以石质牌坊为祠堂门坊的牌坊，至少有两处遗存至今，它们分别是歙县郑村的郑氏宗祠和徽州区潜口的汪氏金紫祠牌坊。如今的郑村郑氏宗祠以及祠坊，潜口的汪氏金紫祠，以及坐落在田地中的金紫祠牌坊皆已修葺一新。

祁门渚口的倪氏宗祠——贞一堂，是安徽省重点文物保护单位。渚口是新安倪姓宗族最大规模的聚居地，贞一堂始建于明初。后毁于兵火，清康熙年间重建。宣统二年（1910）正月十六，被元宵灯火所焚，仅存朝门门楼。民国十三年（1924），集资重修。整个建筑建筑面积近千平方米，分祠堂与朝门两个部分，主体有前、中、后三进，中进为享堂，后进为宗族祭祀之处的寝堂。朝门门前一对“黟县青”抱鼓石，雕以龙凤。大堂斗拱较小，层次较多，风格比较富丽。大堂后天井下有天池，池上有天桥通步，桥上有狮座桥柱三对。贞一堂制作讲究，精雕细刻，被誉为皖南地区“民国时期的第一大祠堂”。祠堂门前至今还散落有数十个旗杆石，祠堂享堂的枋额上，依稀还可以看到当年倪姓宗族成员科举中第时张贴的捷报。三进祠堂中的后进寝堂祖宗灵位上，摆满了左昭右穆的牌位。青石栏板上的浮雕和碑刻文字可清晰地辨识。

在新安江流域的最南端婺源县，祠堂显然也是村落中极为重要的公共空间。汪口俞氏宗祠和黄村百柱宗祠等古祠堂建筑群，已被列为全国重点文物保护单位。距县城紫阳镇北约30公里的汪口村，一座古色古香、气势雄伟的俞氏宗祠巍然耸立在永川河畔。俞氏宗祠占地面积为1000余平方米，祠堂天井内参天的百年古桂树枝繁叶茂，越过了宗祠的房顶，向祠堂的两边伸展。这座建于清乾隆九年（1744）的俞氏宗族祠堂，布局严整。尤其是木雕工艺相当精湛，祠堂的斗拱、雀替、脊吻、梁枋和柱础，都十分考究，精雕细琢。其雕刻工艺刀法应有尽有，举凡浅雕、深雕、镂空雕刻等，图案细腻，层次分明，被古建筑专家誉称为“艺术宝库”。位于婺源县城紫阳镇西北的古坦乡黄村，是婺源黄氏宗族的聚居中心，其祠堂名曰经义堂。因整个祠堂用百余根杉木柱支撑，故又有“百柱宗祠”的美誉。百柱宗祠建于清代康熙年间，前临小桥流水，背倚青山绿树，风景秀丽。整个祠堂为九脊顶五凤楼式建

婺源县汪口俞氏宗祠

筑，面积约为1200平方米，上等杉木制作的大门，两侧分别雕刻有八仙图案。正厅中央悬挂有清朝文华殿大学士张玉书题写的“经义堂”巨幅匾额。正厅木柱共三排，每排四根，每根粗围有近1米之巨。正厅的梁枋上分别雕刻有鹿鸣幽谷、狮子滚球、鳌鱼吐云和龙凤呈祥等吉祥图案。四个石础上则是凤戏牡丹、仙鹤登云、喜鹊含梅和鹭鸶戏莲等纹饰。从正厅进入寝堂，要登上九级金阶。不过，由于触犯皇帝之禁，黄氏宗族还是撤去了两阶，成为七级金阶。

创建于宋明以来，特别是明代中叶以来至民国年间的祠堂还有许多，而且在一些规模稍大的村庄里，祠堂的建筑往往还不止一处，既有一族一姓的总祠，也有各个房派的支祠，甚至数姓之祠并存的现象也较为普遍。在被誉为“祠堂之乡”的黟县南屏村，至今尚有包括叶姓和程姓等宗族在内的祠堂七座被保存了下来。明代中叶，曾经以创建和讲述乡约、厉行乡民教化的祁门文堂陈氏宗族，至今也还有五座祠堂分布在上、中、下文堂村中。歙县西部上丰蕃村大姓鲍姓祠堂规模宏伟，而小姓许氏宗族的祠堂，则被直接称为许氏家庙了。

现存新安江流域规模最大的女祠——歙县棠樾的女祠清懿堂

不过，在关注新安男性为主的宗族祠堂的同时，我们还要特别重视新安女性专有祠堂的存在。毕竟祠堂向来是男性的专利，专门为女性建造祠堂，在全国大概也是不多见的。在新安江上游的歙县棠樾村，除鲍姓宗族的祠堂敦本堂和世孝祠外，作为女性祠堂的清懿堂也是规模雄伟，香火缭绕。该祠建于清朝嘉庆年间，系两淮盐法道员鲍启运筹划和主持兴建，与敦本堂专奉男主不同，清懿堂则专袝女主。从此，鲍姓宗族中的贞烈女主有了专门祭祀的祠堂。类似的女性祠堂，在歙县的潭渡和徽州区的呈坎等少数几个村庄村还有保留，呈坎罗东舒祠中的“则内”，即是呈坎罗氏宗族的女性祠堂。

作为新安江地区传统宗族聚居村落建筑群中重要公共建筑设施，祠堂在历史上曾经发挥过极为重要的作用。尽管由于地形、地势等自然条件的限制，新安祠堂在村落中的规划和位置还难以有一个相对统一的界定。但是，从解剖新安传统村落建筑的文化符号，以及乡村封建宗法制度运行的视角入手，依然可以直接或间接地透视这些祠堂背后所隐藏的丰富人文内涵。

第二节 新安宗族的祠堂兴起和大规模营建

一、祠堂的起源与宋元时期新安祠堂的兴建

祠堂的起源与中国古代的宗法制度密切相关。

根据文献和考古资料，早在殷商时期，中国就出现了宗法制度的萌芽，甲骨文中已经有了“大示”和“小示”的文字出现，这是西周时期宗法制中“大宗”与“小宗”直接渊源。西周实行宗法制和分封制，将宗族血缘与政治统治有机地结合起来，从而形成了早期的宗法制。安阳殷墟已出现了宗庙的遗址，西周时期，宗庙制度进一步完善。《礼记 · 王制第五》云：“天子七庙，三昭三穆，与太祖之庙而七。诸侯五庙，二昭二穆，与太祖之庙而五。大夫三庙，一昭一穆，与太祖之庙而三。士一庙。庶人祭于寝”。这说明，早在西周时期，我国就有了宗庙。但当时的宗庙属于统治阶级的上层才有的，一般平民百姓是被禁止建立宗庙。可以说是，西周时期的宗庙等级森严，只有天子、诸侯、大夫和士祭祀祖先的场所，才能称为“宗庙”，庶人百姓则只能祭祀于寝室。天子和诸侯不仅祭祀祖先，而且祭祀祖先和社稷的名称有所区别。“天子、诸侯宗庙之祭，春曰礿，夏曰禘，秋曰尝，冬曰烝。天子祭天地，诸侯祭社稷，大夫祭五祀。……天子社稷皆大牢，诸侯社稷皆少宰，大夫、士宗庙之祭，有田则祭，无田则荐”。[①] 社稷是国家的象征，将祖先的宗庙祭祀与社稷祭祀结合起来，实际上就是将宗族血缘与政权融为一体，显然成了君权神授的依据。这一制度被之后历代统治者所继承和使用，成为家天下的工具。

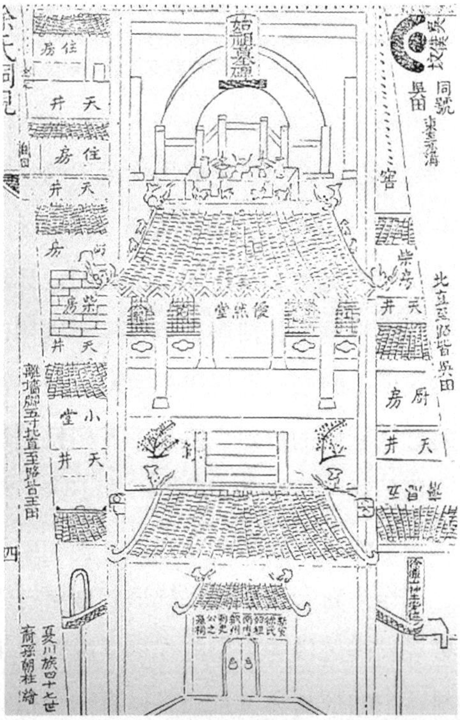

歙县徐氏墓祠图

① 《礼记》第五篇《王制》，载《周礼 · 仪礼 · 礼记》，岳麓书社，1989年，第332页。

显然，宗庙是宗法制度的物化形式，后世的祠堂则渊源于宗庙。“祠堂”一词出现于汉代，原本是士大夫祭祀先人的场所。当时祠堂均建于墓所，墓与祠一体，称为“墓祠”。这种墓祠直到宋元明清时期的新安江流域依然存在，如清代乾隆初年，歙县徐氏就专门建有墓祠。①宋代的祠堂规制随着宗族形态的改变而发生了较大变化。

北宋中期以后，社会矛盾激化，在政府不抑制土地兼并的政策下，个体小农不仅在财产上而且在人身关系上都缺乏安全感，他们亟须在新的历史背景下创立一种新的社会组织，以便将万千游离的个体小农容纳于其中，以达到稳定社会秩序、巩固国家统治的目的。适应这种形势变化的需要，宗法组织改变了自身的形态，形成了封建社会后期特有的宗族共同体。从北宋中叶开始，在地主阶级的倡导和扶持下，长江流域及华南各地的地方性宗族组织得到了迅猛的发展。欧阳修、苏洵创修的旨在敬宗睦族的新式家谱，一时为各地所效法。各地宗族组织开始以纂修族谱、设置义田和创建祠堂等方式，强化血缘性宗族组织的功能与作用。对宋代祠堂的规制，朱熹在《文公家礼》中指出：

> 今以报本反始之心、尊祖敬宗之意，实有家名分之守，所以开业传世之本也。故特著此，冠于篇端，使览者知所以先立乎其大者，而凡后篇所以周旋升降、出入向背之曲折，亦有所据以考焉。然古之庙制不见于经，且今士庶人之贱，亦有所不得为者。故特以祠堂名之，而其制度亦多用俗礼云。
>
> 君子将营宫室，先立祠堂于正寝之东。祠堂之制，三间，外为中门，中门外为两阶，皆三级。东曰阼阶，西曰西阶。阶下随地广狭，以屋覆之，令可容家众叙立。又为遗书、衣物、祭器库及神厨于其东，缭以周垣，别为外门，常加扃闭。若家贫地狭，则止为一间，不立厨库，而东西壁下置立两柜，西藏遗书、衣物，东藏祭器亦可。正寝谓前堂也，地狭则于厅事之东亦可。凡祠堂所在之宅，宗子世守之，不得分析。凡屋之制，不问何向背，但以前为南，后为北，左为东，右为西。为四龛，以奉先世神主。②

---

① 乾隆《新安徐氏墓祠规》不分卷，清乾隆九年(1744)刻本。

② [宋]朱熹：《家礼》卷一《通礼·祠堂》，载朱杰人、严佐之、刘永翔等：《朱子全书》第7册，上海古籍出版社、安徽教育出版社，2002年，第875页。

淳安县漠川村方氏宗祠

遂安县川南郑氏宗祠门楼

淳安县朱家村朱氏宗祠门楼

作为理学之集大成者，特别是新安理学的创始人，朱熹有关祠堂的论述，基本上建构了祠堂建筑的基本规模与制度，这就是三间制度。祠堂三间制度，至明代中叶以后逐步演变为三进制，即仪门、享堂和寝堂。尽管宋元时期新安宗族祠堂由于受朝廷制度和山区地形地势的限制，尚未能完全根据朱熹创立的祠堂规制和结构进行建设，但它还是初步奠定了新安江流域后世宗族祠堂的雏形。

作为宗族统治的象征，新安江流域徽州和严州府属各县的祠堂大约兴起于宋代。在朱熹理学思想的影响下，向以朱子桑梓著称的新安江流域各地便揭开了宗祠建设的序幕。明弘治十四年（1501）俞芳在为《新安黄氏会通谱》所撰写的《序》文中就曾指出："幸而皇宋诞膺景运，五星聚奎。于是吾郡朱夫子者出，阐六经之幽奥，开万古之群蒙，复祖三代之制，酌古准今，著为《家礼》，以扶植世教。其所以正名分、别尊卑，敬宗睦族之道、亲亲长长之义，灿然具载，而欧、苏二子亦尝作为家谱以统族属。由是，海内之士闻其风而兴起焉者，莫不家有祠以祀其先祖，族有谱以别其尊卑。"①在休宁，茗洲吴氏宗族在南宋淳祐年间即创建宗祠观宇，奉祀始祖程氏小婆太夫人；②率口程氏宗族、臧溪臧氏宗族和祁门善和程氏也先后创建了本姓的宗祠。据文献记载，今淳安县富山村的方氏家庙、佛岭后村的郑氏宗祠等祠堂，亦均建立于南宋时期。③

---

① 弘治《新安黄氏会通谱》卷首《俞芳·集成会通谱叙》。

② [明]吴子玉：《茗洲吴氏家记》卷十二《杂记》。

③《淳安县志（1986～2005）》编纂委员会：《淳安县志》，浙江人民出版社，2014年，第1520页。

至此，新安江流域历史上出现了第一批宗族祠堂。元代至大年间，婺源考川胡氏宗族修建了明经祠。此外，宋元时期，婺源清华胡氏宗族、桂岩詹氏宗族、大畈汪氏宗族和歙县江村江氏宗族也分别兴建了本宗族的祠堂。

淳安县大叶村武肃王祠

但总的来说，宋元时期新安宗族祠堂的兴建还只是零星的个别现象，尚未形成一种社会风气和普遍行为。根据弘治《徽州府志》记载，宋元时期徽州祠堂与庙宇尚未完全分离。因此，弘治《徽州府志》将记载祠堂和庙宇内容合为一卷，名之曰《祠庙》。而万历《严州府志》则将祠堂与墓茔合为一卷，名之为《祠墓》。新安江流域两部府志中所列的不少祠宇，都是祭祀精英人物的行祠或祠庙等，如歙县的忠烈行祠、世宗行祠，淳安县的西洲朱府君祠、云坡吴泰伯祠、湖头徐偃王祠、桃源方仙翁祠和康静乐先生祠等。[①] 严格意义上说，这时的祠庙尚与明代中叶以降勃兴的宗族祠堂规制有很大区别。但在一些名门望族的族谱中，的确有少量宋元时代宗族祠堂的兴建，但总体来说，这种墓祠、祠庙相结合的祠堂多数还是仅限于祭祀越国公汪华和忠壮公程灵洗等少数精英人物的祠庙或墓祠。

歙县黄墩程灵洗世忠庙图

元代歙县云岚山越国公汪华忠烈灵庙图

① 嘉靖《淳安县志》卷七《坛庙》。

二、明代中叶以后新安祠堂的大规模建设

(一)明嘉靖时期新安宗族祠堂建设高潮的掀起

宋元时期新安江流域各地揭开宗族祠堂建设的序幕，并创建了一批宗族祠堂。明初至明代中叶延续了这一建祠或重修之势，如祁门善和就在景泰元年至二年（1450 ~ 1451）重修建于宋代的程氏宗祠——最高祠堂。程显在成化四年（1468）十一月撰写的《重修最高祠堂记》中，描述了善和程氏宗祠的规模，云："景泰间，浮梁之族有名润通者，于尚书为十九世孙，慨先业之不振也，与诸房子姓谋合泉布，抡材鸠工，撤而葺之，以旧祠堂高出寺后、风雨无所蔽障，遂卜地于寺之西北隅建焉。实当尚书长子朝散之墓左，为室凡五，深二丈有奇。其崇视深而加隆，其广亦如之，涂以黝垩，绘以丹壁，中奉尚书之主，而五府君侑焉。始功于景泰庚午九月辛亥，讫事于辛未三月望，修废举坠，焕然一新。"[①] 尽管如此，新安江流域真正大规模的祠堂建设活动，还是在明代中叶以后。确切地说，是在夏言奏关于臣民祭始祖、立家庙的疏获得明世宗恩准之后。嘉靖十五年（1536），礼部尚书夏言在一折题为《请定功臣配享及臣民得祭始祖立家庙》奏疏的第二部分，提出了《乞诏天下臣民冬至日得祭始祖》的建议曰：

> 夫自三代而下，礼教凋衰，风俗蠹弊，士大夫之家、衣冠之族尚忘祖遗亲，忽于报本，况匹庶乎？程颐为是缘情而为制，权宜以设学，此所谓事逆而意顺者也。故曰：'人家能存得此等事，虽幼者可使渐知礼义。'此其设礼之本意也。朱熹顾以为僭而去之，亦不及察之过也。且所谓禘者，盖五年一举，其礼最大。此所谓冬至祭始祖云者，乃一年一行，酌不过三，物不过鱼黍羊豕，随力所及，特时享常礼焉尔。其礼初不与禘同，以为僭而废之，亦过矣。夫万物本乎天，人本乎祖，豺类莫不知报本，人为万物之灵也，顾不知所自出，此有意于人纪者，不得不原情而权制也。迩者平台召见，面奏前事，伏蒙圣谕：'人皆有所本之祖，情无不同，此礼当通于上下，惟礼乐名物不可僭拟，是为有嫌，奈何不令人各得报本追远耶？'大哉，皇言！至哉，皇心！非以父母天下为王道者，不及此也。臣因是重有感焉，而水木本原之意恻然而不能自已。伏望皇上推恩，因心之孝，

① 嘉靖《祁门善和程氏宗谱·程氏足征录卷一》。

诏令天下臣民，许如程子所议，冬至祭始祖，立春祭始祖以下、高祖以上之先祖，皆设两位于其席，但不许立庙以逾分，庶皇上广锡类之孝，臣下无禘祫之嫌，愚夫愚妇得以尽其报本追远之意。溯远祖，委亦有以起其敦宗睦族之谊。其于化民成俗未必无小补云，愚不胜惓惓。①

这一奏疏被嘉靖皇帝允准，明王朝对品官之家立家庙祭祀祖先和庶民祭祀始祖、先祖的条件，进行了放松。从此，中国民间宗族祠堂规制和祭祖礼仪发生了重大变化，累世簪缨、名臣辈出的新安宗族世家，在祭祖礼仪制度改革后，纷纷更家庙为祠堂，并大规模营建宗祠。

明代嘉靖年间，歙县棠樾鲍氏宗族子弟、兵部侍郎鲍象贤在为休宁古林黄氏宗族所撰写的《大宗祠碑记》中指出：

夫君子将营宫室，祖庙为先。盖祖宗者，类之本也，尊祖则能重类，重类则能均爱。是故统昭穆之序，致祇事之诚，深肃僾之怀，盛蒸尝之荐，凡以合类明亲也。自礼乐废弛，宗法不立，寄空名于行序之间，饰浮美于谱牒之末，而族义乖违，漫无统纪，议者必欲准古冢嫡世封之重，山川国邑之常，然后推明宗法纲纪。其间则事体难于适从，坠典终于不复，非所谓与世推移、变通尽利者也。若夫缘尊祖之心，起从宜之礼，隆报本之仁，倡归厚之义，则近世宗祠之立亦有取焉。②

正是在明中央王朝的政策指导和新安江流域官商士大夫的共同倡导与慷慨解囊相助下，新安江流域各地的宗族祠堂在嘉靖时期出现了井喷式建设高潮。据刊刻于嘉靖四十五年（1566）的《徽州府志》③统计，这一时期，仅新安江上游地区的徽州府属六县就创建有 214 座宗族祠堂。其具体分布、数量及名称如下：

① [明]夏言：《桂洲先生奏议》卷十七《请定功臣配享及臣民得祭始祖立家庙》。
② 崇祯《古林黄氏族谱》卷四《大宗祠碑记》。
③ 嘉靖《徽州府志》卷二十一《宫室》。

嘉靖四十五年《徽州府志》所载祠堂一览表

县域	数量	祠堂名称
歙县	70	充山吴氏宗祠、东门许氏宗祠、江氏宗祠(一在龙舌头,一在桃源坞)、上路汪氏宗祠、上路程氏宗祠、荷花池程氏宗祠、接官亭汪氏宗祠、汪氏宗祠(在城河上)、毕氏宗祠(在穆家巷左)、詹氏宗祠(在北关门外)、府前方氏宗祠(在新安卫前)、朱氏宗祠(在斗山街)、萧江统宗祠(在东察院前),潭渡黄氏宗祠(一祀黄芮,一祀黄孝则)、下市黄氏宗祠(祀黄芮)、沙溪汪氏宗祠、五里亭程氏宗祠、向杲吴氏宗祠、梅村叶氏宗祠(祀叶敷泽)、岩镇郑氏宗祠、佘氏宗祠、孙氏宗祠、阮氏宗祠,上路李氏宗祠、棠樾鲍氏宗祠、槐塘程氏宗祠、沙溪凌氏宗祠(在社左)、罗田上源方氏宗祠、罗田柘源方氏宗祠、石冈汪氏宗祠(有二)、潜川汪氏宗祠(一曹门,一楼下)、洪源洪氏世祠(在坑口)、洪源洪氏宗祠(在竹林里)、西溪南吴氏宗祠、南溪南吴氏宗祠、南溪南江氏宗祠、浯村朱氏宗祠、孙氏慕源宗祠(在百老峰下)、竦塘黄氏宗祠、石桥吴氏宗祠、雄村曹氏宗祠、陆氏宗祠(在梁下)、萧氏宗祠(在梁下)、项里殷氏宗祠、桂林洪氏宗祠、竦口程氏宗祠、汪氏宗祠,方塘胡氏宗祠、丰埸汪氏宗祠、章祈汪氏宗祠、灵山方氏宗祠、葛塘吴氏宗祠,黄村黄氏宗祠、潘氏宗祠,云雾塘王氏宗祠、托山程氏宗祠(一祀程忠壮,一祀程参军)、瀹潭方氏宗祠、徐村徐氏宗祠(有二)、仇村黄氏宗祠、呈坎罗氏宗祠、澄塘吴氏宗祠(侍郎吴宁建)、杨宗伯祠(在学左)、吕侍郎祠(在水西)、鲍提干祠(在向杲)
休宁	36	南门夏刺史宗祠(祀元康)、珰溪金氏世仕宗祠(在著存观)、率口程氏宗祠、流塘詹氏宗祠、玉堂王氏宗祠(在董干富琅)、板桥杨刺史宗祠(祀杨受)、山斗程氏宗祠、陪郭程氏宗祠、邑前刘氏宗祠(在东门内),博村、林塘范观察宗祠(祀范传正),金忠肃宗祠(在崇寿观左)、吴氏节孝祠(在董干)、城北苏氏宗祠、渠口汪氏宗祠、上山吴文肃宗祠、孙氏庆源宗祠(在西山麓)、由溪程氏宗祠、东门汪氏宗祠、文昌坊程氏宗祠(在董干)、上溪口汪氏宗祠、临溪程氏宗祠、上溪口吴氏宗祠、黄石程氏宗祠、石岭吴氏宗祠、屯溪朱氏宗祠(在上山头)、汪溪金氏宗祠、溪西俞氏宗祠、南街黄氏宗祠、凤湖汪氏宗祠、新屯戴氏宗祠、岭南张氏宗祠、黎阳邵氏宗祠(在阳湖坦)、杨村程氏宗祠、洪方汪氏宗祠、孙氏万荣宗祠(在云溪口,祀孙永秀)
婺源	48	双溪王氏宗祠、绣溪孙氏宗祠、双杉王氏宗祠、玉川胡氏宗祠、理田李氏宗祠、汪口俞氏宗祠、萧江统宗祠(在中平)、汪征君宗祠(在大畈)、汪睦肥祠堂、济溪游氏宗祠、篁岭曹氏宗祠、外庄叶氏宗祠、官源洪氏宗祠、官源汪氏宗祠、叶村汪氏宗祠、小源詹氏宗祠、陀川余氏宗祠、清华胡氏宗祠(一在上市,一在中市)、桃溪潘氏宗祠、龙川程氏宗祠、桂岩戴氏宗祠、宝石李氏宗祠、甲道张氏宗祠、云川王氏宗祠、丰田俞氏宗祠、丰洛王氏宗祠、龙槎金氏宗祠、沣溪吕氏宗祠、平盈方氏宗祠、横槎黄氏宗祠、太白潘氏宗祠、五镇倪氏道川祠、环溪程氏宗祠、许昌许氏宗祠、疆溪臧氏宗祠、鹏岳汪氏宗祠、港源程氏宗祠、游汀张氏宗祠、凤砂汪氏宗祠、中平祝氏宗祠、镇头方氏宗祠、游山董氏宗祠、符竹汪氏宗祠、太白吴氏宗祠、翀田齐氏宗祠、车田洪氏宗祠、长径程氏宗祠

续表

县域	数量	祠堂名称
祁门	31	谢氏宗祠(在邑南柏山)、井亭汪氏宗祠、韩溪汪氏宗祠、梓溪汪氏宗祠、画绣坊汪氏宗祠(在邑北)、朴里汪氏宗祠(在邑南)、文溪汪氏宗祠、舜溪汪氏宗祠、芦溪汪氏宗祠、润溪汪氏宗祠、楚溪汪氏宗祠、在城王氏宗祠(在邑东鹤山麓)、槐庭王氏宗祠(在邑西石山)、历溪王氏宗祠(在十九都)、高塘鸿村王氏宗祠、马氏宗祠(在邑东桐冈)、新庄张氏宗祠(在邑南道堂前)、朱紫叶氏宗祠(在重兴寺口)、元魁坊叶氏宗祠(在官沅山)、胡氏宗祠(有二:一在贵溪,一在邑胡源坑口)、桂林胡氏宗祠(在下横街)、方氏宗祠(有二:一在邑北,一在伟溪)、樵遯饶氏宗祠(在石墅源口)、窦山程氏宗祠(在六都程溪)、东溪仰氏宗祠(在七都斜汊)、北蒋宗祠(在八都白塔)、郑氏宗祠(在十五都奇岭)、金溪金氏宗祠(在金村)、塔湾陈氏宗祠(在桃源)。
黟县	11	环山余氏宗祠、义门胡氏宗祠、古筑孙氏宗祠、横冈胡氏宗祠、黄村黄氏宗祠、城东王氏宗祠、城南汪氏宗祠、黄陂黄氏宗祠、横渠程氏宗祠、城南许氏宗祠、景溪李氏宗祠。
绩溪	18	中正坊程氏宗祠(在南门外)、市南许氏宗祠(在南门外)、北门张氏宗祠、县北张氏宗祠、城北任氏宗祠、仁里程氏宗祠、市西葛氏宗祠(在坦石头)、瀛川章氏宗祠、孔林汪氏宗祠、胡里胡氏宗祠、程里程氏宗祠、龙川胡氏宗祠、涧洲许氏宗祠(在十五都)、上田汪氏宗祠、市西胡氏显义宗祠(在高村)、市南汪氏宗祠(在下三里)、美俗坊胡氏宗祠(在县北)、市东戴氏宗祠
合计	214	

如果上表的统计数量加上九座各类支祠，徽州六县建有宗族祠堂总量多达 223 座，其中又以徽州府治所在地歙县为最多，数量高达 70 座。显然，包括徽州在内的新安宗族祠堂大规模营建是在弘治至嘉靖年期。此后，新安江流域各地各类祠堂的创建更是呈不断增加之势。

我们注意到，作为新安江上游宗族聚居区的徽州，明代嘉靖年间大规模营建宗祠活动，除明王朝祭祖礼仪改革的动因外，还与社会经济发展及宗族遇到挑战的形势有密切关系。明代中叶以降，伴随商品经济的发展和社会的急剧转型，新安宗族子弟大规模外出经商，社会风气日渐浇漓。这一社会现象的出现，对当地的宗族制度和宗族统治造成了剧烈冲击。因此，营建宗族祠堂，强化宗法观念，加强宗族组织，巩固宗族凝聚力，便成为形势发展的迫切需要。与此同时，拥有强烈宗族背景的新安商人群体经营的巨大成功，也为宗族祠堂建设提供了有力的物质保障。他们将经商所得的利润大规模地投入祠堂的建设中，在一定程度上促进了新安宗族祠堂的建设。正如程一枝所说的那样，“观于郡国诸大家，曷尝不以宗祠为重哉”！他认为，“举宗大事，莫最于祠。无祠则无宗，无宗则无祖，是尚得为大家乎”。宗族祠堂显然已经成为报本追远、怀慕祖先和大家风范的一个重要标志。加之，明代中叶新安江流域科第兴盛，人才辈出，一批品官在任和致仕之后，对宗族祠堂建设也情有独钟。于是，新安宗族祠堂便在这些综合因素的交互作用下，开始了井喷式的崛起，形成“厅祠林立”“祠宇相望”的兴盛景象。

整个嘉靖时期，新安宗族祠堂的建设呈现出以下四大特征：

第一，数量多。在夏言《乞诏天下臣民冬至日得祭始祖》奏疏被明世宗批准的嘉靖十五年（1536）之后，仅新安江上游的徽州迅速掀起了一次兴建宗族祠堂的高潮。期间，徽州六县境内聚族而居的各大宗族兴建了数以百计的祠堂，其实际数量应当远远超过嘉靖《徽州府志》所统计的 214 座，呈现出数量多的特征，所谓“村落家构祠宇，岁时俎豆其间”。①

第二，类型广。嘉靖年间，新安江流域宗族大规模兴建祠堂的类型极为广泛，其中既有合族的宗族祠堂，也有单一合户的祠堂，还有所谓的墓祠、书院等专祠。正如祁门善和程昌编撰的嘉靖《窦山公家议》所指出的那样，“追远报本，莫重于祠。予宗有合族之祠，予家有合户之祠，有书院之祠，有墓下之祠。前人报本之义至矣、尽矣！思报本之义而祀事谨焉”。②

第三，规模大。嘉靖年间，新安江上游的徽州宗族祠堂起点高、规模大，而且越到嘉靖后期，随着新安商人的经营和徽州科举功名的巨大成功，徽州宗族祠堂建设的规模也更加庞大。如建成于嘉靖二十二年（1543）的婺源横槎黄氏宗祠，“寝堂七间，堂后穿堂一间为夹室，两厢共九间。堂之外，翼以廊，东西共十间，而会于大门。门七间，庖湢守室称之”。③ 休宁汪溪金氏宗祠，“祠基坐西面东，原系田地山经理，今属为祠基，入深计一十六丈四尺有零，横计阔六丈一尺有零。祠后众存沟一道，从左绕祠前，流入街渠，两畔有地，以俟后裁”。④

第四，规格高。嘉靖时期特别是嘉靖中叶以后，新安宗族祠堂的规制逐渐定型，

① 嘉靖《徽州府志》卷二《风俗》。
② 万历《窦山公家议》卷三《祠祀议》。
③ 嘉靖《新安左田黄氏正宗谱》卷二《记类·横槎祠堂记》。
④ 嘉靖《新安休宁汪溪金氏族谱》卷四《墓图》。

大体为仪门、享堂和寝堂等三进五开间规制。最具代表性和典型性的当推始建于嘉靖四十一年（1562）的绩溪龙川胡氏宗祠。该祠堂分别由门楼、享堂和寝堂共三进七开间构成，是一座飞檐翘角、雍容华贵的典型五凤楼建筑。第一进是宽达22米的门楼，由28根立柱和33根月梁构成；第一重门为黑漆色大栅栏门；第二重门中间是仪门（俗称“正门”），两边是边门（又称“旁门”）。仪门前左右各置一个高大的石鼓和威武雄壮的大石狮；最引人注目的是前后8条方梁梁面的精美木雕图案，前面中间上梁是“九狮滚球遍地锦”，后面中间上梁是“九龙戏珠满天星”，下面和左右两边方梁是各种各样的历史戏文；这些木雕内容丰富，雕刻精湛，具有很高的艺术价值。第二进是享堂，这是一座恢宏高大、豪华典雅的宫殿式建筑。它是用48根直径53厘米的高大银杏圆柱，架着54根硕大的冬瓜梁构成；在龙川胡氏宗祠建筑群中，享堂是主体建筑；享堂两侧各有十扇高达丈余的落地隔板，上半截为镂空的花格，下半截为平版浮雕；①享堂正面是一排大型木雕隔扇，这些隔扇雕刻的主题是梅花鹿；雕工精细入微，不仅雕出鹿身点点梅花，而且细毛都清晰可见。②第三进氏寝室，这是一座高大的楼阁式建筑。这里的隔扇浮雕式静物——插花艺术；花瓶造型，有六角、八角、半圆、长颈、大口、菱形等；瓶身图案，有回纹、云纹、细线、挂铃等；瓶内插花，有桃、李、兰、菊、牡丹、海棠、水仙、玉簪等；隔扇上下小木板浮雕，有文房四宝、书案画卷、八仙道具等，堪称艺术精品。

总之，嘉靖时期，是新安宗族祠堂建设的井喷式发展时期。它不仅在数量、类型、规模、规格和规制方面，承继了宋元和嘉靖以前新安宗族祠堂发展的态势，而且逐渐形成了以五凤楼式三进五开间的基本规制和特征，并在此基础上进行了改进，成为此后新安宗族祠堂的基本规制与形态。

(二)万历至明末新安宗族祠堂的繁荣发展

万历以降至明末，新安宗族祠堂在新安商人大规模经营成功、积聚了巨额财富的背景下，不仅在数量上继续增加，新安江流域规模稍大一点的宗族大都建立了属于自己的合族或合户祠堂，而且在规模和规格体式上又有了进一步的发展，一些规模庞大、雕栏玉砌极尽奢华的巨姓大族祠堂，特别是统宗祠开始出现，并逐步达到

① 冬生：《木雕艺术的厅堂》，《安徽画报》1986年第2期。
② 冬生：《木雕艺术的厅堂》，《安徽画报》1986年第2期。

了历史的巅峰。

仅以万历《绩溪县志》为例，来说明万历时期新安江上游徽州宗族祠堂数量绝对增加这一事实。截止到嘉靖四十五年（1566），徽州六县共建有宗族祠堂 214 座，若加上 9 座各类支祠，总量多达 223 座，其中绩溪县仅有 18 座。而到了万历九年（1581），绩溪就增至 34 座，[①] 数量几乎增加一倍。

万历时期兴建的最具代表性的，也是目前堪称规模建制最为宏伟的新安宗族祠堂，当推位于今安徽省黄山市徽州区潜口的汪氏金紫宗祠和位于呈坎的贞靖罗东舒祠。

汪氏金紫宗祠是潜口汪氏宗祠，位于潜口下街，又称“下祠堂”。宋元祐年间（1086 ~ 1094），因聚居潜口的望族汪叔敖四子相继入仕，汪叔敖遂以子贤而被赠以金紫光禄大夫，汪氏宗祠亦由此被称为“金紫祠”。该祠创始于宋，明永乐时汪善一曾修葺之。正德年间，汪弘仁、汪弘义始将祠址迁建于今金紫祠所在之地，但规模不大。嘉靖初，汪文显曾率族众扩大宗祠规模，惜未竟，其子宪使、上林锐意成之。但因宪使以伏节死，夙愿未遂。隆庆、万历之际，汪上林弃官而归，决意成之。直到万历二十年（1592），方才仿造明皇宫太和殿建筑式样，鸠工庀材，开始重建金紫祠，历时三年竣工。据大学士许国撰写的《金紫祠记》载，金紫祠“自壬辰迄乙未，越三载而功成”。[②] 这座规模宏伟的祠堂，从周边环境到祠堂布置和装饰，都经过了精心选择、规划和设计。从四周远景观之，“祠故负龙山，蜿蜒叠复而来，形家者最焉。负坎抱离，黄罗为觏，天马屏峙，潜之水曲逆而左带，浮屠末而颖插天。松山右环，夭乔而蟠龙虬。形胜之奇，邑中无两。……自故址树棹楔者三，署祠额焉。左右夹立而鼎承之，则宋元及贻代贤贵甲科之士胪列焉。坊当康壮之衢，槐棘夹道，浓绿交阴，望之窿如也，廓如，足以耸观。由坊而入，池方二亩，甃石而桥之，下穿三峡，上施盾焉。命名为三源桥。盖以潜川岁主祫祭，执牛耳以司盟，若信用，若丛睦，则分支流派三而本源一，桥因以名。渊如也，泓如也，足以探本。由桥而进，属于棂门，栅林立焉。戟门中启，阀阅崔魏，甍革飞动，洋洋乎世族之风。由戟门而抵仪阖，开阈者三，轩如也，洞如也，足以作肃。入门而驰甬道，登露台，两庑回荣，虚明爽垲，九仞之堂，穹窿栋宇，以藏历代”。[③] 由上述文字记载，结合现存并已整

① 根据万历《绩溪县志》卷四《宫室志·祠宇》统计。
② 原碑现立于安徽省黄山市徽州区潜口镇汪金紫祠内。
③ 原碑现立于安徽省黄山市徽州区潜口镇汪氏金紫祠内。

修一新的汪氏金紫祠规制，可以清楚地了解，这座被当地居民称为“金銮殿”祠堂建筑的宏伟壮观。作为一个整体的建筑群，汪氏金紫祠坐北朝南，其结构沿中轴线对称布局：依次为金紫祠石牌坊、侧立一对双脚石坊、方池、三源桥、棂星门、天井、一对石狮、戟门、天井、碑亭、仪门、庭院、两廊、露台、上下大堂、穿堂、天井、三道石阶甬道、寝堂，左廊转后，为汪公殿，总共多达七进，纵深达196米，总面积近7000平方米。就戟门之后的祠堂内部结构而言，汪氏金紫祠共有四进，碑亭、仪门、享堂和寝堂。戟门东西两侧并排建有碑亭各一座，分别存置大学士许国撰写的《金紫祠记》和时任都察院右佥都御史汪应蛟撰写的《潜川汪氏金紫祠碑》各一通。鼋驮碑亭在新安宗族祠堂建筑中极其少见。寝堂宽31米，进深近11米，高约10米，为歇山顶；中为正德年间建造，两侧各三间则为万历时增建。月樑梭柱，荷花柱础，前有轩棚飞檐。①

万历至明末，新安江流域祠堂建设确实达到了一个高峰。正如吴子玉在《沙溪凌氏祠堂记》中所云：“寰海之广，大江之南，宗祠无虑以亿数计，徽最盛；郡县道宗祠无虑千数，歙最盛。盖我郡国多旧族大姓，系自唐宋来，其谱牒可称已，而俗重宗义，追本思远，俭而用礼，兹兹于《角弓》之咏。以故姓必有族，族有宗，宗有祠，诸富人往往独出钱建造趣办，不关闻族之人。诸绌乏者，即居湫隘，亦单力先祠宇，毋使富人独以为名。由是，祠宇以次渐增益增置矣。”②

(三)清代康熙至乾隆时期新安祠堂建设的鼎盛发展

经过明末清初政权更易，富庶的新安商人和新安江流域在清初经历了短暂沉寂和低迷发展之后，至康熙中期再度崛起，特别是新安盐商在两淮和两浙盐业中，几乎取得了压倒性的优势地位。拥有巨额利润和资本的新安商人不仅生活奢靡，而且对桑梓故里的教育、文化和宗族事业，慷慨解囊，捐助巨资赞修家谱、创建祠堂，进而实现光宗耀祖的理想。这使得康熙、乾隆年间，新安宗族祠堂，在经历了明末的一次建设高峰之后，再度兴盛，并发展到了巅峰。对此，许承尧撰修的《歙县志》云：“田少民稠，商贾居十之七，虽滇、黔、闽、粤、秦、燕、晋、豫，贸迁无不至焉，淮、浙、楚、汉又其迩焉者矣，沿江区域向有‘无徽不成镇’之谚。……邑中商业，以盐、典、

① 黄山市徽州区地方志编纂委员会：《徽州区志》，黄山书社，2012年，第783～784页。

② [明]吴子玉：《大鄣山人集》卷二十二《沙溪凌氏祠堂记》，《四库全书丛目丛书》总第914册，《集部》第141册，齐鲁书社，1997年，第511页。

歙县雄村曹氏支祠

茶、木为最著。在昔，盐业尤兴盛焉，两淮八总商，邑人恒占其四。各姓代兴，如江村之江，丰溪、澄塘之吴，潭渡之黄，岑山之程，稠墅、潜口之汪，傅溪之徐，郑村之郑，唐模之许，雄村之曹，上丰之宋，棠樾之鲍，蓝田之叶，皆是也。彼时盐业集中淮、扬，全国金融几可操纵，致富较易，故多以此起家。席丰履厚，闾里相望。其上焉者，在扬则盛馆舍、招宾客，修饰文采；在歙则扩祠宇、置义田，敬宗睦族，收恤贫乏。”①

正是在盐商为代表的新安商人迅速崛起，并慷慨捐巨资创建和修缮本宗族祠堂的背景下，以及新安江流域官员和士绅的推波助澜，康熙至乾隆时期，新安江流域再次将祠堂建设推向了一个巅峰。新安不少规模宏大、富丽堂皇的祠堂，多是在继明代万历之后，至清代康乾时期得以创建和维修的。

规模宏敞的休宁县古林黄氏宗祠正是创建于元、重建明嘉靖元年（1522）、清代乾隆年间进行重修的规模宏伟的建筑。按：古林黄氏宗族“前代建有祠宇，合其族姓，以奉蒸尝。元末兵兴，鞠为墟烬，岁时展序，惟次第相率就其私家，汔可成礼而已。嘉靖壬午，其宗老某等议以齿聚益繁、祠宇久废、无以安远宁宗之意，乃即所居东偏拓地一区，广若干丈，深且倍之，中为享堂，后为寝室，廊庑洞达，门閎宏深，内有厨藏，外有泡湢，而珍守宗器，陈饬祭仪，涤洁牲牷，各有其所”。② 从这段文字记载中，我们

迁至休宁县古城岩易地保护的古林黄氏宗祠

① 民国《歙县志》卷一《舆地志·风俗》。
② 崇祯《古林黄氏族宗谱》卷四《古林黄氏宗祠碑记》。

不难看出，当时的古林黄氏宗祠规模极为恢宏，但基本上是仪门、享堂和寝堂三进二院的五凤楼式建筑。至明末，宗祠正堂颓坏，“族议重造，以崇祯之壬申告竣，庙貌壮观”。①

延至清代乾隆年间，古林黄氏宗祠再度倾圮。于是，乾隆三十年（1765），族议进行重建。重建后的黄氏宗祠坐东朝西，整座宗祠为三进五开间，仪门依然为五凤楼式建筑，仪门左右为一对抱鼓石，门前为一对石狮。仪门后为天井，纵深约 20 米，两侧建有廊庑厢房各 5 间，中为享堂，高耸宽阔，雕梁画栋，拱顶飞檐。出享堂后门为天井，天井尽处即为寝堂，是供奉黄氏历代祖宗牌位的场所。如今，这座历经风雨的祠堂仅存一二进厅堂，被易地搬迁至休宁县万安镇古城岩风景区。

婺源县汪口俞氏宗祠也是清代乾隆年间建造的又一处规模宏大、保存完好的新安宗族祠堂。据载，汪口俞氏宗祠始创于宋大观年间（1107 ~ 1110），明嘉靖十一年（1532）重建。现存汪口俞氏宗祠位于汪口村东，坐北朝南，占地面积 1116 平方米，系清乾隆元年（1736）由朝议大夫俞应纶主持建造。整座祠堂建筑群分别由祠堂、花园和书院三部分构成。祠堂为该建筑群的主体，系歇山顶式建筑，共有三进，前后进各五间，中进三间，中间由两个天井所构成的院落相连。第一进为仪门，系典型的五凤楼式建筑形式；第二进为享堂，两侧有直径约半米的 4 根石柱支撑；第三进即最后一进为寝堂，由二层楼构成，第一层系饼台，第二层则为阁楼，是供奉汪氏历代祖先神位之所。汪口俞氏宗祠规模较大，气势恢宏，布局严谨。其最显著特色是祠内木雕斗拱、脊吻、檐椽、雀替和柱础，形制考究，凡木质构件均巧琢雕饰，有大中小的各种形态和各种图案一百余组。刀法有浅雕、深雕、透雕、圆雕等，细腻纤巧，精美绝伦，堪称是清代新安江流域祠堂木雕建筑艺术的集大成之作。

康熙至乾隆时期，新安宗族祠堂得到了广泛的发展，达到了巅峰的地步。主要反映在以下四个方面：

第一，数量急剧增多。据乾隆《绩溪县志》和道光《休宁县志》记载，截止到乾隆二十一年（1756）和道光初年，新安江上游地区绩溪和休宁县境内分别建有各类宗族祠堂 116 座和 294 座。② 绩溪和休宁如此，徽州其他四县亦是如此。即使是

① 崇祯《古林黄氏族谱》卷一《谱宗祠 · 宗祠图引》。

② 根据乾隆《绩溪县志》卷五《祀典志 · 族祀》和道光《休宁县志》卷二十《氏族志 · 祠堂》所载祠堂资料统计。

某一村落也出现了一村多祠现象，仅歙县江村乾隆年间就有30座各类祠堂的存在。[①]正如嘉庆《黟县志》所云："新安多故旧，自唐宋以来，中原板荡，衣冠旧族多避地于此。数百年来，重宗谊，讲世好，上下六亲之施，村落家构祠堂，岁时俎豆其间。小民亦安土怀生，虽囊日山贼、土寇时亦窃发，犹能相保聚焉。祠堂始载于嘉靖《府志》，云宗祠以奉尝祖祢，群其族人，而讲礼于斯，乃仅见吾徽而他郡所无者。"[②]康熙至乾隆时期，以徽州府六县为代表的宗族祠堂建设数量的绝对增加，反映了这一时期该地区经济、社会、文化，特别是新安商人和宗族的鼎盛发展。

第二，类型更加广泛。经历了明代嘉靖、万历时期的繁荣发展，明末清初的低迷徘徊和清代康熙、乾隆时期的鼎盛发展，新安宗族的祠堂建设不仅数量呈现急剧增加的态势，而且祠堂的类型更加广泛，跨越地域的统宗祠、支祠、家祠、家庙等众多不同类型的祠堂拔地而起，并显示出规模宏大、富丽堂皇和日益繁盛的局面。正如许承尧在《歙县志》中所云："邑俗旧最重宗法，聚族而居。每村一姓或数姓，姓各有祠，支派分别，复为支祠。堂皇闳丽，与居室相间，岁时举祭礼。族中有大事，亦于此聚议焉。祠各有规约，族众公守之，推辈行尊而年高者为族长，执行其规约。族长之能称职与否，则视乎其人矣。"[③]祠堂林立，类型广泛，是这一时期新安宗族祠堂发展的最具典型的特征。

第三，规模更为庞大。与明代嘉靖、万历时相比，清代康熙、万历时期新安宗族祠堂规模更加庞大，而且这些庞大的宗祠数量更多，规格更高。这主要是由于新安商人和新安江流域科第仕宦在经历嘉靖、万历至明末的繁盛发展后，至康熙、乾隆时期再次强势崛起。新安商人在两淮盐业、两浙盐业，典当业、茶叶和其他经营领域全面开花；科第极为兴盛，创造了"连科三殿撰，十里四翰林"[④]的科举佳话。而正是这些富甲一方的新安商人鼎力相助和文人仕宦的全力支持，新安宗族祠堂建设规模更为庞大，世界文化遗产——皖南古村落的黟县西递村，有一座宗祠（已毁）和现存两座规模最大的支祠追慕堂、敬爱堂，都是由当时号称"江南六大首

---

① [清]江登云辑、江绍莲续编、康健校注：《橙阳散志》卷八《舍宇志·祠堂》，安徽师范大学出版社，2018年，第132～136页。

② 嘉庆《黟县志》卷十一《政事志·祠堂》。

③ 民国《歙县志》卷一《舆地志·风土》。

④ 许承尧撰，李明回校点：《歙事闲谭》卷十一《科举故事一》，黄山书社，2001年，第355页。

富”之一，拥有“三十六家典当铺”“七条半街”和“家产五百万金”的典当巨商胡学梓的捐助巨资建造的，其中仅为创建胡氏宗祠，胡学梓就一次性捐资近3860两，外加旧料木屑银100两。[①] 创建于乾隆二年（1737）、落成于乾隆九年（1744），前后历时七年方才建成的歙县江村江氏宗祠——賨成堂，规模十分宏敞，规格相当高大。据歙县《橙阳散志》记载，该江氏宗祠“除旧时木石、陶冶外，共用费二万九千一百九十两零。堂为楹五，颜曰‘賨成’，仍旧额也。堂之后为享堂，以妥先灵；上为诰勑楼，供奉国朝恩赐诰勑宸翰暨前代墨宝。堂之前为仪门，再前为大门，额标‘济阳’，溯本始也。祠旧有石坊，大书‘古良臣’，今移大门之前。自石坊距享堂后壁，纵三十三丈六尺，横十一丈。堂之左为明巷，立甲门二从，形家言也。大门左为更衣盥荐之所，有亭，有阁，有榭，有花木竹石，颜以‘树滋’，劝懋修也。再后为厅事，以膺福胙，为祀谷仓，为庖厨，为守祠人栖止处”。[②] 由此可见，在新安商人和新安江流域仕宦的推波助澜下，新安宗族祠堂建筑远超明代万历时期的规模与规格，达到了巅峰。

第四，祠堂祭祀和维修经费更有保障。康熙至乾隆时期，新安宗族祠堂不仅在数量、类型、规模和规格上都超越了以前任何一个时期，而且在新安商人和当地仕宦的捐助和支持下，祠堂祭祀和维修经费更是成倍增加，从而使祠堂祭祀和维修有了充足的资金保障。“祠之富者，皆有祭田，岁征其租，以供祠用。有余，则以济族中之孤寡。田皆族中富室捐置”。[③] 歙县江村江氏宗祠建成后，为保证宗族祭祀和维修费用，江承珍一次性捐助购置了祀田、义田百十余亩，“以供祀事，以周贫困”，江允暐也捐助祀田，“以供春秋二祭”。[④]

总之，清代康熙至乾隆时期，新安宗族祠堂的建造达到了一个巅峰的状态，这既是新安商人、新安江流域科第繁盛的集中反映，也是当地宗族与社会繁荣发展的一个缩影。

① 《清乾隆五十六年孟冬月黟县西递乐输建造宗祠碑》，原碑现竖于安徽省黟县西递村口。

② [清]江登云辑，江绍莲续编，康健校注：《橙阳散志》卷十《艺文志·重建賨成堂碑记》，安徽师范大学出版社，2018年，第166页。

③ 民国《歙县志》卷一《舆地志·风土》。

④ [清]江登云辑，江绍莲续编，康健校注：《橙阳散志》卷十《艺文志·重建賨成堂碑记》，安徽师范大学出版社，2018年，第166页。

第三节 “咸同兵燹”与同治、光绪时期新安宗族祠堂的重创与重建

经历了康熙至乾隆时期的鼎盛发展阶段以后，随着清王朝盐法的改革，特别是“咸同兵燹”之后，新安江流域的宗族祠堂受到了严重破坏，一批规模宏伟、富丽堂皇的祠堂被战火焚毁。对此，同治《黟县志》云：“近年兵燹，祠堂存毁略半。”① 但事实上，黟县在咸同兵燹中被毁的祠堂远远不止一半。据载，咸同兵燹以前，黟县全县共有祠堂 404 座，而兵燹之后仅剩下 104 座，祠堂被毁率达 74%，几乎近三分之二的祠堂毁于兵燹。②“洪、杨起义，由湘鄂蔓延江南，以及浙江数省。烽火连天，士农工商不能各安其业，兄弟、妻子转徙流难，房屋俱焚，人将相食。……而生人已十亡其八，所有编简半付红羊矣。……咸同间逃出在外，不知几何。”③ 受创较深的绩溪县旺川村，“自咸丰十年粤匪蹂躏，祠宇被毁，谱籍皆成灰烬。数年间，殁者甚多，无庙可栿”。④ 在绩溪宅坦村，龙井胡氏宗族也遭到重创，“吾乡无一片干净土，公私焚如，百不存一。……而疮痍满目，十室九空”。⑤“惟兵燹后，民困于财，措费固难”。⑥

咸同兵燹后，新安宗族开始了宗族记忆的恢复与重建工作，其中除了纂修家谱、整理祭祀和修缮祖墓之外，最重要的就是重建或修缮被焚毁或破坏的宗族祠堂了。毕竟，祠堂是祖先神灵魂魄之所和宗族权力的象征。绩溪宅坦胡氏宗族祠堂——亲逊祠刚在道光时期整修一新，但因“乱后，宗祠后进全堂……残毁”，亟待进行修缮。胡氏三十六世胡业（1818 ~ 1871）不忘母亲嘱托，亲自率领诸弟“出赀专修，躬亲董理，焕然一新”。⑦ 不唯如此，胡业之子三十七世胡佩玉（1837 ~ 1918）还出资整修了亲逊祠前道路，同时又命其子“出赀重建祠碓”。⑧“以助饷平乱，授都司衔，

① 同治《黟县三志》卷十一《政事志·祠堂》，清同治十年（1871）刻本。
② 根据同治《黟县三志》卷十一《政事志·祠堂》所列祠堂数字统计。
③ 民国《绩邑柳川胡氏宗谱》卷首《历代旧谱序·同治八年胡绍曾序》，1946年刻本。
④ 民国《曹氏宗谱》卷一《旧序》，1927年旺川敦睦堂木活字本。
⑤ 民国《明经胡氏龙井派宗谱》卷首《明经龙井派续修宗谱记》，1921年刻本。
⑥ 光绪《续纂淳安县志》卷首《续纂凡例》
⑦ 民国《明经胡氏龙井派宗谱》卷八（一）《龙井宅坦前门相公派》。
⑧ 民国《明经胡氏龙井派宗谱》卷八（一）《龙井宅坦前门相公派》。

晋封三品”的三十六世孙胡道升（1832 ~ ?）也加入了修缮亲逊祠的行列。[①]经过整修，至同治十年（1871），亲逊祠再次焕发了新姿。绩溪南关许余氏惇叙堂虽未全部毁于战火，但亦“神座壁衣无复存者”，于是在同治六年（1867）对祠堂进行重修，并于光绪元年（1875）竣工。[②]

但是，咸同兵燹后，无论是新安商人、新安宗族，还是新安江流域社会与经济，都遭受了前所未有的重创，除极个别宗族外，整体上再也无力恢复和建造规模宏大、极尽奢靡的祠堂建筑了。

遂安县文昌镇文昌村何氏宗祠

遂安县汾口射墩村萝蔓余氏家厅

如今，经过历史的沧桑巨变，新安江流域历史上曾经数以千计规模宏敞、精雕细琢和造型精美的宗族祠堂，能够完整遗存下来的只有不到1000座了，其中1958

绩溪县荆州明经胡氏宗祠——五义堂

绩溪县瀛洲章氏宗祠

① 民国《明经胡氏龙井派宗谱》卷八（一）《龙井宅坦前门相公派》。

② 光绪《南关惇叙堂许余氏宗谱》卷九《祠堂图附祠堂记》。

整修一新的黄山市徽州区潜口镇汪氏金紫祠

年合并遂安和淳安两县的现淳安县尚有祠堂类建筑400余处。[①]尽管这一数字与全国其他地区，依然数量宏富。今日所幸被保存下来的祠堂，最著名的有徽州区呈坎的贞靖罗东舒祠、潜口的汪氏金紫祠、郑村的郑氏宗祠，歙县的棠樾棠樾鲍氏宗祠敦本堂和女祠清懿堂、郑村的郑氏宗祠、北岸的吴氏宗祠、大阜的潘氏宗祠、绍村的张氏宗祠、韶坑的徐氏宗祠、叶村的洪氏宗祠等，休宁的古林黄氏宗祠、溪头汪氏宗祠—三槐堂，婺源的黄村百柱宗祠经义堂、汪口的俞氏宗祠、浙源的查氏宗祠，祁门渚口的倪氏宗祠—贞一堂、历溪的王氏宗祠—合一堂、环砂程氏宗祠—叙伦堂、六都的程氏宗祠—承恩堂，黟县的西递胡氏支祠—敬爱堂和追慕堂、屏山的舒氏宗祠舒—庆余堂、南屏的叶氏宗祠—叙秩堂、宏村的汪氏之祠—敦本堂，绩溪的龙川胡氏宗祠、瀛洲和湖村的章氏宗祠、华阳镇的城西周氏宗祠、荆州的明经胡氏宗祠，遂安县姜家镇郭村庄口岐山汪氏一本堂、汾口镇射墩村余氏家厅和文昌镇文昌村何氏宗祠等。

第四节　新安宗族祠堂的布局和规制

一、祠堂在聚落中的空间布局

作为宗族成员祭祖和议事的公共活动空间，与其他公共空间相比，新安江流域的祠堂在聚族而居的村落等聚落建筑中处于至高无上的地位。因此，它的布局大多位于聚落的中轴线上，或村头较为开阔的空间内。或依山傍水而建，或地势相对较高之处，以使祠堂建筑地势凸起，在聚落中显示祠堂的威严。还应指出的是，在聚落建筑中，祠堂一般与普通民居保持一定距离，这不仅能够突出祠堂与其他建筑的

① 鲍艺敏：《淳安的祠堂》，中国文史出版社，2012年，第1页。

区别，同时通过祠前坦地或道路街巷，将其与民居等建筑维持一种相互依托的互动关系。

以黟县南屏叶氏宗祠和支祠为例，宗祠叙秩堂，祀始祖伯禧公系叶氏宗族思聪公派创建于明代成化年间，位置处于南屏村心。“正屋基坐东朝西，系经理称字号，于康熙十三年改造祠楼。乾隆十五年重修，三十九年又重修。乾隆四十六年，殷瑞府邑侯名濬哲以‘安分乐业’匾额表间”。支祠奎光堂，祀四世圭公，系由叶氏六世祖廷玺公等始建于明代弘治年间，空间位置也是处于南屏村心，坐西朝东，“系经理称字号，于雍正十年改造祠楼及大门。乾隆五十二年，重建前堂，并改门楼。”[①]世界文化遗产——皖南古村落中的黟县西递敬爱堂，坐北朝南，处于村落中轴线的中心位置，所有民居通过纵横交错的道路与街巷连接起来，形成一个整体，使村落宛若航行中的巨舟，祠堂则位于巨舟的中心。同样，坐北面南的歙县棠樾鲍氏支祠——宣忠堂，也是位于棠樾村中背山临街之处。再就是呈坎贞靖罗东舒祠，为坐西朝东方位，棂星门与仪门之间，有一条道路穿院而过，作为村民出入呈坎村庄的公共道路。祁门县六都村的承恩堂也是处于坐西朝东位置，祠堂对面为村前的和溪。

黟县南屏叶氏支祠——奎光堂

黟县南屏叶氏支祠——叙秩堂

从上述文献记载和田野调查来看，在包括村落在内的新安江流域传统聚落中，宗族祠堂大体上呈现出坐北朝南或坐西面东的布局。但由于新安江流域地处山区，受地形、地势和周围环境的限制与影响，也有不少宗族的祠堂（含统宗祠、支祠、家庙等）并非按照坐北朝南或坐西面东方位选址和建筑的。如歙县北岸吴氏宗祠就是坐东朝西

① 嘉庆《南屏叶氏族谱》卷一《祠堂》。

坐东朝西南的歙县北岸吴氏宗祠

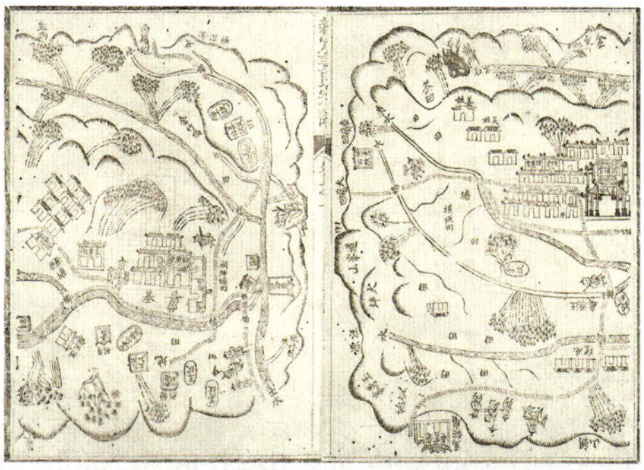
遂安县姜氏宗族聚居村西源里居图

偏南的。类似的新安宗族祠堂，还有休宁县汪村镇沅里村现存三进三开间的清代建筑汪氏宗祠世德堂。清代创建的龙田乡桃林村张家祠堂，则是坐东朝西南的。

今安徽省黄山市徽州区呈坎罗东舒祠内女祠则内

那么，女性宗祠在聚落空间布局中的朝向如何呢？同男性宗族祠堂一样，大部分成为聚落中的单体建筑，如创建于清代的歙县唐都壶德祠、棠樾的清懿堂等；也有依附于男性宗族祠堂内部，是男性宗族祠堂建筑群的重要组成部分，如位于今黄山市徽州区呈坎村贞靖罗东舒祠内的则内祠等。那么，新安江流域女性祠堂的坐落朝向是不是与男性祠堂通常的坐北朝南、坐西朝东相反，呈现出坐南朝北、坐东朝西呢？从现存的歙县棠樾女祠清懿堂坐南朝北和徽州区呈坎村贞靖罗东舒祠则内坐东朝西的坐落朝向看，通常的女祠多是坐南朝北或坐东朝西的，但并不是所有的女祠都是按照这样的坐落朝向规划和设计的。就规模和规制而言，从现存的棠樾清懿堂来看，新安女祠的规模与规制丝毫不亚于男性宗族祠堂的建设规模。

二、新安祠堂的规制

《礼记·月令记载》，仲春之月，“耕者少舍，乃修阖扇，寝庙必备”。郑玄注曰：“凡庙，前曰庙，后曰寝。”

新安的祠堂规制继承和沿袭了西周以来的宗庙或家庙的规制与风格。

从家谱的记载和现有徽州祠堂的遗存来看，除极少数家庙和祠堂之外，绝大多数徽州宗族祠堂为三进五凤楼式砖木结构建筑。所谓“五凤楼”，主要取“有凤来仪”

和“五凤朝天，四水归堂”之意。其主要用于祠堂第一进即仪门屋顶装饰，五凤楼有十个角，呈对对展翅之状。五凤楼下正中的祠堂大门，即被称为仪门。仪门，亦称大门、门厅、过厅等，这是徽州祠堂建筑的入口。

第二进为“享堂”“室”“正寝”等。享堂是宗族进行祭祖活动、举行祭祀礼仪和商议宗族大事之地方，是由古代“庙”演变发展而来。

第三进为“寝室”，亦称寝堂，是供奉祖先神主牌位的地方。通常，新安宗族祠堂的寝室中供奉的祖先神位，主要有百世不迁之祖，以及左昭右穆四亲。明代休宁林塘范氏宗祠寝室供奉牌位的神龛顺序依次为“百世不迁之主鬼然中龛，分支考妣左右享焉”。①

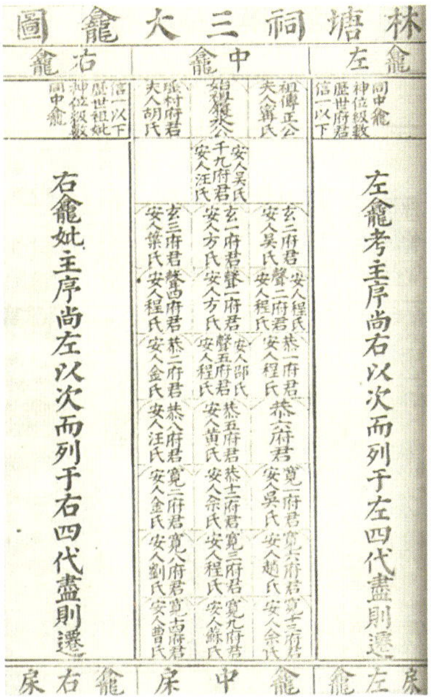

明万历《休宁范氏族谱》中林塘范氏宗祠三大龛图

其实，新安宗族祠堂建设和使用的理念就是在尊祖敬宗的名义下，“序昭穆，辨尊卑，萃涣散，联属人心”。② 在新安江流域的徽州和严州等地区的人群看来，祠堂是一个非常神圣的地方，是祖先的魂魄之所在，“祠，祖宗神灵所依；墓，祖宗体魄所藏。子孙思祖宗不可见，见所依所藏之处，即如见祖宗一般。时而祠祭，时而墓祭，皆展亲大礼，必加敬谨”。③

为了加强对祠堂的管理，新安宗族还制定了非常繁琐而苛刻的《祠规》，对违犯祠规的人员进行严厉的惩处，使祠堂始终在保持森严肃穆的状态，以强化宗族的社会控制。

下面，仅以清雍正年间休宁县江村洪氏宗族的《祠规》为例，来说明徽州宗族对祠堂的保护与维系。

一、宗祠当时常洒扫洁净，几席无尘，祖灵始安。平常皆封锁门户，无事不得擅开。各家亦不许于祠内私用匠作、堆积物件并居住优人，以取亵慢之罪。

① 万历《休宁范氏族谱》卷六《谱祠》。
② 万历《重修休邑城北周氏宗谱》卷九《家训》。
③ 万历《休宁范氏族谱》卷六《谱祠·林塘宗规》。

违者，公议重罚。

一、管办祠事，每岁以二人督理，自长而下，依序顺行挨值，不得推诿。祭祀诸物，务必丰洁，以尽诚敬。祭日，支裔毕集，每人给胙肉壹斤。如不到者，罚银叁钱。

一、狂风暴雨，管祠人便须入祠看漏。如有损罅，即议修葺，其费悉于祠匣内出支。任事者须以敬祖为心，务重其事毋忽。

一、祀田，每岁管祠人收租，以供蒸尝之用。每年所该官粮，亦系本年收租人完纳。其田乃百世祀产，须世守勿失，不许不肖者轻弃。违者，呈处。

一、元旦，入祠谒祖毕，众序尊卑团拜，每人给大巧饼壹双，族长、斯文加倍。

一、新岁拜坟，年定期初十日。如不到山者，罚银壹钱。

一、每月朔望，祀首清晨开门，洒扫陈设，以便支裔入祠拜谒。

一、冠礼，分上、中、下三等，上等五钱，中等三钱，下等一钱。其银交本年管祠人收。

一、新娶妇者，古有庙见之礼，当择吉日，新郎同新妇入祠拜谒。其拜坟俗例，勿行可也。

一、嫁女，例接九五色银壹两，其银以存黄石标祀之需，不得生放。今众公议归入祠匣，交管年人收贮。交下之日，查盘交清。如有所失，坐及经手赔偿。

一、生子者，分上、中、下三等，上等壹钱，中等五分，下等三分，其银交管年人收。

一、入主，分上、中、下三等，上等壹两，中等六钱，下等叁钱。其银入匣，预存为修葺之资。该祠首查明交下，毋得侵渔。违例者，逐出。

一、各祖墓山地，不许不肖者盗卖丝毫，其上蓄养荫木，不许擅伐。虽有枯树，亦听其自倒，其自倒之树，收取入众公用。违者，逐出宗祠，仍行呈处。

一、支裔有不忠不孝、烝淫败类及婚姻庆吊与奴隶相为俦伍者，一概逐出。

一、异姓螟蛉养子，不许混入祠堂祀先。如有强挨进者，族长同房长押令扶出。

一、凡支裔取名，不得与前辈同行列讳，则世数不致混淆，亦即所以尊祖也。

阖族公定[1]

① 雍正《江村洪氏家谱》卷十四《祠规》，清雍正八年(1730)刻本。

江村洪氏宗族《祠规》虽是相对较为简单的管理宗祠的规约，但已涉及宗族组内事务的管理和规范问题。可以说，明代中叶以后，新安宗族的《祠规》内容越来越细化，大有取得宗族族规家法之势。正是这些繁琐而严厉的《祠规》，使得新安宗族祠堂能够得以遗存至今。

不过，我们也注意到，尽管新安宗族祠堂的建筑规制主要以五凤楼式的建筑为主，但并非所有宗族祠堂都是按此规制规划、设计和建设的。相比之下，政治地位显赫、经济实力雄厚的宗族祠堂，大都以富丽堂皇的五凤楼式建筑为主，且规模庞大，要素俱全。而政治地位较低、经济实力不济的宗族，其祠堂建筑规制则极为简单。在歙县上丰乡蕃村，一村之内居住的鲍氏宗族和许氏宗族地位悬殊，在祠堂建筑上，鲍氏宗祠为规模宏伟的五凤楼式建筑，祠堂门前场地宽阔。而许氏宗族由于地位较低，仅以规模较小的房屋形式建设，甚至连名称也称为许氏家庙，而非许氏宗祠。

歙县蕃村的鲍氏宗祠

歙县蕃村的许氏家庙

总之，新安宗族祠堂的规制是复杂而丰富的，其规模的大小、规格，与徽州科第兴盛、徽商经营成功密切相关。但无论哪一种规划的祠堂建筑，都体现了徽州宗族报本追远、尊祖敬宗的理念和实践。

第五节　新安女性祠堂的创建

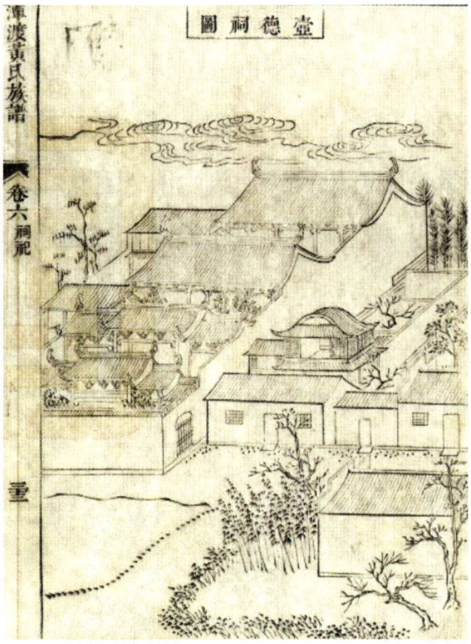

雍正《潭渡孝里黄氏族谱》中的壶德祠图

明代嘉靖以后，新安江流域兴起了以男性血缘关系为主的宗族祠堂建设热潮。与此同时，女性宗族祠堂也受到关注并得到一定程度的建设与发展。

女性祠堂俗称“女祠”，或“母祠”。在嘉靖年间创建的贞靖罗东舒祠内中，罗氏宗族同时建立了称为“则内”的女性专祠，附属于罗东舒祠堂建筑群中。至清代康熙五十六年（1717），歙县潭渡黄氏宗族有感于女性在家庭和宗族中的地位，本着报本追远之意，创建了母祠——壶德祠。潭渡十二世孙黄以正在《新建享妣专祠记略》[1]中指出：

> 母氏之劬劳有倍切者。而吾乡僻在深山之中，为丈夫者，或游学于他乡，或服贾于远地，尝违其家数年、数十年之久，家之黾勉维持，惟母氏是赖。凡子之一身，由婴及壮，抚养、教诲，从师、受室，以母而兼父道者多有之。母氏之恩，何如其深重耶！正幼恃母慈，长承母训，以有今日。不幸而不逮养，风木之悲，杯棬之感，未尝少释于心。至王母年二十五而矢志守贞，抚先君子五岁之孤，至五十有八而终，毕生苦节，当未邀旌典之前，先君于易箦之际，谆谆以旌门、建祠二事惟谕。先君子之欲报于王母，与正之欲报于母，其情均也。

正是在缅怀母氏养育之恩的背景下，康熙二十六年（1687），在统宗祠落成的之后，潭渡黄氏宗族即倡议创建享妣专祠——壶德祠，“丁酉之春，爰集族人，共商其事，而叙升诸君皆欣然从事，互相倡和，凡支下之子孙，则听其力之有无与助

① 雍正《潭渡孝里黄氏族谱》卷六《祠祀》。

之多寡，其余皆正任之”。于是，黄氏宗族各支子孙踊跃响应，有钱出钱，有力出力，最后捐款和集资白银三万两，鸠工庀材，进行母祠的建设工作，并在康熙五十七年（1718）竣工。落成后的壶德祠规模与面积相当宏伟，“为堂五楹，前有三门，后有寝室，与祠门而四。堂之崇三丈五尺，其深二十七丈，其广六丈四尺，前后称是，坚致完好。凡祠之所应有者，亦无不备，阅载而后成，计白金之费三万两。由璋公之先妣而下，敬作三十六世，主诹吉日而奉安于寝室，宝鼎俎陈列，焚燎氤氲。凡属后人，莫不欢忭，正岂敢言孝思，亦以慰先君子于泉下耳”。为保证壶德祠的正常运转，黄氏宗族还专门制定了修缮规则，即“宜时加修葺，毋致为风雨所侵，期以五年则一加葺，十年则工倍之，成而无毁，隆而不替”。①

为进一步深入了解壶德祠的建造过程，谨将礼部尚书王掞撰写的《潭渡黄氏享妣专祠记》② 全文照录于下：

在昔圣王缘人情而制礼，后世行之，凡有可以义起者，皆礼之所不禁也。《记》曰：“礼也者，反其所自生。”言报本也，报本之礼，祠祀为大。为之寝庙以安之，立之祏主以依之，陈之边豆以奉之，佐之钟鼓以享之。登降拜跪，罔敢不虔。春雨秋霜，无有或怠。一世营之，百世守之，可云报矣。其或孝子慈孙之心，犹以为未足，则援所有以及所无，因所生而及所配者，虽出于一时之创举，揆之于义安焉。洵君子所乐道也，若今潭渡黄氏之新祠是已。

黄以国氏著望于江夏，东晋时，有讳积者守新安，葬于黄墩，子孙家焉。至唐，有孝子讳芮者，庐墓于潭渡，遂望其地。其派下之子孙则以讳芮者为别祖，聚族千余年，宗祠之巨丽，甲于歙之一邑。裔孙以正，笃于孝思，自以年甫艾而母氏未登耄耋，早不逮养，孝思罔极，尝捧桮棬而泣，睹遗像而悲，夙兴夜寐，图报其亲。又以王母郑二十余而守贞，抚五岁之遗孤，历三十三年之久。凡今之所有，皆王母一身之所留也。虽已得与旌门之典，而于仰报之私犹有所未伸。更念宗祠所承祀者，自讳璋者之考而下，逮今三十有六世。然皆祀祖而不及妣，历代之配主阙如。诚得作为专祠，则敬其所尊，上祀先妣，世次相承而递至于

① 雍正《潭渡孝里黄氏族谱》卷六《祠祀》。
② 雍正《潭渡孝里黄氏族谱》卷六《祠祀》。

已之王母与母，庶几可少惬于心矣。于是，咨于族众，佥以为然，则度地居材，程工召役，作祠五楹，外为祠门，次为堂之三门，中为享堂，后为寝室，弘敞洞达，与祖祠相望，丹雘之饰，瓴甋之具，悉皆坚好。其尺度视祖祠有杀，而规模无弗从同。既落成，将诹吉纳主，以永世报慈，特因予所知而以祠记为请。

古者庙制，自天子至于命士，降杀以两世而祧。迁祭之日，朝事于堂，馈献于室，左尸右主，阴统于阳。《传》有之"自外至者，无主不立；自内出者，无配不行"，此之谓也。至东汉，而同堂异室之制定，已变于古，万世从之。故后世之言庙者，必曰"府君、夫人共为一椟"，然鲜有专庙者。《周礼》："大司乐奏：夷则歌小吕、舞大濩以享先妣。"郑注曰："先妣姜嫄也，特立庙而祀之。"斯其专庙之所昉乎？礼非由天降，非从地出，人情而已矣。今以孝子慈孙之心不忘其母与王母等，而上之追报，及于世世，同庙而聚主，合食于一堂，补先世之阙遗，兴后人之仁孝。其受享于专祠，犹之配食于群室也。斯亦礼之所不违，而义之所允协者耳。又不观之都邑间乎？彼孝妇贞姬、义姑烈女之祠且遍天下，历永久而犹不废。在于异姓，凡有血食者皆宜然，而况于后裔乎？吾知礼成之际，乡之彦士，里之父老，相率来观，必动色称美。凡为姑与妇者闻之，谅无不憬然感动，而自知其人之皆在此列也。必一出于贤慈贞顺，而家道以昌，又不独劝于男子矣。

黄之始望于江夏者，汉孝子也。一传而为邡乡忠侯琼，三传而为阳泉乡侯琬，积善余庆之效，贵至三公，遂为百世著族。而唐之庐墓于潭渡，为今别祖者，又孝子也。乃若今裔孙之所为，复出于孝思之不能已，何黄氏之孝踵出于古，今之久而未替乎？噫，其可述也已！江以南，大郡数十，惟新安之俗尚礼，其宗祠、茔墓、谱牒之用心多，可为他郡法。今又得黄氏之专祠以为之倡，必有起而效之者，则皆隆于祠祀，报于恩慈，化于仁孝，新安之俗将益臻于醇厚。然非生于佚乐之世，有财以为悦，苟力不足以副心，则亦不暇于举礼矣。予故特原其义之所得为者而记之，所以深为美也。

赐进士出身、诰授光禄大夫经筵讲官、文渊阁大学士兼礼部尚书、前礼兵刑工四部尚书、吏部左侍郎兼翰林院学士年家眷弟王掞顿首拜撰。

清康熙年间，歙县潭渡黄氏所建立的享妣专祠，在徽州的女性祠堂中具有代表性意义。尽管由于种种原因，我们今天已无法见到这所女性专祠的完整原貌，但规模较大、旷敞宏丽的棠樾鲍氏宗族女性祠堂——清懿堂，可为我们了解明清时期新安女祠的建设及其规制提供最有价值的第一手资料。

清懿堂建于清嘉庆年间，是由两淮盐商鲍启运捐资建造的。相传鲍启运幼年失母，兄鲍志道又往江西鄱阳县学做生意，家中生活全由其姐维持。为抚养幼弟，姐姐终身未嫁。故鲍启运发达后，为纪念亲姐，专门捐款创建了女祠——清懿堂。女祠竣工后，鲍志道之妻汪氏将积蓄的百余亩田产全部捐赠给清懿堂。

清懿堂位于棠樾村东部、鲍灿孝子牌坊西南方，坐南朝北。全祠规模较大，共由五开间、三进两天井组成，面阔 17 米，进深 49 米，占地面积近 700 平方米。由西北角入口处进入女祠，依次为仪门、中厅、享堂和寝堂。整座清懿堂建筑群以硬山式马头墙为主要外观特点，后进为歇山式阁楼，寝堂五间九檩。

歙县棠樾鲍氏聚居村内的女祠——清懿堂

有曾国藩题写的“清懿堂”三字牌匾悬挂在享堂照壁正上方。清懿堂建筑在目前遗存的女性祠堂中规模是最大的，整座祠堂布局严谨，庄严肃穆，多方清朝表彰棠樾贞节妇女的牌匾悬挂于享堂门楣上方。

明清至民国年间，新安江流域各地大量女性专门祠堂的出现和建设，并不表明女性与男性取得了平等地位。相反，它恰恰是女性地位卑下的反映。之所以建设女祠，主要还是为了传承和强调“三从四德”的封建礼教。正是由于封建统治阶级的提倡，新安江流域妇女的节烈风气才更加深入人心，以致渐成风俗，“歙为山国，素崇礼教，又坚守程朱学说。闺闱渐被，砥砺廉贞，扇淑扬馨，殆成特俗”。[①] 据清末光绪三十一年（1905）建成的新安江上游地区的徽州“孝贞节烈坊”统计，徽州一府六县被表彰的节烈妇女人数多达 65078 人。因此，不仅是女祠不能说明新安江流域妇女地位的提高，即使从大量遗存的贞节牌坊来看，也能从另一个侧面说明该地区妇女地位的每况愈下。

① 民国《歙县志》卷十一《人物志·列女》。

第六章　新安宗族的祖墓营建缮修与墓祭组织的变化

"《传》曰：礼莫重于祭。祭以享祀，为报本追远之巨务也。"① 作为一项尊祖敬宗、报本追远、缅怀先人、以展孝思的祭奠去世先人活动，清明前往祖坟标挂与祭奠由来已久。延至明代中叶以降，这一墓祭活动呈现出不断扩大化趋势，逐渐由个体家庭、村域支房家族的小规模祭奠活动，扩展到跨地域的联宗性祭祖。与此同时，祭奠和墓祀的对象亦由过去朝廷规定的三代、四代扩展至五代、十代，甚至更远的始祖或始迁祖。显然，单凭家长、房长、族长、宗子等一家、一房、一族之人力、物力与财力主持的墓祭，已难以支撑和维系这一规模庞大、人数众多与费用浩繁的祭祀活动。名义上的主祭者——宗子，在个别地区已经出现故意逃避主祭者之责任的现象。

为应对上述墓祭活动中的形势变化，包括徽州在内的新安江流域各地宗族不得不寻求另外一种方式，来维持清明墓茔祭祖活动。这样，以专门负责清明祖先墓茔标挂与祭扫活动的资金筹措、祭祀程序、祭奠礼仪、散胙燕饮组织与安排的清明会等墓茔祭祀组织便应运而生了，并成为此后以徽州为代表的新安江流域宗族坟墓祭祖广泛认同的形式。

对清明会组织的性质、活动，近年来学术界已有一些研究成果问世。冯尔康在《清代宗族祖坟述略》一文中，对清代四川、北直隶和山东等地区的清明会组织墓祭活动及其功能进行了简要探讨。② 代容利用四川南部县档案，对清代南部县清明会做了初步探讨。③ 韩朝建以田野调查的方式考察了民国时期河北栾城县寺北柴村的清明会与宗族结构。④ 陈相合、宋涛涛则对四川高县清明会的历史演变和文化传

---

① 道光《遂阳大墅方氏宗谱》上卷卷二《祭规》

② 参见冯尔康：《清代祖坟述略》，《安徽史学》2009年第1期。

③ 参见代容：①《〈南部档案〉所见清代地方社会的清明会》，《四川档案》2014年第4期；②《清代清明会活动考察——以〈南部档案〉为中心》，《长江师范学院学报》2015年第6期。

④ 参见韩朝建：《清明会与宗族结构——以河北栾城县寺北柴村为例》，《民俗研究》2015年第5期。

承也进行了初步探讨。[①] 有关明清以来新安宗族的祭祖与清明会活动，学界亦有不少研究成果。胡槐植对徽州祭祖的类型进行了简要划分，[②] 常建华探讨了宋元和明代徽州祠庙祭祖的形式及演变。[③] 王振忠则对明清徽州祭祀礼俗与社会生活展开了论述。[④] 史五一在《明清徽州祭祀性会社述论》一文中，提及了婺源游山董氏宗族的清明会。[⑤] 陈瑞则从宗族对族众控制的视角对明清新安江上游地区的徽州墓茔进行了探讨。[⑥] 此外，尚有数篇博士和硕士学位论文专门以明清新安江流域的徽州宗族祭祖暨清明会为题所开展的研究。[⑦] 但就整体而言，上述对包括徽州在内的清明会研究，基本上还处在叙述和说明的实证性分析阶段，尚未对明清新安江流域各地清明会产生的历史及制度背景、祭祀程序、功能、仪式、资金筹措途径、管理及其运行机制等方面，进行深入系统的探究。因此，明清新安江流域的清明会研究还有不少值得拓展的空间。

那么，作为明代以降宗族为清明节祭奠祖先坟墓而创建的祭祀性组织清明会，究竟是在怎样的背景下产生的？它同宗族制下宗子主持的墓祭有何区别与联系？祭祀资金如何筹集与管理？其具体活动与运作实态如何？由清明会取代族长或宗子主持的墓祭活动，宗族组织控制究竟是强化了，还是松弛了？其背后隐藏的复杂利益纠葛是什么？

本章将以大量翔实而丰富的第一手文书和文献资料为中心，对明清以来以徽州为中心的新安江流域各地清明会设立的缘起、功能、特点、资金筹措、运行机制及其文化认同等问题进行探讨和分析。

---

① 陈相合、宋涛涛：《高县清明会的历史演变及文化传承》，《文化学刊》2016年第11期。

② 参见胡槐植：《徽州宗族祭祖制度》，周绍泉、赵华富主编：《'95国际徽学学术讨论会论文集》，安徽大学出版社，1997年。

③ 参见常建华：①《宋元时期徽州祠庙祭祖的形式及其变化》，《徽学》（2000年卷），安徽大学出版社，2001年；②《明代宗族祠庙祭祖礼制及其演变》，《南开学报》（哲社版）2001年第3期。

④ 参见王振忠：《明清徽州的祭祀礼俗与社会生活——以〈祈神奏格〉展示的民间信仰为例》，《历史人类学学刊》2003年第2期。

⑤ 参见史五一：《明清徽州祭祀性会社述论》，《黑龙江史志》2010年第20期；又见该氏著：《明清徽州会社研究》，黄山书社，2015年。

⑥ 参加陈瑞：《明清时期徽州宗族祖茔的控制功能》，《徽学》第五卷，安徽大学出版社，2006年。

⑦ 分别是：①何巧云：《清代徽州祭祖研究》，北京联合出版公司，2017年；②陈雪明：《明清徽州宗族墓祭研究》，安徽大学2014年硕士学位论文；③汤传刚：《明清徽州清明会研究》，安徽大学2017年硕士学位论文。

第一节 清明墓祭的由来及宋至明代中叶以前新安江流域的墓祭活动

我国传统的坟墓祭祖活动，简称“墓祭”，最早可追溯到先秦时期。至西汉时，墓祭活动已在统治阶级上层产生。东汉时，汉明帝专门制定了上陵朝制。受其影响，民间墓祭活动亦自东汉时渐次展开，“盖又因上陵之制，士大夫仿之，皆立祠堂于墓所，庶人之家不能立祠，则祭于墓，相习成俗也”。① 至于寒食或清明墓祭之习俗，则形成于唐代。北宋时期，张载、程颢和程颐等对有关祖先墓茔祭祀和祠堂祭祀等曾有不少论述和强调。至南宋时期，祖籍婺源的朱熹系统地总结和阐释了祠祭与墓祭礼仪，编撰了系统的《家礼》，即《文公家礼》。并在其中的“祭礼”中倡导“四时祭”之礼，即“冬至祭始祖”②“立春祭先祖”，③ 要求“凡祭，主于尽爱敬之诚而已。贫则称家之有无，疾则量筋力而行之。财力可及者，自当如仪”。④ 从而完成了祠堂祭祖和墓茔祭祀活动的制度及礼仪化设计，寒食或清明上坟扫墓祭祖也成为以南宋首都杭州为中心的一种风习，“清明前三日为寒食节……朝廷遣台臣、中使、宫人，车马朝飨诸陵，原庙荐献，用麦糕稠饧。而人家上冢者，多用枣锢姜豉。南北两山之间，车马纷然，而野祭者尤多”。⑤

随着东汉末年以来至南宋之初三次中原地区大规模移民徙入高潮的结束，新安江流域徽州渐次形成了聚族而居的局面。在欧阳修、苏洵创制新型谱牒纂修体式和朱熹《文公家礼》的影响下，自北宋开始特别是南宋以来，在倡导与遵行祖籍婺源朱熹《文公家礼》背景下，新安江流域的大姓望族逐渐开始通过纂修族谱、创建祠堂及墓、祠祭祖等活动，借以强化宗族组织的血缘认同，团结宗族成员，巩固和扩张宗族势力，所谓“祭祖扫坟，以思报本追远，祖宗之所望子孙者，此也；子孙之

---

① [清]赵翼著，栾保群、吕宗力校点：《陔余丛考》卷三十二《墓祭》，河北人民出版社，1990年，第557页。

② [宋]朱熹：《家礼》卷五《祭礼》，朱杰人等主编：《朱子全书》第7册，上海古籍出版社、安徽教育出版社，2002年，安徽教育出版社，2010年修订本，第941页。

③ [宋]朱熹：《家礼》卷五《祭礼》，朱杰人等主编：《朱子全书》第7册，上海古籍出版社、安徽教育出版社，2002年，安徽教育出版社，2010年修订本，第943页。

④ [宋]朱熹：《家礼》卷五《祭礼》，朱杰人等主编：《朱子全书》第7册，上海古籍出版社、安徽教育出版社，2002年，安徽教育出版社，2010年修订本，第941页。

⑤ [宋]周密：《武林旧事》卷三《祭扫》，浙江人民出版社，1984年，第40页。

所不忘祖宗者，此也”。[①] 其实，朱熹对新安江流域墓祭活动的影响远不止这些。对此，休宁朱村吴标声在《文公清明墓祭说》中指出：

> 朱子曰：夫人死之后，葬形于原野之中，与世隔绝。孝子追慕之，心何有限极？当寒暑变移之际，益用增感。是宜省谒坟墓，以寓时思之敬。今寒食之墓祭，虽礼经无文，世代相沿，寖以旧俗。上自万乘，有上陵之礼；下逮庶人，有上墓之祭。田野道路，士友编诗，皂隶、佣丐之徒皆得以登父母丘垄，马医夏畦之鬼，无不受其子孙追养。凡祭祀品味，亦称人家贫富，不贵丰腆，贵在修洁，罄诚竭悫而已。事亡如事存，祭祀之时，此心致敬常存乎祖宗，而祖宗洋洋如在，安得不格外之诚而歆我之祀乎。[②]

明弘治十四（1501）年，俞芳在为《新安黄氏会通谱》所作的《集成会通谱叙》中亦云：

> 人伦不明，宗法废弛，民俗颓弊甚矣。幸而皇宋诞膺景运，五星聚奎，于是吾郡朱夫子者出，阐六经之幽奥，开万世之群蒙，复祖三代之制，酌古准今，著为《家礼》，以扶植世教。其所以正名分、别尊卑，敬宗睦族之道，亲亲长长之义，灿然具载，而欧、苏二子亦尝作为家谱以统族属。由是，海内之士闻其风而兴起焉者，莫不家有祠以祀其先祖，族有谱以别其尊卑。[③]

南宋嘉泰年间，休宁曹氏宗族甚至号召清明墓祭，“举族同往，不问大小”。[④] 宝祐三年（1255），休宁县市吴氏宗族以该族“儒风益盛，气象轩渠，或立军功，或擢科第，其骎骎功名之途者，项背相望”得力于祖宗荫庇，倡议本族成员“祖宗丘墓，所当尊敬，岁时拜扫”。[⑤] 鉴于族中贫乏者无力祭扫祖墓现象，吴氏宗族还为此创置

---

① 民国重印万历《新安吕氏宗谱》卷五《休宁桑园家规》。
② [清]佚名：《休宁朱村清明会簿》，原件藏上海图书馆。
③ 弘治《新安黄氏会通谱》卷首《序》。
④ 万历《曹氏统宗世谱》卷四《监簿膳茔元约共二章》，明万历四十三年（1615）刻本。
⑤ 嘉靖《休宁县市吴氏本宗谱》卷三《文翰内集·吴氏石佛先茔记》，明嘉靖七年（1528）家刻本。

膳茔组织，捐置膳茔田产，鼓励族众捐赀，“贫乏者虽有尊祖敬宗睦族之意，不能展布，缘此聚集寥寥，去者半，居者半，殊失膳敬松楸之道。彼坟邻敢于玩侮，四面侵疆，使祖宗啣恨九京。职此之由，今欲创置些少膳茔，凡直下子孙随力添助，事力未及，不必强之。倘未可置田，且以钱责之，善营运者逐年流转，当拜扫之时，量拨几钱，少助作首之家措办”。[①] 借以资助族众尤其是贫困族众前往祖墓进行标祀和祭扫。不过，就整体而言，南宋至元代，新安宗族墓祭范围基本局限在本支、本门、本房派的范围之内，地域亦基本限制在本村或邻村。但是，在重视祖先坟墓风水，“风水一事，乃紧关切要最重最急之务者，若遇好地，即重费重资，亦不可放过。盖人家田地产业倏忽转移，非可长据之物，惟得一吉地，大之发科发甲，次之发财发丁，子孙昌盛，且能长久，故地为人之根本，决不可者也”。[②] “事死如事生，事亡如事存”[③] 的新安江流域，有关祖墓被侵而诉诸词讼的事件在南宋就有出现。绍兴年间，祁门文溪王氏宗族就发生了始祖、唐兵部尚书王璧之坟因守墓家仆陈迪及子孙占有而被王元义等讼至官府的诉讼案件，“尚书府君葬仙桂乡安定都文溪社第七甲文字七十七号，接连六甲地界，原买程超茶园地，东、北至港，南至下小垄直上，西至垄分水及官路。子孙散处，世远失守，仅存九亩二角三十步。迨宋绍兴间，家仆陈迪子孙忘水木本源之义，日耕月垦，据为己有，刍牧荒之，畚插夷之”。至宝祐三年（1255），王氏宗族后裔王元义等终于借朝廷修理功臣坟墓之机，通过诉讼的方式申请有司榜文，但亦仅仅收回“四亩三角二十步”的墓域之地。[④]

延至明初，洪武三年（1370）成书的《大明集礼》对“品官家庙”祭祀、“祠堂制度”等做了新的规范。据吴翟考证，“洪武初，用行唐县知县胡秉节言，许庶人祭三代。三十一年，奉旨颁降祝文，祭高、曾、祖、祢四代，士庶之祭四代，由洪武始也。洪武以前，士庶不得祭高、曾”。[⑤] 依据洪武初制定的祭祖仪礼，新安宗族逐渐开始了小规模的跨地域祭祖活动。洪武十四年（1381）三月，歙县东门许氏宗族族长许荣甫以明太祖归并令为契机，联合15位宗族成员，共立《标祀膳茔约》，“将

① 嘉靖《休宁县市吴氏本宗谱》卷三《文翰内集·吴氏石佛先茔记》，明嘉靖七年（1528）家刻本。
② 光绪《西龙吴氏宗谱》卷一《确实遗言附》。
③ 万历《休宁范氏族谱》卷六《谱祠·统宗祠规》。
④ 嘉靖《新安王氏墓谱记略》，明嘉靖刻本。
⑤ [清]吴翟辑撰，刘梦芙点校：《茗洲吴氏家典》卷六《忌日之祭仪》，黄山书社，2006年，第252页。

膳茔产土照今户计，权行均答，田粮开归一十六分，受税输纳。产内租苗，仍归众管。每岁十六分内，议立四人收掌一年，不问时岁熟旱，收到实在租利，必须开禀族长，见数封锁，毋得侵用入己。候至次年清明时节，将租谷置备俎礼，邀请本族，不拘贫富大小，同诣六处祖墓祭扫，下年周而复始”。① 这一清明墓祭礼制，在血缘上已经逾越了四代之限，在墓祭地域上亦有所突破。永乐十四年（1416）三月，歙县向杲吴氏宗族清明墓祭虽未超越四代礼制范围，但在地域上已由歙县拓展至休宁，即墓祭分别由歙县富饶派下堨田、岩寺、向杲、在城四大支轮流充首，负责轮流收取四大支派的膳茔田租息并行墓祭礼，并认为“此祖宗追远报本、和睦宗族之盛典也”。②

此后，向杲吴氏宗族还分别于宣德八年（1433）、九年（1434）和正统三年（1438）进一步制定与完善了清明祖墓祭扫标祀规例及仪式，并云：“省墓之礼，存亡相保，实不可缺。族人闻请，无以私见为急；雨旸泥泞，必须清晨奔赴，共襄祇祀。既毕，老少相率环历踏幸，罗石无损，沟路不更。止犯界，禁樵采，平锄铲，去蒿塞，饰词设，正碑书，一一周备，然后散胙。如是来迟，致使缺略，及有行礼不恭、饮食放肆、竞论非言，族尊举责不恕。”该族族老孟阳公甚至在耄耋之年，立下《祖墓标祀仪式》，要求本族“后人遵而行之，永为良规”。③

不过，在明代正德，特别是嘉靖中叶以前，新安江流域清明祖墓标祀和祭扫活动依然是在宗族族长（含支派）或宗子的主持下开展的。但是，随着新安商人外出经营不断取得成功及其徽州和严州府科第仕宦的次第繁荣，新安江流域宗族墓田或祀产的规模也不断扩大，各地各大宗族相继开始了跨县甚至跨府范围的墓祭。一些大姓望族则致力于墓田、墓祭管理规约的制定、修改与完善。如成化五年（1469）休宁县倍郭程氏宗族《标挂冢墓文款》④、成化十八年（1482）歙县城东许氏宗族《重议膳茔定规》⑤，正德元年（1506）休宁藤溪陈氏宗族《重定拜扫规约》⑥、正德休宁南山毕氏宗族《南山墓田规约》⑦，嘉靖二年（1523）休宁县市吴氏宗族《清明祭扫规

① 崇祯《古歙城东许氏世谱》卷七《城东许氏宗祠标祀膳茔约议》。
② [清]佚名：《向杲孟阳公叙历代祭祀》，原件藏中国历史研究院。
③ [清]佚名：《向杲孟阳公叙历代祭祀》。
④ 弘治《休宁陪郭程氏敦本录》卷下《标挂冢墓文款》。
⑤ 崇祯《古歙城东许氏世谱》卷七《城东高阳里重议膳茔定规》。
⑥ 正德《新安陈氏宗谱》附录《重定拜扫规约》，明正德二年（1507）刻本。
⑦ 正德《新安毕氏族谱》卷十七《诗文志》。

约》[①]和嘉靖十二年（1533）歙县向杲吴氏宗族《大四枝祭扫祖墓议约》[②]等，这就为墓祭规模在空间上的拓展与延伸提供了经济和规制上的保障。但截至正德，特别是嘉靖十五年（1536）之前，就笔者目前所见，大规模的联宗祭祖现象仍较少在新安江流域出现，有关清明会等组织开展的祭祖活动，亦仅见于正德元年（1506）休宁藤溪陈氏宗族一例，即所谓“春、冬二祭，用银若干，皆取给于大清明会内银谷支办”。明确要求“祀祖及饮福合办仪物，详开《清明会簿》”。[③]

第二节　明代中叶以降新安江流域清明会的产生、组织架构及融资功能

一、礼仪变革与清明会的创立

明清新安宗族墓祭发生重大转机的是嘉靖十五年（1536）之后。这一年，礼部尚书夏言向朝廷进上了一道题为《请定功臣配享及臣民得祭始祖立家庙》的奏疏，其中第二部分提出了《乞诏天下臣民冬至日得祭始祖》的建议：

> 伏望皇上扩推，因心之孝，诏令天下臣民，许如程子所议，冬至祭始祖，立春祭始祖以下、高祖以上之先祖，皆设两位于其席，但不许立庙以逾分，庶皇上广锡类之孝子、臣下无禘祫之嫌，愚夫愚妇得以尽其报本追远之诚。溯远祖，委亦有以起其敦宗睦族之谊。其于化民成俗未必无小补云，愚不胜惓惓。[④]

这一奏疏很快被嘉靖皇帝允准，明朝对品官之家立家庙祭祀祖先和庶民祭祀始祖、先祖的条件予以放松。从此，包括徽州在内的新安江流域民间宗族祠堂规制和祭祖礼仪发生了重大变化，累世簪缨、名臣辈出的新安世家大族和富甲一方的新安

① 嘉靖《休宁县市吴氏本宗谱》卷十《清明祭扫规约序》。
② [清]佚名：《向杲孟阳公叙历代祭祀》。
③ 正德《新安陈氏宗谱》附录《重定拜扫规约》。
④ [明]夏言：《桂洲先生奏议》卷十七《请定功臣配享及臣民得祭始祖立家庙》。

商人家族，在明朝祭祖礼仪制度改革后，不仅掀起了祠堂建设高潮，而且创建清明会，以适应急剧扩大的祠堂祭祖与祖墓祭祀活动。特别是清明会组织的墓祭活动，如果说嘉靖十五年（1536）之前在新安江流域上游的徽州还是个别现象的话，那么此后便势不可挡地在新安江流域各地建立了起来。《新安名族志》这一跨地域的非血缘地域名族谱，亦因应这一形势的发展，而于嘉靖三十年（1551）付梓，这就为新安宗族跨地域联宗开展墓祭与祠祭活动提供了强有力的文献依据。

二、清明会的组织结构

明代正德、嘉靖中叶以降，新安江流域各地普遍创立的墓祭组织——清明会，其组织结构与此前宗族以宗子名义主持的墓祭不同。它不再是由某一支族或房（门）派之长或宗子以支族或房（门）派组织族众开展的清明墓祭活动，其祭祀经费亦不再以支族或房（门）派创建的祭田收入等为唯一来源，而是采取会首轮流值守司年制。如，绩溪遵义胡氏宗族“斯礼公置常稔之田若干亩，名曰祭田，岁轮一人出司其入出，以供清明祀事”。[①] 每一年的墓祭，则分别由值年会首负责组织与操办。值年会首的权利、身份与地位，亦与宗子不可同日而语。值得关注的是，清明会的祀费已不再仅仅通过宗族购置祭祀田地等宗族公共财产这一唯一渠道来解决。相反，它则是通过宗族成员捐输和缴纳的包括宗族祀田、人丁钱、婚嫁喜钱，以及会费（含动产与不动产）等渠道来筹集，并将这些会产用于投资，以获取投资的收益即利息，来维持清明会的持续运转，这就是“清明积储银两，递年生放，典当花利”。[②]

明清时期新安江流域清明会的组织结构可以分为两大类：一是支族或房（门）派某一或某相邻几个村域规模相对范围较小的清明会，一是跨县域或府域乃至省域的规模较大的联宗性清明会。

第一类清明会的组织结构规模相对不大，筹集资金渠道较为单一，会产收支也相对较少。以目前所见新安江流域成立最早的清明会——明正德元年（1506）七月休宁藤溪陈氏宗族清明会为例，其组织结构和运行模式是会首隔年轮流值守制，“具隔年轮流当首于后：丁卯年，世良、尚义；戊辰年，友仁、彦文；己巳年，远鸣、士善；庚午年，仲富、复初。以上依旧定名，周而复始”。其会膳茔田产仅有尺字号

① 民国《遵义胡氏宗谱》卷十二《文艺一·明嘉靖胡松〈清明谱序〉》，1935年铅印本。

② 民国重印万历《新安大阜吕氏宗谱》卷五《休宁松萝门凤湖街祭祀家规》。

和善字号8处，每年田租收入秈、糯谷等合计为55砠15斤。具体操作由《拜扫规约》加以规范：“一、每年田租，当首之家收贮，待次年清明备祭祖之仪外，余计若干砠，付首家管领。或有故所用及生放会众支出，毋许一人私支。违者，议罚；一、每岁清明后一日，当首之家，洁备祭仪，至墓拜扫标挂。众人齐到，首家设旭祖神位祭祀，整肃行礼，饮福而散。”按该规约折算，“内每砠照依时价敷谷，秈谷每砠舂米壹斗四升，糯谷每砠舂米壹斗四升”。[①] 其实际祀谷收入总量并不算多。再以祁门贵溪胡氏支族为例，明万历三十九年（1611）三月初五日，仅收有胡云泽和胡云洲两人缴纳的本利纹银4两4钱4分，至当年“清明日，已收银肆钱，标挂支用”。[②] 这一仅限于某支、某房（门）派墓祭的清明会在明清时代新安江流域清明会的主体。对此，不少族谱和清明会文书都有记录，如明万历时歙县漕溪谢氏“若祭坟墓，止祭本枝，其遇清明盛典，不分亲疏，一体标祀”。[③] 清代黟县古筑孙氏和渔亭余氏等清明会组织及墓祭，亦皆限制在本支族范围之内。[④]

第二类即跨县域或府域、省域的规模较大的联宗性清明会。其组织结构十分复杂，但基本也是按照各地支族或宗族的房（门）派轮流充首、分工负责的方式进行。这类跨地域联宗性的清明会，大多由当地科第联袂、仕宦辈出、富甲一方的大姓望族组织创建，并在始祖或始迁祖的名义下，不断扩大自身的势力和影响，形成规模庞大跨地域祭祀圈。其墓祭范围亦远远突破四代的限制，凡有功于、有恩于及有助于宗族的历代祖先墓茔，都在其祭祀范围之内。此类清明会经济基础雄厚，资金来源渠道广泛，会产经营获利巨大，且中途还不断有经严格认定的支族或房派加入，从而使清明会的影响波及远近。

歙县向杲吴氏宗族素系耕读传家之名族，仕宦辈出，著述宏丰。该族明初即按照富饶派下堨田、岩寺镇、向杲、在城四大支，组建清明会，轮流对各地祖先墓茔进行标祀祭扫，将“祖墓近搭为四乡，分作四枝为首，收膳茔田租，备礼标挂一乡先茔，四年轮流，周而复始。年岁不登，为首赔足，不许旷典”。祭扫祖墓范围亦

① 正德《新安陈氏宗谱》附录《重定拜扫规约》。

② 王钰欣、周绍泉主编：《徽州千年契约文书》（宋元明编）卷八《万历胡氏清明会簿》，花山文艺出版社，1993年，第161页。

③ 万历《古歙谢氏统宗志》卷六《家规》，明万历三十二年（1604）刻本。

④ 嘉庆《古筑孙氏家谱》卷首《凡例》云：“族向有清明会，支丁祭扫祖茔者，照筹给胙。”《清咸丰八年至同治四年清明会簿》封面文字云：“天柱社公会咸丰捌年岁在戊午二月清明会立，前簿各支丁领本誊正”。

不仅歙县本地各处祖墓，而且远在休宁的祖墓，每年清明也都前往祭扫标挂，并有着明确各支的分工：

第一年，在城支祀问政、江村、梅潭三处先茔。是日，就渔梁头，烧饼、酒三杯，聚齐，往梅潭转高眉间、江家村墓祭。毕，回觐内摆桌，三菓、三割、三熟，散胙。

第二年，堨田支祀富饶、杨充二处先茔。是日，先诣富饶墓祭，就用菓、菜、盆荤待坟邻，次往杨充挂纸，回清泉寺，仿前例散胙。

第三年，岩镇支祀清泉、后历二处先茔。是日，先于祠堂祭毕，次往后历墓所挂纸，回，仿前例散胙。

第四年，向杲支祀休宁审坑一处先茔。先十日，具书，并糯米弍斗、曲乙斤、蓼花一合，送造酒。至日，篁墩午饭，聚齐，到墓看幸，诣祠堂祭毕，仿前例散胙。次日早，寺中五酌待回。①

向杲清明祭扫组织庞大，人数众多。在燕饮规模和人数日益扩大的情况下，该族不得不采取限制前往祖茔祭扫和标挂各支人数的举措，规定："四枝定数共乙百叁十人，仆从共贰十七名。向杲枝六十人，仆一十二名；岩镇枝二十八人，仆六名；城北枝二十八人，仆六名；堨田枝一十四人，仆三名。如有不遵定数多来者，及未冠者，俱不许入席。其仕宦跟随仆从，不在此限。"② 尽管如此，还不断有本县北岸、邻县绩溪等地吴氏支族族众经过甄选而加入。休宁县市吴氏宗族，承继宋元所置清明祭扫膳茔田地、山场，至明嘉靖年间，已积累至跨二都、五都、八都总计达 38 处，"前公祭田壹百八十三砠半，前共山贰拾四亩七分七厘"，③ 其规模也较为庞大。

明代中叶以降，新安江流域的清明会基本采取轮流值守制度，值年会首或称轮值司年不仅拥有支配祀产、组织墓祭的任务，而且还负有会产经营生息之责。尽管清明会与宗族族长或宗子主持的清明墓祭活动有着很大的区别，但并不等于宗族势力由此受到削弱。相反，宗族族长在组织清明会的活动中依然发挥着举足轻重的作用。特别是在清明发生组织或经营困难时，族长或宗子依然拥有话语权或决定权，如明嘉靖年间休宁西门汪氏宗族《重定墓祭会规约》就明确规定："先儒大家巨室，必立小宗法，乃可以合族。今定议吾西门始祖接公一支下长房嫡一人，立为

① [清]佚名：《向杲孟阳公叙历代祭祀》。
② [清]佚名：《向杲孟阳公叙历代祭祀》。
③ 嘉靖《休宁县市吴氏本宗谱》卷十《清明祭扫规约序》，明嘉靖六年(1527)刻本。

小宗子，族长一人辅之，祭享居族人之首，燕饮居族人之上，重承祖也。小宗子不在，或介子族长代之。”[①] 更何况不少宗族的族长或支派房长本身即是清明会轮值会首之一呢！

三、清明会的资产来源及融资功能

明代中叶以降，新安江流域清明会组织的墓祭活动，需要雄厚的资金作为基础，特别是一些规模庞大的跨地域联宗性清明会。一年一度的清明墓祭活动，从备办祭仪、祭品，到往返舟车之劳、异地住宿、燕饮和颁胙，如果缺乏强有力的经济支撑，是很难得持续维持和开展的。

那么，作为明清时期新安江流域清明会墓祭的典型个案，徽州清明会的资产有哪些来源渠道呢？

首先是祭田，亦称“祀田”或“膳茔田”，直接来源于祖墓族祭所置的公产或资金，这也是大部分清明会资金来源的主体和基本保障。“雨露既濡，启人子思亲念，春秋祭祀，实生民报本之诚，非祭无以崇孝思，非财无以备享仪”。[②] 在宋元，特别是明清以降，徽州乃至整个新安江流域，几乎所有宗族都置有祭祀祖先的祭田等祀产，无论是上文所提及南宋嘉泰元年（1201）休宁曹氏宗族赡茔、宝祐三年（1255）休宁县市吴氏宗族石佛先茔祭扫，还是明洪武十四年（1381）歙县城东许氏宗族膳茔议约规范，以及其后的各大宗族墓祭，其最基本的祭祀费用，最初都来源于宗族置买的田地山场、宗族成员的捐助，以及婚嫁添丁的喜钱等公产。这些祀田是历年陆续购置的宗族公产，严格禁止出售或盗卖。对此，很多宗族的族规或祠规中都有明确规定，而且还专门辟有祭田具体分布与数量，并制定有严格细致的祭田或祠产管理条例。如明嘉靖四十三年（1564）三月初六日歙县潭渡黄氏宗族制定的《孝子祠大赡茔条款事宜》就规定：“原有赡茔产土，逐年收取花利，以供春秋二祭，并各处祖坟标挂及纳粮差等项支费，额有定数，三十五分轮流承管，周而复始。”[③] 康熙黟县《横冈胡氏支谱》在《壮卿公老家规》中对祠内祭田及各处山场庄业不仅严格禁止买卖，而且对违规买卖者进行极其严厉的处罚，规定：“祠内祭田及各处山场庄业，俱系祖宗创遗，务期永远遵守。若私行鬻卖，则破坏体面，滋生衅端，开罪祖宗多矣。

① 嘉靖《西门汪氏族谱》附录《西门汪氏清明墓祭规约首末》。
② 民国重印万历《新安吕氏宗谱》卷五《休宁桑园祭祀规序》。
③ 雍正《潭渡孝里黄氏族谱》卷六《祠祀》。

违者，立令赎回，仍削其谱名，永不许入祠。”①

其次是添丁钱和婚嫁钱。明清时期，以徽州为代表的新安江流域的清明会大都以收取本宗族或支族、房（门）派的添丁钱、嫁女和娶媳钱作为清明墓祭资金，且已形成惯例。明嘉靖年间，休宁西门汪氏宗族《重定墓祭会规约》规定：“但添一丁，即要助银一两。”②明万历十五年（1587）建立的徽州某县程氏宗族余庆堂清明会《会规》也规定：“诞子者，出银壹钱入会。”③清嘉庆时期黟县古筑孙氏宗族清明会和冬祀会也以收取族众添丁钱为会产筹集资金，“族向有清明会，支丁祭扫祖茔者，照筹给胙。兹议立冬至会，届节，合族人祭始祖，设《添丁簿》，祭之日，各支添丁者报名并年庚登簿，出丁钱四十文入会，会中给清明胙筹二根”。④清末黟县渔亭余氏宗族《清明会簿》还记录了每年收取添丁钱、嫁女钱和继子钱的数额及缴纳人。此外，该族“众支丁所议，族中出嫁之女，无论青衣、花轿，均同一体公堂银式两正”。⑤

下面，谨将渔亭余氏宗族历年收取的添丁钱、继子钱和嫁女公堂银列表说明如下：

黟县渔亭余氏宗族清明会历年收取添丁、婚嫁钱等数额及缴纳人一览表

序次	收取时间	缴纳人	缴纳数额	类别
1	咸丰九年（1859）	余其鸿	200文	正丁钱
2		余应得	2两	带女贸易汉口出嫁公堂银
3	咸丰十年（1860）	余应鑫	200文	得子钱
4		余金钟	200文	继子钱
5		余其楠	200文	得子钱
6	同治四年（1865）	余应炯	200文	得子上丁钱

① 康熙《横冈胡氏支谱》卷下《壮卿公老家规》。
② 嘉靖《西门汪氏族谱》附录《西门汪氏清明墓祭规约首末》。
③ [清]佚名：《余庆堂清明会老簿》，原书藏上海图书馆。
④ 嘉庆《古筑孙氏家谱》卷首《凡例》。
⑤《清咸丰八年至同治四年清明会簿》，原件藏南京大学历史学院资料室。

续表

序次	收取时间	缴纳人	缴纳数额	类别
7	同治五年（1866）	余应震	200文	得子上丁钱
8		余应干	200文	上正丁钱
9		余应科	200文	上正丁钱
10		余德旺	390文	女出嫁公堂利
11		余德旺	200文	得子上丁钱
12		余应润	390文	女出嫁公堂利
13		余祖桂	390文	女出嫁公堂利
14		余德富	780文	两女出嫁公堂利
15	同治六年（1867）	□□	200文	上丁钱
16		□□	200文	上丁钱
17		余其炎	200文	上丁钱
18		余隆炳	200文	上丁钱
19		余德旺	4000文	继子应来原存名下钱
20	同治七年（1868）	余德恕	2000文	捐输继子钱
21		余佛树	200文	上丁钱
22		余长树	200文	上丁钱
23		余隆松	200文	得子上丁钱
24		余应烔	200文	得子上丁钱
25		余其灯姊	2600文	公堂钱
合计	银2两，钱13950文			

尽管总量不多，但添丁钱、继子钱和嫁女公堂利钱，却也是明清徽州清明会筹集资金不可或缺的稳定来源渠道之一。

第三是捐输。通过族众捐输，是明清时期以徽州为代表的新安江流域清明会又一重要资金来源渠道。尤其在仕宦辈出和富商大贾林立的徽州，一些大姓望族的清明会往往会得到族中官员和富商的巨额捐助，这是一个宗族清明会开展包括墓祭在内的各种祖先祭祀活动规模大小、兴衰成败的决定性因素。当然，在清明会首创时，个别热心的族裔以省吃俭用结余下的小额资金购置墓茔祭祀田产，或捐助自己的小块田地、山场，这也是徽州清明会资金来源的一种常规性渠道。如清乾隆五十二年(1787)，婺源江湾玶口俞兆印在俞氏宗族金龙公清明会《定例》中，曾道出了自己创建清明会捐助清明会祀产时的艰辛，云："显二公讳金龙，吾之高祖也。原清明田只有住后顶头、舍岭田叁秤，坞口、石桥坑亩半，里田叁秤。后壬戌年，砍鹅毛坑杉树，是身仝先兄时望将卖料之银买到兄时学坞口牛轭垢田一亩，用偿口两作硬租八秤。又去佃价八钱，佃皮租一秤〇九分。又买到兄时志下客碓背后田六秤，用价银叁两。又买孪兄弟面前溪田叁秤，永为子孙清明标挂支用。余剩者，众存枝下门户公用，不得徇情瓜分怀私。如有等情，辜前人之志，是以不孝之论。若存正人正己之心，而子孙必致于蕃盛，岁岁新新，真实孝哉！"[①] 其实，拥有显宦富商大贾宗族的大手笔捐助，才是联宗墓祭的清明会资金来源的主渠道。明嘉靖年间，歙县城东许氏宗族巨商许朴庵曾一次性捐输祭田12亩、祭费百余两。[②] 经营盐业取得成功的休宁西门汪氏宗族，其清明墓祀会的费用就得力于汪显应倡议从事经商的十七位族众的捐助，"倡于众，得十七人和之，各捐二金，义声风振，和者群兴，各捐如数"，[③] 每人捐输白银2两，17人就是34两，更何况又是"和者群兴"呢！

第四是清明会会产经营生息增值。尽管清明会组建的目的是祭扫和标祀祖先坟墓，但如何维系每年一度的清明墓祭活动的持续开展，仅仅依靠宗族的祭田或膳茔田，以及族众的捐输，往往会坐吃山空，是不可能持续的，这也是以族长或者宗子为主祭人的宗族墓祭被清明会取代的重要原因之一。因此，明清时期，徽州几乎所有的清明会都采取了会首轮值制和会金（产）经营生息制，以增强自身的造血功能。这就是休宁孚潭许氏宗族所云："取财之出于众者生其息，以助支年管办之需，使管办者不能致窘乏而事得以不怠，庶可以为世守之成规矣。"[④] 创建于明万历十五年（1587）的徽州某县程余庆堂房清明会甚至在会规中标明了会金（产）生息的利率，"会内银两，以作式分起息"。依靠善于经营之会首的苦心经营，该清明会的资

---

① [清]俞兆印等：《乾隆五十二年至光绪二十二年金龙公清明会账簿》，黄志繁等编：《清至民国婺源村落契约文书辑录》第柒册《江湾镇一》，商务印书馆，2014年，第2966页。

② 乾隆《重修古歙东门许氏宗谱》卷十《朴庵公祭田记》，清乾隆十年(1745)刻本。

③ 嘉靖《西门汪氏族谱》附录《西门汪氏清明墓祭记》。

④ [清]佚名：《抄白众所支年老簿规则常贮》，原件藏中国历史研究院。

产不断得到增值，至天启三年（1623）时，已累积至本利300余两。对此，该族程时达在执笔批田于清明会时，不无感慨地说："观是会，吾祖泰昌公首率众兄弟子侄，各出微赀，令各至墓祭扫。备牲祀祖，存余赀，累积生息，真盛举也。全赖吾父怀民公掏收并添丁银，利上生利。至天启三年，共积有叁佰余金，甚非容易。"① 万历年间，休宁松萝吕氏宗族对清明会金（产）专门一定了规条，即"清明积储银两，递年生放，典当花利。每见其日新月盛，无有定期，难以登载。只每年以清明为期，分与殷实忠直子孙立领营运。至次年，约以清明日交众。如外日交兑者，罚银壹钱；过月者，罚银壹两，交清，复照前收领营运"。② 我们统计了明万历二十八年至三十六年（1600 ~ 1608）祁门贵溪胡氏宗族和清咸丰八年至同治七年（1858 ~ 1868）黟县余氏宗族清明会产的领本生息账簿，其会金（产）经营的利率基本介于年息15% ~ 20%之间。明万历至天启年间，徽州某县程余庆堂清明会金（产）经营利率，则以每年20%起息。但万历二十七年（1599），该清明会则调整了会产本金数量多寡、利率各不相同的计息方式。为说明问题，谨将该清明会调整后的本金、利率和利率列表于下：

程余庆堂清明会本金及利息一览表

本金	利息	利率
30两以上者	1分8厘	18%
50两以上者	1分6厘	16%
80两以上者	1分4厘	14%
100两以上者	1分2厘	12%

从明清时期徽州各地近十种清明会收支账目簿等文书中，我们发现，仅有极少数清明会的会金（产）经营是亏本的。徽州大部分清明会金（产）经营之所以能够维持盈利状态，主要在于各个清明会的管理者对领取会金（产）进行生息的经营

① [清]佚名：《余庆堂清明会老簿》。
② 民国重印万历《新安吕氏宗谱》卷五《休宁松萝凤湖街祭祀家规》。

者有着严格的准入条件，并制定相应的规约进行监督，对违犯或不遵守规约者予以严厉的惩罚。明正德年间，休宁县藤溪陈氏宗族“自今立规约为始，凡借去谷银者，首家预先催办。至清明会日，各将本息算还入众，只一周岁为例。如有故意拖欠，负息利己，以败规约者，众议罚之”。① 嘉靖年间，休宁县市吴氏宗族“清明银两，自后凡遇清明日，算账明白，上下交接。所有本银，眼同付答的实亲人之铺营利，不许枝下子孙承领拖延，有误祭祀。眼底大族，多因之以启争端，致伤和气，永宜戒之”。② 万历五年（1577），休宁县松萝吕氏宗族就在《家规》中明确要求，“清明积储银两，递年生放，典当花利。每见其日新月盛，无有定期，难以登载。只每年以清明为期，分与殷实忠直子孙立领营运，至次年，约以清明日交众。如外日交兑者，罚银壹钱；过月者，罚银壹两，交清，复照前收领营运”。③ 徽州某县程余庆堂清明会《会规》明确规定：“会内银两……谅有家业者领。倘无生业者，必致将业写抵。至清明日，或本或利，面交明白。如有执匿拗众者，众坐取，仍罚前白银壹两公用。”④ 清光绪年间，绩溪县南关许氏宗族规定：“若有余者，可积蓄生放，令公道长者主之，或修理坟茔，或增置田亩。”⑤ 总之，为免清明会金（产）经营亏损折本，徽州各地清明会在借出会金（产）于经营者时，一般都要求经营者必须是家境殷实老成之人，同时制定对经营不善者的惩罚条款，从而为清明会金（产）经营盈利提供了有力的保障。

应当指出的是，明清两代跨越近700年，其间既有明清易代变革之动乱，也有诸如清末“咸同兵燹”战乱之重创，更有清明会所在宗族内外之纷扰。因此，明代中叶以降，以徽州为代表的新安江流域各地大量创建的清明会，其会金祀产之筹集与经营，至嘉靖、万历时，达到了极度繁盛状态。尽管在明清易代之际，徽州的清明会曾一度陷入萧条，但旋即在康熙、雍正和乾隆之时，伴随所谓“康乾盛世”的出现，再度走向巅峰状态。而咸丰、同治年间的“咸同兵燹”，给徽州地区人口、生命与财产的巨大浩劫，也直接导致了以徽州为中心的新安江流域清明会金祀经营走

① 正德《新安陈氏宗谱》附录《重定拜扫规约》。
② 嘉靖《休宁县市吴氏本宗谱》卷十《清明祭扫规约序》。
③ 民国重印万历《新安吕氏宗谱》卷五《松萝家规》。
④ [清]佚名：《余庆堂清明会老簿》。
⑤ 光绪《绩溪南关惇叙堂许余氏宗谱》卷八《旧家规》。

向衰落，不仅会金祀规模日益萎缩，而且经营也陷入亏损状态。如黟县渔亭余氏宗族，“自黟八都府均分派渔亭，迁居上街，自天善公勤心劳苦，立祀会，清明标挂，祭祀祖先。不忆咸丰年来，西逆狼烟火起，官军驻扎我地，将吾等祖坟踢倒。今支丁标挂，不忍代族，德熙，德旺、勋、应等在家经理坟茔，尽心修理各处坟墓，以慰先祖之心，后代子孙有厚望耳！今会内年来支用浩大，进收微细，历年有拔本者，年用不敷。所进不敷所出，其会难以传世”。①

第三节　新安宗族清明会墓祭活动程序与内容

自明代中叶特别是嘉靖十五年（1536）夏言《请定功臣配享及臣民得祭始祖立家庙》奏疏为明世宗恩准以来，新安江流域包括墓祭和祠祭在内的祭祖活动即呈现出与过去宗族族长和小宗宗子主持的祖先祭祀不同的特征，祭祀祖先范围已经远不止于四代，甚至自始祖或始迁祖以来千余年的数十代祖先墓茔都在祭祀之列。而血缘与地域的文化认同，跨地域联宗祭祀的展开，则又进一步扩大了祭祀圈的范围，特别是地域性的大姓望族谱《新安名族志》，以及各类跨地域的统宗谱的纂修与刊刻，使得以徽州为中心的新安江流域墓祭和祠祭规模日渐增大，清明会正是在这样一个“人情丕变，万象更新”②的时代应运而生。

一、清明会墓祭活动的组织与开展

明清时期特别是明代中叶以降，以徽州为典型个案的新安江流域清明会，大都实行会首轮流值守制，其每年轮值之司年，或一人，或数人，如清末黟县渔亭每年清明的司年即由4人组成。而跨地域联宗墓祭之轮流充首，则是有来自不同支族或房派负责，如明代歙县向杲吴氏宗族，则分别有来自向杲、岩寺、城北和堨田四大支。不论是采取何种轮值制，清明会值年会首的主要任务都是组织墓祭活动。但是，不同规模和类型的清明会，其墓祭活动的组织与开展也差异较大。但总体而言，清明

① [清]佚名：《余庆堂清明会老簿》。

② 雍正《岩镇志草》贞集《迂谈》。

会所组织的墓祭活动，大都遵循以下程序展开：

根据墓祭日期，准备墓祭仪式、祭品、祭具、颁胙、燕饮，预先通知参加墓祭活动的族众。不过，由于各个宗族的清明会对清明墓祭规定的时间不一，其中既有清明前、清明日，也有清明后，最迟者甚至安排至农历四月举行，如婺源玶口俞氏宗族即是“清明定于四月做”。①较为集中的墓祭时间多在农历三月、二十四节气中清明节前后十日内举行。

墓祭活动正式开始前，当年清明会值年会首，需提前告知墓祭活动事项。族众和墓茔非在一处、相隔距离较远者，值年会首还要以书面通知方式，提前送达参加墓祭的各房族众，以便族众能准时前往墓所进行祭扫标挂。歙县罗田程氏宗族规定“清明墓祭礼生十人，每分二人，值年者一人，下首一人”，要求“值年者于五日前具知单，各请书知，以免临期误事”。②明嘉靖祁门县《竹溪陈氏墓祀录》不仅对送达各房祀墓书文字与格式进行规范，要求“达各房祀墓书字宜楷，纸宜完洁。具书者，书名不书字。称谓。各房或书行，或书字，不可书名，亦敬宗之一端云”。而且还收录一件格式化文本，其原文如下：

> 岁祀先墓，录有成约。兹将适其时矣，若雨，削“兹适其时”一句，更云“偶雨失期，兹幸天霁”，下文削去“至期”二字，更云“酌于某日”。特价奉报，伏希吾宗列位，至期同赴墓所，躬修岁事，而宗义因得少叙，则一举而两善并矣。万毋迟误，不胜感幸。
>
> 宗某再拜奏报。
>
> 宗望某人侍右。
>
> 各宅列位均此引意。③

清康熙时，歙县向杲吴氏墓祀会亦制有专门的《送柬式》，作为通知族众准时前往祭扫的文件：

---

① [清]俞兆印等：《乾隆五十二年至光绪二十二年金龙公清明会账簿》，黄志繁等编：《清至民国婺源村落契约文书辑录》第柒册《江湾镇一》，第2967页。

② [清]佚名：《德卿公匣规条》，清抄本。

③ 嘉靖《竹溪陈氏墓祀录》卷三《达各房祀墓书》。

送签柬式

谨詹本月十五日祭扫审坑祖墓，遵旧规也。既展追远之忱，兼修燕洽之谊。敬请同盟阴晴如约，先期以闻。

某支列位尊长台下

向杲支族末某等顿首拜。①

待一切准备妥帖后，接着便是携带祭品前往祖先墓茔标祀和祭扫了。

参加墓祭的人员，不同宗族的清明会有着不同的规定与安排。人数较少、仅限本村域小范围墓祭活动的清明会，通常要求除年幼和年长者外，所有的男丁都须参加清明墓祭。如明万历时徽州某县程余庆堂清明会，就要求“合门择日，长幼俱要登山标挂。如不去者，罚银壹钱。七十以上者，不在此例”。② 歙县岩寺程氏支族则规定：“本族每届清明，合族老少悉诣朱吴村始祖茔前拜扫，依文公《家礼》举祭，协诸礼而协矣。”③ 休宁朱村吴氏宗族清明会则限定祭扫人员为 7 岁以上男性族人，“秩下子姓往赴祖墓摽挂拜祭，固是美念，宜以七岁能行者，照中途给粿。如未七岁，举步维艰，不得给付，永为定例”。④ 对因故不能前往墓祭者，个别清明会还制定了可以请人代为祭扫的办法。否则，将给予处罚。明嘉靖初年，休宁西门汪氏宗族墓祭会就“议定该首四人，率下首四人轿到各处墓所拜扫，一名不到者，罚银二钱。不在家者，听着亲房子侄代之。如无可代者，即将轿夫银退还会首，免罚，或举会内知本能事者补之”。⑤ 清代道光初年，婺源江湾（钟）吕村清明会，则规定每家各推一人作为代表参加清明墓祭，“祭扫标挂做清明，定于寒食日，每家头壹人至茔拔坟”。⑥

族众人多的清明会，一般还要对祭扫人员予以限制。明初歙县向杲吴氏即分配给四大枝具体参加各处墓祭的名额，为防止有人从中舞弊，故意添加祭扫人数，该

① [清]佚名：《向杲孟阳公叙历代祭祀》。

② [清]佚名：《余庆堂清明会老簿》。

③ 万历《歙西岩镇百忍程氏本宗信谱》卷十一《族约篇第九》。

④ [清]佚名：《休宁朱村清明会簿》。

⑤ 嘉靖《西门汪氏族谱》附录《西门汪氏清明墓祭规约首末》。

⑥《(钟)吕村道光元年至同治十三年□公清明会及收支簿》黄志繁等编：《清至民国婺源村落契约文书辑录》第拾册《江湾镇中》，商务印书馆，2014年，第5022页。

墓祀会还专门制作颁发墓祭标祀签，计“向杲六十根：景分十七根，孟分十八根，丙分十四根，丁分三根，朱分五根，远分三根。城北廿八根：上北市绩邑六根，溪头六根，溪西式根，下北市吴里七根，赵干七根。堨田十四根：堨田十根，休宁小北门四根。岩镇廿八根，高塍十四根，龙池七根，茆田七根”。随着参加墓祭支族不断增加，至清康熙时，又增加了“康熙十一年增输资保祖签式根；康熙四十五年，北岸枝增签四根”。[①] 为防假冒，清代婺源汪氏宗族还要求参加湖山墓祠清明祭祀的值年头首随身带有符信，“清明祭户，原各有保祖续编。当头之年，来者带为符信，以杜假冒”。[②]

关于墓祭仪式和标祀祭品，明清时期以徽州为中心的新安江流域各地的清明会亦分别根据各自经济实力和状况，制定不同的标准，有的甚至根据不同祖先的坟墓制定出不同的墓祭仪式和祭祀标准。

明嘉靖年间，祁门竹溪陈氏墓祀会的清明墓祭祭品、仪式和祝文如下：

> 香八两；烛二十对；纸一千；豕二，计一百斤；羊二，计六十斤；干鱼一十斤；鸭子一百六十丸；粿一百五十斤；酒肆樽，每樽三十碗；饭米一石；腐四十斤；塩五斤；醢二斤。
>
> 祭墓仪节
>
> 序立，参神，鞠躬，拜，兴；拜，兴；拜，兴；拜，兴，平身。诣几世祖某行府君夫妇之墓前，跪，焚香，献酒，再献酒，三献酒。读祝，祝跪于主祭者之左，俯伏，兴，平身，复位。鞠躬，拜，兴；拜，兴；拜，兴；拜，兴。平身。焚祝文，礼毕。
>
> 祝文
>
> 维年岁次月朔日辰，孝远孙某等，敢昭告于几世祖某行府君夫妇之墓。岁序流易，雨露既濡。瞻扫封茔，不胜感慕。谨以清酌庶羞祗荐岁事，尚享。[③]

清康熙时，休宁朱村吴氏宗族清明会还对清明墓祭祭品及其规格做了非常细致

---

① [清]佚名：《向杲孟阳公叙历代祭祀》。
② 道光《汪氏湖山墓祠纪》，清道光二十八年(1848)刻本。
③ 嘉靖《竹溪陈氏墓祀录》卷三《祭器 祭品》。

的规定：

> 五色粿玖拾斤，要鲜明均净；腐丝拾贰斤，要匀细；干萝卜丝壹斤捌两；菜末肆斤，要青丝；蔴油壹斤；盐及芝麻香料听用；鸭子叁拾陆枚；干咸鱼叁斤捌两，开片者；猪肉柒钱，照时价，每斤煮熟无骨拾贰两算付出；酒叁钱，照时价算，合店壶付出，敬坟酒在外；大砖坯伯伍，足数；火纸柒个，要七张头廿三万足数。如少，照数补出；好线香叁佰枝，好呈文柒拾张，打钱要一竿一张；经文肆拾副；带血鲜鸡壹只，不散；三牲壹副；烛壹对；棹壹张，后山用。[①]

不唯如此，朱村吴氏宗族清明会还对祭仪和祭品有着严格的规定，违者将要被课以严厉的惩罚，重者甚至被以不孝罪论处，“以上仪物用秤者，俱系仪迺租秤准称，上架，上墨。挑物用仆贰人，腐饭首家备，外祀各给粿肆拾枚、菜各贰满碟、肉各三两、酒各壹壶。祀事严敬，仪必丰洁，所以妥先灵，非为后日腹，次首务要秉公持正。仪苟不如式，或徇情而谬为曲护偏袒者，以不孝论”。[②]

二、颁胙与燕饮

明清时期，以徽州为中心的新安江流域清明会组织的墓祭活动结束后，大都会对参加祭扫标祀的族众给予颁发包子或猪肉等胙品，并同时举行燕饮。单一的村域墓祭或距离较近的相邻村落墓祭，其燕饮一般安排在墓祭结束后回村进行，而跨村域、县域或府域，甚至省域的墓祭，往往须事前指定异地燕饮场所及参加人员的人数。

先来看颁胙。对参加清明墓祭的族众，明清时期徽州的清明会都会根据自身的情况和经济实力，向参加墓祭的人员颁发胙品，并规定有较为细致的颁发标准和范围。胙是祭祀祖先或神灵的祭品，祭祀后将颁胙，既是祖先的赐福，又是一种享受祖先福佑和恩泽的象征。不仅墓祭颁胙，而且祠祭也颁胙。胙有以猪肉为主的食用动物生肉，也有肉馅或菜馅的包子或粿。清明会一般会制定有专门的分胙条例或规约，来规范颁胙和领胙活动，以避免引起不必要的矛盾和纠纷。

明崇祯六年（1633），根据休宁朱村吴氏宗族清明会《清明拜扫仪例》规定，墓

① [清]佚名：《休宁朱村清明会簿》。
② [清]佚名：《休宁朱村清明会簿》。

祭后颁发的胙品是菜粿，领胙的具体数量和前提条件是：

一、散胙，十陆岁始，其菜粿毋论家外，照丁均给。再到各墓，以至朱村者，各给粿拾枚。其朱村管年家备茶者，给粿壹斤、菜壹碟，永远遵守，毋得扰乱；

一、秩下子孙，如有各墓不亲到，惟至朱村领粿、魆地回家者，从众公罚银叁分入匣，仍不给粿。永远各宜遵守。此批；一、过七旬者，不能往墓標挂，亦给粿散胙无词。

至清康熙时，该清明会经济条件有较大改善，遂对颁胙条例进行了修订，进一步扩大了领胙的范围和数量，规定：

一、主祭者，给羊肉壹斤、弗壹对；

一、礼生五人，给羊肉壹斤、各糖尖壹支；

一、进馔六人，各给桌面叁个、弗壹对；

一、司事贰人，各给桌面叁个、弗壹对；

一、散福，自十六岁以上齐集，分席以次坐，不得故意他出。或他出，众不候寡，其胙不存亦不给，并不准顶替；

一、本年娶新妇，遵旧例送茶，众给弗贰对；

一、童乐，每各给米贰升半、熟亥大称贰斤、煎腐大称贰斤、常酒拾壶；

一、散福，毋得借端炒席撒泼。违者，罚银伍钱。如不服，请祖议责。如不服，闻官理论；

一、本支自七十岁以上者，给弗壹对；

一、后生能府县应考者，给弗壹对。[①]

明隆庆歙县泽富王氏“将胙分食，毋以房分为拘，必照人数均分，惟在幼未娶者，例当减半，递递承之，岁以为常”。[②] 明天启年间，婺源沱川余氏宗族规定：“子姓

① [清]佚名：《休宁朱村清明会簿》。

② 万历《泽富王氏宗谱》卷八《宗规》，明万历元年（1573）刻本。

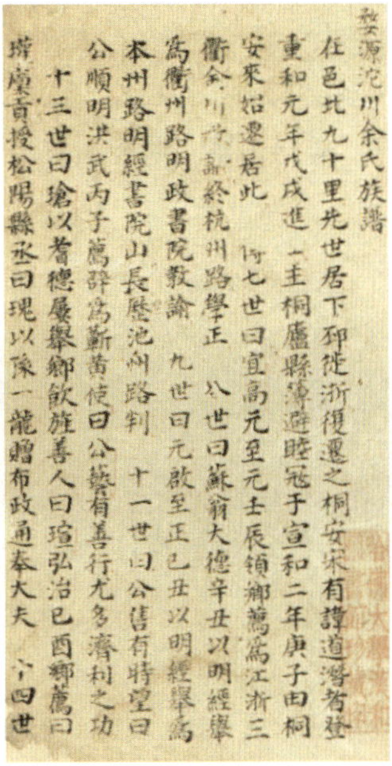

婺源沱川余氏族譜
在邑北九十里先世居下邳徙浙復遷之桐安宋有讓道濟者登
重和元年戊戌進士主桐廬縣簿避睦寇于宣和二年庚子由桐
安來始遷居此　七世曰宜高元至元壬辰領鄉薦爲江浙三
衢余川書院山長終杭州路學正　八世曰蘇翁大德辛丑以明經舉
爲衢州路明政書院教諭　九世曰元欽至正己丑以明經舉爲
本州路明經書院山長歷池州路判　十一世曰公信有特望曰
公順明洪武丙子薦辟爲新黄使曰公藝有善行尤多濟利之功
十三世曰瑜以耆德屢舉鄉飲旌善人曰瑄弘治己酉鄉薦曰
琳廩貢授松陽縣丞曰瑰以豫一龍贈布政通奉大夫　十四世

明万历抄本
婺源《沱川余氏族谱》首页书影

年及十五岁者，清明日，诣祭所纳纹银九分，注名年谱，方给胙肉。其未纳丁银者，不载名，不给胙肉。”[①] 崇祯时，休宁古林黄氏清明会，“给祭胙：祭祖所用猪羊，除元旦八桌桌面胙俱有主祭、陪祭，分献、执爵等支丁领去外，清明、冬至桌面胙仍余什之四五，尽听祠长分给；其羊胙在元旦亦听祠长分给。若清明冬至所余尚多，猪胙每分给一斤八两，羊胙每分给二斤；或猪或羊，在领胙子孙不得自立主张，妄为去取。至祠内凡捐过公堂礼银八两者，虽懋迁异地，亦照旧三节给胙”。[②]

为了避免少数族众仅为领胙而不至墓茔祭扫标祀等现象出现，明清时期，以徽州为中心的新安江流域清明会值年会首往往会按照规定，在与祭人员抵达祖先墓茔祭扫和标祀时专门颁发胙筹，祭扫后凭胙筹领取胙品。经济殷实的歙县东门许氏宗族墓祭向有颁胙之举，但少数族人因领胙后并不上坟祭扫。为杜绝这一弊端，许氏宗族专门于崇祯八年（1635）制定了《订正祭祀配享等事定规》，规定：“我宗与墓祭者，咸有分胙。间有艰跋涉者，祭祖则不前，领胙则竞进，殊无敬祖之心，何止失礼之节？故议定至暹公墓所发领胙筹，不至者罚胙。故近年少不拜墓之子孙，法之善也。”[③] 清乾隆年间，财大气粗的歙县徐潭徐氏宗族墓祠祭扫，不仅发有胙筹、面筹，甚至还发有酒筹。其操作邀请是：“祀首四人，十五日，以一人记名，一人发胙筹、面筹，二人安排祭事。礼毕之后，如颁实胙，则以一人监屠户割猪，一人管换先散之面筹，二人彻祭布席，以便早于饮福。及散席之后，以一人收作筹，一人发祭肉，一人发祭饼，一人照料杂事。”“未进主，未立户，而愿来拜祖者，来去各发面筹二根，到祠即用面，先缴一筹，祭后将一筹换去。本地酒筹四根，听于面店用面。凡乘舆而来者，其轿夫每名亦发面筹二根。一、颁胙发胙筹，给面发面筹。凡到祠者，须先向祀首登名于草簿，祀首必须斟酌询实，然后或专发面筹，或胙筹、面筹并发，其人应饮

① 天启《沱川余氏祠约》，明天启四年（1624）刻本。
② 乾隆《休宁古林黄氏重修族谱》卷首下《又祠规十六条》。
③ 崇祯《古歙城东许氏世谱》卷七《古歙东门许氏宗祠订正祭祀配享等事定规》。

福。或因他事而祭毕即去者，亦给以酒筹四根，代一面筹。”① 清嘉庆时期，歙县项氏宗族始祖会是采取祭后“唱名给饼给筹，候分领胙。有在外者，托同族之人代拜；及有孩抱来观礼者，亦知孝敬，亦各给饼领胙。若并无人至祭所者，停筹不给，饼胙姑照给，其胙亦候众办之日再定规则”。② 黟县古筑孙氏，“族向有清明会，支丁祭扫祖茔者，照筹给胙。”③ 清代歙县罗田程氏墓祭后，甚至可以领到胙品折筹的现金，所谓“清明标祀，到墓支丁给胙筹，领取折胙钱”。④ 此外，为有效徇情舞弊，一些宗族还采取文会，或设置专门人员，对颁胙和领胙活动进行监督。如清嘉庆年间的歙县棠樾鲍氏宗族，就指定该族执事和文会老人对墓祭后的颁胙行为予以监督：“颁胙，设立大簿一本，将逐年各执事并文会老人、助祭支丁名数登载簿上，以便查核。”⑤ 清道光年间，歙县渔梁姚氏宗族由姚明样等十人订立议约合同，以加强对包括颁胙在内的宗族祭祀活动的监督，“于清明节思义公三处众坟标祀，祭扫颁胙，庶尽孝思之礼。司事承值之人，即将收支总账开列总簿，清白转交下首司年。但我等同心共议，以免失守祭扫规仪，并免国课悬累”。⑥

燕饮亦称“饮福”“散福”“会饮”等，是明清徽州清明墓祭以后参与墓祭成员集中聚餐饮酒的一项常规性活动。某一单一村域的支族、房（门），其人数较少，其清明墓祭后燕饮，通常安排在本姓的祠堂举行。如清乾隆淳安县川南郑氏宗族对祭后饮胙，就要求“每桌四人，各宜循守礼法，毋得戏谑，以亵祖先。违者，责治”。⑦ 清道光初，婺源江湾（钟）吕村俞氏清明会就是墓祭后“回家饮清明，上下首同饮。……每人给酒半壶，多者头首自认，众议酒定钱壹佰文”。⑧ 而跨村域、县域、府域及省域的联宗性清明墓祭后燕饮，则往往会事先约定异地燕饮的地点和场所，并严格按照约定，组织墓祭人员参加燕饮活动。

明嘉靖年间，祁竹溪陈氏墓祀会在组织族众清明祭扫祖墓后，先发胙，后燕饮，

① 乾隆《新安徐氏墓祠规·祀首事宜》。
② 嘉庆《桂溪项氏族谱》卷二十二《祠祀》。
③ 嘉庆《古筑孙氏家谱》卷首《凡例》。
④《德卿公匣规条》。
⑤ 嘉庆《棠樾鲍氏宣忠堂支谱》卷十七《祀事》，清嘉庆十年（1805）家刻本。
⑥ 民国《歙南武担姚氏渔梁上门支谱》卷下《公膳杂记》，1921年刻本。
⑦ 乾隆《川南郑氏宗谱》卷十四《祀规》。
⑧《（钟）吕村道光元年至同治十三年□公清明会及收支簿》，转引自黄志繁、邵鸿、彭志军：《清至民国婺源村落契约文书辑录》第10册《江湾镇中》，商务印书馆，2014年，第5022页。

而且还引经据典，为燕饮活动提供冠冕堂皇的依据，云：

《坊记》曰：“因其酒肉，聚其宗族，以教民睦也。”释者曰：“祭祀之末，序昭穆，相酬献，示民以和穆之道也。”先王虽往，成法具存，而宗族不皆睦者，非其礼之不效于今也，弊起于亲尽而莫之行耳。呜呼，惑也甚矣！在今日，虽有疏戚之殊，原其始初，皆吾一气而同胞者也，岂可以其疏而疏之哉？乃本诸《坊记》，通以乡例之宜，着为定式。祭毕，少长咸聚一堂，尊长并列于上，次左右序列。坐定，立子弟一人，朗诵《墓祀戒》一过，预警其弗率。然后颁胙，年六十及赞礼者有加焉，余视人数均给之。酒先献尊长，下皆避席揖请饮；次派如之，又次亦如之。每派酒至，卑幼揖请毕，左右复相揖而饮，毋得参差。五巡，更进尊长。有余，始及诸少，适可而止，俱毋崇饮自恣。俟尊长出，序立于门外，揖而退。[①]

显然，燕饮在竹溪陈氏宗族中获得了广泛的认同与支持，族中尊长也在晚辈族众敬酒与作揖的燕饮中赢得了尊重与拥戴，显示出宗族内部一团和睦的亲密氛围。崇祯十三年（1640），休宁古林黄文明在为该族清明会所作的序文中，盛赞清明墓祭后举行的燕饮活动，不无快意地写道：“别长幼，序昭穆，举酒酬酢，乐享神余，陶陶如矣。斯时也，春风满座，和气一堂，籍斯会而摄人心，追远之诚可以伸，绳绳之谊可以联。陟先垄，人人知一脉之所自；瞻簿书，世世明本始之厚归。祖无世远之奄，墓无年久之颓，根本由是而坚固，枝叶未有不欣然而畅茂者也。”[②]

至于规模庞大、气势恢宏的清明会墓祭后燕饮，明代歙县向、杲、吴氏宗族等四大支清明墓祭燕饮堪称具有代表性。根据规约规定，吴氏向杲枝清明须往休宁审坑祭扫祖墓，中午在篁墩午餐。每年三月初，先选定祭日，然后令家仆奉书与看守祖墓的寺僧预约，“先委仆赍书及白糯米二斗、曲一斤、蓼花一合、籼米一斗送寺。约日期外，三日前，奉书约族众。是日，篁墩备咸鱼、茶汤、菜饭，候族人到相待”。[③]当晚，向杲支族还要设宴回请寺僧，“是晚，吾族设席散胙，请山主东坐，山主即往

① 嘉靖《竹溪陈氏墓祀录》卷三《燕礼》。

② 崇祯《古林黄氏族谱》卷四《谱文苑·清明会序》。

③ [清]佚名：《向杲孟阳公叙历代祭祀》。

持可知，寺中师徒皆坐上，吾族一位尊长相陪，盖所以敬其奉祖先也。本宗依行第列座位，不可些需差失。每二人一桌，四菓菜案酒陈，宣德九年所议，每事三，今每事四者，系本族外加丰盛些，非通例可知，肴馔必须丰厚精洁。起初，菓盒酒一把，后只巡斟，依司马温公礼，止七行，并不得过数。更禀知各族尊，诫约宗人，在筵务要礼貌端庄，毋得戏谑失礼，免致外观耻笑。酒毕饭散，仍备酒肴犒劳守坟山者及寺中仆”。鉴于“四枝分管，每岁轮祭，祭毕而循旧例宴会。向因人无定数，席无定规，轮首之家，酌量设席。若遇人来数少，则席剩有余，虚费可惜。或遇人来数多，则席设不及，竞论堪嗟”。[①] 向杲吴氏枝族最后确定四枝共 130 人参加，其规模可谓是极为庞大壮观。

第四节 新安江流域清明会墓祭活动及其宗族文化认同

弘治《新安黄氏会通谱》收录的《清明扫墓序》一文中，记录了明代休宁县五城黄氏宗族清明会组织的扫墓祭祖活动，云：

> 扫墓之礼，其来尚矣。虽未制于圣人，盖后世感时思亲，以义而起者，实有俾于世道也。五城黄君用学岁先清明三日，率厥子姓，登高、曾、祖、祢暨旁亲伯叔之茔，艾荆棘，芟莽荟，除秽壤，培土以封其域，标纸用识其所。复历指以语子弟曰：“某葬斯，某葬斯。”俾目视而耳听，期相传于万世而不忘也。既而归，张筵奉主于正寝，礼行于三献。毕，长幼以昭穆序，举酒以酬酢。[②]

在“岁序流易，雨露既濡”的清明佳节，明清时期以徽州为中心的新安江流域的清明会在“尊祖敬宗，感时思亲”名义下组织的祖墓祭扫和标祀活动，得到了当地宗族的普遍响应与支持，形成了上自清明会首、宗族族长和宗子，下至宗族成员、

① [清]佚名：《向杲孟阳公叙历代祭祀》。
② 弘治《新安黄氏会通谱》附录《新安黄氏文献录集》卷乙《清明扫墓序》。

会众的一致认同。这种认同既不是某一宗族的单方面行动，亦非宗族成员的个体行为，而是整个宗族成员或清明会会众的集体行为，是宗族或清明会所有成员的共同认同与认知行为。清明会始终遵循着会首轮流值年制度，在墓祀规约、祭扫条例的规范下，按照祭前预先通知、筹备祭祀和祭品，祭日备仪标祀祭扫，以及祭后散胙、燕饮的程序，有条不紊地举行。这是一年一度在祖先名义下宗族成员的一次盛大集会，“上可以慰祖宗在天之芳灵，下可以启子孙统会之有自”，[①] 在一定程度上彰显了新安宗族内部控制的强化。这正是宋元以来新安宗族所屡屡重申和特别强调的“一本”观念的集中体现，它掩盖了宗族内部成员之间实际存在的尊卑、贫富、长幼和等级名分关系，“族中有贵有贱，有富有贫，有贤有愚，有众有寡，有强有弱，其势断不能齐。惟以祖之一身视之，则千万人之身皆一人之身也。以祖之一心推之，则千万人之心皆一人之心也。溯其源而浚其流，何非一本之所生，一身之所发？故凡族中有事，必先去势而言情，自无贵富贫贱、贤愚众寡之纷异矣。”[②] 宋明以来，清明会所组织和开展的墓祭活动，正是以徽州为中心的新安宗族所一向标榜的“崇本始，明支裔，收涣散，一氏类”[③] 观念的集中反映，是宗族成员或清明会会员每年一度“不分亲疏，一体标祀”血缘身份和文化认同下的“清明盛典”。[④] 诚如万历时休宁县林塘范氏宗族所规范的那样，“主祭，吾家初议宗子，后以嫡庶贤愚有辞，且我朝典制惟继袭论嫡，士庶祭祀，无宗子明文。因未立，凡族中生娶歿讣，祠中巨细事宜，皆统之各门尊长，逐项登载祠簿，接管传流，惇叙宗谊，从来无失。虽非宗子之名，实得宗法之意。放宗祠大祭，向从祖规，以值清明祀首数人主祭事，祀首有父兄在，则父兄为主”“吾家清明祀首，既非宗子，又未必皆尊行”。因此，包括祠祭在内，“以轮管本年清明祀首主之”。[⑤] 因此，同族长或宗子主祭一样，明清徽州清明会主持和组织的清明墓祭活动，不仅不是宗族控制松弛的反映，相反，它恰恰是在新的历史和时代背景下宗族控制强化的标志。

明代中叶以降，原本由宗族族长、宗子主持的清明祖墓标祀和祭扫活动，在王

① 嘉靖《新安左田黄氏正宗谱》卷九《序类·清明祀会序》。

② 道光《屏山舒氏宗谱》卷一《修谱义例》，清道光二十四年（1844）木活字本。

③ 嘉靖《张氏统宗世谱》卷首《编谱凡例》明嘉靖十四年（1535）刻本。

④ 万历《古歙谢氏统宗志》卷六《家规》。

⑤ 万历《休宁范氏族谱》卷六《谱祠·林塘宗祠祀仪》。

朝礼仪制度变革、科第勃兴、新安商人异军突起，以及新安宗族跨地域联宗祭祖等时代背景下，开始转向由清明会主持。这一转向，反映了以徽州为中心的新安江流域纯粹由单一的宗族族长、宗子以恪尽义务形式主持与组织的墓祭活动，已越来越难以维系，不得不面向实际，采取由经济实力较强的族众以会员入股集资的清明会或墓祀会方式，组织和开展墓祭活动，这就为规模庞大、费用不菲的墓祭活动开支提供了充足的经济保障。更为重要的是，清明会所采取的会首轮流司年值守制度、会员入股资金等方式，或田地山场生息增值制度，大大地激发了清明会首和会员参与组织祖墓标挂与祭扫的热情，增强了宗族成员或清明会会员对宗族的归属感、认同感和自豪感，调动了他们的主动性和积极性，确保了一年一度的清明墓祭活动能够得到及时而有效地开展和持久维系，这是宗族族长主祭和清明会首主祭墓祀活动的最大区别。尽管清明会等墓祭组织的祀产中的一大部分依然来源于宗族的祭田、祀产和族众必须缴纳的添丁、嫁女等资金，但并不影响清明会主祭下宗族功能与作用的发挥。就此而言，清明会主持和组织的清明墓祭等活动，不仅没有削弱新安宗族控制，反而强化了宗族上层精英在祖先名义下对宗族成员的控制。

然而，在清明会实行会首轮流主持和开展清明墓祭活动的同时，新安宗族族长和宗子主持的包括清明墓祭在内的祭祀活动并未完全消失，而是始终与清明会主持的墓祭等活动并存，个别宗族甚至制定强制性的祭祀规约，向族众强行摊派费用，但最终仍不得不面向市场。至迟在明代中叶以后，以宗族族长或宗子名义主持的祠祭和墓祭活动，也开始以公开标价出售配享神位的方式，从而完成了向市场的转换。如明万历年间，绩溪旺川曹氏宗族在《增订祠规》中规定："凡捐资入祠至百金者，夫妇中龛配享；五十金者，男像中龛配享。"[①] 清乾隆十八年（1753），富商大贾辈出的绩溪县仁里村敬爱堂程氏宗族甚至规定："捐足纹银五两为一正配，五十两为一大配。"[②] 明清时期，包括墓祭在内的徽州宗族祭祖活动，正是在市场机制下，完成了从对宗族成员的义务摊派经费到出售祖宗配享神位筹集资金的转变。

明代中叶以降，在清明墓祭活动不断出现诸如祭祀人员不至墓所，或虽至墓所而中途溜号，以及祭仪物品不洁、颁胙和散福中屡屡发生非礼行为所导致的"人离

---

① 民国《曹氏宗谱》卷一《祠规·明万历朝增定祠规》。

② 道光《仁里程敬爱堂世守谱》卷首《条约》，清道光九年(1829)刻本。

心散，祭扫失时”[①]问题时，徽州的清明会及宗族组织，除了制定严厉的惩罚条款对违犯者予以惩戒，以儆效尤外，还一再重申祖宗墓茔的恩庇和福佑功能，“坟山系祖宗体魄所藏之处，子孙发源之自，责任匪轻。每遇清明祭扫，躬身督令，务加培整。来龙发脉，左右护卫，乃坟墓根本所系，尤当蓄养荫木，以加兴隆”。[②]清康熙时，休宁朱村清明会甚至引用“祖宗发不发，当看祀事严不严”俗语，以强调诚敬墓祭对会众的福佑作用。“或者春露秋霜，君子必有凄怆怵惕之心，而礼以情起、事以类推，未可知也。先人情久不相见，必执质以先容，矧当祖考之式凭，而敢不洁尔粢盛，备尔脯醢，涤其芜秽，修其圮缺，凝忱涤虑，通冥漠于忾然，于僾然之际，积子孙之精神，迎聚祖宗之精神。精神既通，则诚于以格，祀于以歆，而福于以锡矣”。强调只有如此，才能达到“孙孙子子，服先畴于不替；绳绳蛰蛰，食祖德于无穷”的目的。[③]

明清时期以徽州为中心的新安江流域清明会及其所组织和主持的清明祖墓标挂与祭扫，除了表达对祖先的怀念与孝思之情外，“祠乃祖宗神灵所依，墓乃祖宗体魄所藏。子孙思祖宗不可见，见所依所藏之处，即如见祖宗一般。故祠墓最重。宜加爱敬，宜常亲近，不可慢忽，不可疏冷。至一年四时节候，或为祠祭，或为墓祭，必须亲自拜扫，致敬尽礼，方可放心”。[④]还将筹集的资金田产及其生殖的利息用于坟墓的修缮、会内或族内成员的殡葬、救济，以及其他用途，如清顺治四年（1647），徽州某县程余庆堂清明会就专门制定《条规》，规定“时达承祖父之心，自愿批田贰坵，计租拾叁砠半，递年支贰砠，并收花利丁银，备仪祀祖。倘多余，存积生息，又可赒殡葬之需。每人以弎斗为止，随时量其出入，孤子以十六岁止”。[⑤]就此而言，清明会在凝聚宗族向心力、强化宗族控制和组织墓祭活动的血缘文化认同等方面，应当不亚于宗族所发挥作用。

在充分肯定明清时期以徽州为中心的新安江流域清明会的功能与作用的同时，我们还应看到，明清时期，作为新安江上游的徽州，其清明会资产募集和经营活动

① 嘉靖《新安左田黄氏正宗谱》卷九《序类·清明祀会序》。
② 万历《重修休邑城北周氏宗谱》卷九《家训》。
③ [清]佚名：《休宁朱村清明会簿》。
④ 光绪《西龙吴氏族谱》卷一《确实遗言附》。
⑤ [清]佚名：《余庆堂清明会老簿》。

也存在着一定的风险，如会众出卖入股会产退股、经营不善（含经营者徇私舞弊）和投资失误等，并由此而造成入不敷出局面，其结果势必导致墓祭活动因难以为继而暂停或取消。创建于明万历十五年（1587）的徽州某县程余庆堂清明会，就是因为会首善于经营，至天启三年（1623）时，已积累本息资金300余两。但“是年因修众厅两胁中庭，用贰佰贰拾余两，仍存捌拾两，各人领借，不能偿还，以致今清明寂寞若是。”① 而清末同治、光绪年间，黟县渔亭余氏宗族清明会，亦因“会内年来支用浩大，进收微细，历年有拨本者，年用不敷。所进不敷所出，其会难以传世”，而呼吁“支丁商酌良图，以安传流芳之策”。② 这是我们在清明会以及新安江流域文化礼仪和信仰认同研究中必须要特别加以强调的。

① [清]佚名：《余庆堂清明会老簿》。

② 《清咸丰八年至同治四年清明会簿》。

第七章　新安宗族的家训与家风

自南宋以来，新安江流域各地在先后接纳了三次大规模的中原地区世家大族移民徙入之后，逐渐形成了较为稳定的聚族而居局面，传统社会也由过去的崇尚武力开始转向重教崇文，出现了“尚武之风显于梁陈，艺文之风振于唐宋”[①]现象。聚族而居的新安名门望族，在新的历史条件下，为继续保持和巩固自身的强势，拓展自己的发展空间，以科举考试跻身仕途作为光宗耀祖的主要手段。在长期的历史发展实践中，特别是祖籍徽州婺源朱熹及其集大成的理学思想的形成，并在南宋后期成为王朝和国家的意志后，次第形成了新安江流域重教兴文、读书入仕的社会新风尚。“粤自孔孟而下，倡明道学，羽翼坟典，上以续千圣之统，下以开万世之蒙者，莫过于紫阳夫子，而我新安实其故土也。故休之为邑，虽僻居西南，然皆景仰奋发，以乡先生为依归。爰是潜玩经旨，嚅哜道真，由宋迄今，彬彬乎弦歌之俗矣”。[②]传统家训、家教和家风也在适应形势发展需要而勃兴，并围绕儒家伦理的修齐治平为中心，强调“三纲五常”教条，强化“五伦”秩序，希望在既有的家族声名背景下，继续强化家族的和睦、兴盛与壮大，以期“和气致祥，家道永昌”，[③]光宗耀祖，壮族声威。在良好家训和家教的熏陶与滋养下，一些名门望族逐渐形成了良好的家风，并为新安江流域各地社会人群特别是以血缘为纽带的宗族人群所普遍认同和接受，成为所在时代的主流价值观。

第一节　新安宗族的修身家训

作为中国传统文化重要内容之一，家训又称“祖训”“庭训”“规训”“诫训”“族

① 乾隆《歙县志》卷一《舆地志·风土》，清乾隆二十六年（1771）刻本。
② 嘉靖《新安休宁汪溪金氏族谱》卷三《家训·上程春元书》。
③ 民国《鱼川耿氏宗谱》卷五《家族规则》。

训”，它是指对子孙立身处世、持家治业的教诲与训诫。在程朱阙里和“儒风独茂”的新安江流域各地，传统家庭和宗族的家训不仅数量巨大，而且内容丰富，形式多样，它从教育子女立德做人、问学治生入手，强调个人的修身养性和读书治生，主张“家国一理”，强调修身、齐家、治国、平天下，恰到好处地把公权至上和私权至上的两种文化有机地统一起来，创造了当地社会发展的一种新的发展模式。

世界文化遗产皖南古村落黟县西递村胡氏宗祠敬爱堂中的“孝”字

一、重视个人品德修养

宋明以来，新安江流域各地家庭和宗族特别重视德育教育，强调立德树人，身心健康，德智并举，期冀自己子孙或族众通过读书入仕的途径，光宗耀祖，跻身望族之列，并以此作为维系良好家风传统的手段。对此，遂安大墅方氏宗族在《祖遗训诫二十则》第一条“存心制行”中即指出：“夫人立朝居乡，见于事为者为行，溯其由来，必自立心始。心体光明，行事自然端伟；心体暗昧，必然邪僻。此如桴鼓相应，丝毫不爽者也。故人首重存心，行亦宜相符合。凡我后世，须夙夜检省，不可使一毫恶念潜滋于中，不可使一毫蠡行著见于事。诸如贪淫狠妒，一切有愧衾影之心；纵恣非妄，一切有干宪令之行，皆宜猛力铲除，内外如一，天地、鬼神自然呵护。”①

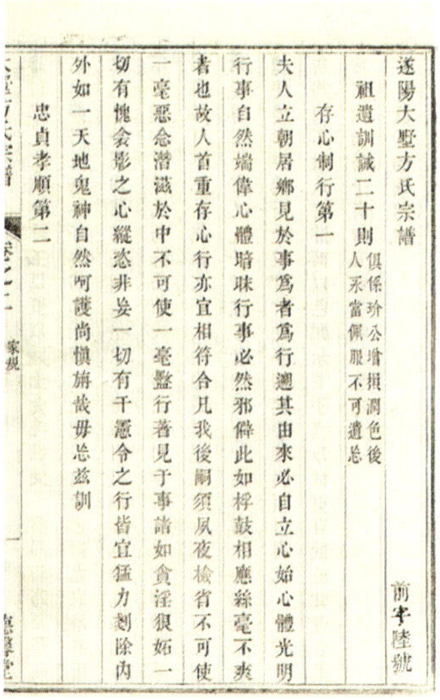

遂陽大墅方氏宗譜 前孝陸號
祖遺訓誡二十則 俱係玠公增損潤色後人承當佩服不可遺忘
存心制行第一
夫人立朝居鄉見於事爲者爲行遡其由來必自立心始心體光明
行事自然端偉心體晻昧行事必然邪僻此如桴鼓相應絲毫不爽
者也故人首重存心行亦宜相符合凡我後嗣須夙夜檢省不可使
一毫惡念潛滋於中不可使一毫蠡行著見于事諸如貪淫很妬一
切有愧衾影之心縱恣非妄一切有干憲令之行皆宜猛力剗除內
外如一天地鬼神自然呵護尚慎旃哉毋忘茲訓
忠貞孝順第二
家規

道光《遂阳大墅方氏宗谱》中的《祖遗训诫二十则》

新安宗族的《家训》非常重视对宗族成员做人的训诫与规范，严格做人的伦理道德操守，强调自身言行的楷模与示范效用。万历婺源县江湾萧江氏《谱训》云：“《传》曰：‘其身正，不令而行。’信斯言也，又焉

① 道光《大墅方氏宗谱》卷二《祖遗训诫二十则》。

用训？珍愧薄劣，无以表帅宗人。”[①]道光遂安县《平阳郡汪氏宗谱》收录的《达公家训》在“引言”中，把对个人修身的要求提高到了相当高的程度。现将其原文照录于下：

人生天地间，至贵至灵，故事之当为者，不可不为；而事之不可为者，又不得不为之戒也。吾承先人之德泽，绍祖宗之箕裘，心体力行，虽不能广先业而继先志，亦可以保先人之声闻而不坠也。汝为吾之子孙，吾之心固有所托矣，而身之当行者，兹特述以戒之。盖人之为人，当勤以治家，俭以立身，敬以事上，和以处众，孝以事亲，弟以事长，友于兄，信于友，仁宗睦族邻里。官粮当应时而输，农业当及时而务。毋学嬉游、赌博，毋事懒惰狂放。茶坊、酒肆，足不可登；柳巷、花街，身不可入。事之当于理者则为，财之非其义勿取。如此，则不陷于非义，庶乎家业可以长守，而今誉可以承宗也。

况当今之时，幸际圣天子休明之盛，尤不可不以诗、书、礼、义为持身之本也。昔柳玭戒子弟曰：“夫人以德行文章为根苗，正直刚毅为枝叶。有根无叶，或可待时；有叶无根，虽膏雨不能活矣。彼世之膏粱子弟，恃富怠学者多矣。汝等宜孜孜学业，勉勉实行，以法自持，以礼自守。德充才溢；人未之信；稍有疵类，人共指焉。吾生无益于时，死无闻于后，尚赖汝等修身齐家，笃志黾勉，以嗣先志，以大先业。[②]

民国初年纂修刊刻的祁门河间凌氏家族《家训》指出：“家范者何？修身是也。家长之身，系一家观仰。尔身不正，孰克有正？故曰：身不行道，不行于妻子。使人不以道，不能行于妻子。妻子尚不能行，而余可知矣。家之淑慝，系于一身，故修身继焉。谨言语：家长之言，家之承听也。古之君子，居丧不言乐，祭祀不言凶，公庭不言妇女。对父兄，则言慈爱；接卑幼，则言孝敬。推而至于语臧获下走，亦必以道。非徒寡口过，亦以示家法也。苟为不然，启口容声，少有不钦，则已先轻躁，何以责人之沉默？是故齐家者，谨言语之为贵。慎举动：家长之举动，家人之

① 万历《萧江全谱》之《附录》卷五《贞教第七》，明万历三十九年（1611）刻本。
② 道光《平阳郡汪氏宗谱》卷二《达公家训》。

模范也。古之君子，上堂则声必扬，入户则视必下。以头容则直，以手容则恭，以足容则重。退而至于饮食起居，莫不以礼。非徒寡身过，亦以示家则也。苟为不然，出入进退，少有不臧，则已先轻率，何以责人之持重？故齐家者，慎举动之为贵。”[③]只有家长和族长言行举止端正，遵守和符合儒家的伦理纲常，才能有效地教育子女堂堂正正做人。因此，就这一角度而言，修身就是要以身作则，率先垂范。

明朝初年，明太祖向全国颁布的《圣谕六条》指出："孝顺父母，尊敬长上，和睦乡里，教训子孙，各安生理，毋作非为。”[④]进入清代，清圣祖进一步将《圣谕六条》扩展为《圣训十六条》，即“第一条，敦孝悌以重人伦；第二条笃宗族以昭雍睦；三条，和乡党以息争讼；四条，重农桑以足衣食；五条，尚节俭以惜财用；六条，隆学校以端士习；七条，黜异端以崇正学；八条，讲法律以儆愚顽；九条，明礼让以厚风俗；十条，务本业以定民志；十一条，训子孙以禁非为；十二条，息诬告以全善政；十三条，诫逆逃以免株连；十四条，完钱粮以省催科；十五条，联保甲以弥盗贼；十六条，解仇忿以重身命。”[⑤]《圣谕六条》和《圣训十六条》也因此成为贯穿明清以来新安宗族家训的指导思想和规矩准绳。

那么，新安宗族传统《家训》是如何教育子女做人道理的呢？

首先，要孝顺父母。俗话说："百善孝为先”。对此，新安宗族的家训对孝顺父母有着超乎寻常的重视。明嘉靖时期，休宁县富溪程氏家族在《祖训》中指出："事奉父母而不忤逆，便是孝顺。父母生身养身，劬劳万状，恩德至大，无可报答。为人子者，当于平居则供奉衣食，有疾则亲尝汤药，有事则替其劳苦，和颜悦色，以承其心志，务要父母身安神怡，不致忧恼。父母偶行一事，不合道理，有违法度，须要柔声正气，再三劝谏，务使父母不得罪于乡党。如或不从，越加敬谨，或将父母平日交好之人请来，婉词劝谏，务使父母不得罪于乡党，不陷身于不义而后止。此孝顺父母之道，为百行之本，万善之源。化民成俗，莫先于此。故圣祖首举以教民，欲我民间各尽事亲之仁，辈辈为孝顺子孙也。”[⑥]明隆庆年间，祁门文堂陈氏家族甚至以演绎体的形式，对“孝顺父母”的家训进行宣讲和演唱，云："人世间，谁不由

③ 民国《河间凌氏宗谱》卷一《家训条款》。

④ 隆庆《文堂乡约家法》。

⑤ 乾隆《绩溪县志》卷三《学校志·乡学附乡约》。

⑥ 宣统《富溪程氏中书房祖训家规封丘渊源考》，清宣统三年(1911)抄本。

于父母，亦谁不晓得孝顺父母。孟子曰：孩提之童，无不知爱其亲者。是说人初生之时，百事不知，而个个会争着父母抱养，顷刻也离不得。盖由此身原系父母一体分下，形虽有二，气血只是一个，喘息呼吸，无不相通。况父母未曾有子，求天告地，日夜皇皇。一遇有孕，父母百般护持，母受万般辛苦。十月将临，身如山重；分胎之际，死隔一尘。及得一子入怀，便如获个至宝，稍有疾病，心肠如割。见子能言能走，便欢喜不胜。人子爱亲之恩，真是罔极无比。故曰：父即天，母即地。人若不知孝顺，便是逆了天地，绝了根本，岂有人逆天地、树木绝了根本而能复生者哉？故凡为人子者，当常如幼年时，一心恋恋，生怕离了父母。冬温而夏清，昏定而辰省，出则必告，反则必面，远游则必有方。又要常如幼年时，一心嬉嬉，生怕恼了父母，好衣与穿，好饭与吃，好屋与住，好兄弟姊妹同时过活。又要常如幼年时，一心争气，生怕羞辱了父母。读书发愤，中举做好官；治家发愤，生殖置好产业。间或命运不扶，亦小心安分，啜菽饮水，也尽其欢，也留个好名声在世上。凡此许多孝顺，皆只要不失了原日孩提一念，良心便用之不尽。即如树木，只培养那个下地的些种子，后日千枝万叶，千花百果，都从那个果子仁儿发出来。”①

清乾隆之初，歙县东门许氏家族对不肖子孙予以严厉惩处，“今后，于不孝不悌者，众执于祠切责之，痛治之”。②为了强调绝对地孝顺父母，绩溪南关惇叙堂许余氏在《家规》中规定，即使父母有不是，有过错，也不能责怪父母，父母在也不得分家，“倘父母有过，当怡声下气以几谏，不可陷亲于不义。父母在，不许各居烟爨”。③孝顺父母，是儒家伦理关系即“五伦”中之最为重要的内容之一，“五伦是父子当头，人人皆父母所生，以孝为本。古人说，孝为百行之原。人不孝父母，虽有别样好事，都是假的。如果行孝之人，决不肯做坏事。如古人扇枕温席、求鲤哭竹，非必富贵容易行孝，就是贫贱，只要尽心竭力以养父母，便是孝子。凡孝子，第一是爱父母，第二是敬重父母，第三要守身，存善心，行善事，扬名以显父母，这才是个真孝子。所以孝能感动天心，孝子必定有后。至如妇人，在家如果是个孝女，出嫁必定是个孝妇，必能守贞，断不肯以清白身体受人污染，玷辱父母。可见，天下好事，都从

① 隆庆《文堂乡约家法》。
② 崇祯《重修古歙东门许氏世谱》卷七《许氏家规》。
③ 光绪《绩溪县南关许余氏惇叙堂宗谱》卷八《旧家规》。

孝字做起”。[①] 因此，一个人的做人首先从对父母的“孝顺”开始，这是一个人做人的根本。

其次，要尊敬长上。从血缘和亲缘上看，长上有很多类型，“有本宗长上，有外亲长上，及有爵位官长、乡达先生，皆当加意尊敬，谦卑逊顺，奉命听教。隅坐随行，让席让路。毋侮老成，毋恣强性，毋伤体面。盖人孰不做长上，我卑幼时解尊敬长上，我做长上，人亦解尊敬我，是谓尊敬长上”。[②] 崇祯休宁叶氏家族还从反面训诫家族成员说：“今世上知尊敬的多是假妆，便与长上作个揖，也是勉强低头；与长上施一个礼，也是习个虚套。傲慢轻薄，乡里谁不恶你、远你？纵才高发达去了，亦终做不得人品。你们各各思量，快要拔去那个不尊敬的真病根。且我能凡事守礼，谦谨一分，尊长必然爱重，乡党必然称誉，后生必然效慕，终身才做得个好人。”[③] 对家族中故意干犯长上者，清道光年间婺源龙池王氏家族的《家法》有着严厉的惩罚规条，“有故干长上，先责以礼。抗而不服者，闻诸公庭，依律治之”。[④] 尊敬长上，即是五伦中的“长幼有序”“一房一族，都要有大有小，才是长幼有序”。[⑤]

第三，要和睦乡里，慎重交友。俗话说“亲不亲，故乡人”。作为生活在同一或相邻社区的居民，有的系同一家族，成员保持有共同的血缘关系；有的则是姻亲关系。即使是非同族、非姻缘关系，相邻的居民也构成了邻里关系。因此，和睦邻里在徽州传统家训中也有深刻的反映。正如明崇祯休宁叶氏家族所指出的那样，“乡里虽不是亲眷，到比那隔远的亲眷更相关；虽不是兄弟，倒比那不和好兄弟更得力。有等不知事的人，只道各门别户有甚相干？不知田地相连，屋宇相接，鸡犬相闻，起眼相见，哪一件能瞒得他！是非也，是乡里间易得生；冤家也，是乡里间易得结。大凡人家灾祸，多是与人不和睦起，亲戚不和睦，他还顾些体面。只有乡里不和睦，决定有灾祸。所以乡里关系最紧，决要和睦”。[⑥] 为此，道光祁门《锦营郑氏宗谱》云：“邻里居之相近也，凡事须要相接以礼。盖出乎尔者反乎尔也，必出入相友、守望相助、

---

① 宣统《仙石周氏宗谱》卷二《石川周氏祖训》，清宣统三年（1911）善述堂木活字本。

② 万历《萧江全谱》之《附录》卷五《贞教第七》。

③ 崇祯《休宁叶氏族谱》卷九《保世》，明崇祯四年（1631）刻本。

④ 道光《龙池王氏宗谱》卷首《家法》，清道光二十六年（1846）刻本。

⑤ 光绪《绩溪县南关许余氏惇叙堂宗谱》卷八《家训》。

⑥ 崇祯《休宁叶氏族谱》卷九《保世》。

疾病相扶、患难相恤，方为仁厚之俗。”①

总之，和睦乡里即可维系最基本的社会秩序，维护社会稳定。至于交友，尤其要慎重，须择人而交处，“朋友，纪纲、人伦，所关最重。近世外则相与如饴蜜，内则相视如寇仇。名则游戏饮食相征逐，实则阴险鼓舞媒田宅。曾未闻有德业相劝、过失相规，此后务须择人而交。谨厚者，明白正大者，有所严惮切磋者，则交之；否则，绝之。择地而处，青楼翠馆，茶坊酒肆，鞠场赌局，勿往焉。虽强之往，不可。则虽未必能纪纲、人伦，亦未必啖于饴蜜，媒于阴险。不为父母僇，不为天地弃人矣”。②这是五伦中“朋友有信”的重要规范。

最后，要教训子孙、各安生理、毋作非为。教训子孙，前文已有论述，唯各安生理，毋作非为，一向是新安宗族家训非常关注的重要内容之一，也是所谓的“治生之道”“人之处世，以治生为急务”。③在山多田少、人众地寡的新安江流域，无论聪明与否，也无论职业高低贵贱，都必须掌握最基本的生计本领，不能不事生业、游手好闲，甚至为非作歹。为此，清乾隆歙县东门许氏家族在《家规》中一再强调指出：“生业者，民所赖以常生之业也。《书》之所谓厚生，文正之所谓‘治生，’其事非一，而所以居其业者有四，固贵乎专，尤贵乎精，惟专而精，生道植矣。士而读，期于有成；农而耕，期于有秋；工执艺，期于必售；商通货财，期于多获，此四民之业，各宜治之以生者也。上而赋予公，退而恤其私，夫是之谓良民。出乎四民之外，而荡以嬉者，非良民也，宜加戒谕。其或为梁上君子，族长正、副访而治之。不悛者，鸣官而抵于法。”④徽州人尤不惮为商为贾，但其家训中严格规范子弟诚信经营，不得制售假冒伪劣伪劣商品，不得掺杂使假，不得缺斤短两，“商贾货值，亦治生之一助。古人谓之废举，谓物贱则人皆废而不举，我则举之而停贮之，贵则卖之也。又谓之人弃我取，即废举之义，大要存心地，及于货物之真，勿以水和米、灰插盐、油乱漆，大称小斗，轻出重入。如此，则坏了心术。纵然得利，而造物者之不饶人也”。⑤学术界在论及新安商人诚信经营、以义为利时，往往列举很多案例。其实，新安商人

① 道光《锦营郑氏宗谱》卷末《祖训》，清道光元年（1821）刻本。
② 康熙《周氏重修族谱正宗》卷一《宗训》，清康熙五十五年（1716）刻本。
③ 嘉靖《绩溪积庆坊葛氏重修族谱》卷三《家训》，明嘉靖四十四年（1565）刻本。
④ 乾隆《重修古歙东门许氏宗谱》卷八《家规》。
⑤ 嘉庆《中井河东冯氏宗谱》卷一《家规》。

诚信经营并不是一时一地个人的孤立行为，而是其家族始终强调与恪守的家训使然。若违犯之，将可能遭到家族的严厉惩罚。祁门河东冯氏家族就在其《家训》明确规定："男子学业，务出于正，凡诸庸下，皆不可为。圣贤传礼乐射御书数，此为正者；其次医卜、地理，或可以资身备用；乐惟琴可学，以其资德而养性。他如琵琶、箫管一切俳优之类，切须禁戒，毋令习也。又如弈棋、摸牌、双陆、骰子，凡诸无益之事，既足以废学丧志，又足以荡产败家，为蠹之大者，后生尤宜痛绝之。"[①] 民国时期，祁门河间凌氏家族对不事生业、胡作非为者，就采取了严厉惩处的措施，"凡人之艺，一则精，二则杂，三则废，故曰：智多则愚，技多则拙。必然之理也。人而无恒，不可以做巫、医。工于艺者，必精致坚固为上。日计不足，岁计有余，虽佣工之人犹然，况自佣工而上者乎？自今工艺不止一途，但当各守已业，终身不变，庶几为治生之长策矣。无常业者，罚之"。[②]

总之，新安宗族的传统家训对家族子女做人，有着非常明确而具体的规范，这是儒家传统伦理中"修身"在新安江流域社会实践中的直接体现。它有力地说明，在号称"东南邹鲁"的新安江流域各地，"修齐治平"并不仅仅是口头上的强调，或文字上的训诫，而是活生生的社会实践。

二、教育子孙读书益智

新安宗族长期重视子孙教育，强调子弟接受教育和读书益智的重要性。为此，建德县《西龙吴氏宗谱》在"确实公遗言"中阐明宗族子弟要及早接受教育和读书道理，指出："人家子弟，方为童子时，天性未漓，习俗未染，其教易入。人每因其幼而忽之，不知此时德器未定，习于善则善，习于恶则恶，不可不豫为之教，此古者所以有蒙养之法也。是宜敛其心志，勿使放荡；束其形骸，勿使傲惰。见尊长，教之恭敬；对宾客，教之礼让。不得凌虐同辈，不得詈骂兄弟。坐立不倚侧，行动不佻达，语言不虚谎，役使勿懈怠。勿令酗酒撒泼，勿令华服炫美。读书则一意在书，不得目视他所、手弄他物；讲书则一意承受，不得杂听他言、心驰他处；写字则端正精洁，不得歪斜涂失，不得墨污书籍、涂抹几案。如此，则提撕警觉，诱迪箴规，必能变化气质，陶镕德性。日砺月磨，自然成器。若姑惜其幼小，纵容其骄性，

① 嘉庆《中井河东冯氏宗谱》卷一《家规》。
② 民国《河间凌氏宗谱》卷一《家训条款》。

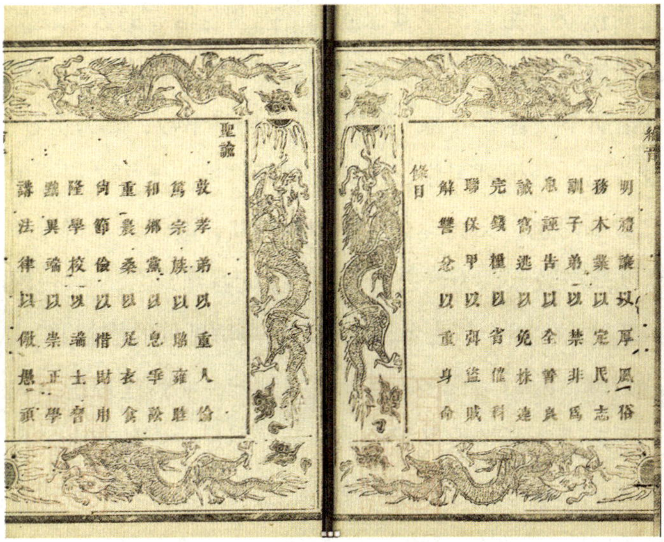

光绪建德《西龙吴氏宗谱》卷首录康熙圣谕十六条

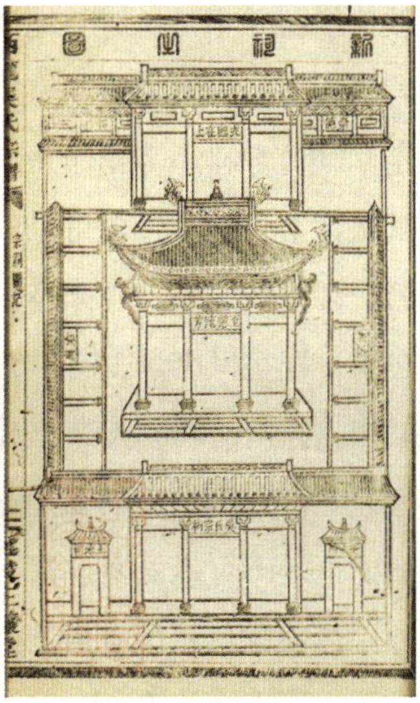

光绪建德县吴氏宗祠图

以至傲慢恣肆、轻佻顽暴，将日流于邪僻，渐不可制，乃悔童子时失于教也，已晚矣。故父兄、师长者，须趁童子之年，朝夕训诲，见有非为，即严禁而呵斥之，使之常有畏惮而不敢肆，则自能循规蹈矩矣。”①

明嘉靖绩溪积庆坊葛氏家族的《家训》则一再告诫族人，重申读书的重要性，云：“世间物可以益人神智者书，故凡子孙不可不使读书。惟知读书，则识义理。凡事之来，处置得宜，如游刃解牛，自有余地。其上焉者可以致身云霄，卷舒六合；下焉者，亦能保身保家，而规为措置，迥异常流，自无村俗气味。苏子云：‘无肉令人瘦，无竹令人俗。’无竹犹未俗也，无书则必俗矣。人求免于村俗，不可一日无书。”②因此，不少新安宗族都在《家训》中明确制定了鼓励子女接受教育的条款，并分年龄阶段因材施教。明崇祯休宁县古林黄氏宗族的《祠规》云：“古人有胎教，有能言之教，又有小学之教、大学之教，是以子弟易于裁就，彬彬蔚起，有由然也。为父兄者，须知子弟之当教，又须知教法之当正，又须知养正之当豫。七岁便宜入乡塾，随其资禀学字学书，渐长有知觉时，便择端悫师儒，日加训迪，使其德性和顺，自

① 光绪《西龙吴氏宗谱》卷一《确实遗言附》。

② 嘉靖《绩溪积庆坊葛氏重修族谱》卷三《家训》。

不失为醇谨。”[①] 那么，如何读书？又如何读好书呢？对此，建德县西龙吴氏宗族的《确实公遗言》专门设有“读书之法”和“听书之法”两款，对子弟如何读书和如何听书进行严格的规范与指点，曰：

读书须先收敛心志，沉静气度，整肃声容，洁净几案，敬重书籍，爱惜字纸。迨开卷之时，须一句一字高声朗诵，清析分晓，目注神维，不落一字，不添一辞，反复熟读，然后熟背，务要一字不差。复将书中义理沉潜玩索，眠思梦绎，念念不忘，乃能永记。

一、读书读文，总以百遍为度，务要透熟，使其言若出于吾之口，使其意若出于吾之心，融会贯通，然后有得。如未精熟，再加百遍可也，仍要时时温习，不可释手。如工夫未到，先自背诵，含糊强记，终不亲切，踰时即忘，徒敝精神，无益学问。

一、读书求通，并无别法，只在多读、多作二项。多读则学博，多作则机熟。多读者，凡时艺、古文、五经、诸史，以及性理、先儒之书，无不熟读，无不讲究，则腹富心灵，识广见大，资深逢源，左宜右有，自然罔不通达。若务读而不多，近守规模，寡闻浅见，将腹笥空乏，终成寒俭；若务多而不读，只用眼看，或为默识，将不久便忘，徒费耳目，二者皆无益也。多作者，每日作文一篇，使法密机圆，思通路惯，词流调畅，无生吞活剥之病，无艰塞窘迫之虞。久之，胸有成竹，目无难题，自可立就也。但读与作故以多为贵，二者又不可偏废。然徒作而不读，则腹枵而文无根抵；若徒读而不作，则手疏而笔路不调。惟交尽之，则学足以充文之用，笔足以运学之奥，自然才调富有，文艺精工。出而求名，如探囊取物，未有不获美报者也。

总之，读书者又贵虚心谦退，卑以自牧，勤于下问，不敢自是，乃能集益。经云：“满招损，谦受益。”良不诬也。

再来看一下所谓的“听书之法”。读书得法固然十分重要，但掌握听讲之法也极有益处。西龙吴氏宗族的《确实遗言》在“读书之法”之后，接着就“听书之法”

① 崇祯《古林黄氏族谱》卷一《谱宗祠 · 祠规》。

进行说明，原文如下：

学问之功，全在讲说。而听讲之法，必须讲时一意承受，讲后自己细会。如每日讲书，听先生讲过后，便自己把讲章先看章旨，次看节旨，次看句解，次看字义。又须详其段落，究其承接，审其重轻，逐节立会，逐句推求，着意研穷，潜思体认，务要条分理析，意义了然。若略有疑惑，即为质问，不可草草揭过。俟一心通贯后，乃听先生摘其难者而挑问之。或格格不能答复，求师复讲，再加指点，如得时雨之化。然后作文随意，运用信手，发挥自无窒碍，亦无差错矣。若泛泛而听之，讲时不留心佩记，讲后不细心详看，徒费唇舌，不入肺腑。今日讲过，明日忘之；此章未达，又讲别章；今年未明，复待来岁。虽讲至百年，究何益也?

一、看书徒看讲章，犹恐忽略，犹易于忘。必须于看过之后，将书掩盖一边，自己心内把章旨节意、句解、字义，以及承接段落，俱从头思索一遍，使融会贯通，毫无所疑。复将师之所言有讲章未载者，并讲章内紧关切要之语，自己从头注释一番，或记写书头，或旁注空行，则经心着意、细微曲折无不体贴，自能远记。即他日忘之，又可将已所注者复阅一遍，仍能记忆，亦且易于便览，是为看书之一善法也。抑当注明之后，又复与友辈将已所看明之书理从头细说一番，辩驳一番，使书中之义蕴无不阐发而出，则相长有益，而己亦愈加透熟，自可以永记不忘矣。

显然，“好记性不如烂笔头”，清康熙年间留下的建德西龙吴氏宗族的《确实遗言》，为新安宗族子弟如何读书、如何听讲提供了一个生动活泼的实例。除了“读书之法”和“听书之法”外，《确实遗言》还有不少内容，其中“写字之法”，对初学少年尤其有帮助。但限于内容和篇幅，就不一一列举和赘述了。

对新安大姓望族、名门世家而言，教育子弟读书，承续宗族诗书传家的传统，几乎是宋明以来新安宗族家训的一个最基本内容。子弟自幼聪慧，能主动读书，一心向学，自然是宗族未来的希望。但作为宗族族长或家长，不惜费用，延请满腹经纶的先生教授子弟，这才是一个大姓名族的风范。“立身成家之道，莫要于耕读。子孙业儒者，当以务学为急，宜端志向、尊师友、体经籍、喜闻过、戒嗜欲，谨此五者，方成大儒，可以光宗而耀祖也。业耕者，当以勤俭为先，宜力稼穑，崇淡朴、遵圣谕、急上供、怀刑法，慎此五者，斯为成家之贤子弟矣”。① 但读书并不非要以博取功名为目的，更多则是为了提高自身的素质和修养。正如道光遂安县大墅方氏宗族《祖遗训诫》所云：“语曰：要好儿孙，在读书。非定以此博高官厚禄也。盖人具五官，而目不识丁，与牛马襟裾何异？故子嗣之聪俊者，宜授以经史，俾其知古圣之义理，识屡代之兴亡，则效先哲惩鉴奸邪，此诒谋之令矩也。幸而策名立朝，亦可光耀祖宗。即不幸而穷约终身，亦不失为守道名儒。读之于人，宁无益乎？”②

对延请教师授课，新安宗族特别强调要尊敬师长。清咸丰遂安县姜氏宗族，“弟子事师，敬同于父。习其道术，学其言语。有疑即问，有教即受。臣无境外之交，弟有束修之礼。一日为君，终身为主；一日为师，终身为父”。③ 慎重选择教师，尊重教师，以免误人子弟。清乾隆遂安川南郑氏宗族在《家规》中一再要求族人：“每岁塾师，务请德行纯厚、学问赅博之士以任之，庶使子弟有所观感而兴起也。”④ 民国歙县吴越钱氏家族对择师和尊师再三要求家长、族长切勿为节省钱财，或碍于亲友面子，而不加选择地聘任无德无能的教师，指出：“最重尤在择师，今时之弊，往往初学成童，甫离村校，于书理字义、文章规矩，曾未涉其藩篱，慨然为人之师，不责多俸，但图糊口。而求师者利其省费也，或取诸家族之近，或徇于戚友之情，懵而延之。冬烘村塾，积月累年，卒于无就而坐以终废者，十之八九。迷以传迷，误以传误，深可浩叹。”⑤

传统徽州家训对子女教育方面的规定还有很多，诸如职业教育和社会教育等，限于篇幅，这里就不再一一赘述了。

第二节 新安宗族的齐家家训

“家者，国与天下之积也。谱族而凛凛于家规，凡以惇吾族者，必在于齐其家，

① 民国《遂安中洲程氏宗谱》卷首《家规》。
② 道光《遂阳大墅方氏宗谱》上卷卷二《祖遗训诫二十则》。
③ 民国《新定渭川姜氏宗谱》卷一《姜氏家教》。
④ 乾隆《川南郑氏宗谱》卷十六《家规》。
⑤ 民国《吴越钱氏七修流光宗谱》卷一《家训》，1914年木活字本。

家齐而人皆率德兴行，以君子自励，则族为望族，而国与天下不外是为丕著焉。”①家庭是社会的细胞，是由夫妻关系与亲子女关系结成的最小的社会生产与生活共同体。“齐家”即追求家庭的和谐与家庭成员的和睦，这是维系社会稳定的基石。因此，在徽州传统家训中，有关“齐家”的规条也极为具体而详尽。

强调家长的权威，维护家庭的尊卑长幼秩序，这是徽州传统家训中关于“齐家”的最基本规范。地处北部的祁门善和程氏家族在《窦山公家议》中开宗明义地指出：“家国一理，齐治一机，况国易而家难，家之齐者尤难乎。”②为使家庭保持稳定，维护家长的权威，就显得特别的重要而迫切。为此，程氏家族拼命地强调家长的权威，要求家族所有成员，“凡事属兴废大节，管理者俱要告各房家长，集家众，商榷干办。如有徇己见执拗误事者，家长家众指实纠正，令其即行改过。如能奉公守正者，家长核实奖劝，家众毋许妄以爱憎参之，以昧贤否”。③家长对内管理家庭成员的共同生产与生活秩序，维持家庭成员之间的和睦相处；对外以家庭名义处理各种日常事务与邻里家庭之间纠纷，承担封建国家的赋税和差役。家族成员以及寄养在本家的佃仆等成员，一律在家长的统辖下，按照尊卑、长幼、男女的等级次序，各司其职，各行其是。

既然家长如此重要，对家长的要求也相应较为严格。明万历歙县谢氏家族在《家规》中规定，“一家之中，大小事务，悉主于家长。为家长者，所系甚重，故弟兄叔姪同居同事，自冠至老，不过五七十年之久耳，光阴如白驹过隙，必须立心公正，慎守礼法，以御群子弟，分之以职，受之以事，而责其成功。钱谷出入，务须明白；饮食衣服，务在均一。凡为少者所为，必资禀于家长，不可妄行。同心协力，以助朝夕。饮食，除仆从外，共一爨，须要同食，坐者、立者各依次序。妇女集于户内，饮食亦然。事碍不能赴者，从便。若得一异味或时物，不拘多寡，俱约享之”。④万一家长有过失，很多宗族都提出了不少处理办法。清道光年间遂安三径姜氏宗族就此提出了极为严肃的要求，并在宗谱的《族训》中强调指出：“家长不幸有过，举家随而谏之，然

---

① 乾隆《川南郑氏宗谱》卷十六《家规》。
② 万历《窦山公家议》卷一《管理议》。
③ 万历《窦山公家议》卷一《管理议》。
④ 万历《古歙谢氏统宗志》卷六《家规》。

必起敬起孝，毋伤和气。若有不堪任事者，则次长者佐之。”①

绩溪县《章氏宗训》对“齐家”也有着非常经典的论述，云：“传家两字，曰读与耕；兴家两字，曰俭与勤；安家两字，曰让与忍；防家两字，曰盗与奸；亡家两字，曰嫖与赌；败家两字，曰暴与凶。”②耕读传家，这是中国传统社会传家的主要法宝。兴家则在于勤和俭，明崇祯休宁叶氏家族在其《家规》中，引经据典，对勤俭持家做了非常精到的规定，“务勤俭以成家。先哲云：‘大禹圣人，尚惜寸阴，矧兹吾人，当惜分阴。’又云：‘一岁之计在于冬，一日之计在于寅。’盖言勤也。礼奢宁俭，不逊宁固。圣人惓惓以俭教人，老氏三宝，俭居一焉。盖士农工商业虽不同，皆是本分内事，惰则职业隳，勤则职业修。纵然富贵自有命定，饥寒断然可免，内可以慰父母，妻、子倚赖，外可以免姻里讪笑。然勤俭原相表里，勤而不俭，奢靡浪费，勤亦无用。不思人生福分有限，若饮食衣服、日用起居一一节啬，留有余不尽以还造化，随缘随分，自然享用不尽，可以优游天年，勤而能俭，家道成矣。故欲成家者，不可不务勤俭。”③勤俭持家，这是宋明以来新安家庭和宗族持家的根本之道，毕竟勤可开源，俭可节流。对此，几乎每一个新安宗族的《家训》中特给予特别的关注与强调。建德西龙吴氏宗族的《确实遗言》指出：“勤俭宜兼。‘勤俭’二字，乃起家之根本，撑家之要诀。人能识此二字，便是成器之子；人能尽此二字，必做富厚之翁。人若背此二字，终为饿殍之卒。但二者相需，缺一不可。若勤而不俭，则所入不可偿所出，虽勤而不足于用，究有匮乏之虞；若俭而不勤，则少出亦少入，虽俭而亦不足于用，徒为刻啬之苦。故二者必须连环并行，乃为有济也。”④

如何维持家庭内部的和谐，达到雍睦、平安、祥和的目的？如何能做到家庭的和睦与稳定？这就需要各个家庭成员各司其职，各安其分，各守其道。即使遭受不公，也必须学会“忍让”。所谓“‘忍’之一字，诚处家睦族之道。……夫‘忍’字，义理最大，合族之人，凡有长短是非，若大若小，当痛加隐忍，以消怒气，以释恶念，以德报怨，用全亲亲之谊。”⑤明崇祯休宁叶氏家族在对“忍让”的解释时，指出：

① 道光《三径蒋氏宗谱》卷一《族训》，清道光十七年（1837）木活字本。
② 嘉靖《章氏世家源流族谱》卷二《太傅仔钧公家训》明抄本。
③ 崇祯《休宁叶氏族谱》卷九《保世·家规》。
④ 光绪《西龙吴氏宗谱》卷一《确实遗言附》。
⑤ 万历《古歙谢氏统宗志》卷六《家规》。

“盖忍非强忍、姑忍，让非推让、故让，念念纲常伦理，知有义，不知有利，躬自厚而薄责人。有此真念存于中，自然不期忍而忍，不期让而让，参不得一毫人为意想。暂如是，久如是，常如是，方谓之‘忍让’，方谓之‘敦忍让’。一人忍让，一家自然耻忿而耻争，家道雍睦而和矣。故欲和家者，不可不敦忍让。”⑥ 这就是“敦忍让以和家”的道理。

家庭秩序井然，和谐稳定，这是社会秩序和社会稳定的基础。在家庭中，父子、夫妇、兄弟，以及妯娌之间，因性情、利益及兴趣爱好不同而产生的琐碎小事和口舌之争是不可避免的，预防家庭纠纷和内讧就显得十分必要。对这一点，新安宗族特别是名门望族的家长或族长颇为心知肚明。因此，在《家训》中，他们都专门设置了防患于未然的措施，“大抵风闻之误，皆起于嫌疑之际。通族子弟，皆当防微杜渐”。⑦ 此即“端不可开，渐不能长”之道。

如何预防家庭不睦、败家甚至亡家的命运？徽州传统家训从父子、夫妇、兄弟、朋友之“五伦”大义之四伦入手，进行规范。

第一，要正名分。名不正则言不顺，维系家族特别是大家族中的尊卑、长幼、夫妇关系，使其在既定的秩序框架内运行，这是防败家的要领。为此，歙县义成朱氏家族在《祖训》中明确出 ：“名分者，世教之大防，人伦之要领也。名不正则情不顺，分不明则理不足。情与理亏，而措之天下，何者非背谬之行？盖尊卑、长幼之间，不别之为尊卑、为长幼，则名失。名既失，遂不循尊尊、卑卑、长长、幼幼之节，而分亦失。若是者，总由僭侈之习与亵狎之私，渐而干之，遂至目无法纪者有然，甚矣，人而不顾名分，自古弑逆大故，类皆由此酿成。”⑧ 可见，正名分是维系家族内部秩序必不可少的首要环节。

第二，对家中子弟，新安家庭和宗族家训在强调父子有亲、长幼有序的同时，还特别要求父兄要恪尽自己的义务，对子弟严加管束。不少家族的家训规定 ：“凡为父兄者，务须严约束，谨关防，毋许偷惰习馋，毋许亲近恶少，毋许性狂气傲，毋许游荡嬉戏。”⑨ 新安宗族深知，嫖赌、奸盗和凶暴是乱家之源，败家和亡家之根。为此，

---

⑥ 崇祯《休宁叶氏族谱》卷九《保世·家规》。
⑦ 民国《河间凌氏宗谱》卷一《家训条款》。
⑧ 宣统《古歙义成朱氏宗谱》卷首《祖训十二则》，清宣统二年（1910）木活字本。
⑨ 光绪《绩溪东关冯氏家谱》卷首《冯氏祖训》，清光绪二十九年（1903）木活字本。

在《家训》中对家族中犯奸盗者，他们都规定了极为严厉的惩处措施，不仅将触犯者削除族籍，生不许入宗祠，死不许进祖坟，而且还要送官究治，严惩不贷。明隆庆祁门《文堂乡约家法》就规定："凡有奸盗诈伪、败坏家法、众所通知者，公举逐出祠外，不许混入拜祭，玷辱先灵。"[①]万历休宁林塘范氏也在《家规》中规定："吾家伦理，上赖祖宗垂训，礼法森严，子姓雍肃，向来并无不孝不悌、暴横败伦、酗酒撒泼、引诱唆讼、奸盗诈伪等事。故能衶食一堂，共享祭拜。以后子孙，如有经犯前项过恶，即系忤逆祖宗，非我族类。除奸盗听族长、房长率子弟以家法从事外，余犯与众黜之，生不得齿于宗间，殁不得祔于家庙。其有自悔自愤、改行迁善者，众仍收录，以开自新之门。"[②]

第三，败家与亡家不外乎是嫖赌、凶暴所致，新安名门望族对此认识也是非常清晰的。所以，为了防止家族子弟陷入嫖赌与凶暴而不能自拔，大部分家族都在《家训》中制定了非常苛刻的预防措施，一旦触犯，家族将依照家训、家规和家法予以严惩，决不姑宽。清雍正歙县潭渡黄氏家族在《家训》中列举了嫖赌等犯罪行为，告诫家人"不得私造饮馔及入肆扛醵平伙，以徇口腹之欲，尤不得引进娼优讴词献伎，以娱宾客，并不得好勇斗狠及与打降闯将匪类等来往，不得沉迷酒色，妄肆费用，以致亏折资本。至若不务生理，或搬斗是非，或酗酒赌博，或诓骗奸盗，或党恶匿名，一应违于礼法之事，当集众诫之。如屡诫不悛，呈公究治，不可姑容"。[③]乾隆歙县东门《许氏家规》在历数凶暴无耻的种种危害后，指出："世之凶暴无耻者，欺人之孤，虐人之寡，恣贪饕之惨而夺其资，其孤寡者含恨饮忿，而卒于无所控诉也。彼人之心忍乎哉？殊不知天道昭明，殃庆各以类至。积恶，余殃不于其身，必于其子孙。"[④]建德西龙吴氏宗族在《确实遗言》的《家训》中，开宗明义地提出了"垂戒六事"，其中"戒淫"和"戒赌"被列为第一、二条，并痛斥"淫为万恶之首，人一犯之，损阴德，坏品行""赌则废时失事，本业不修，且夜以继日，劳神耗精，因而致病，多至丧身"。[⑤]对家族中这种嫖赌与凶暴之徒，新安宗族在《家训》毫无例外

① 隆庆《文堂乡约家法》。
② 万历《休宁范氏族谱》卷六《谱祠·林塘宗规》。
③ 雍正《潭渡孝里黄氏族谱》卷四《家训》。
④ 乾隆《重修古歙东门许氏宗谱》卷八《家规》。
⑤ 光绪《西龙吴氏宗谱》卷一《确实遗言附》。

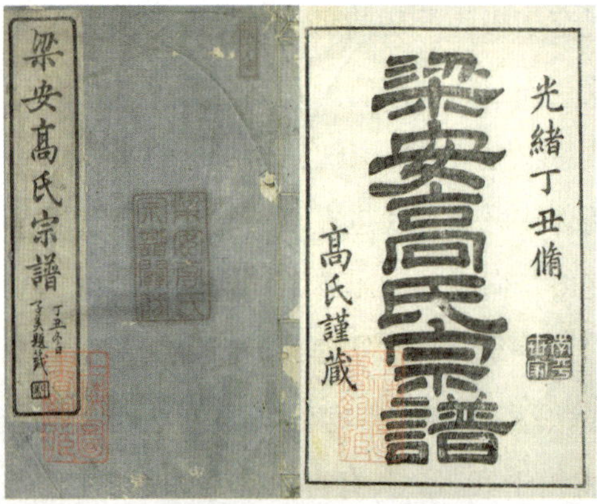

清光绪绩溪《梁安高氏宗谱》书影

地对其进行挞伐和革除族籍的处置。光绪绩溪高氏家族罗列了五种违犯家法的行为，即“成人以上得罪父母尊长”“窃取族内物件”“在族外有奸淫事迹”“与族内妇女笑谑”“聚赌”，对这五种行为，采取严格的惩罚举措，规定 ：“以上由分长或族长引入支祠或宗祠祖前，杖以竹板。杖之轻重多寡，视其罪之大小、身之强弱。既责，仍诚心化导，务期悔悟。”对家族内部成员“在族外行窃者”“素性凶暴、殴斗伤人者”“行止诡异、交结邪匪者”，则一律予以“逐革”。[①] 民国时期，绩溪宅坦胡氏家族认为 ：“身体发肤，受之父母，不敢毁伤。乃暴戾之徒逞英雄之概，凶皝无词，恃气矜之隆，恶终无顾，自召其殃，甘投法网，此等并皆黜革。”[②]

总之，为避免家族成员因嫖赌、奸盗与凶暴等行为而导致败家、亡家的覆辙，新安宗族的家训采取了立足家族教育、施行族内处罚和送官究治等并举措施。新安宗族之所以能够绵延持续，形成良好的家风，在某种程度上说，确实得益于此。这些措施和做法，即使在今天看来，仍有其值得总结的经验和借鉴之处。

第三节　新安宗族的治国与平天下家训

儒家伦理强调从修身、齐家做起，进而达到治国、平天下的目的，这也是新安江流域传统家训始终贯彻的一个指导思想和实践典范。

南宋以降，在科第兴盛的新安江流域各地，传统家训不仅对家族所有成员的言行举止进行规范，而且对科第入仕的子弟，给予了特别的关注，对孝、悌、忠、信、礼、

① 光绪《梁安高氏宗谱》卷十一《家法》。
② 民国《明经胡氏龙井派宗谱》卷首《明经胡氏龙井派祠规》。

义、廉、耻这一为人处世的“八德”强调有加。清道光婺源龙池王氏家族专门设置《庭训》一节，以“八德”告诫家族人：

> 孝：生我者谁？育我者谁？择师而教我者谁？虽生事葬祭，殚力无遗，未克酬其万一。苟其或缺，滔天之罪，尚何可言？弟：易得者财，难得者同气。乃或以资财之故而伤同气之谊，是谓难其所易，而易其所难，其惑孰甚？忠：求忠臣者，必于孝子之门，公尔忘私，国尔忘家，非云忠孝难以两全，正谓君亲本无二致。信：无欺之谓信。试观阴阳寒暑、日月晦明，何曾有一毫假借。故欲人信我，切莫欺人。果能不欺，则至诚可感豚鱼，而况同类？礼：人之有礼，犹物之有规矩，非规矩不能成物，非礼何以成人？故凡一身之中，动息作止，慎毋以细行忽之。义：尚义之与任侠固大不同。任侠者邻于慷慨，不无过举；尚义者审事几揆轻重，非穷理尽性不能。廉：好利谓之贪，沽名亦谓之贪。世有却千金而不顾者，名心未忘，可谓廉乎？四知是畏，当取以自勗。耻：羞恶之心，人皆有之，斯为改过迁善之几。苟漠然无所动于中，岂非小人而无忌惮者乎？故曰人不可以无耻。[①]

那么，在现实生活中，如果出现“忠”与“孝”难以两全之事，新安宗族是如何处理这些在治国及平天下中产生的矛盾呢？

明万历祁门清溪郑氏家族强调“忠”“孝”之间的统一，认为：“家国虽殊，忠孝则一，保守宜同。故窃土叛君者不忠也，废祀灭祖者不孝也。不忠之徒常刑罔赦，不孝之徒比例宜然。否则人将轻犯，此刑期无刑意也。”[②]清乾隆遂安广川黄氏宗族《家范》认为，“忠”与“孝”是统一的，“出则事君，入则事亲。家有孝子，而后国有忠臣”。[③]民国绩溪宅坦胡氏家族则调和“忠”与“孝”的关系，云：“扬名显亲，孝之大也。然能仕而父教之忠，在位而恪躬乃职，始不负于朝廷，乃有光于宗祖。”[④]其实，在“忠”“孝”难以两全的情况下，新安宗族传统家训还是倾向于舍“孝”取“忠”的。

① 道光《龙池王氏宗谱》卷首《庭训》。
② 万历《祁门清溪郑氏家乘》卷三《祀产条例》。
③ 乾隆《遂阳广川黄氏宗谱》卷上《宗范》。
④ 民国《明经胡氏龙井派宗谱》卷首《明经胡氏龙井派祠规》。

清光绪绩溪南关惇叙堂许余氏家族在阐述“五伦”中“君臣有义”时指出：“君是君王，臣是官员。君王要仁爱百姓，要做仁君，不可做昏君；臣子要尽忠报国，要做忠臣，不可做奸臣。君明臣忠，叫作君臣有义。”[①] 这里虽未明说，其中之义当已不言自明。

清嘉庆祁门中井冯氏家族在《家规》中要求，家中成员为官一定要牢记忠君爱民、以义为利的宗旨，廉于律己，“子孙仕宦，不拘职任内外大小，皆当存心于忠君爱民，廉以律身，仁以出治，恕以处事，宽以御众，而辅之以勤谨和缓，公正明决，未有不保终者。设不幸而横灾挠抑，亦安于天命，但思己无所以致之之由，则君子奚愧焉”。[②] 遂安县石峰吴氏宗族认为，“为臣不忠，为官不仁，有玷辱清白者，不容入谱”。[③] 这是新安家族对“为臣不忠，为官不仁”者处以削除族籍的最重惩罚。

为训诫家族子弟为官勿贪，清同治绩溪华阳舒氏家族在《庭训》中一再重申，“君子爱财，取之有道，非一无取也，盖取所可取也。是故一物之投，必辨所从来，无处而馈，宜却而弗受。得所当得，虽千驷不为贪；取非其有，虽一介亦为盗。宁廉洁留清介之名，毋苟得贻贪污之诮。畏四知于暮夜，期清白以传家，庶知细行克矜，无累大德”。[④] 雍正歙县潭渡黄氏家族的《家训》还以古今成败得失的教训，来规劝家族中从政的官员，“览往事之成败，察将来之吉凶，未有干名要利、贪欲无厌而能保世持家，永全福禄者也。夫物速成则疾亡，晚就则善终”。[⑤] 民国歙县吴越钱氏家族则告诫族中为官子弟尽心尽力、奉公守法，做忠臣廉吏，“夫既皆居王土而为王臣，则凡分所得为者，尽其在己，皆谓之忠也。如朝廷有令，奉公守法，不敢为非，是即奉法之忠也。朝廷有工役，急工趋事，毋敢或后，是即趋事之忠也。朝廷有赋税，及时输将，无敢逾期，此即纳供之忠也”。[⑥] 绩溪西关《章氏宗训》将个人、家族、国家和社会联系起来，对家族子弟进行规劝，要求他们“休存猜忌之心，休听离间之语，休作生愤之事，休专公共之利。吃紧在书本求实，切要在潜消未形”。[⑦]

清康熙时绩溪旺川曹氏家族在《家训》中要求族中无论男女，都要砥砺名节，

---

① 光绪《绩溪县南关许余氏惇叙堂宗谱》卷八《家训》。

② 嘉庆《中井河东冯氏宗谱》卷一《家规》。

③ 光绪《石峰吴氏宗谱》卷一《家规》。

④ 同治《华阳舒氏统宗谱》卷一《庭训八则》，清同治九年（1870）叙伦堂木活字本。

⑤ 雍正《潭渡孝里黄氏族谱》卷四《家训》。

⑥ 民国《吴越钱氏七修流光宗谱》卷一《家训》。

⑦ 嘉靖《章氏世家源流族谱》卷二《太傅仔钧公家训》。

把持操守。对违背者，先进行教育劝导。若寡廉鲜耻、怙恶不悛、不顾名节者，将被家族视为罪人，开除族籍，生死不许入祠。“三代以上，惟恐其好名；三代以下，惟恐其不好名，名所以励天下之节也。虽然名者实之宾，节之不立，名胡由成？男儿以忠孝成名，女子以节烈成名，是固在人之克自树立，而非作而致之也。然此等高谊，昭垂史册，显耀宗祊，祠中当特置一座，以配享祖祀，俾后之人慕而效之，则其奋也勃焉。至于寡廉鲜耻、身名不顾者，姑与再三劝之，而亦未遽绝之也。若其怙恶不悛，甘为祖宗罪人，则鸣鼓聚众，大书‘某也无良’，摈出祠外，生死永不许入，庶人知所戒而莫之犯也”。[①]

总之，新安宗族的家训以儒家传统修齐治平观为中心，要求“吾家子弟，或忝科甲，未可遽入仕，必待所学开明，从而自试，上不误君上任委之心，下不失民人倚赖之意，九泉乃祖于此无恨矣”。又云：“君子以国为先，祖宗次之；居官以民为先，子孙次之”“慈爱恭敬，可以修身，可以齐家，可以治国，可以平天下”。[②] 并以此来处理个人、家庭、国家和社会的关系，“古之欲明明德于天下者，先治其国；欲治其国者，先齐其家；欲齐其家者，先修其身；欲修其身者，先正其心；欲正其心者，先诚其意；欲诚其意者，先致其知。致知在格物，物格而后知至，知至而后意诚，意诚而后心正，心正而后身修，身修而后家齐，家齐而后国治，国治而后天下平”。[③] 正是能够正确地处理个人和家庭的私权至上与国家、社会的公权至上两者之间的关系，并在其中找到平衡与联系的支点，才使得新安宗族传统家训和家风得以不断传承与发展。明乎此，我们便能从复杂的社会表现中发现底蕴厚重的新安文化繁荣发展的根由。

第四节 新安宗族的家风及其形塑

新安宗族的传统祖训、家训、宗训、族训和庭训，代代相传，薪火相承，最终

① 民国《曹氏宗谱》卷一《家训·旺川家训十则·康熙朝大九公廿四世孙邑廪生行名光字翼宸撰》。

② 同治《富春严氏宗谱》卷首《子陵公家训》，清同治六年（1867）刻本。

③《大学 中庸 论语》，上海古籍出版社，1987年，第1页。

造就了一个又一个家庭和宗族的良好家风，成为宗族得以不断延续和壮大不竭的精神源泉。

一个家庭和宗族的家风并不是一挥而就形成的，它是整个家庭和宗族成员经过数代乃至数十代的积累和积淀而形成的。就此而言，宋明以来，新安江流域名门望族的传统家风几乎是每一个家庭和宗族成员身体力行的结果。诚如乾隆四十三年（1778）郑濂为遂安川南义门郑氏宗族撰写《续修川南郑氏宗谱序》中所指出的那样，遂安川南郑氏宗族自宋代卜居川南以来，其间经历千辛万苦，历数十世传承，至清乾隆时代，业已形成仁义之家风，“其硕大而绵亘者，罔不本仁孝，崇节义，数百年勋德相望，以迄于今。盖累叶祖考，敬承家法如此。惟有忠孝而后有义聚，惟有川南而后有麟溪。故浙河言氏族者，群莫与校大。”[①] 清嘉庆十七年（1812）刊刻的黟县《南屏叶氏族谱》，以《祖训家风》为题，收录了叶氏宗族的祖训和家风。其实，这是经历了二十世数百年积累，并经叶氏宗族精英们总结与形塑而最终形成的，“敬述祖训家风，维我祖宗，详立《家训》，美善多端，合族奉行，阅世二十，历年数百，罔敢懈怠。其所以正人心、厚风俗者，至周且详也”。按，《南屏叶氏族谱》的编纂者从崇礼教、正名分、安生业、敦正道、禁邪僻、和宗族、饬风化和杜匪类八个方面，对叶氏宗族的祖训家风进行总结，形成了这件珍贵的《祖训家风》文献，“以上数则，皆祖宗流传家政，使后嗣衣食粗赡、伦常敦笃，以仰承太平之福也。凡我族人后嗣，务宜恪守，毋怠毋忽”。[②]

世界文化遗产——皖南古村落黟县西递村一幢民居中的楹联

“几百年人家无非积善，第一等

① 民国《川南郑氏宗谱》卷首《序》，1922年木活字本。
② 嘉庆《南屏叶氏族谱》卷一《祖训家风》。

好事知识读书。”宋明以来，新安江流域的大姓望族之所以能够形成聚族而居局面，主要还是在于他们始终恪守忠孝、耕读、积善等良好美德的传统，“忠义相尚，诗礼传家，日有兢兢”，[①] 并垂先裕后，绳绳相继，代代相传。诚如遂安石塘分迁大畈的鲍氏宗族在《排溪里居图赋》中所云，“粤稽新定名区，石塘亦云乐地；载考大家世绪，上党岂乏余芬。委委原原有本，绳绳继继无垠。……山环水绕，四面安排。窃望地灵人杰，士也焚槁继晷，农则秉耒扶犁，工居肆兮无迁，日斯征者月斯迈。商处市以贸易，朝而考者夕而稽，行见四民勤动，万户安栖。士农以耕读济美，工商则艺业留题。”[②] 正是凭借一代一代族人的辛勤创造和薪火相传，新安宗族的家风才逐渐在社会生产与实践中形成，并不断发扬光大。

宋明以来，新安宗族特别重视家风建设，一批宗族的精英还身体力行，对本族良好的传统家风进行记录和形塑，进而形成今日大量以文字为载体的新安宗族祖训、家训、宗训、族训、遗训和庭训。建德县西龙吴氏宗族裔孙吴菁侯的《确实遗言》，一再申诫后人，“家风宜饬”，即要整顿家风，致力于家风建设和维系。[③]

首先，吴菁侯认为整顿和建设家风，必须先从振门风和家教入手。显然，吴菁侯在《确实遗言》中所言之“家风”，并非系单独个体家庭的小“家风”，而是指整个西龙吴氏宗族的大“家风”。他指出：“人家兴败，看其风景，视其体格，入门便知。故门风不可不振，家教不可不严也。”那么，吴菁侯所指的门风和家教包括哪些内容呢？门当然是指宗族支派的门，所谓“一门忠烈”，亦可认为是具体人家的门。也就是说，一个宗族的兴败，入门一看，便知分晓。这当然是最表面的，诸如灰尘长期不扫、居室环境和家居摆设脏乱差等。但是，《确实遗言》还是从“每日庭除打扫”、接待宾客和赴人筵席等表面的家风整顿和建设着手，有针对性地提出了一些治家对策，指出：

凡治家者，每日庭除必洒扫，椅桌必净揩，鸡犬必约束。凡客来相会，礼

---

① 万历《重编愈氏统宗谱》卷首《序·明万历四十七年俞履原序》，明万历四十七年（1619）木活字本。

② 光绪《遂安鲍氏宗谱》卷二《排溪里居图赋》。

③ 按：《确实遗言》系建德西龙延陵吴氏宗族裔孙吴菁侯于清康熙五十九年（1720）临终前，出于“一己之性情”而写下的遗训。用他自己的话来说，就是“虑抱疴已久，行将辞世，苟有怀不吐，则意逐颜销，心随形灭，其孰从而传之？爰笔之于书，抒其所见，发其所藏，庶后人读而观之，亦可想见予之为人，而因以训子若孙也。于是，举重摘要，约略数十端，各款眉列。使人易于便览。而其言皆确而不易、实而可凭，因为颜其额曰“确实遗言”（光绪《西龙吴氏宗谱》卷首《确实遗言序》）。

貌必谦恭，语言必和婉，茶汤必沸热，盘盏必干净，迎送必周至。凡客至留款，食物不贵多品，只宜精洁，宜调适，宜快便，宜礼意殷勤，情谊恳挚。凡设席请客，不宜过丰。古礼只用四豆，今大约用馔八簋、果四品、点心二色，末用汤饭一道，不丰不俭，此为常礼。若过于侈靡，则多戕物命，多损精力，多费钱财，多折福分。且人之腹量有限，客至醉饱之时，虽有佳肴，亦不欲举箸，徒殄天物，多设何益？至于酒，宜随量而饮，主人但可相劝，不可相强。若强之而至沉湎淋漓，必至失仪，亦以伤人。且酒后多衅，每以生祸，甚为不美。至于彻席，亦有常度，不可纵长夜之饮，不但丧德，恐招火盗，且以烦苦中馈，亦不体恤下人。凡赴人筵席，饮食宜逊让，宜节止，不可放饮贪食，如饕餮之形，以致丧仪，令人轻贱。

其次，吴菁侯进一步从个人和家庭的日常生活、饮食器物和勤俭持家等方面，提出了更深层次的综合性家风建设问题，指出：

凡一家衣食，惟养老必须衣帛食肉，其余饮食，不得求肥鲜，但随其便、充其腹而已。衣冠不得求华美，但垢必洗、破必补而已，此不但省费，所以节欲，亦以养福。凡器物，以切于日用者为贵，自宜措办。若金银之器，不必具，以不便常用，且以招盗。至奇玩之物，更不必具，以无济于用，且以贾祸也。

凡起造房屋，宜朴素简净，不可过于雕饰。若太雕饰，则资费浩繁，难于成功，而多致罄匮之患，且导子孙以奢侈而荡其心，贻害不小。又未免越分逾制，有干律例。至令观者得以忌而作祸，甚非祥居也。其间架亦宜制度得中，不可过于高大。若太高大，则阴气盛而人气不能充，以致居者常多不利，且其势亦不能坚久而覆败随之。凡此皆奢侈者之所为，而究为徒费资财者也。

凡人家所居旧屋，宜葺理，不可听其颓败；墙围宜修盖，不可听其倒坏。盖不但外观之不雅，亦便是人家败征也。

这是对家庭和宗族衣食器物、房屋起居的最基本要求，即遵守规制，力戒奢侈，保持俭朴本色。唯有如此，才能使良好家风和家族传统得以维系并持续发展。

复次，对家庭和宗族的田产这一农耕社会的基本生计，吴菁侯提出了自己关于田产买卖的主张。认为，切勿贪得无厌，不必购买过多田产，从而导致各种负担。

即使购买田产，也不要乘人之危，让贫困者吃亏。对此，吴菁侯连用了八个“不可”，力戒后人，切勿以债利准折、货物抬算、压低价格、骗诱败家子等，更不能与兄弟或邻里争产争界而导致诉讼。所有这些，都是从更深层保持良好家风、维持家族长久延续的实质性问题。

凡田产所不可无，然贵约而易守，实而得用，不必太侈。太侈则不免多费资本，多损精力，多有荒芜，多遭坍崩，多致逋负，多招词讼，多累差徭。而计其所入，亦卒与约者、实者不相上下，何以侈为？

凡买田宅，不可吃亏贫人，不可以利债准折，不可以货物抬算，不可乘人之急而短其价，不可骗诱败子贵产而贱得之，不可因界相连遂欲谋买，不可与兄弟争产而致讼，不可与人争丈尺之界以构讼。盖世间产业倏忽转移，不能长据。若贪谋设计而取之者，更不能久，有识者须看得破。

再次，吴菁侯还对家庭或宗族遇到紧急事务时的经费筹措和用度，提出了自己的应对策略和解决的办法。指出：

凡人家有紧急用度，算来无所出数，必欲求人，则器物宁卖毋当，当则所值有限，日久利重而物仍抹，何若即卖之为得价也？产业宁卖毋抵，抵则所给不多，日久利重而产随去，何若即卖之为得价也？故人家切不可借债，借债则为利所轴，便穷得快也。

从此段文字看，无论是器物还是产业，吴菁侯都毫不犹豫地坚持“卖”而非“当”或“抵”，理由非常简单，就是避免遗留后患，尽可能多地获得急需的资金。尤其是强调切不可“借债”，这是极有见地的。否则，不仅家风难以维系，家庭或宗族也会迅速陷入贫困的地步。

第五，对于父母、家人、祖先的丧祭、出生、寿诞等人生仪礼及其费用，提出了“称家有无、厚俭适中、贵在必诚必敬”的实用主张。要求：

凡遇父母丧，棺椁衣衾，宜从其厚；袭殓殡葬，宜尽其心。哀痛惨怛，宜极其切；衰绖杖屦，宜遵其制。祭奠哭踊，宜竭其诚。至于陈设之仪文，吊客之来往，不妨从其简略也。

凡一年时节忌辰，祭神祭祖，当必诚必敬，一其心志，聚其精神，洁其气体，肃其衣冠，俨如临之在上，与之相对一般，起敬起畏。不得嬉笑跛踦，亵狎欺慢。至于品物，必洁净，陈设必端正，香烛、纸钱周备，不得苟简草率，徒了故事。

凡子女初生，三朝满月，不宜置酒张筵，多杀生命，恐折婴孩之福。只宜斋沐更衣，具香纸礼物告祠庙而已。

凡当寿日，不宜大开庆贺，肆筵设宴，鼓吹演剧，靡费奢侈，甚非美事。古人多有遇初度之辰，念父母之劬劳而号泣者。程子尝言："人无父母，生日常倍哀痛。"则安忍置酒张乐以为乐？只宜备告祠祭其父母，以答养育之恩而已。若有父母者，宜具果酒，跪敬三钟，行四拜礼，但设席请父母食面以及叔伯辈而已。至于亲友贺礼，一概宜谢。若父母寿旦，宜点寿烛，一堂具果酒，率子媳辈，奉觞上寿，行四拜礼，随设席供面以及父母之长辈、同辈而已。至于亲友，宜随父母之命，然亦不必侈张鼓乐也。

在《确实遗言》中，除了对以上问题进行申诫以整饬家风的主张外，吴菁侯还就诸如家庭和宗族成员的婚姻、过继、子弟言行举止、妇女、奴仆和师巫邪术的管理等一系列问题，进行了阐明，限于篇幅，这里就不一一展开了。

最后，吴菁侯从个人、家庭、宗族、国家和社会的不同层面，对西龙吴氏宗族的良好家风世世代代传承下去提出了希望。指出："凡乡约所言'孝顺父母，尊敬长上，和睦乡里，教训子孙，各安生理，毋作非为'。这六句包尽做人的道理，乃日用切要之语，宜写贴眼前，令子弟出入瞻仰，时常讲读，以尽其事。凡此各项，皆居家必理之事，最有关于兴败，不可不谨。为家主须朝乾夕惕，震励而饬行之，使动皆合理，事俱得宜，无偏无陂，足为一家之仪型，俾一家之人有所严惮，有所约束，皆循规蹈矩，不敢放轶，则家风克正而家道自可日隆矣。"①

总之，家风建设是一项系统工程，涉及家庭和宗族内外各个方面，所有家庭和宗族的成员都是祖辈家风的熏陶者、享用者、传承者和创新者。但是，事务皆有其

① 光绪《西龙吴氏宗谱》卷一《确实遗言附》。

两面性，每一位家庭和宗族成员，亦可能是家风的败坏者、毁灭者。因此，康熙末年西龙吴氏宗族的吴菁侯在其临终前所撰写的《确实遗言》中,用了万余文字的篇幅，从个人、家庭、国家和社会等各个方面，全面系统地强调整饬和建设家风的重要性，这对我们了解宋明以来新安宗族家训家风建设和传承，无疑具有不可低估的典型个案价值。

第八章　新安宗族的族规家法

宋明以来至民国时期，通过科举制度跻身仕途和商业经营迅速致富的新安宗族，不仅没有放松对聚族而居的新安江流域乡村社会的控制，反而形成儒贾联动，家族以政治、文化权力和经济渗透等方式，与封建国家和地方政府相配合，以纂修族谱、营建祠堂和大修祖墓、开展祭祀等方式，不断制定与完善内容丰富、种类繁多诸如族规、家规、家法、家典、祠规、祀规和堂约等名目纷杂的族规家法，全面强化对聚族而居的新安江流域乡村社会控制，维护相对封闭而落后的宗族社会秩序，使整个新安江流域的乡村社会失去了一次向近代化转型的机会。

本章将着重从功能和作用视角，对宋明以来特别是明清时期位于徽州府和严州府及其两府所属新安江上中下游地区九个县域宗族的族规家法进行考察和分析，并进而从整体上考察这一时期宗族社会得以维系的深层次原因。

第一节　维护封建等级名分制度、规范宗族内部秩序

宋明以来至民国时期，新安江流域的社会是一个尊卑有序、宗族控制森严的封建等级社会，官僚与商人、地主与农民、主人与奴仆、长辈与晚辈、男子与女子、族长与族众之间，政治经济地位悬殊，尊卑贵贱等级森严。为使这种等级名分制度长久地维护下去，宋明以来，该流域的强宗大族在朱熹理学思想的指导下，从族谱的纂修、祠堂的创建、祖先的祭祀和制定与完善族规家法入手，以宗亲血缘关系为纽带，将族内所有成员进而将整个社会纳入一个等级森严、尊卑有序、秩序井然的等级社会之中。“规约者，约同堂之人也”。[①] 在宗族内部，这种等级制度必须得到维系，

① 雍正《潭渡孝里黄氏族谱》卷四《家训·敦睦堂家规引》。

不容有丝毫的紊乱和僭越。在新安宗族现存许多族谱的族规家法中，很多都专门辟有“别尊卑”“严内外”“驭奴仆”等条款，以约束族众和奴（佃）仆等成员。明嘉靖绩溪宅坦村胡氏宗族，还专门在《龙井胡氏族谱》罗列《戒约》十二条，其内容全部围绕维护尊卑等级秩序这一中心，摘录原文如下：

> 一、世道不古，人心滋伪。不待亲尽，已若途人，恶乎可哉！辑修谱系之后，凡亲疏交接之间，当明尊卑之礼。有德业则相劝，有过失则相规，有患难则相恤，不失故家之遗俗也；
>
> 一、谱所以别尊卑也，凡称呼当正名分，切勿以富欺贫，以势凌弱，妄诞称呼。贫弱虽不能与较，岂不见哂于贤哉？
>
> 一、自今而后，凡生子嗣取名者，务以行序称呼，勿以谬错紊乱班次也；
>
> 一、吾因以前取名者未有规则，是以隔房疏远，不知尊卑所以相接，称呼未免错乱，名分何由而正也。取字五十个，拟作五字一句，句法不拘意义。惟吾同宗后之取名者，世世务可将此五十字依次□取，以成班列。虽居隔远，房分亲疏，路途相接之间，得其名则知其或父辈，或子辈，昭然明白，称呼自然便当，不至卑逾尊、尊降卑也。若不遵依，非吾之族也。①

明代中叶以后，随着嘉靖十五年（1536）年夏言关于《请定功臣配享及臣民得祭始祖立家庙》奏疏的被准奏施行，民间祭祀祖先四代的限制被打破，在新安江流域各地，不仅单一宗族的支派纷纷纂修族谱、营建祠堂，祭祀本支族的始迁祖，而且甚至出现了跨地域联宗纂修统宗谱和创建统宗祠，并制定统宗祠祠规的方式，进行跨地域的联宗祭祖现象。“夫宗之为言从也，从其步趋，有所统也。统宗必有规，岂独别源流、分疏戚、序世次云乎哉！天叙有典，天敕有礼，自修身齐家以至治国平天下，皆不能外此，得此则伦叙，失此则论斁。凡故家文献，亢宗睦族，舍宗规其奚称焉？治平言矩，而此言规者何？规者，矩之别名也。圆之则规，方之则矩，一也。规则运之，以情立法；矩则挈之，以义推心，亦一也。”② 无论是单一宗族支派，还是跨地域联宗的统宗族，

① 嘉靖《龙井胡氏族谱》卷一《戒约》，明嘉靖三十五年（1556）刻本。
② 万历《休宁范氏族谱》卷六《谱祠·宗规》。

都相继推出了族规家法，并且两者互相配合，对宗族内部的主仆、尊卑、长幼、夫妇、兄弟的等级秩序进行规范和约束。万历休宁林塘范氏七族支派联合在其所立的《统宗祠规》和林塘支族的《林塘宗规》中，都毫无例外地专门列有“名分当正”和“闺门当肃”条款，对七支相连的统宗大宗族和林塘支族的范氏宗族内部的尊卑等级秩序与严肃妇女内外之别，进行明确而具体的规范，云：

明万历休宁县《范氏统宗祠规》关于名分和闺门的条款

名分当正。非族者辨之，众人所易知易能也。同族者实有兄弟、叔侄名分，彼此称呼，自有定序。晚近世风浇漓，或狎于亵昵，或狃于阿承，乃有称朝称官、称某老者，意虽亲而反疏之，非礼也。至于拜揖必恭、言语必逊、座次必依先后，不论近族、远族，俱照叔侄序列，情实亲洽，心更相安。名门故家之礼，原是如此。又有尊庶母为嫡、跻妾为妻者，大乖纲常，反蒙垢笑。又女子已嫁而归，辄居客位，是何礼数？吉水罗念庵先生宅于归宁之女，仍依世次，别设一席，可法也。若同族义男，亦必有约束，不得凌犯疏房长上，有失族谊，且寓防微杜渐之意。……闺门当肃。男正位乎外，女正位乎内，圣训也。君子正家，取法乎此，其闺门未有不严肃者。纵使家道贫富不齐，如馌耕采桑、操井臼之类，势所难免，而清白家风自在，仪度自别。或有不幸寡居，则丹心铁石、白首冰霜，如谱内所载贞烈双节、一门三节、一门四节及侧室守节诸妇女，炳耀后先，相传不朽者甚多，皆风化之助。亦以三从四德，姆训夙闲养之者，素也。若徇财妄娶，门阀不称，家教无闻；又或赋性不良、凶傲妒忌、愤僻长舌、私溺子女，皆为家之索，罪坐其夫。若本妇委果冥顽，化诲不改，夫亦无如之何者，轻则公堂不齿，重则告祠除名，或屏之外氏之家。祠中据本夫告词，询访的确，当祖宗前，合众给以除名帖付证，亦少有所警矣。要之，教妇在初来，择妇必世德。《语》曰：逆家子不娶，乱家子不娶。《颜氏家训》曰：“娶妇必欲不若吾家者。”盖言娶贫女有益，非谓迁就族类，娶卑鄙之女，以贻祸也。倘能慎此，庶无前患。

明万历休宁县范氏《林塘宗规》关于名分与闺门的规范

闺门严肃者，其妇流必深居简出，良以风化攸系，阀阅名族之所称为清白者也。然正家之责在于男子，四德三从之训，亦须粗为讲明。若以姑息为爱，稍听妇言，则非但唇舌渐多，伤残一家和气，而昏惑日深，酿祸不小矣。务相禁戒，各妇女非本宗嫁娶吊丧，毋得轻出。斋婆、尼姑有其甚者，尤加严禁，不许往来。违者，罚及夫男。……村中住屋众仆，虽各房多寡不同，收养久近不一，其为主仆之分均也，均当待以恩义。即有小犯，原情宽贷，不必分尔仆我仆，多生计较。回视祖宗时气象，便可见矣。但仆等或有恃力互争，酗酒生事，凌虐同村里邻，诈欺经过商贩者，送该门房主，即行责戒，以儆其后，不得偏护，自遗伊戚。若其事关系主仆体统，则合力禁治，无致效尤。盖主仆分严，徽称美俗。倘有暗地助党，纵其犯分，甚至构讼，反为得计者，是与仆辈为类矣。祖宗鉴察，必阴殛之。①

显然，在明万历年间的休宁范氏宗族聚居地博村和林塘等村，无论是七族联宗的统宗祠祠规，还是各支祠的祠规，对宗族内部尊卑等级秩序的维护与强化，都是惊人的一致。而对族中妇女的约束，自始至终贯穿着儒家伦理特别是程朱理学的三从四德思想和理念。林塘范氏宗族如此，新安江流域其他宗族聚居的地区也是如此。清道光遂安县泮南余氏宗族就曾在其《家规》中，严格要求族中妇女必须遵守“四德”，仆婢要遵守等级名分。指出：

妇有四德，不可阙一。当孝舅姑、顺夫子、和娣姒、恩奴婢、勤纺织、洁中馈，无故不许擅出中门。夜行以烛，无烛则止。三姑六婆，不可接待。亲戚往来，止见于中堂。虽骨肉至亲，仅于私室待茶，无久延酒馔。子侄不得裸裎相见，奴婢不得擅自往来，此闸范之大要也。若有秽德污行与讦告公庭者，宜即迸逐，并治其夫与子。……驭仆婢者，法尚严而情贵恕也。途间遇主，无分长幼，俱拱立于旁，俟主人既过，方许移步，不遵则责。仆年过十三，不许擅入内室。倘携行李、盘盒，上至中堂，易婢送入，其出亦然。至偶有过犯，务察其情之真假轻重，然后量加鞭扑。②

① 万历《休宁范氏族谱》卷六《谱祠·统宗祠规》。
② 道光《泮南余氏宗谱》卷一《家规》。

康熙黟县《横冈胡氏支谱》在《家规》中，把“正名分”“谨闺范”和“驭仆婢”当成宗族的急务加以强调．曰：

正名分：尊卑有定位，不可混也；亲疏有定制，不容紊也。纲常之重，伦纪之修，洵于是乎受裁矣。所以古今有一定不易之闲，上下有不相假借之典。人而昧乎辨名定分，尚安可以为人乎哉？务使家庭出入之际，闾里来往之间，不令幼以先长、卑以凌尊，一循其序，而不致少有紊乱于其间者。其于跪拜、坐立之节、疾徐进反之文，咸彬彬乎盛世之遗也。又何有侵夺僭越之虞乎？则正名分之为急也。

谨闺范：《易》系阴阳，实肇男女之始；《诗》咏关雎，用著室家之正。所以治外者，尤必需乎治内也。古者女子之生，著有明训，斑斑可考矣。近见世俗之于闺范，多有不及古所云者，岂无故哉？夫亦世风使然，而救之不豫，以至此也。吾族中老成模范，难以详述，而惟是严内外之所别，谨邪正之辨。使内言不出，外言不入，一以循乎妇道之规，庶几无愧乎诗书所载也已，则谨闺范之为急也。

驭仆婢：自国家有大人之事，有小人之事，则事诚非一人之可以独治之也。夫家国一致也，有大人以综其成，自必有小人以分其治，则虽小人分属卑贱，亦必驭之以道，而初非可以一概轻责之也。故圣人之教曰：“唯女子与小人为难养。”诚非无说也。凡我族中役使仆婢，势不可无，务必驭之以礼，抚之以恩，示之以威，戒之以惰，用之以时，安之以业，则我心既尽，彼心自服。又岂有尾大不掉之虞，而致背逆逊窜之患也耶？则驭仆婢之为急也。①

雍正歙县潭渡孝里黄氏宗族，也是冀图通过强化家长权威和严格管束族内妇女的所谓《家训》，来达到维护既定的封建尊卑等级秩序的目的。该《家训》强调：“家长总治一家之务，必须谨守礼法，为家人榜样，不可过刚，不可过柔。但须平恕容忍，视一家如一身。在卑幼固当恭敬，而尊长亦不可挟此自恣。至于攘臂奋袂，忿言秽语，皆足启后人暴戾，尤宜首戒。若卑幼有过，当反复告诫。屡诫不悛，则以家法惩之。”“男

① 康熙《横冈胡氏支谱》卷下《家规》。

女不亲授受，礼之常经。故子女虽幼，不共圊溷，不共湢浴。无故不出中门，夜行以烛，无烛则止。家中燕享，除舅姑礼宜馈食外，男女不得互相献酬。至于妇之母家，二亲存者，礼得归宁，无者不许。除有服亲属庆吊外，无得轻出。女子年及八岁者，不许随母至外家。其余姻戚，除本房至亲外，俱不许相见。即有服亲属，亦须子弟引导，方入中门，见灯则止。又如亲族之中有为僧为道者，不许往来。至于三姑六婆及走街之妇，类多奸匪之流，最能引诱邪僻，不可纵其入门。凡我子姓，均宜遵守，违者议罚。”① 民国祁门县《平阳汪氏宗谱》在《家规》中亦立有类似条款，在“别尊卑”中，该《家规》规定 :“益年养老，帝王且然，况乡党莫如？齿理宜尊敬，彼与我祖父非属雁行，则在诸父之列。至族长，尤为一姓纲领，詎可等夷目之。每见风俗浇漓，小加大，幼凌长，齿让之道蔑有。愿族人以为戒。”而在“严内外”条款中，该《家规》更是对妇女的行为进行了严格的约束与限制，“《内则》云 :男不言内，女不言外。非丧非祭，不相授器。男女相渎，便非佳事。须要慎闺门，别嫌疑，非同父子侄，不得穿房入户 ;奴仆无令，不许进中堂 ;妇女无事，不得出外游。至于入寺赛愿，并观演剧，尤宜禁绝”。②

为了强化等级名分制度，维护宗族内部的社会秩序、纯洁宗族血缘关系，宋明以来，新安宗族族规家法还对宗族成员的婚姻和继子制度进行了极其严厉的规范和约束。嘉靖绩溪宅坦村《龙井胡氏族谱》在《戒约》中规定 :“今后凡嗣者，当就亲房摘继。国有正法，切不可摘养异姓及赘婿，紊乱宗族。”③ 万历休宁《茗洲吴氏家记》之《家典》对族内成员婚姻也做出了和婺源江湾《萧江全谱》几乎相同的规定，云 :“婚配不在财富，须择门楣相对之族。如或彼族素无姻娅，一旦轻与议聘，门第不对，乡鄙诟笑，是人自以奴隶待其身，以卑下待其子孙，我族即不当与之并齿。生不许入堂，死不许入祠。”④ 万历休宁城北周氏宗族《宗规》专列“慎婚姻”一节，对宗族子弟婚姻嫁娶对象的良贱、门第、品行和家教等，做出了具体的规定，要求族人慎婚姻、不贪财，云 :“婚姻为人道之始，须当择其门第，辨其良贱，必察其婿与妇之行及家教何如。勿听媒妁之言，轻易许聘，苟慕一时之富贵。婿苟贤矣，今虽贫贱，

① 雍正《潭渡孝里黄氏族谱》卷四《家训 · 潭渡孝里黄氏家训》。
② 民国《平阳汪氏宗谱》卷一《家规》。
③ 嘉靖《龙井胡氏族谱》卷一《戒约》。
④ 万历《茗洲吴氏家记》卷七《家典记》。

安知异日不当富贵乎？倘为不肖，今之富贵，安知异日不贫贱乎？妇者由家之所盛衰也，贪图奁仪装饰而娶之，使妇挟其富贵，亵慢其夫而傲舅姑，嫉妒妯娌而藐视宗族者，养成骄妒之性，异日为患不小。殊不知婚姻论财，夷虏之道，此文正公言是也。吾族婚娶者，当熟详之。"① 清乾隆遂安县大塘河间章氏宗族对族众婚姻辨门第、慎选择、不贪财和婚姻礼仪等，亦以《家训》的方式予以规范，并对违犯者给予削除入谱的处罚，云："凡男娶女嫁，须以门第相等者为美。如或不然，务遵胡安定公之言，嫁女必须胜吾家者，胜则女往必钦必戒，不失妇道；娶妇必须不若吾家者，不若则奉事姑舅，必执妇道。但正配不得娶下贱人女，致滋讥诮羞辱。嫁女不问门户，惟贪厚聘者，谱削其名，以警甘同下贱、忝辱祖宗。"② 至于明嘉靖年间绩溪周家坑《周氏族谱》之《家训》，更是于本族之男女嫁娶做出详尽规定，并一再告诫族人，对童养媳等婚姻"尤须慎重"。曰："大婚合二姓之好，以为宗庙社稷主，固宜若此。今人结婚，多慕达官富室，殊不以择德为重。曾不思膏粱骄悍之女，岂堪菽水、礼义之闲？跨夫子，杀奴婢，不足计，将使舅姑无所容其身。原其始，固将借以光门户；究其终，门户因以销削者多有之。我本以儒世家，但非逆家子、乱家子，可以共承宗祀足矣。切勿倾产高攀，用伤雅道。若女之适人，尤须慎重。如以势力之故，孩提缔结，固有济恶残废追悔而不可及者。此后，务须长成。择婿不得轻于徇诺，乃可。若夫奁仪厚薄，称家有无。"③ 而于继子，明清新安宗族尤为慎重，围绕继子而发生的纠纷与诉讼，在当时的各类诉讼案件中，也占有很大比例。正如明弘治年间程敏政所云："徽之讼，非若武断者流，其余大抵在于产墓、继子。"④ 因此，有关继子的族规家法，在明清至民国时期新安宗族的族谱中，大都保持一种非常慎重的态度。清嘉庆时，遂安江左王氏宗族即在《家规》中明确规定："宗党无嗣者，应为立后，例载国典，最为详悉。长子不得为人后，季子不得先仲子，爱继不得混应继，毋以孙祢祖，毋以弟嗣兄，毋以疏间戚，毋出绍异姓，毋取他姓为嗣。"⑤ 绩溪县勘头涧洲许氏宗族则立有"家法"，对立继问题进行规范，曰："无后为不孝之大，立继以

---

① 万历《重修休邑城北周氏宗谱》卷九《宗规》。
② 乾隆《河间郡章氏宗谱》卷一《家训》，清乾隆五十二年（1787）木活字本。
③ 嘉靖《绩溪周氏族谱》卷首《宗训》，明嘉靖二十年（1541）刻本。
④ 康熙《徽州府志》卷二《舆地志下·风俗》。
⑤ 嘉庆《江左王氏宗谱》卷一《王氏家规》，清嘉庆二十三年（1818）木活字本。

承嗣，礼也。照例立继，先择亲房昭穆相当者，谓之应继。亲房若不得其人，或有其人而不肖，则择远房贤能者，谓之爱继。盖承继所以承祧，非承产也。应继则无论继产有无，皆应承继。若爱继，必视继产厚薄，酌贴本生父若干，一贴之后，本生父不得干预继产。其亲房应继，本生父贫苦者，亦视此为准的。若本房有人，尚无不肖情事，而因事不睦，弃亲就疏，择继于远房者，便以越分夺继例论，不许接系。至立继之后，或继子游荡破产，准其禀明宗族退继，另立继子。断不许擅令异姓入绍，及螟蛉他人子以乱宗祏。违者，亦不得入祠。”[①] 总之，在立继子问题上，明清至民国时期新安宗族的族规家法基本遵循着同房同宗亲疏远近之同辈为继的原则，严禁螟蛉子继承。“继子因旧谱例，于所生父下注继伯叔某人，于所后父下续系列图。其出继异姓、异姓来继、丐养拾弃、随母胎产与从释老者，皆不书。躐等越继者，于继支系下悬空世次，使复本位。其倒置降继者，亦正归本宗，仍以继者支下应继子孙辈继之”。[②] 在男女婚娶问题上，新安宗族的族规家法则重在强调门当户对、良贱不婚、品行家教等，严禁攀附富贵、婚姻论财和指腹为婚、童养婚等。无论婚姻还是继子，事实上并不在于婚姻或继子本身，而在于对宗族血脉香火的延续，这是明清至民国时期新安宗族族规家法关于婚姻和继子规定的实质之所在。

从以上所列举的明清至民国时期新安宗族各类族规家法的内容来看，以儒家伦理纲常特别是程朱理学为指导思想，来维护宗族内部的尊卑等级名分制度，严内外之别，大体上都以儒家所提倡的封建“三纲五常”“三从四德”为基本准绳。而明太祖的《圣谕六条》和清圣祖的《圣谕十六条》则是其制定族规家法的主要指主。对此，明万历婺源江湾的《萧江全谱》之《祠规》有着深刻的揭示，该《祠规》制定者钦差总督漕运都察院右都御史兼户部右侍郎萧一麟在《祠规》序言中指出：“特立规若干条，勒之贞珉，昭示族众。首以太祖高皇帝圣谕，遵王制也。继以宗祠，保墓祀田，报宗功也。”[③] 在分别阐述了何谓孝顺父母、何谓尊敬长上、何谓和睦乡里、何谓教训子孙、何谓各安生理和何谓勿作非为等《圣谕六条》之后，该《祠规》一语道破了天机，即“圣训六条，无非化民成俗，为善致祥。凡我族人，务要洗心向善，有

① 民国《涧洲许氏宗谱》卷十《祠规附家法》，1914年木活字本。
② 嘉靖《祁门金吾谢氏宗谱》卷首《凡例》，明嘉靖九年（1530）刻本。
③ 万历《萧江全谱》仁集卷一《祠规》。

过即改，共成仁里，永振宗祊，听，听，听”。[①] 一旦违犯这些规条，即是破坏了宗族内部既定的尊卑和等级秩序，破坏了内外有别、男不言内、女不言外的清规戒律，轻则遭到教训斥责，重则被施以笞杖，情节特别严重者，甚至可能会被处以削除族籍和鸣官处置的惩罚，受罚者不得有任何反抗。休宁茗洲吴氏宗族在《家规》中明确要求，“一、卑幼不得抵抗尊长，其有出言不逊、制行悖戾者，姑诲之。诲之不悛，则众叱之；一、子孙受长上苛责，不论是非，但当俯首默受，无得分理”。[②] 绩溪宅坦村《明经胡氏龙井派宗谱·祠规》中“正名分”条，对严重触犯尊卑等级名分制度，规定了严厉的惩处措施，“下不干上，贱不替贵，古之例也。间有主弱仆强、主懦仆悍者，逞其忿戾，不顾统尊，或至骂詈相加，甚且拳掌殴辱。虽非犯其本主，然以祖宗一体之例揆之，是则凌其本主也。族下如有此婢仆，投明祠首，祠首即唤入祠内，重责示惩，仍令其叩首谢罪。倘本主不达大义，护短姑息，阖族鸣鼓攻之，正名分也”。[③]

第二节　配合国法、调整宗族内外财产和救济等关系

“国典所存，即为家法。”[④] 作为国家法的一种补充与延伸，明清新安宗族的族规家法一般都在不违反国家法的前提下，对国家法条款加以细化，使之成为约束和惩治宗族成员的基本依据。因此，新安宗族族规在处理宗族内部的财产时，首先要求宗族成员必须“尊国法”，及时足额完纳封建国家的“皇粮国税”。正如清光绪绩溪《梁安高氏宗谱》在《高氏祖训·畏王法》中所说的那样，“王法者，朝廷所设以治吾民者也。无王法，则天下乱。苟平日不畏王法，恐一旦犯法而不自知，及遭刑戮，悔之晚矣，此君子所以怀刑也。故为绅、为士、为民，皆当畏法，则敬官府，早完粮。苟非万不得已，不可轻与人结讼，自能远耻辱而保身家矣”。[⑤] 该宗谱还在《家

---

① 万历《萧江全谱》仁集卷一《祠规》。
② 雍正《茗洲吴氏家典》卷一《家规》。
③ 民国《明经胡氏龙井派宗谱》卷首《祠规》。
④ 嘉庆《江左王氏宗谱》卷一《家规》。
⑤ 光绪《梁安高氏宗谱》卷十一《家政·高氏祖训十条》。

法》中进一步对国法与家法的关系进行了阐述，指出：“或谓罪无大小，皆待治于国法，而家法止治小罪，立之何益？不知小过不惩，将成大恶，故小惩而大戒，此《周易》履霜所以戒坚冰也。既立家法，期于必行。又恐行之不善，或行家法而遂僭国法，或行家法而反坏家法，此岂立家法之意哉？何谓行家法而僭国法？盖国法有五刑之属，而家法不过杖责与驱逐二条者。若罪不止此，即非家法所得而治矣。假使尼家法之名，因而置人于死，如打死及活埋之事，此行家法而僭国法也。何谓行家法而坏家法？杖责、驱逐皆祖父施于子孙，尊长施于卑幼者。假使尊长有过，而卑幼遂假家法之名以施于尊长，是欲行家法而先为悖逆，此行家法而反坏家法也。家法止于杖责、驱逐，若罪不止此，则送官究治，不得私立死刑、杖责、驱逐之法。尊长可施于卑幼，卑幼不得施于尊长。行家法者，必以是法为准。”[①] 从《梁安高氏宗谱》的“祖训”和“家法”中，我们不难发现，家法和国法之间是彼此互动的，家法的立法精神必须在遵守国法的前提下进行，不得与国法相抵触，不得违背国法的基本精神。在维护社会秩序和统治阶级利益方面，家法和国法的目的和精神是共同的。这也就是康熙黟县《横冈胡氏支谱》在《家规》“序言”中所说的，“国重国法，所以惩刁顽；家尚家规，实以儆败类。固以见国、家之一致，而初非有歧道也”。[②]

既然族规家法是在“尊国法”的前提下制定和执行的，那么，一旦族中子弟违犯国法时，便会遭到家法和国法的双重严惩。明万历《休宁范氏族谱》的《林塘宗规》对违反“圣谕”的族众，即采取先家法、后国法处置的原则，规定：“今后但有子弟不遵圣谕，经犯过恶，各房长指事詈责之；不改，鸣与该门尊长，再三训戒之；又不改，于新正谒祖日，鸣于宗祠，声罪黜之。罪重者，仍行惩治。”[③] 万历休宁《商山吴氏宗法规条》对有关族内成员犯罪行为，同样规定了先家法处置、后国法惩处的原则，云：“族中或有一等棍徒，名为‘斩扛’，引诱各家骄纵败子，酗酒、习优、宿娼、赌博，不顾俯仰，必致倾家破产丧身而后已。此等恶俗，犹为可恨，宗正、副约会族长，呈官惩治。”“圣谕六言，至大至要，木铎以徇道路，妇畯亦当秉持。即有至愚至鲁之辈，纵难事事孝顺，亦岂可作忤逆？虽难事事尊敬，亦岂可肆侵侮？虽难事事和睦，亦岂可日寻争斗？虽难事事尽善，亦岂可甘为奸盗诈

① 光绪《梁安高氏宗谱》卷十一《家政·家法》。
② 康熙《横冈胡氏支谱》卷下《家规序》。
③ 万历《休宁范氏族谱》卷六《谱祠·林塘宗规》。

伪？致庭内有被捶之老人，门前有尊拳之鸡肋，道途有冤号之负贩，淫溺有家鸡野鹜之喻，当炉倚门之渐。以若所为，上玷祖德，辱及门风，贻诮路人。彼顽恬不知怪，为之族长、宗正者，宁无觍颜乎？今后有此辈，初当理谕之；不改，鸣鼓攻之；不改，合族赴公廷首，治之不贷。”① 而万历休宁《城北周氏宗谱》也于《宗规》中规定："吾族贤否不一，或有等不肖子孙，游手好闲，不务生理，不遵圣谕，撒泼抵触父母，殴骂尊长，天理不容，致使衣食不给，贻玷先人，莫大之祸。倘有如此者，本房访出，鸣于宗祠，责罚警戒。不悛者，族长告官治罪。”② 光绪休宁《葆和堂冠昏丧祭及扫墓差遣各仆条规》就严格要求堂下各仆，遵守国法，云："朝廷号令甚严，于斗牌、打降、赌博、盗贼四事，法在必究，更觉凛然。尔等小心安分，庶可以保身家。设有犯此四事者，鸣官究治。”③ 宣统绩溪《泉塘葛氏宗谱》在《祠规》中，对既犯家法、又犯国法的忤逆不孝之辈，规定了严厉的加惩处条款，"忤逆不孝，派丁败类；忤逆不孝，法所不容。或愚夫愚妇偶因口角，不侍不养，发觉，即用草索缚牵入祠内，律以家法，惩予重责。如怙恶不悛，或忤逆大甚，送官惩治，生死勿许入祠"。④

在宋明以降至民国的新安宗族族规家法中，我们还发现这样一个现象，即触犯国法或受过国法惩治的宗族成员，往往还要受到家法的惩治。这一现象说明，家法和国法是互相配合的。当家法处治不了时，执行家法者会要求呈官究治；而明显违犯国法者，则会由家法再加以补充处罚。康熙祁门善和村《程氏仁山门支谱》即对违犯国法"十恶"及弃卖祖墓、盗鬻族谱的宗族成员予以追加处罚，规定："犯十恶及弃卖祖墓、盗鬻族谱者，众议黜之示戒。”⑤ 绩溪仙石《周氏宗谱》在《凡例》中明确对触犯国法与家法者，采取了削除族籍、不入族谱的惩罚，"男子犯刑戮非冤，及犯家法革逐与为僧道、出继异姓者，世不书名"。⑥ 该宗谱的《家法》部分专门罗列了触犯刑法族众由《家法》处以"男女逐出永不归宗"的几种情况，它们分别是"子孙悖逆其祖父母；祖父母生前维祠堂照家法屡戒不悛，使其祖父、父母含

① 万历《商山吴氏宗法规条》。

② 万历《重修休邑城北周氏宗谱》卷九《宗规》。

③ 光绪《葆和堂需役给工食定例·葆和堂冠昏丧祭及扫墓差遣各仆条规》，转引自叶显恩：《明清徽州农村社会与佃仆制》，第330页。

④ 宣统《泉塘葛氏宗谱》卷末《祠规》，清宣统三年（1911）木活字本。

⑤ 康熙《善和程氏仁山门支谱·凡例》，清康熙二十一年（1682）刻本。

⑥ 宣统《仙石周氏宗谱》卷二《周氏宗谱凡例》。

恨以死，罪无可解者；凶恶莫制、欲伤害人命者；淫秽逆伦，丑迹明确，合族共见无疑者”。其具体的处罚措施是，“合族族长、宗长、长房公同告祖，具书犯家法之男女名字于板，钉于祠门边，其人生不得入族居住，死不得进主，不得上谱”。[①] 光绪绩溪北门张氏族谱规定：“逆子乱伦、变祠产、违祖制及凡为倡优之属，生不修谱，死不入庙，明其不善，承人后不足为人祖也。”[②] 新安宗族的族规家法就是这样，时刻体现和贯穿着与国家法精神相一致的宗旨，从而在一定程度上起到了补充和延伸国家法的作用。

新安宗族的族规家法体现“尊国法”的又一表现，即是动员和约束宗族成员及时完纳国家征收的赋税和佥派的差役，免致遭受国法的惩处。新安宗族大部分族规家法中，“输赋税”“早完纳”和“赋役当供”等规条几乎成为不可或缺的条款。明万历休宁《城北周氏宗谱》之《宗规》将“输赋税”当成“国家重务”，要求族人“有丁当差，有田纳粮，任土作贡，亦籍少伸报国勤劳王事之意也。今之条编事例，依期完纳，免累身家，乃为良民也。吾族子姓，或统甲朋户，秉公均派，则上不紊官府，下不贻累一人，方为尚义人家也”。[③] 万历婺源江湾《萧江全谱》在《祠规》中，要求族中子弟“时供赋。有田有租，有丁有役，岂得贻累里排，致重烦官府？宗祠江光裕户一应粮差，祠正、副要行依期解纳，其各户毋论贫富，各宜体悉”。[④] 万历《休宁范氏族谱》的《统宗祠规》则对族众及时完纳和承担赋役，也有着教化式的劝导，“赋役当供：以下事上，古今通谊。赋税、力役之征，国家法度所系。若拖欠钱粮，躲避差徭，便是不良的百姓。连累里长，烦恼官府，追呼问罪，甚至枷号。身家被污，玷辱父母。又准不得事，仍要赋役完官，是何算计？故勤业之人，将一年本等差粮，先要办纳明白，讨经守印押、收票存证，上不欠官钱，何等自在！亦良民职分当尽者”。[⑤] 清康熙黟县《横冈胡氏支谱》则于《家规》中，独辟“急赋税”条款，并将其视之为是“忠君爱己之要务”，云：“惟正之供，上取乎下，下供乎上，分固应尔也。苟三时不害而时和年丰，其于税也，又何损于民之膏脂矣乎。然而今之人视催科无与

---

① 宣统《仙石周氏宗谱》卷一《周氏宗谱家法》。

② 光绪《绩邑北门张氏宗谱》卷首《凡例》。

③ 万历《重修休邑城北周氏宗谱》卷九《宗规》。

④ 万历《萧江全谱》仁集卷一《祠规》。

⑤ 万历《休宁范氏族谱》卷六《谱祠·统宗祠规》。

乎己事，而任意拖延，恣情网利，致累图役责比之不堪者，诚足悯也。今我族中赋税，惟期日增而务要及时以完公事，庶几上无负于朝廷官长，下不累乎胥役。问之于心，不诚忠君爱己之要务乎？则急赋税之为急也。”① 光绪建德西龙吴氏宗族在《家规》中，一再告诫族人及时完纳赋税，免被签票催科亵慢先人：“钱粮国课，无论己户、众户，例应早完。然己户稽延止，自取咎戾，不至累及他人。至春、冬祭以下各公祀户，俱有众资悬拔，且系以祖宗字号。值年子孙，务宜踊跃输将，以免悬挂征册。若故意拖欠，致被签票提催，媟慢先人，莫此为甚。族有其人，群起攻之。”② 民国祁门《平阳汪氏宗谱》则在《家规》中甚至引用谚语和钱鹤滩言论，来告诫族人遵守国法，及时完纳国课，“三限两税，国有常典。需办官税，先期输纳。即或年荒岁歉，亦要设法，以杜官债。盖钱粮分毫为重，谚云：‘若要宽，先了官；完了粮，盖了墙，门前犬吠莫惊慌。’切不可拖欠，至差比较，有碍脸面也”。在该条家规之后，还专门附有钱鹤滩关于完纳国税的议论，云：“以下事上，古今通义。赋税之征，国家法度所系。若拖欠钱粮，便非良民。故国课早完，何等自在。亦为义务所当尽者。”③ 民国婺源《济阳江氏统宗谱》则在《江氏家训》中引录陆游之诗，敦促族人安分守法，早完国课，“国家惟正之供，自有定制，例分上、下二忙，投柜完纳。吾族当安分守法，国课早完。陆放翁诗云：‘最喜先期官赋足，经年无吏叩柴荆’。此老成练达之言也”。④

总而言之，作为尊祖敬宗收族的工具，宋明以来至民国时期，新安宗族的族规家法始终是在“尊国法”的前提下制定和执行的。因此。最能体现族规家法“尊国法”精神的便是对触犯国法的宗族成员加以处治，并在国家赋役征派方面予以支持和配合，“赋役当供”“早完赋税”等族规家法条款的制定和实施，是对族规家法“尊国法”、为封建国家政权提供经济支撑的最集中反映。

在宗族内部成员的财产关系上，宋明以来至民国时期，新安宗族大多也是以族规家法的形式加以制约和调整，其基本立法精神是维护宗族统治的物质基础。作为主要生产和生活资料的田宅山场，新安宗族在严格遵守国家法及传统习惯法的基础上，确立了包括族产、祖（墓）坟、祠产、祭（祀）田等宗族共有财产不得买卖、侵犯，

---

① 康熙《横冈胡氏支谱》卷下《家规》。
② 光绪《西龙吴氏宗谱》卷一《家规》。
③ 民国《平阳汪氏宗谱》卷一《家规》。
④ 民国《济阳江氏统宗谱》卷一《纪述四·江氏家训》。

以及田宅买卖遵循宗族亲邻优先购买的原则。“祀产者，祖宗血食所需，先人歆神美报之典也。今世敝风微，多有挟众与人讦讼，因难科敛，乃将祖宗所遗祀产典卖，以求一逞，遂致匮神缺祭者”。为此，遂安金峰刘氏宗族在《家规》中严厉申诫云：“今后族间子孙，务宜世守先业，以寄孝思，其田土号段，须要具载于谱，庶世远不致迷失。或无祀产者，遇春、秋、忌辰，亦须敛资备祭。违者，公议行罚。”① 明万历祁门《清溪郑氏家乘》专门订有《祖训》云：“子孙贫难至鬻基产者，势不能禁。惟承祖众存门面、厅堂、祠屋、庄基、仆舍、墓山、祀产不许变卖。祖有明文，节有戒约。违者，准不孝论。外人谋买，虽富强，众共告官取复。”② 关于宗族祭田等公产不得买卖的理念和行为，直接来源于朱熹《文公家礼》的规定，“置祭田。初立祠堂，则计见田，每龛取其二十之一以为祭田，亲尽则以为墓田，后凡正位祔者，皆放此，宗子主之，以给祭用。上世初未置田，则合墓下子孙之田，计数而割之，皆立约闻官，不得典卖”。③ 素以朱熹理学和《文公家礼》为圭臬的新安江流域各地，其祭（祀）田产在明清时期依然严格禁止盗买盗卖。对此，宋明以来至民国时期，新安宗族的族规家法大都有着明确的规定。明万历休宁《城北周氏宗谱》在其《宗祠规约》中严格规定坟山、祭产禁止侵葬盗卖，云：“凡各处佥业坟山及乐取田地，登入祭产簿，其苗利以作祭费。本姓子孙，毋得侵葬、盗卖，或外姓谋买，会同各支，通知族长，执令改正。不服，告官惩治。”④ 万历婺源江湾村《萧江全谱》的《祠规》明确指出：“守祀田。祀田为祭品之资，各处祀田，支下子孙，务宜勤加照管。其田租自置祭品外，有余赢，增置附近膏腴，以广孝思，毋许子孙侵克私鬻，重取罪罚。”⑤ 康熙黟县《横冈胡氏支谱》于《壮卿公老家规》中对祠内祭田及各处山场庄业，不仅严格禁止买卖，而且对违规买卖者给予极其严厉的处罚，规定：“祠内祭田及各处山场庄业，俱系祖宗创遗，务期永远遵守。若私行鬻卖，则破坏体面，滋生衅端，开罪祖宗多矣。违者，立令赎回，仍削其谱名，永不许入祠。”⑥ 雍正休宁《江村洪氏家谱》也一再谆谆告

① 乾隆《遂安金峰刘氏宗谱》卷一《家规》，清乾隆三十二年（1767）刻本。
② 万历《祁门清溪郑氏家乘》卷四《祖训》。
③ [宋]朱熹：《家礼》卷一《通礼·祠堂》，朱杰人等主编：《朱子全书》第7册，第876页。
④ 万历《重修休邑城北周氏宗谱》卷七《宗祠规约》。
⑤ 万历《萧江全谱》仁集卷一《祠规》。
⑥ 康熙《横冈胡氏支谱》卷下《壮卿公老家规》。

诫族人 :“后世子孙，即有公用急需，勿得妄动祀田。如弃田，是绝祖宗血食也。”[①]可见，祭祀田产作为祖宗血食的主要经济来源，在宋明以降的新安江流域其买卖受到了宗族的严格禁止。

坟墓是祖先躯体魂魄之所在，对祖坟的侵葬和盗买盗卖，在聚族而居最重宗法的新安江流域乡村社会，是最不能容忍的严重事件。由此而引起的关于祖坟的纠纷与诉讼，在新安江流域也是极其繁多。所谓“徽俗重坟墓，树枝草石才动分毫，即称挖骸无踪，到官涕泣”。[②]以致“祖坟荫木之争，辄成大狱”。[③]的确，明清以来，新安宗族的族规家法于坟茔侵葬和盗卖之规条，不仅内容丰富繁琐，而且有关惩处的条款极为周密和严厉。万历《休宁范氏族谱》之《统宗祠规·祠墓当展》指出 :“祠，祖宗神灵所依 ；墓，祖宗体魄所藏。子孙思祖宗不可见，见所依所藏之处，即如见祖宗一般。时而祠祭，时而墓祭，皆展亲大礼，必加敬谨。自统宗祠及林塘祠与各族家寝，皆祠之类。自慈懿太夫人杜氏墓、观察公下庄墓、姚村府君以下各祖墓与各支祖墓，皆世守之墓。凡栋宇有坏则葺之，罅漏则补之。垣砌碑石，有损则重整之，蓬棘则剪之。树木什器，则爱惜之。或被人侵害盗葬，则同心合力复之。患无忽小，视无逾时。若使缓延，所费愈大。此事死如事生，事亡如事存之道，亦圣谕孝顺内一件急务，族人所宜首讲之。”[④]万历休宁《城北周氏宗谱》在其“宗规”的“守茔业”的条款中指出 :“坟山系祖宗体魄所藏之处，子孙发源之自，责任匪轻。每遇清明祭扫，躬身督令，务加培整。来龙发脉，左右护卫，乃坟墓根本所系，尤当蓄养荫木，以加兴隆。吾族子姓，遵守祠规，务加严禁。”[⑤]万历祁门善和村程氏宗族把墓茔看作是人之根本，要求族人切勿轻易动之，对各房子孙侵葬祖墓、盗伐墓茔树木等行为，该族将予以从重惩治，“古不修墓，非不修也。慎之于初，无庸于修也。盖以人之根本在是，不宜轻动耳。苟轻动之，犹植木而戕其根，欲枝叶之茂，得乎？……自今以上祖墓，各得山水环聚之所，俱系前人积德所致，有非偶然。然所据一席之地，已尽翕聚之理，再无余蕴，观其发散于后人者可验。其尼而侵祔者，斯两失之。

① 雍正《江村洪氏家谱》卷十四《宗祠祀田记》。
② [明]傅岩撰，陈春秀校点 :《歙纪》卷五《纪政绩·修备赘言》，第49页。
③ 民国《歙县志》卷一《舆地志·风土》。
④ 万历《休宁范氏族谱》卷六《谱祠·统宗祠规》。
⑤ 万历《重修休邑城北周氏宗谱》卷七《宗规》。

以往勿论，日后，倘有各房子孙侵祔祖墓者，众共攻之，责令立时改正，仍加重罚。如有不伏，众即立时举起，仍行告鸣理治，以不孝论。……各处墓茔树木，属前遮者，可少剪除；系庇荫者，宜慎保守，各房毋得纵容奴仆擅自盗伐，及外人侵损，管理者查访，从重处治”。[①]万历休宁《商山吴氏宗法规条》对盗卖祖坟、富豪谋买和恃强侵葬者，课以不孝之罪。规定：“凡各支祖坟，倘有不肖子孙盗卖及有富豪谋买，或恃强侵葬，甚至斩棺裁脉，紊乱昭穆者，此皆欺蔑祖宗之徒。倘有此犯，宗正、副据实呈治，以不孝论。”[②]康熙黟县《横冈胡氏支谱》之《壮卿公老家规》，则将各处祖墓坟冢视为“上妥先灵而下荫子孙”之福地，告诫族人“本家各处祖冢，所以上妥先灵而下荫子孙也。历年既久，福庇攸深。若盗一抔之土，神既不宁，祸必旋至。凡支下子孙，不得魆行侵害，蔑祖自便。如违禁者，族众即行起举鸣官以不孝罪论罚”。[③]乾隆《休宁古林黄氏重修族谱》在《祠规》中，要求族众对侵害祖坟行为，要不惜情面、不吝费用加以制止和挽回，规定：“贤子慈孙，入祖祠则知祖宗神灵之所依，过祖墓则识祖宗体魄之所藏，则祠祭、墓祭如见宗祖一般，可慢视欤？故凡有坏则补葺之，有弊则整涤之。或被外人侵害，及支下不肖子孙败群玩法者，则同心同力以御之，勿惜情面，勿吝小费，必如是，庶乎可以世守。”[④]清乾隆遂安县内黄骆氏宗族也于《家规》中重申，“坟墓乃祖宗藏真之域，若年远坍塌，恐致暴露，须于祭奠之日，协力运土培之。凡冢上木植、坟茔疆界，不时巡视，以防不肖之侵犯。墓下子孙，有私伐丘木者，从重罚责。侵葬者，倍罚改正，仍行醮祭。若外人窃犯及侵葬者，见即捉获赃据，鸣公理论。有隐匿买放者，察出究治。其各处坟茔四至、税号，悉画图载谱，则考核有据矣”。[⑤]雍正休宁《江村洪氏家谱》的《祠规》规定：“各祖坟山地，不许不肖者盗卖丝毫。其上蓄养荫木，不许擅伐，虽有枯树，亦听其自倒。其既倒之树，收取入众公用。违者，逐出宗祠，仍行惩处。”[⑥]休宁江村洪氏宗族的《祠规》对盗卖祖坟山地和砍伐祖坟荫木之行为，惩罚的严厉程度，有力地说明新安江流域比其他地区乡村社会的族规家法要严厉得多。即使到了民国时期，徽州这种祖

① 万历《窦山公家议》卷二《墓茔议》。
② 万历《商山吴氏宗法规条》。
③ 康熙《横冈胡氏支谱》卷下《壮卿公老家规》。
④ 乾隆《休宁古林黄氏重修族谱》卷首下《祠规》。
⑤ 乾隆《内黄骆氏重辑宗谱》卷一《家规》。
⑥ 雍正《江村洪氏宗谱》卷十四《祠规》。

坟及其荫木不得买卖、不得盗砍盗葬的族规家法依然极为严厉，如歙县《府前方氏宗谱》的《祠规》即规定："始祖坟山，遵照禁示，永远不许扦葬一坟，不许变卖寸土。如违，条革，永远不许入祠。凡属子孙，皆有保护之责。""坟山荫木，非本祠兴作及置办祠产，不准妄行斫拼，或有枯倒出拼，树价归公，不得入私。违者，照数倍罚。"[①] 在素有"健讼"传统的新安江流域各地，其诉讼的标的物就总量而言，有关祖坟及荫木侵害盗砍、盗卖的诉讼占据了很大的比重。明代嘉靖九年（1530），歙县呈坎罗氏宗族祖坟因被寺僧佛海、法椿等侵占而讼于官，前后"讦奏七本，首尾八年，始得归结"，其"受祸之惨酷"，堪称少见。[②] 清乾隆五十八年（1793），歙县棠樾鲍氏宗族坟山，屡有势豪贪吉谋葬，坟山荫木屡被盗砍，致使鲍氏宗族"缠讼不休"。[③] 关于明清以来新安江流域乡村社会因祖坟荫木之争而导致的旷日持久的诉讼，充斥于各地官府的案头，不胜枚举。其实，明代清官海瑞在任淳安知县期间，深为淳安县民风"健讼"而苦恼，在审理一起嘉靖二十六年（1547）淳安县民"何孟荣贪图风水，将父何名彦尸棺安葬始祖何环坟右"，同何耀宗发生坟茔诉讼的案件中，痛斥双方"情皆可恶"。[④] 海瑞甚至斥责那些专以求胜为能事的讼者为"讼鬼迷"。[⑤] 难怪明末歙县知县傅岩在《歙纪》中不无感慨地叹息道："徽尚风水，争竞侵占，累讼不休。如洪包、方惟一等多案，结而复起，历年未已。"[⑥]

明清以降至民国时期，新安宗族的族规家法还致力于保护宗族私有财产，对宗族内部财产关系进行调整，严格限制族内财产外流。买卖田宅山场，首先要求先尽宗族成员和亲邻等，他们不买，才能向族外人等出卖，所谓"其田请问亲房人等，不愿成交"。[⑦] 康熙黟县《横冈胡氏支谱》即在《壮卿公老家规》中告诫族人，近宅冢基地和田产不得变卖于族外之人，云："近宅冢基地、田产，有出卖者，无得变卖他姓，须尽本家商量，从公估值。卖者不得故意高价，买者亦不得借禁嵌谋。违者，责令赎回，仍听族众议妥。"[⑧] 我们看到，在清代顺治十四年至雍正七年（1657 ~ 1729）

① 民国《府前方氏宗谱》卷二十《祠规》，1931年敦木堂木活字本。
② 嘉靖《杨干院归结始末》，明嘉靖刻本。
③ 嘉庆《棠樾鲍氏宣忠堂支谱》卷十七《祀事》。
④ [明]海瑞：《海瑞集》上编《淳安知县时期·何耀宗争坟地参语》，中华书局，1962年，第175页。
⑤ [明]海瑞：《海瑞集》上编《淳安知县时期·兴革条例》，第115页。
⑥ [明]傅岩撰，陈春秀校点：《歙纪》卷五《纪政绩·事迹》，第54页。
⑦ [明]陈继儒：《尺牍双鱼》卷十《关约·契帖》。
⑧ 康熙《横冈胡氏支谱》卷下《壮卿公老家规》。

婺源县一位胡姓地主的33件土地买卖案例中，有31件是在兄弟、叔侄和承孙等宗族成员内部进行的，另有2例系房东胡某，当亦系胡姓宗族成员。[①] 我们还统计了明崇祯六年至清雍正五年（1633～1727）休宁县三都二图《金氏置产簿》中共93件土地买卖契约，其中有76宗买卖是在金氏宗族叔祖、族（房）叔、族（房）兄、族（房）侄之间进行的。至于为数17件之异姓卖于金姓者，属金姓亲戚者，当有一定比重。[②] 不过，在宗族贫困成员不得已而鬻产时，宗族族规会从保护弱者的角度，对买卖价格进行调节，严禁乘人之危，低价购置族内成员田宅等产业。如清代雍正休宁《茗洲吴氏家典》即在《家规》中重申，“贫困将产业典鬻，此是万不得已。凡受产之家，须估时值，如数清缴，不许货物抬算，并不许旧逋准折。此祖宗数百年遗训，违者，天必诛之。”[③] 至于宗族共有的族田、祠产、祀田和山场等财产，新安宗族的族规是严禁在族外买卖的，否则即是盗卖和不孝行为，一旦发觉，将以族规家法严厉予以惩治。祁门善和程氏宗族，即在《窦山公家议》中严格规定：祖宗产业，“俱毋许秩下子孙私业私卖”。[④] 不仅不能私自买卖，就是连私自租佃都不行，祁门箬溪王氏宗族为捍卫宗族安全，保持生态平衡，专门立有《环溪王履和堂养山会簿》，责令“合族山场，无论公私，合议条规，以期划一。……秩下人等，不得私自召佃。如违，定行禀究”。[⑤] 总之，明清至民国时期，新安宗族的族规家法已经成为在遵守国法的前提下，调整宗族内部财产关系一种重要的民间法律规范。

为体现宗族血脉一体，明清以降，新安宗族还在祖规家法中规定了贫富互相周济、体恤和扶持的种种条款，以期使宗族成员在尊祖宗和孝义、仁爱的名义下，获得族内的救助与关怀，从而达到和睦宗族、稳定乡村社会秩序的目的。万历《休宁范氏族谱》在《统宗祠规》的“和睦宗族”条款中指出：

> 《书》曰：“以亲九族。”《诗》曰：“本支百世。”睦族圣王且尔，况凡众人乎？观于万石君家，子孙醇谨，过里必下车，此风犹有存者。末俗或以富贵骄，

---

① 《婺源县胡姓誊契簿》，转引自章有义：《明清及近代农业史论集》，中国农业出版社，1997年，第441～457页。
② 《崇祯至雍正（休宁）金氏置产簿》，原件藏南京大学历史系资料室，编号000047。
③ [清]吴翟辑撰，刘梦芙点校：《茗洲吴氏家典》卷一《家规》，黄山书社，2006年，第18页。
④ 万历《窦山公家议》卷四《田地议》。
⑤ 嘉庆《环溪王履和堂养山会簿》，清嘉庆刻本。

或以智力抗，或以顽泼欺凌，虽能争胜一时，已皆自作罪孽。况相角相仇，循环不辍，人厌之，天恶之，未有不败者，何若如此？尝谓睦族之要有三：曰尊尊，曰老老，曰贤贤。名分属尊行者，尊也，则恭顺退逊，不敢触犯。分属虽卑而齿迈众老也，则扶持保护，事以高年之礼。有德行族彦，贤也。贤者乃本族桢干，则亲炙之，景仰之，每事效法，忘分忘年以敬之。此之谓三要。又有四务：曰矜幼弱，曰恤孤寡，曰周窘急，曰解忿竞。幼者稚年，弱者鲜势，人所易欺，则矜之。一有矜悯之心，自随处为之效力矣。鳏寡孤独，王政所先，况吾同族得于耳闻目击者乎！则恤之。贫者恤之善言，富者恤之财谷，皆阴德也。衣食窘急，生计无聊，虽或自取，命运亦乖，则周之，量己量彼，可为则为，不必望其报，不必使人知，吾尽吾心焉。人有忿则争竞，得一人劝之，气遂平；遇一人助之，则气愈激，然当局而迷者多矣。居间解之，族人之责也，亦积善之一事也。此之谓四务。引申触类，为义田、义仓，为义学，为义冢，教养同族，使生死无失所，皆豪杰所当为者。善乎！陶渊明之言曰："同源分流。"人易世疏，慨焉寤叹，念之厥初。文正公之言曰："宗族于吾固有亲疏，自祖宗视之，则均是子孙，固无亲疏。"此先贤格言也。人能以祖宗之念为念，自知宗族之当睦矣。

万历婺源江湾《萧江全谱》也在《祠规》中告诫族人无论同姓异姓，俱要"谦和敬让，喜庆相贺，患难相救，疾病相扶持。彼此协和，略无顾忌"。① 万历休宁《城北周氏宗谱》鉴于该族"贫富不等，兼之迁徙不一，居处离逖，吉凶庆吊之礼，前人不废也。今之世态炎凉，趋富远贫多矣。谚云：婚姻丧祭，邻里相助。况同本一脉，亲亲之义，至此荡然而废，无异途人"的社会变迁，专门制定了"睦宗族"的宗规，责成族人，"凡遇吉凶庆吊，无论贫富，吉则庆，凶则吊，谅力资助，以尽其敬"。并云："如能守此，则风俗淳厚，宗族亲睦矣。"② 休宁商山吴氏宗族在其《宗法规条》中，从尊祖敬宗的高度，对富贵者"施仁仗义，扶贤助能，解纷息争，周贫给匮"提出了明确要求，并对"为富不仁，损人利己，害众成家，嫉贤妒能，酝酿祸胎"者进

① 万历《萧江全谱》仁集卷一《祠规》。
② 万历《重修休邑城北周氏宗谱》卷九《宗规》。

行了挞伐。曰:“族中家事殷富者,固自己勤力所致,实祖宗积德而发。若能施仁仗义,扶贤助能,解纷息争,周贫给匮,不为怙妮之态,而且光大之志不为一身之谋,而有举族之虑。此皆上念祖宗笃厚之意,下体宗族一本之思,诚尊祖敬宗之辈、孝子慈孙之流也。宗正、副无没善泯行,须扬表而旌异之以示劝。如有为富不仁,损人利己,害众成家,嫉贤妒能,酝酿祸胎,起灭词诉,闻人之衅喜灾乐祸,陷人之阱阴设阳施,此皆刻薄存心,鸩毒造意,悖逆祖宗,欺蔑族类,诚一乡之大蠹,百世之罪人也。宗正、副无畏势阿纵,须举首而明正之以示惩。”① 雍正休宁茗洲吴氏宗族在《茗洲吴氏家典》的《家规》中,广泛动员族中为商为官者慷慨捐输,对族内贫穷孤寡者进行周济,规定:“族内贫穷孤寡,实堪怜悯,而祠贮绵薄,不能周恤,赖族彦维佐输租四佰,当依条议,每岁一给。顾仁孝之念,人所同具,或贾有余财,或禄有余资,尚祈量力多寡输入,俾族众尽沾嘉惠,以成巨典。”② 康熙遂安县童沂汪氏宗族亦在其《家规》中,谆谆教诲族人一定要敦族谊,以体恤族众、和睦宗族为重,以使宗族大昌,指出:

> 五服九族,各以亲疏为隆杀,皆吾宗党也。冠婚则相庆,死丧则相戚,疾病、患难,则相扶持。诸凡岁时往来,聚会有常仪,不得旷废。至于孤寡,所当矜恤。其有矢志苦节与勤劳以立身者,贫而不能自存,困而不可振拔,家长宜集族人,共救济而护持之,所以崇节义、成美善也。若有肆为凌虐,以致设计陷害、绝人嗣续而毁人家室,皆得罪于祖宗者,鸣公惩治不贷。③

为了周恤和救济族内鳏寡孤独及贫困阶层和弱势群体,明清以降,新安江流域聚族而居的宗族往往以“睦族敦宗”的名义,置办族田和义田等,作为周恤和救济本族贫困阶层和弱势群体的主要经济来源。清乾隆末至嘉庆初,歙县棠樾鲍启运“哀鳏寡,恤孤独,赈困穷,补不足”。④ 承其父宜瑗遗志,积资置义田,以赡族中

① 万历《商山吴氏宗法规条》。

② 雍正《茗洲吴氏家典》卷一《家规》。

③ 康熙《童沂汪氏宗谱》卷首《家规》。

④《清嘉庆二年十月歙县棠樾义田禁碑》,原碑现嵌于安徽省歙县棠樾村男祠墙壁中。

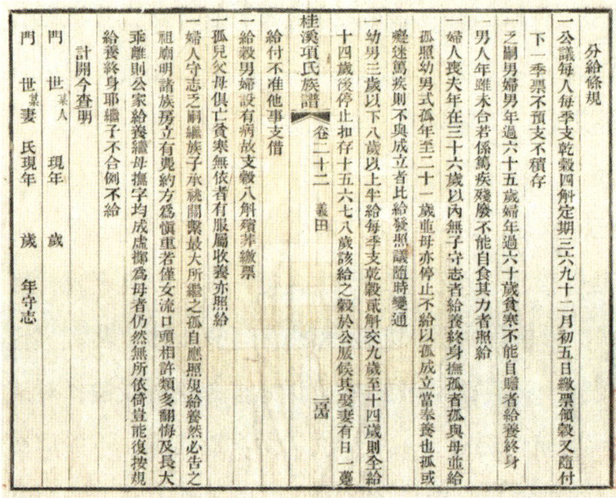
分給條規
一公議每人每季支乾穀四斛定期三六九十二月初五日繳票領穀又隨付
下一季票不預支不積存
一之嗣男婦男年過六十五歲婦年過六十歲貧寒不能自贍者給養終身
一男人年雖未合若係篤疾殘廢不能自食其力者照給
一婦人喪夫年在三十六歲以內無子守志者給養終身撫孤者孤與母並給
孤照幼男式孤年至二十一歲並母亦停止不給以孤成立當奉養也孤或
癡迷篤疾則不與成立者比給發照議隨時變通
一幼男三歲以下八歲以上半給每季支乾穀貳斛交九歲至十四歲則全給
十四歲後停止扣存十五六七八歲該給之穀於公厫候其娶妻有日一
桂溪項氏族譜 卷二十二 義田 [illegible]
給付不准他事支借
一給穀男婦設有病故支穀八斛殯葬繳票
一孤兒父母俱亡貧寒無依者有服屬收養亦照給
一婦人守志之嗣繼族子承祧關繫最大所繼之孤自應照規給養然必告之
祖廟明請族房立有[illegible]約方為慎重若僅女流口頭相許類多翻悔及長大
乖離則公家給養繼母撫字均成虛擲為母者仍然無所依倚豈能復按規
給養終身耶繼子不合例不給
計開今查明
門 世某人 現年 歲
門 世某妻 氏現年 歲 年守志

清嘉庆歙县《桂溪项氏族谱》中的宗族救济之《分给条规》

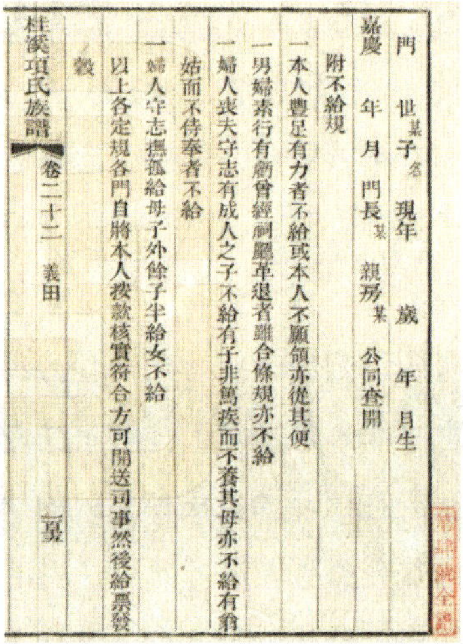
門 世某子名 現年 歲 年 月生
嘉慶 年 月 門長某 親房某 公同查開
附不給規
一本人豐足有力者不給或本人不願領亦從其便
一男婦素行有虧曾經祠懲革退者雖合條規亦不給
一婦人喪夫守志有成人之子不給有子非篤疾而不養其母亦不給有翁
姑而不侍奉者不給
一婦人守志撫孤給母子外餘子半給女不給
以上各定規各門自將本人按款核實符合方可開送司事然後給票發
穀
桂溪項氏族譜 卷二十二 義田 [illegible]

清嘉庆歙县《桂溪项氏族谱》中的宗族救济之《不给规》

之鳏寡孤独者，“前后凡十年，共置田五百四十亩，名其田曰体源户”。① 在设置了体源户义田之后，鲍启运“嗣恐经费不充”，再次续置了敦本户义田，“两户田凡共一千二百余亩，零星收置，历十七载”。② 为使族田、义田等收入用于救济周恤宗族内贫困和弱势群体等，避免侵损，或挪作他用，新安江流域各地宗族还专门制定了族田、义田等宗族公共财产的管理规条。清嘉庆年间，歙县棠樾宣忠堂鲍氏宗族制定并经徽州知府和歙县知县批准的《义田禁碑》《公议体源户规条》和《公议敦本户规条》等，即是新安宗族管理义田和族田等公共财产最具代表性的族规家法，尤其是《公议体源户规条》和《公议敦本户规条》，其对义田的管理和收入的分配范围（即给与不给者的规定）等，规定得极为详细而具体，可操作性很强。乾隆、嘉庆之际，同在歙县的桂溪项氏宗族也设置了规模较大的义田，项溥在嘉庆《桂溪项氏族谱》之《义田》序文中这样写道：“窃惟均民田，等贫富，齐生死，古圣所未能行；哀鳏寡，恤孤独，养废疾，君子胥能立法。第博施济众，四海之量固难周；而睦族敦宗，一家之力较易赡。然能体文王施仁之心，考朱子社仓之法，行范文正公恤族之事，则一族之茕民无告者，皆有所养。”项氏义田名“余岸义庄”，其管理规条分

① 嘉庆《棠樾鲍氏宣忠堂支谱》卷十九《义田·鲍氏义田记》。
② 嘉庆《棠樾鲍氏宣忠堂支谱》卷十九《义田·敦本户田记》。

别由分给与不给两部分组成，具体内容如下：

分给条规

一、公议每人每季支干谷四斤，定期三、六、九、十二月初五日缴票领谷，又随付下一季票。不预支，不积存；

一、乏嗣男妇，男年过六十五岁、妇年过六十岁，贫寒不能自给者，给养终身；

一、男人年虽未合，若系笃疾残废，不能自食其力者，照给；

一、妇人丧夫，年在三十六岁以内，无子守志者，给养终身；抚孤者，孤与母并给，孤照幼男式。孤年至二十一岁，并母亦停止不给，以孤成立，当奉养也。孤或痴迷笃疾，则不与成立者比，给发，照议随时变通；

一、幼男三岁以下、八岁以上，半给，每季支干谷二斤交；九至十四岁，则全给，十四岁后停止，扣存十五、六、七、八岁该给之谷于公厫，候其娶妻有日，一趸给付，不准他事支借；

一、给谷男妇，设有病故，支谷八斤殡葬，缴票；

一、孤儿，父母俱亡，贫寒无依者，有服属收养，亦照给；

一、妇人守志乏嗣，继族子承祧，关系最大。所继之孤，自应照规给养。然必告之祖庙，明诸族房，立有凭约，方为慎重。若仅女流口头相许，类多翻悔。及长大乖离，则公家给养，继母抚字，均成虚掷，为母者仍然无所依倚，岂能复按规给养终身耶？继子不合例，不给。

计开，今查明：

门　　世某人　　现年　　岁

门　　世某妻　　氏现年　　岁守志

门　　世某子名　　现年　　岁　　年　　月生

嘉庆　年　月　　门长某　　亲房某　　公同查开[①]

附不给规

一、本人丰足有力者，不给。或本人不愿领，亦从其便；

① 嘉庆《桂溪项氏族谱》卷二十二《义田·分给条规》。

一、妇素行有亏，曾经祠厅革退者，虽合条规，亦不给；

一、妇人丧夫守志，有成人之子，不给；有子非笃疾而不养其母，亦不给；有翁姑而不侍奉者，不给；

一、妇人守志抚孤，给母子外，余子半给，女不给。

以上各定规，各门自将本人按款核实，符合方可开送司事，然后给票发谷。[①]

以上关于对宗族内部生活困难等弱势群体成员的周济与救济，体现了宋明以降新安宗族族规家法社会救济与社会保障方面的制度安排。这种安排实际上补充了国家和地方官府社会保障和社会救济事业的不足与缺陷，对调整宗族内部的财产关系，促进宗族成员的团结和宗族内部的互帮互助，以及维护宗族进而维护乡村社会秩序与社会稳定，起到了十分重要的作用。

第三节　维系社会秩序、强化宗族子弟教育和伦理教化

唐宋以来，新安江流域就已形成重文兴教的传统，“当其时，自井邑田野，以至远山深谷，居民之处莫不有学、有师、有书史之藏”。[②] 在婺源，虽“十户之村，不废诵读”。[③] 注重子女的教育，已成为新安江流域各地普遍存在的一种家庭和宗族的优良传统。无论是上游的徽州，还是下游的严州，在当地人群的思想观念和行为举止中，“承先裕后，励学为先”[④] 是保持宗族良好家风、代代相传的最有效甚至是唯一的途径。“自古名门巨族，大率起家诗书。苟无读书之子，即贯朽粟陈，一田舍翁耳！不足数也”。[⑤] 因而，各个家庭和宗族几乎都对子女教育给予了特别的关注，并为此制定了大量的族规家法，从而在宗族制度上给宗族子弟的教育提供了坚强的支撑与

① 嘉庆《桂溪项氏族谱》卷二十二《义田·附不给规》。

② 道光《休宁县志》卷一《疆域志·风俗》。

③ 嘉靖《婺源县志》卷四《风俗》。

④《清光绪十年三月二十三日婺源永禁霸收霸吞和私相典卖养源书屋膏火田碑》，原碑现嵌于婺源县汪口村养源书屋入首墙壁中。

⑤ 嘉庆《江左王氏宗谱》卷一《家规》。

有力的保障。万历歙县《歙西岩镇百忍程氏本宗信谱》之《族约篇》，对程氏宗族立约规范子孙教育进行了详细规定，曰：“宗族之大，子孙贤也。子孙之贤，能读书也。能读书则能识字，匪特可以取科第、耀祖宗；即使未仕，亦能达世故、通事体，而挺立于乡邦，以亢厥宗矣。先孝长公尝为文示后人曰：‘吾之子若孙，须学问，须修谱牒。比见位高金多者，至疏族以陵，吾不愿汝曹为也。三世不学问、不仕宦、不修谱，即流为小人。’呜呼！前人铭训如此，凡我族属，宁惜以一经教子？”[①] 万历休宁《城北周氏宗谱》在“端蒙养”的《宗规》中，对族内子弟教育的重要性有着深刻的阐述，认为：“教养蒙童，人家之首务。”规定：“凡我族人，有子弟者，当要择师竭力教养习学，达则为之上人，不达者亦通明礼、行正道、做好人，不致鲁莽愚顽，终身有益。人生幼小无知，内有贤父兄，外有严师友，未有不成者也。”[②] 如休宁茗洲吴氏家族就在《家规》中明确要求：“子孙自六岁入小学，十岁出就外傅，加冠入大学，当聘致明师训饬，以孝悌忠信为主，期底于道。若资性愚蒙，业无所就，令习治生理财。”[③] 修成于明隆庆年间、补刻于清雍正年间的歙县《潭渡孝里黄氏族谱》，于《家训》中专门辟有《教养》一节，对潭渡黄氏宗族子弟的教育和培养加以全面而深刻的阐释和规范。黄玄豹在该《家训》的序文中称：

清光绪年间建于婺源县汪口村的俞氏宗族私塾——养源书屋内景

清光绪十年(1884)婺源县知县为汪口村徽商俞光銮捐资兴办养源书屋学田所颁布的禁示碑

① 万历《歙西岩镇百忍程氏本宗信谱》卷十一《族约篇》。
② 万历《重修休邑城北周氏宗谱》卷九《宗规》。
③ [清]吴翟辑撰，刘梦芙点校：《茗洲吴氏家典》卷一《家规》，黄山书社，2006年，第20页。

清雍正刻本歙县《潭渡黄氏族谱》方面

夫教养子弟之道，亦奚以异于植木者哉？彼虫蚁之内穴，明蘖之旁生，以及藤萝之纠缠，草棘之蔓延，无一非害木者也。苟不祛其穴蚁、折其旁蘖、芟其纠藤而伐其蔓草，欲木之遂其生也，得乎？故教养子弟无以异于植木也，惟去其害子弟者而已矣。

害子弟者，莫大于戕贼其天良。彼子弟之食欲其甘，衣欲其华，虽嗜欲已萌，然其初也，天良尚未戕贼，去其害也犹易。为父兄者，宜慎之于其始，虑之于其微，所谓蒙以养正，圣功也。当其孩提之时，即思所以裁之抑之，勿使其浸淫滋蔓而至于不可收拾。若坐视其知识既开，志日以骄，气日以盈，食必如何也而后甘，衣必如何也而后华，得之则欣然以喜，不得则戚然以忧。于是狡诈生焉，欺伪滋焉，甚至婪财渔色，损物凌人。至此，如木之蚁穴已成，旁蘖已长，藤缠已坚，草蔓已深，势必日就萎薾萧索，而天良之所存者几希矣。天良不存，则肆无忌惮，何事不可为，何恶不可作？以致于悖逆伦理，干犯刑宪，皆父兄以姑息为教，溺爱为养，不能如植木之务去其害者，以至于如此之极耳。故我前人于教养之道，凡戕贼夫天良而害我子弟者，防之也周，虑之也密。其言之也谆谆，语之也恳恳。如植木者虑虫蚁之窟穴于木也，必嘱其后之人祛之塞之；虑萌蘖之旁出于木也，必其后之人折之龁之。若此者，皆所以冀其成材也。迨材既成矣，犹虑夫藤萝之纠缠其枝干也，草棘之侵蔓其根柢也，于以遮蔽其雨露而分吸其滋膏也。必嘱其后之人芟之使清，伐之使净，不留害木之一事一物。揆诸植木者之不惮烦如此，不过欲使木之得遂其生焉而已。然则为父兄而欲使子弟之得遂其生者，舍教养一道无由矣。

潭渡黄氏宗族《家训》之“教养”条，共由六部分组成，内容涉及子弟入学教育、行为教育、职业教育、道德伦理教育等各个方面，可谓是集明清新安宗族子弟教育族规家法之大成者。为节省篇幅，谨择其要者，略述于次：

一、子弟五岁以上，每谒祖讲书及忌晨祭祀，务令在旁观看学习，使之见惯。至十二岁，出就外傅，见灯毋入中门。至十六岁，方行冠礼，照所定冠仪遵行。女子及笄（女子二十始笄，今婚嫁多不能如期，似亦宜以十六岁加笄。臣槐补注）。子弟未冠者，不得以字称，必延聘明师，教以孝悌忠信为主。若二十岁以外，学业无成者，令其学习治家理财之方。其向学有志者，勿拘此例。

……

一、子弟，毋使习学吏胥，以坏心术。虽当贫乏，不得令入寺观为僧为道，自斩嗣续。毋狎屠竖以启残忍之心，不得目观非礼及妖幻、符咒之书。凡涉戏谑淫亵语者，即焚毁之。又不得从事交结，以保助闾里为名而恣行己意，以致轻冒刑宪，堕圮家业。若奉延宾客，唯务诚悫，不可强人以酒，自亦不宜沉酣杯杓，喧呶鼓舞，不顾尊长。处事接物，当务谨慎。不可置纤巧之物，务以悦人以长华丽之习；不得惑于邪说，溺于淫祀以邀福于鬼神。至于待亲族乡邻，宁我容人，毋使人容我，切不可先操忽人之心，以招人之侮己也。

一、吾黄氏以孝行名里，当思祖宗贻谋之远，一举一动，皆须遵循礼法。凡有欲行之事，皆当咨禀家长，然后举行。不得私造饮馔及入肆扛醵平伙，以徇口腹之欲，尤不得引进倡优，讴词献伎，以娱宾客。并不得好勇斗狠及与打降、闯将、匪类等来往。不得沉迷酒色，妄肆费用，以致亏折资本。至若不务生理，或搬斗是非，或酗酒、赌博，或诓骗奸盗，或党恶匿名，一应违于礼法之事，当集众诫之。如屡诫不悛，呈公究治，不可姑容。

一、子孙为学，须以孝悌礼义为本，毋偏习词章，此实守家第一要事，不可不慎。入泮后，不得出入公门，武断乡曲，鱼肉细民，并侵损各祠墓公产。违者，鸣鼓共攻。如有出仕者，又当蚤作夜思，实心办理正务，以报国为务，抚恤下民，实如慈母之保赤子。有申诉者，当哀矜恻怛，平心静气，各得其情，为之平反，毋得任性苛虐。廪禄有余，当周给三党，不可但私于妻孥，竞为华丽之饰，亦不得恃贵自尊，以骄宗族。凡一切尊祖睦族之事，皆当倡率行之，庶无忝于我黄氏孝行之门也。[1]

① 雍正《潭渡孝里黄氏族谱》卷四《家训》。

上引文字清晰地表明，宋明以降，新安宗族对于子弟教育之重视，在整个族规家法中占据着重要的地位。毕竟子弟的教育不仅关乎个人和家庭的前途与未来，它还直接关系到宗族的兴衰与家风的传承，所谓“名门巨族，莫不由祖先忠孝勤俭以成立，莫不由子孙顽率奢傲以覆坠之。大抵父兄之教不先，子弟之率不谨，骄恣邪僻，习与性成……凡教子弟，以敦厚周慎为本。聪慧者，令治一经以嗣书香；若资质鲁钝，使其务本业农，无生外慕，庶不致有玷家声。”①正因为如此，宋明以降至民国时期的新安宗族，在教育子弟方面才舍得慷慨投入，并不惜以宗族族产对宗族中困难子弟予以资助和奖励。明代休宁商山吴氏宗族在其“宗法规条”中规定：“凡在学，家事贫乏，有志向上，勤苦读书，每岁祠中量给纸笔、灯油之费。”②万历婺源江湾村江氏宗族在《祠规》“育人才”条款中，对以祠产资助族中子弟读书也做出明确规定：“族中子弟，天资颖异，富者自行择师造就，贫者祠正、副于祭内量贴灯油。四季会考，敦请科第者主其事，以次给赏纸笔，以示劝勉，其费皆动支祠银。”③宋明以来，新安江流域的家庭和家族为鼓励子弟读书入仕，往往专门辟有膏火田、学田，或专门出资资助贫困家庭子弟读书。如休宁茗洲吴氏家族就在《家规》中，对贫困家庭子弟做出资助读书的规定，云：“族中子弟，有器宇不凡、资禀聪慧而无力从师者，当收而教之，或附之家塾，或助以膏火，培植得一个两个好人，作将来模楷。此是族党之望，实祖宗之光，其关系匪小。”④总之，宋明以降至民国时期，新安宗族子弟的培养与教育，是围绕封建儒家伦理纲常这一总的宗旨进行的。正如民国婺源江峰清在《济阳江氏统宗谱》之《江氏家训》中所指出的那样，“子孙不可姑息，少时即当教以孝悌忠信之道与本卷《江氏蒙规》，使之读书明理，后日自然为孝子顺孙”。⑤在族规家法的制度保障和学田、祠田和族田等经济保障下，新安宗族子弟的教育和培养基本上是成功的，虽然其总的教育宗旨是把子弟培养成符合封建宗法统治目的的“孝子顺孙”，但在客观上它确实起到了净化社会风气，维护包括乡村社会在内的整个新安江流域社会秩序和社会稳定的作用。

---

① 道光《狮山余氏族谱》卷一《祖训》。

② 万历《商山吴氏宗法规条》。

③ 万历《萧江全谱》仁集卷一《祠规》。

④ [清]吴翟辑撰，刘梦芙点校：《茗洲吴氏家典》卷一《家规》，黄山书社，2006年，第18页。

⑤ 民国《济阳江氏统宗谱》卷一《纪述三·江氏家训》。

宋明以降，新安宗族族规家法的一个主要目的就是惩戒梗顽、维护社会秩序和基层社会稳定。为达到这一目的，新安江流域各大聚族而居的宗族特别重视族内和社会教化，在许多宗族制定的族规家法中，厉行教化往往是其重要的条款。万历祁门清溪郑氏宗族在其《训规》中，希图通过祭祀、读圣谕和祖训的方式，来达到教化的目的，“谓始祖之祭似禘者，疑僭也，教民义也。谓祀始祖为非僭者，礼秩异也，教民仁也，而始祖之祀不容已也。每岁以腊月廿四日为期，先期，族贤及司礼者出告示、具仪式，质明行礼，肃明齐一。祭毕，读《圣谕》《祖训》，及堂壁旌善牌，默示惩恶籍，已乃行合食礼，歌诗三阕。”①该宗族的《祖训》特别强调：“凡尔子孙，谨时祭，念祖德，保世业，振家纲，孝父母，敬长上，友兄弟，教子孙，务生理，勤学业，力树艺，肃内外，谨火烛，和邻里，礼宾亲。须早完国课，毋好争讼，毋放利弃义，毋欺天罔人，毋习赌博，毋作非为。甚者为犯奸，为上盗，为倡优以伤化，为奴隶以辱先，四者有一焉，生不齿乎族，殁不入乎祠，念之戒之。”②祁门《平阳汪氏宗谱》的《家规》还专门立有“敦孝悌”“训子孙”“别尊卑”“严内外”“业耕读”“尚勤俭”“睦宗族”“明嫁娶”“慎交友”“戒健讼”“禁邪巫”等条规，以教化的手段，将整个宗族成员纳入到一个秩序井然、等级森严的稳定的社会状态中。为使这些宗族规约能得到有效遵守，一些宗族还强行规定了宣讲族规的条款。如休宁《茗洲吴氏家典》就于《家规》中规定：“族讲定于四仲月，择日行之。先释菜，后开讲，族之长幼，俱宜赴祠肃听，不得喧哗。其塾讲有实心正学，则于朔望日，二三同志虚心商兑体验，庶有实得。”③绩溪《华阳邵氏宗谱》则将该族《祠规》视为“整齐一族之法”，要求“每季定期由斯文、族长督率子弟赴祠，择读书少年善讲解者一人，将《祠规》宣讲一遍，并讲解《训俗遗规》一二条”。④显然，华阳邵氏宗族也是把宣讲本宗族的族规家法和解读《训

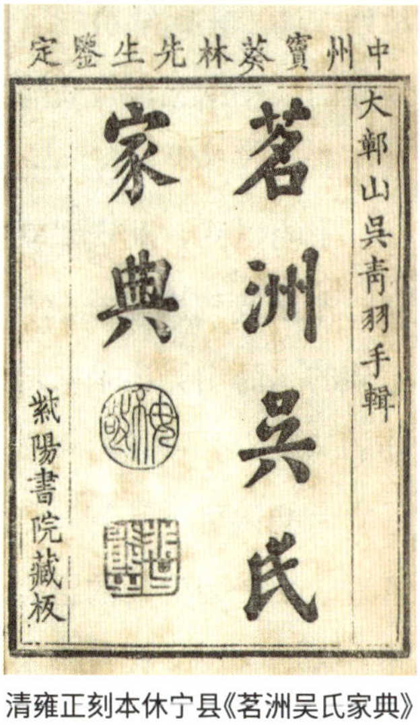

清雍正刻本休宁县《茗洲吴氏家典》

① 万历《清溪郑氏家乘》卷四《训规》。
② 万历《清溪郑氏家乘》卷四《祖训》。
③ [清]吴翟辑撰，刘梦芙点校：《茗洲吴氏家典》卷一《家规》，黄山书社，2006年，第25页。
④ 宣统《华阳邵氏宗谱》卷首《新增祠规》。

俗遗规》的方式，来达到整齐划一宗族、统一宗族成员意志的目的。

正是依靠教化这一强有力的手段，才使得宋明以降新安宗族的族规家法得以执行和实施，宗族内部等级秩序和基层社会稳定也才由此得到维系。当然，教化并不是唯一的手段，教化只能防患于未然。如果宗族子弟怙恶不悛、不听教化，族规家法严厉惩戒的一面就会立即呈现。《茗洲吴氏家典》之《家规》首先立足于对族内赌博无赖之徒进行教化，教化不成，则视情节轻重层层加以惩处，“子孙赌博、无赖及一应违于礼法之事，其家长训诲之；诲之不悛，则痛箠之；又不悛，则陈于官而放绝之。仍告于祠堂，于祭祀除其胙，于宗谱削其名。”[①] 可以这样说，新安宗族促成了新安商人的成功崛起，奠定了新安江流域宗族社会的基石。而自南宋以来以朱熹为代表的新安理学，则又在某种程度上成为宗族扩张和新安商人发展的思想基础。在新安江流域，人们冠婚丧祭，事事恪守朱熹文公《家礼》的做法，对朱熹的顶礼膜拜是其他地区无法与之相比的。在新安江流域的上游徽州，“自井邑田野，以至于远山深谷，居民之处，莫不有学有师，有书史之藏。其学所本，一以郡先师子朱子为归。凡六经传注、朱子百氏之书，非经朱子论定者，父兄不以为教，子弟不以为学也。是以朱子之学虽行天下，而讲之熟，说之详，守之固，则惟新安之士为然，故四方谓‘东南邹鲁’。”[②] 新安商人群体亦以朱子所倡导的儒家伦理纲常相砥砺，把封建的“三纲五常”思想发展成为自己的经商理念，从而获得了巨大的成功，成为独执明清商界之牛耳的全国最大的地域性商帮群体。

宋明以降，新安宗族的族规家法十分严厉，几乎每一个家庭或家族都有自己独立的家法以约束家庭成员，著名的有歙县潭渡黄氏宗族的《家训》，休宁商山吴氏宗族的《商山吴氏宗法规条》、茗洲吴氏宗族的《茗洲吴氏家典》，祁门善和程氏宗族的《窦山公家议》和文堂陈氏宗族的《文堂乡约家法》等。这些家法大都经过当地官府的认可，具有一定的民间习惯法的性质。这些家法的内容涉及家庭和宗族的管理，生产和生活的组织，尊卑长幼等级秩序的维系，家庭或家族子弟的教育，和睦乡邻的强调，扶贫济困的倡行，皇粮国税的劝纳，危害社会行为的惩治，祠堂坟墓的保护，以及各种陋俗的革除等。应当说，历史上，新安宗族族规家法的规定是

① [清]吴翟辑撰，刘梦芙点校：《茗洲吴氏家典》卷一《家规》，黄山书社，2006年，第19页。

② [元]赵汸：《东山存稿》卷四《商山书院学田记》，《景印文渊阁四库全书》总第1221册，《集部》第160册，台湾商务印书馆，1986年，第287页。

全面的、具体的，它构成了新安江流域乡村社会的主要规矩和准绳。这些内容丰富、类型繁多的族规家法，打着尊祖敬宗的旗号，希冀在明太祖《圣谕六条》和清圣祖《圣训十六条》的指导下，在“尊国法”的前提下，认真加以制定和执行的。它们从修身齐家入手，进而冀望达到平国治天下即稳定乡村社会的目的。万历休宁林塘范氏《统宗祠规》云：“夫宗之为言从也，从其步趋，有所统也。统宗必有规，岂独别源流、分疏戚、序世次云乎哉？天叙有典，天敕有礼，自修身齐家以至治国平天下，皆不能外此。得此则伦叙，失此则伦斁。凡故家文献，亢宗睦族，舍宗规其奚称焉？治平言矩，而此言规者何？规者，矩之别名也。圆之则规，方之则矩，一也。规则运之，以情立法；矩则挈之，以义推心，亦一也。”“右宗规十六款，总之皆遵《圣谕》之注脚。我族中贤父兄，必不肯以不善望其子弟，各须叮咛遍戒。每听《圣谕》后，洗心向善，尽作好人。有过即改，不可护短。日积月累，自有无穷福泽。祖考监临在上，共默相之。”① 万历婺源江湾萧氏宗族《祠规》说：“凡此宗规，修身齐家，敦伦善族，句句切要，诸我族人，各宜身省遵守。”② 万历休宁桑园吕氏宗族也谆谆告诫族人，“家规所以修身齐家之道，慎终追远之意。众尚礼义，遵守而行，以新先前，上报祖宗德荫之流裔；以思裕后，下使子孙不失之孝敬。瓜派绵绵，相传世世，修其业，承其志，感其德”。③

宋明以降，新安宗族的族规家法作为约束宗族内部成员的言行与思想的基本规范，其在维护新安江流域各地社会的尊卑、长幼、夫妇和邻里等既定的社会秩序和社会的稳定等诸多方面，曾经发挥了巨大的作用。对此，我们应予以高度的关注和充分的重视。

① 万历《休宁范氏族谱》卷六《谱祠·统宗祠规》。
② 万历《萧江全谱》仁集卷一《祠规》。
③ 民国重印万历《新安吕氏宗谱》卷五《休宁桑园家规》。

第九章　新安宗族公约

作为一个非常典型的山区型宗族社会，宋明以来至民国时期，宗族始终是新安江流域各地社会，特别是乡村社会的准基层组织。在长期的社会生产与实践中，它们同当地的里甲、保甲、乡约等正式基层组织，以及地方官府之间，互相配合，彼此互动；并根据新安江流域聚族而居的山区社会特点，将族规家法和宗族公约作为控制有血缘关系的族众和基层社会的最基本规范。由于族规家法相对较为稳定，为适应宗族所在地域内外形势的变化，因地制宜、因事制宜和因时制宜地制定的约束宗族成员的相对较为灵活的合同议约或规约便由此产生。由于这些公约系由宗族成员互相商议、联合制订，故将其统称为“宗族公约”。这些宗族公约既有保护族众和村民生产、生活与生态环境的宗族公约，管理宗族事务的宗族公约，保护宗族公共财产的公约，以及兴办宗族教育文化事业的宗族公约，也有束心诉讼与调解和息类宗族公约，内容和类型可谓极为丰富。宗族公约的出现和存在，弥补了相对族规家法较为稳定刻板和操作性不强的短板，成为宋明以降应对和处置宗族内外突发事件的重要工具。

宋明以降至民国时期，新安江流域的宗族公约具有鲜明的地域性、较强的时效性、浓厚的血缘性，以及相对的模糊性与灵活的变通性等诸多特征，并同时具备规范、约束互助和奖惩等功能。更为重要的是，这些宗族公约有的甚至经过所在地方官府的钤引批准，使其原本纯粹的宗族组织行为转换为地方官府的官方行动。因此，从这一视角来看，宋明以来至民国时期新安宗族公约更像是国家法律和地方法规的必要补充与延伸。在规范族众行为，维系人与自然、人与人之间，以及人与社会之间的和谐相处，管理乡村社会的经济与文化生活，维护社会秩序和社会稳定等诸多方面，宗族公约发挥了有别于其他规约的功能与作用。

在宋明以降至民国时期的新安江流域的乡村社会中，宗族是整个社会特别是乡村社会的基石，宗族组织通过不断制定和纂修族谱、组织祭祀和制定与完善族规家法等形式，严密地控制着整个基层社会，尤其是望族大姓聚居村庄，所有成员的行为。当然也应看到，族规家法毕竟过于具有综合性和原则性等特点，并且不能轻易进行修改。因此,其在一定时间和范围内保持着相对的稳定性。在这样一个大背景下,围绕乡村社会日常生产与生活经常中经常出现的种种因人、因事和因物而进行的某些临时性调整，往往非相对笼统而原则性、综合性较强的族规家法所能解决。故而因地制宜、因时制宜地和因人制宜地制定内容较为单一、针对性较强的宗族公约，显然成为宋明以来至民国时期新安宗族行使对某人、某事和某物进行临时性调整的重要规范之一。

就类型而言，宋明以来的新安宗族公约类型极为广泛，形式也复杂多样。其所反映的内容几乎涉及新安江流域各地民众的日常生产与生活各个方面，而且与族规家法相比，它具有适用时效短、管理空间集中和针对性强等优势。很多宗族公约，实际上就是族规家法的具体化，或者说是族规家法之实施细则。

本章将根据现存的宋明以来至民国时期新安江流域的宗族公约，着重就其类型和内容进行讨论和分析。

第一节　保护生产与生活环境，管理和协调宗族事务的公约

宋明以来至民国时期，新安宗族公约存在和表现的形式多种多样，举凡村规民约、乡村告示、合同议约，以及奖惩条例等，都是宗族公约存在的具体形式。至于宗族公约的内容，由于其所涉及的领域极为广泛，内容也更加丰富多彩。

一、保护村民生产、生活与生态环境的宗族公约

作为宋明以降至民国时期新安宗族公约的一个重要组成部分，保护聚族而居的村庄村民生产、生活环境与生态环境的宗族公约相对较为集中和典型。

新安江流域地处山区，山多田少、人众地寡，加上当地堪舆风水观念根深蒂固，在上游的徽州地区，“风水之说，徽人尤重之。其平时构争结讼，强半为此”。[①]

---

① [清]赵吉士:《寄园寄所寄》卷十一《泛叶寄·故老杂记》。

在下游的建德，风水信仰也很浓郁，“建邑山水清秀，前代称地师者，多有遗记”。①因此，有关保护生产、生活与生态环境的宗族公约尤为众多。在诸多村民生产、生活与生态环境保护的宗族公约中，有关聚族而居的聚落龙山水口和坟墓荫木保护的公约占有一定比重。除具有万山环绕、峰峦重叠的山区特征之外，新安江流域还河川纵横，溪流湍急，在村庄的水口栽植树木以涵养水源，保持村庄居民生活环境不受侵害，显得尤为迫切。清乾隆五十年（1785）十二月婺源俞氏宗族聚居的汪口村《严禁盗伐汪口向山林木告示》就指出：“乡聚族而居，前籍向山以为屏障，但拱对逼近削石巉岩，若不栽培，多主凶祸。以故历来掌养树木，垂荫森森。自宋明迄今数百年间，服畴食旧，乐业安居，良于生乡大有裨益。”由于乾隆四十三年（1778）以来，“无藉之徒盗行砍伐……当经旦旦而伐，山必童赭。事关祸福，害切肌肤”。因此，在生员俞大璋等众议下，“酌立条规，重行封禁，永远毋得入山残害”。②

居住在祁门石溪和凌村的康、凌二姓，为保护两村共有的金竹税洲水口，在清乾隆四十八年（1783）六月联合制订的二姓宗族公约中指出：“凌务本、康协和堂原共金竹税洲，为申饬文约，请示演戏严禁，蓄养树木，庇荫水口，保守无异。近因无耻之徒，屡被偷窃，锄种无休，是以二姓合议公禁。水口命脉攸关，本应指名控理，免伤亲族之谊。违犯自愿封禁，鸣锣扯旗示众。自后，家外人等，毋许入洲窃取，税洲地毋许锄种。如违，罚戏壹台，树木入众。如有梗顽不遵，指名赴县，赍文控理，断不宽恕。二祠倘有外侮，费用均出。各宜凛遵，毋贻后悔。凛之，慎之。”③可见，保护水口林木不受侵害，已成为宋明以来至民国时期新安江流域乡村社会宗族公约中保

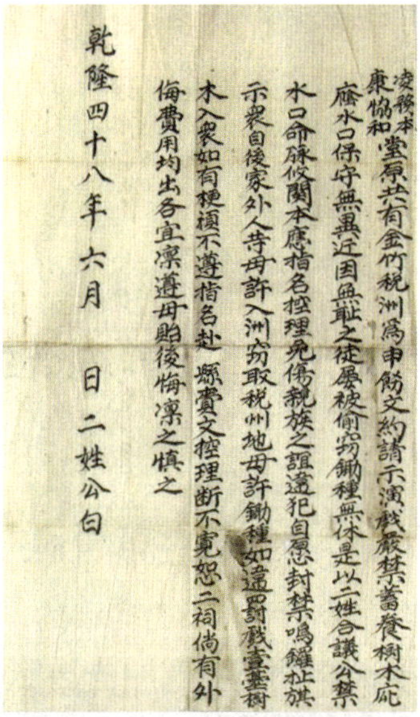
凌務本康協和堂原共有金竹税洲爲申飭文約請示演戲嚴禁蓄養樹木庇蔭水口保守無異近因無耻之徒屡被偷窃鋤種無休是以二姓合議公禁水口命脉攸關本應指名控理免傷親族之誼違犯自愿封禁鳴鑼扯旗示衆自後家外人等毋許入洲窃取税洲地毋許鋤種如違罰戲壹臺樹木入衆如有梗頑不遵指名赴縣賫文控理断不寬恕二祠倘有外侮費用均出各宜凛遵毋貽後悔凛之慎之
乾隆四十八年六月 日二姓公白

清乾隆四十八年(1783)祁门县凌村凌务本堂与石溪康协和堂共同订立的兴养树木、庇荫水口和严禁锄种的合约

① 乾隆《建德县志》卷十《轶事》，清乾隆十九年(1754)刻本。

②《清乾隆五十年十二月婺源汪口村严禁盗伐汪口向山林木告示碑》，原碑现存江西省婺源县汪口村旧乡约所。

③《清乾隆四十八年六月祁门县凌务本、康协和堂二姓兴养树木、庇荫水口、严禁锄种公白》，原件藏安徽大学徽学研究中心。

护村民居住环境和生态环境的一项基本内容。其实，水口林木，对涵养水源，维系人与自然的和谐，保护村民生产、生活与生产环境，确实具有不可低估的意义。

在新安江流域各地，人们非常重视阴宅风水的选择与保护，“徽俗惑于风水，多不葬亲，将尸棺遗弃道旁、山堑之间，或二三十年，或三四世，不得归土”。[①]其实，不仅在新安江上游的徽州如此，而且出于新安江中下游地区的淳安、遂安和建德亦是如此。在他们看来，为自己的祖上觅得一块风水宝地安葬，不仅可以使先人魂魄安宁，而且还可为自己及后人带来福荫。在建德县，西龙延陵吴氏宗族就特别强调，“风水一事，乃紧关切要，最重最急之务。若遇好地，即费重资，亦不可放过。盖人家田地产业倏忽转移，非可畏据之物，惟得一吉地，大之发科发甲；次之发财发丁，子孙昌盛，且能长久。故地为人之根本，绝不可少者也”。[②]因此，对破坏祖坟荫木及周围环境的行为，不少村庄聚族而居的宗族族规家法和公约，都规定了较为严厉惩处的条款。祁门县文堂陈氏宗族即在明代隆庆六年（1572）刊刻的《文堂乡约家法》明确指出：“本里宅墓，来龙朝山水口，皆祖宗血脉，山川形胜所关，各家宜戒谕，长养林木，以卫形胜，毋得泥为己业，掘损盗砍。犯者，公同众罚理治。”[③]《清乾隆五十一年十一月婺源汪口村奉邑尊示禁告示碑》《清嘉庆十八年仲夏月祁门叶源村勒石永禁告示碑》等，皆属于此类保护村庄龙山水口及坟墓林木之宗族公约。如果说新安宗族的族规祖训中，几乎都有“戒争讼”的规条，告诫宗族成员“止词讼”，那么只有祖坟被侵等少数事项，宗族才是坚决进行诉讼的。“坟山系祖宗体魄所藏之处，子孙发源之自，责任匪轻。每遇清明祭扫，躬身督令，务加培整。来龙发脉，左右护卫，乃坟墓根本所系，尤当蓄养荫木，以加兴隆。吾族子姓，遵守祠规，务加严禁”。[④]正如许多族规家法中所指出的那样，“凡人一生，不入公门，便是福人。至于不得已而结讼，世人虽说祖墓、婚姻两事，如果已葬祖坟被占而讼，尚属万不得已”。[⑤]遂安县中洲雁门童氏宗族对祖坟被盗葬侵占等事，则在《家规》中明确要求，“凡坟墓为先灵所栖，子孙祸福因之，毋许轻动。倘有艳吉盗葬者，立逼掘起另埋，

① [明]古之贤：《新安蠹状》卷下《牌稿·行六县劝士民葬亲》，明万历刻本。

② 光绪《西龙吴氏宗谱》卷一《确实遗言附》。

③ 隆庆《文堂乡约家法·文堂陈氏乡约》。

④ 万历《重修城北周氏宗谱》卷九《宗规》。

⑤ 宣统《仙石周氏宗谱》卷二《祖训》。

仍罚猪羊醮墓，对祖请罪”。[①] 因此，保护村庄的风水及其附属设施，实际上就是保护了村民居住的生活和生态环境。

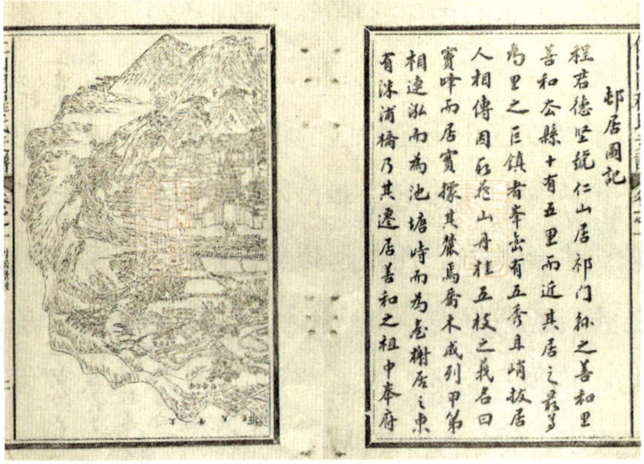

清光绪《祁门善和仁山门支谱》中的村居图

值得注意的是，清代乾隆至道光年间，是新安江流域乡村社会中关于村民生产、生活与生态环境保护所立宗族公约最多的时期。之所以出现这一现象，主要是由于毗邻这一地域的棚民大规模徙入。自清代雍正以后，来自安徽安庆、池州、宁国等府和浙江、江西甚至福建等地的流民，携家挈口，大规模进入新安江流域山区，于深山中搭棚居住，或开山种田，或采煤烧灰，从事种种谋生或营利的生产经营活动，“徽（州）、宁（国）在万山之中，地旷不治，有赁耕者即山内结棚栖焉，曰棚民。棚民之多，以万计也”。[②] 在新安江下游的建德县，“近招浙闽无业闲民，垦山植麻，结棚聚处。愚民见短，利其荒税，一时有补，未能远谋，遂致棚民联络盘踞，岁引日多，奸猾时闻”。[③] 棚民的大规模进入，并进行无序的垦山种田和煤炭等矿物开采，造成了水土流失，使新安江流域山区的生态环境受到了严重的破坏。“乾隆年间，安庆人携苞芦入境，租山垦种，而土著愚民间亦效尤。其种法必焚山掘根，务尽地利，使寸草不生而后已。山既尽童，田尤受害。雨集则砂石并陨，雨止则水源立竭，不可复耕者，所在皆有。大溪旱不能蓄，涝不能泄，原田多被涨没。一邑之患，莫甚于此”。[④]

在棚民聚集人数最多的地区之一的新安江上游地区的祁门县山区，因棚民租山种植所造成的水土流失等生态灾难也最为剧烈。如，向为王氏宗族聚居地的箬坑，在棚民到来之前，这里的居民安居乐业，过着一种相对富足的生活，“我环溪基迁于宋，迹发于明，聚族而居，历年有所。向来田少山多，居人之日用饮食，取给于

① 道光《重修雁门童氏宗族》卷一《家规》。
② [清]高廷瑶：《宦游纪略》卷上，清同治十二年（1873）刻本。
③ 乾隆《建德县志》卷一《方舆》。
④ 道光《祁门县志》卷十二《水利志·水碓》，清道光七年（1827）刻本。

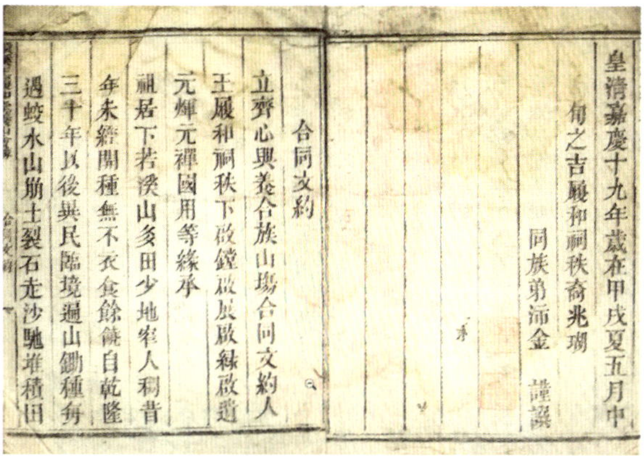
皇清嘉慶十九年歲在甲戌夏五月中
旬之吉履和祠秩裔兆瑚
同族弟沛金 謹識

合同文約
立齊心興養合族山場合同文約人
王履和祠秩下啟鐘啟辰啟綠啟遺
元輝元禪國用等緣承
祖居下若溪山多田少地窄人稠昔
年未經開種無不衣食餘饒自乾隆
三十年以後異民臨境遍山鋤種每
遇蛟水山崩土裂石走沙馳堆積田

嘉庆祁门县《环溪王履和堂养山会簿》

田者，不敌取给于山。当年兴养成材，年年拼取，络绎不绝。所以家有生机，人皆乐利，……无不衣食余饶”。[①] 然而，自乾隆三十年（1765）棚民进入之后，这里的生态环境遭到了前所未有的破坏，居民平静富足的生产与生活环境也如明日黄花，“自乾隆三十年以后，异民临境，遍山锄种，近日地方效尤。每遇蛟水，山崩土裂，石走沙驰，堆积田园，国课永累。且住后来龙山，一族公业，尽皆锄种。人居其下，命脉攸关。比日坑河满积，一雨则村内洪水横流，祠前沙石壅塞。目击心伤，人皆切齿”。[②] 祁门北乡的程氏宗族聚居村善和也是受棚民之害尤烈的地区之一，同箬溪一样，山场林业是善和经济的命脉，诚如《窦山公家议》所云：“田之所出，效近而利微；山之所产，效远而利大。今治山者递年所需，不为无费。然后利甚大，有非田租可论。”[③] 就是这样一个仕宦、商贾辈出的山村，清代乾嘉时期，也遭遇到了棚民的大肆侵袭。为此，全族父老集议，共同制定和发出了驱逐棚民的宗族公约《驱棚除害公约》。该公约历数了棚民给善和村造成的九大危害，其中前三项均系对当地生态环境的危害，“伐茂林，挖根株，山成濯濯，萌蘖不生，樵采无地，为害一也；山赖树木为荫，荫去则雨露无滋，泥土枯槁，蒙泉易竭。虽时非亢旱，而源涸流微，不足以资灌溉，以至频年岁比不登，民苦饥馑，为害二也；山遭锄挖，泥石松浮。遇雨倾泻，淤塞河道。滩积水浅，大碍船排，以致水运艰辛，米价腾贵，为害三也”。[④] 可见，棚民大规模进入新安江流域山区租山垦殖苞芦和赁山挖煤烧灰，直接造成了流域境内山区生态环境的恶化。“重冈复岭参天际人，岩谷幽阻林莽丛茂”[⑤] 的乡村优美环境，在棚民无序和野蛮开

① 嘉庆《环溪王履和堂养山会簿》。
② 嘉庆《环溪王履和堂养山会簿》。
③ 万历《窦山公家议》卷五《山场议》。
④ 光绪《祁门善和程氏仁山门支谱》第三本卷一《村居景致·驱棚除害记》，清光绪三十三年（1907）木活字本。
⑤ 道光《祁门县志》卷三十六《杂志·祥异》。

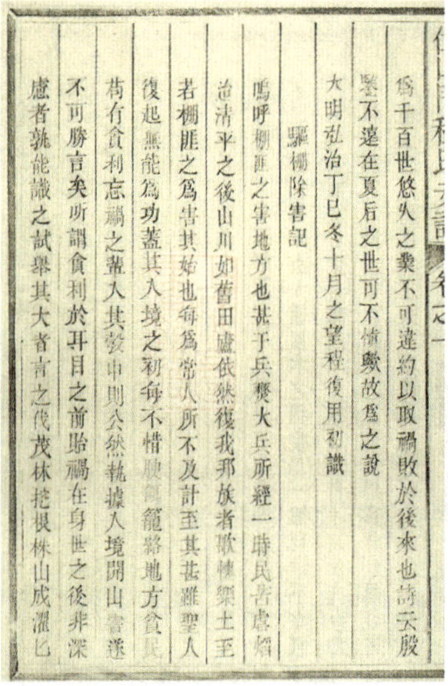
爲千百世悠久之業不可違約以取禍敗於後來也詩云殷
鑒不遠在夏后之世可不慎歟故爲之說
大明弘治丁巳冬十月之望程復用初識
驅棚除害記
嗚呼棚匪之害地方也甚于兵燹大兵所經一時民苦虐焰
迨清平之後山川如舊田廬依然復我邦族者歌慷樂土至
若棚匪之爲害其始也每爲常人所不及計至其甚雖聖人
復起無能爲功蓋其入境之初每不惜重資籠絡地方貪民
苟有貪利忘禍之輩入其彀中則公然執據入境開山害遂
不可勝言矣所謂貪利於耳目之前貽禍在身世之後非深
慮者孰能識之試舉其大者言之伐茂林挖根株山成濯已

清光绪《祁门善和仁山门程氏支谱》中的《驱棚除害记》

垦下，大量遭受破坏，“自棚民租种以来，凡崚嶒险峻之处，无不开垦，草皮去尽，则沙土不能停留。……棚民垦山，不但不植不留，而且根株尽掘，甚至草莱屡被烧锄，萌芽绝望”。[①] 在黟县，棚民“或开垱凿石，或租种苞芦，草木不留，山石立断，一邑之生灵受害”。[②] 植被破坏直接导致了水土流失的加剧，“石山戴土，一经垦松，适遇暴雨，沙石滚下，其势猛悍，山下成熟田亩，多被冲压，以致失业。邑境内现有虚粮，或因此故。其为农田害，一也；山坡溜水，由涧达溪，垦后夹沙带石，壅滞滩河，舟楫难行，竹簰亦碍。其为水道害，二也”。[③] 在休宁县浯田岭，因遭棚民开垦，“溪圳尽塞，河水泛滥，田园交涨，房屋冲坍”。[④] 在歙县北乡，“迩为外郡流民赁以开垦，凿山刨石，兴种包芦。土人始惑于利，既则效尤。寖致山皮剥削，石防沙倾，彻月淫淋，乱石随水而下，淤塞溪流，磕撞途径，田庐涨没，其害与凿矿等”。[⑤]

为保护村民的生产、生活与生态环境，清乾隆中期至道光初年，包括上游徽州在内的新安江流域各地乡村，聚族而居的大姓望族们纷纷制定和颁布了一系列旨在保护村庄生活与生态环境的宗族公约，对棚民的行为予以打击和制止。棚民活动最烈时期，也是新安江上游地区——徽州历史上保护村庄生态环境的宗族公约最为发达时期。在休宁聚居棚民最多的地区——浯田岭、江田村、岭南、牛岭、青山、方圩和横源等7村，以程氏宗族族长程元通、祠长程绍兰为首的乡绅组织制定，并恳请休宁知县颁布《严禁棚民入浯田岭种山告示》的宗族公约之后，还不远数千里，差人亲赴北京呈控棚民方会中等人。在祁门，善和程氏宗族以附贡生程国华为首的

① [清]方椿楚：《颂山房杂著》，道光《徽州府志》卷四之二《营建志·水利·道宪杨懋恬查禁棚民案稿》。
② 嘉庆《黟县志》卷十一《政事志·附禁·附嘉庆十年知县苏禁水口烧煤示》。
③ 嘉庆《黟县志》卷十一《政事志·附禁·附嘉庆十六年七月二十八日禁租山开垦示》。
④《清嘉庆八年十月休宁浯田岭严禁棚民入山恳种碑》，原碑现嵌于安徽省休宁县龙田乡浯田岭一家杂货店墙壁上。
⑤ 许承尧撰，李明回等校点：《歙事闲谭》卷十八《歙风俗礼教考》，黄山书社，2001年，第604页。

乡绅，邀集合族父老，以棚民“开垦锄种为虑，嘉庆年间，控请张宪驱逐棚匪五十四座，合境胥安”。[①] 并亲撰《驱棚除害记》，云“棚匪之害地方也，甚于兵燹”。[②] 在祁门县黄古田、环砂、渚口、社景、箬溪等棚民垦山最烈的地区，宗族和乡绅都愤然而起，组织起了规模庞大的乡村力量，对棚民进行驱逐。宗族、乡约和会社在这一时期发挥了积极的基层堡垒作用。祁门善和、环砂和休宁浯田岭的程氏宗族、休宁商山和儒村的吴氏宗族、祁门黄古田的汪氏宗族和箬溪的王氏宗族，祁门侯潭和婺源汪口的乡约，都相继制定了驱逐棚民、捍卫家园的公约。

以上所有驱除棚民的宗族公约，在维护新安江流域乡村村民的生产、生活环境和生态环境方面，发挥了巨大作用。大量宗族公约的出现和实施的结果，最终迫使封建统治者和当地官府对各地棚民区别情况，分别采取了以驱逐退山回籍和“别编棚户，各设棚长，以专约束”[③] 的政策，制定了《棚民退山回籍章程》，从而实现了乡村社会与国家政权之间的良性互动，保护了新安江流域各地乡村村民的生产、生活环境和脆弱的生态环境，其作用是积极的。

二、管理宗族事务的宗族公约

明代中叶以后，随着新安商人的异军崛起和新安宗族社会转型的加快，新安江流域的乡村社会也处在不断的剧烈变迁之中。万历《歙志》对这一变迁的历程，做了真实记录，“寻至正德末、嘉靖初，则稍异矣。出贾既多，土田不重；操资交捷，起落不常。能者方成，拙者乃毁；东家已富，西家自贫。高下失均，锱铢共竟；互相凌夺，各自张皇”。[④] “世道不常，人心多诈，奉盈持满以得之，安危利益以失之”。[⑤] 在这种“世道不常，人心多诈”的社会变迁过程中，为了增强宗族的凝聚力，稳定乡村特别是宗族内部的社会秩序，新安江流域乡村中聚族而居的宗族组织除掀起大规模的编修谱牒、制定族规家法等活动之外，还积极创建了致力于管理宗族全面事务的宗族公约，以冀在尊祖报远、敬宗收族的名义下，维系宗族内部的团结和统一。

在明嘉靖年间，祁门县十西都谢村发生剧烈的社会变迁。这一变迁使得谢氏宗

① 光绪《祁门善和程氏仁山门支谱》第一本卷十二《东房新春显派泰支昂分世系》。
② 光绪《祁门善和程氏仁山门支谱》第三本卷一《村居景致·驱棚除害记》。
③ 乾隆《建德县志》卷一《方舆志》。
④ 万历《歙志》考卷五志六《风土》。
⑤ 王钰欣、周绍泉：《徽州千年契约文书》（宋元明编）卷七，花山文艺出版社，1993年，第3～4页。

族内部的贫富分化和矛盾不断加剧，宗族内部成员为争夺土地财产等方面的纠纷与诉讼不断。嘉靖二十年（1541）正月间，该宗族内部就发生了“五大房同心奉葬高祖蕙友公于本家佥业斗水岭坟山，却被豪族谢浥、谢道生等向谋未遂。遂买拴邻保，扯绝户谢鸾友罩夺，讦告府县，缠害不已”的诉讼案件，大大伤了宗族的和气。①因此，为统一宗族成员思想和行为，使“人心自协于一”，谢氏宗族中的乡绅谢琏遂致力于对宗族成员进行整合。嘉靖二年（1523），谢琏在正德年间兴建的原望耕楼基础上，创建了祭祀和安妥祖先神魄的善则堂，“又造正堂五间，堂名善则。两边献廊各三间，门屋五间，外砖门围墙，照墙路土皆献地及溪”。②

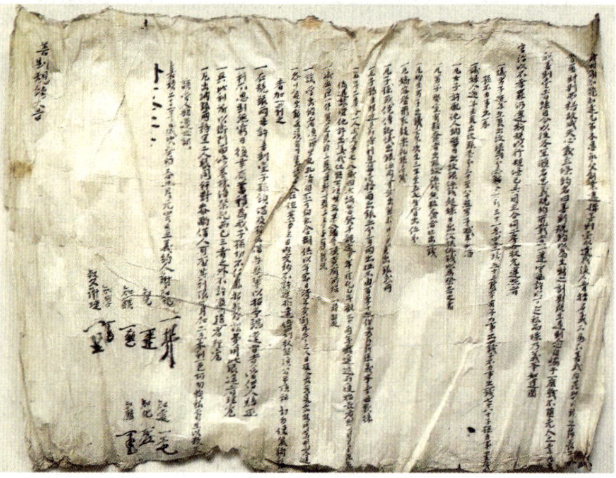
明嘉靖二十二年(1543)祁门县谢村谢琏等创立《善则规约》

为维持善则堂运转，使其作为一种制度固定下来。嘉靖二十二年（1543）正月十五元宵节这天，在谢琏的亲自主持和操纵下，其子侄谢知龙、谢知远、谢知虎、谢知化、谢知麒、谢知麟和谢知学等宗族成员，在善则堂的基础上，共同订立了旨在全面管理谢氏宗族事务的公约《善则义约》即《善则规约》，明确而具体地规定每人的权利和义务，以期在“不堕先人之业”这面大旗下，重新理顺宗族成员之间的和睦关系，维系宗族内部团结，巩固来之不易的家业。《善则义约》全文内容如下：

谢村谢知龙、知远兄弟，各思承父创业，迁构善则堂，以遗我后人。肯构名义，不为不善，我后昆欲以继述绵长于不者，匪材则弗裕。故咸矢心，义立条约，名曰《善则规约》，以为生财之计。财既生遂，则人心自协于一，庶几不堕先人之业。凡居我善则堂者，继自今以往，各宜顾名思义。《规约》所载者，

① 《明嘉靖元年五月十五日祁门十西都谢景辉、谢景明二大房等值年轮充徭役派定合同》。
② 《明祁门谢村谢琏分家阄书抄白》。

一一遵守，毋许以一己之私，而坏乃义举。如违，闻官治以不孝罪，仍遵斯规以行。规条已具，因立合同，二房各收，允遵照者。

一、议男子递年生辰，出纹银贰分或籼谷六斤、三十一钱、四十二钱、五十三钱；六十，有子力事，出四钱；子不力事，出一钱。七十、八十，子孙力事，出五钱；子孙不力事，出一钱；

一、议妇人递年生辰，出纹银一分，三十至八十，照男子减半出备；

一、凡子女许配他人，纳币日，出纹银伍钱；起嫁日，出纹银伍钱，以为祭告之需；

一、凡男子娶室，有妆奁者，出银纹伍钱；无妆奁者，止出一钱；

一、凡始生男子，出银一钱；次生、三生至五、七生，皆出伍分；

一、凡轿客登门，取鼓乐礼银壹钱；

一、凡子孙或侥幸乡试，出银伍两；会试，出银拾两；岁官，出银弍两；

一、凡子孙生理递年所得利息，每壹拾两出银伍分，百两出伍钱。由百至千，照佰义出。斯系义举，幸毋欺昧；

一、每年二房各一人，我兄弟七人，议四次编管：癸年，龙、远；甲年，虎、化；乙年，麒、学；丙年，麟、远。周而复始，长者贮匣，幼者执业。倘遇该管他许，出议代，但账下须明记某人经手，庶责有所归，不得推托；

一、议立匣一件、锁一把、《规约》三张，匣贮一张，二房各一张执照；

一、该管出纳者，须随时记扎清白，不可徇私含糊，俱以年节日清算交割。再管之人，日后人众，须通众眼同算明交递，方许；

一、各分该出银两，须自分集，该管人在值其事，三日内交纳，不许递拗。违，倍罚。收银须公平顶秤，切勿使气徇私。违者，加一罚之；

一、在规银两，毋许善则堂子孙领借，及徇私借与吾辈，以招争端。违者，责管借人赔还；

一、利不息则无穷，日后幸有蓄积，为我子孙，切不任气，招非启讼，费用此银。违者，理究；

一、兴此利所以卫门面，修墓林，备祭祀而已，三者之外，不许滥用。违者，理究；

一、凡出纳银两，务宜二人眼同秤对，参酌借人可否。其利限一月加二五，本利一色，切勿徇私苟且，以致失度，该管赔还毋词。

嘉靖二十二年岁次癸卯春正月元宵日，立义约人　谢知龙（押）知远（押）
知虎（押）知化（押）
知麒（押）知麟（押）
知学（押）
叔父　谢琏（押）

善则规约大吉[①]

通过联合族人创建善则堂和订立《善则规约》，以谢琏为长的祁门县十西都谢村谢氏宗族成员初步统一了意见，明确了参与者各自的权利和义务，使整个宗族成员在“孝义”的名义下团结起来。不按《善则规约》约定的条款行事，即可能会面临“不孝”和“不义”的惩罚，“凡居我善则堂者，继自今以往，各宜顾名思义。规约所载者，一一遵守，毋许以一己之私，而坏乃义举。如违，闻官治以不孝罪，仍遵斯规以行”。可见，《善则规约》这一所谓的宗族“公约”，其对谢氏宗族成员之间关系的整合，可谓是恩威并举。其实，年老体衰的谢琏此时已经意识到，在血缘与宗族这层温情脉脉的面纱下，深刻地掩盖着宗族的内部危机，毕竟此时剧烈的社会变迁已经降临新安江流域社会的各个角落。正如洪文衡所云：“成、弘以前，民间椎少文，甘恬退，重土著，勤穑事，敦愿让，崇节俭。而今则家弦户诵，夤缘进取，流寓五方，轻本重末，舞文珥笔，乘坚刺肥。世变江河，莫测底止。”[②] 因此，谢琏在此时亲自主持子侄订立签署《善则规约》，其最主要的目的无非是为了谢氏宗族的稳定和防止家庭财产的流失，这体现了谢琏作为一族之长的权威和对维持宗族稳定所付出的艰辛努力与良苦用心。谢琏在“尊祖敬宗”旗帜下所采取的这一举措，实际上完成了一次对谢氏宗族组织及其成员精神和心理上的整合。诚如太仆寺卿穆敬甫应谢汝器之约，为善则堂题写的《善则堂记》所云：谢琏创建善则堂，“原其立则之初，实不出乎端本之则。故治国之道，当关乎治家之则；治家之道，当关乎修身之则；修身之道，当关乎诚身之则；诚身之道，在于明善之则也。所谓明善也者，实君子

①《明嘉靖二十二年正月十五日祁门谢村谢知龙、谢知远等兄弟共立善则堂规约》。
② 万历《歙志》卷首《序》。

修齐治平之基本欤！吾闻汝器天分秀发，治进士于问学，探性命之奥，而修身家教无毫发爽”。[①] 谢琏建善则堂之举，其于孝道之强调和宗族内部关系之整合，可谓是处心积虑、用心良苦。

曾任四川按察使的祁门善和乡绅程昌在嘉靖年间撰著的《窦山公家议》，更是把明代中叶以后新安宗族致力于宗族同构和对宗族成员进行整合的活动推向了高潮。作为一件内容完整、分工精细、管理规范的宗族公约，由程昌等参与发起和制定的善和程氏宗族公约——《窦山公家议》，可谓是明清新安江流域调整宗族内部各种关系的代表性宗族公约。该公约共由“叙家议”“管理议”“墓茔议”“祠祀议”“田地议”“山场议”“庄佃议”“银谷议”和“附录”等部分组成。其中“管理议”至“银谷议”共 7 卷文字构成了《窦山公家议》的主体，是祁门善和程氏宗族综合管理宗族内部行政、墓茔、祠堂祭祀、田地买卖与租佃、山场经营、庄佃生产与生活、银谷收入与支出等各类事务管理的公约，也是明代新安江流域一部最为详尽的分类管理宗族事务系统而典型的综合性宗族公约之一。嘉靖二十四年（1545），程昌在《叙家议》中对有关《窦山公家议》的编纂背景和性质有具体阐述，指出：成化至嘉靖初年，善和程氏内部团结和睦，井然有序，“聚居一堂，事出一体，旦则各事其事，夜则课其勤怠而劝诫之。莫敢不安分，敦实以率规教。闺阃之间，尤致严肃，雍睦成风，达于内外，而无不率不足之人，故乡邑称有家教必首推焉”。嘉靖十三年（1534）一场大火，善和程氏宗族内部发生了变化，“其后老成渐远，子孙日繁，又值嘉靖甲午之火，正堂仅存，私居一燎殆尽。自是多故，而资计不足者有矣。家教罕闻，而所为有不率者矣。盖因各便散居，相聚日少，或有劝勉，或有商榷，无从而罄矣。宜乎议论弗浃，而事件多舛也。将贸贸焉习为因循，盖有可虑者。于是众相协议，以为窦山公所存未分之产尚厚，能培而植之，亦足以为维系鼓舞之机”。[②] 万历三年（1575）程钫在续刊《窦山公家议后跋》中，再次逐一强调了作为宗族公约——《窦山公家议》对程氏宗族的“治法”作用，“高祖创业诒谋，广大悉备，其克艰之心，至今可想。故老相传，典型未泯。事出一家，情犹一体，固无俟于议也。迨嘉靖甲午火灾之后，前哲日远，祖契已成煨烬，所存无几。且人衍散居，

① 嘉靖《祁门金吾谢氏仲宗文集·善则堂记》，明抄本。
② 万历《窦山公家议》卷首《叙家议》。

渐成乖隔，家君深忧焉。于是，上体祖意，下集舆论，乃撰《家议》七卷，并《附录》一卷，以扬前休，以束后裔。乙巳季秋，始落成焉。二十余年，人皆训行，烝烝然有会极归极之风矣。乙丑版刻，毁于回禄，而《家议》之不行于时者十载于兹。泯泯棼棼，无征不信。且乙丑迄今，又逾一世，其间业产之增置，人事之变迁，又不知其几矣。此《家议》之续刻，不容以已也。所幸今岁管理鉎、钱、法、沛、森，克成众欲，其图更梓。罔恤搜考之劳，殚精心思之力，务期协夫诸论之大同，以成后来不刊之令典。顾余不佞，亦与有闻焉。其间随时斟酌，视旧加详，而宏纲要目，一遵夫前刻，无有违者。事峻，众谓余宜有言。然自揣菲谫，莫罄揄扬，但有君手泽存焉，敢容默默已耶？于是历披前后之词，三复家君之意。以天下有治人斯有治法，故首之以管理。人本乎祖，情莫切焉，体魄所藏，事莫重焉，故受之以墓茔。以傧鬼神，则有祠焉；以仁祖考，则有祀焉，故受之以祠祀。牺牲粢盛，必有所供，故受之以田地。谷与材木，相为表里，故受之以山场。粟米力役，咸寓于农，故受之以庄佃。五谷熟则人民育，财用足则百事成，故受之以银谷。东西边饷，又我祖远虑之所在也，放受之以军业终焉祛弊剔蠹，类聚条分，焕然一家之良规矣”。[①] 显然，万历三年（1575）续刻本《窦山公家议》，与嘉靖四十四年（1565）即乙丑本相比，又根据形势的变化做了细微的调整。

类似祁门十西都谢村谢氏《善则规约》与善和程氏《窦山公家议》等兴办和创建管理宗族全面事务的宗族公约，在明清乃至民国年间新安江流域宗族聚居的乡村社会中还有许多。这些宗族公约由于涉及宗族全面的综合管理，故而在新安宗族制度建设和乡村社会稳定方面，发挥了巨大的功能和作用。与通常的族规家法相比，宗族公约（尽管宗族公约也可划归广义的族规家法范畴）更具有适时修改和调整的灵活性特征。大凡某一类宗族公约，总是在特定的历史条件制定和实施的，它所反映或所折射的内容，往往是当时社会经济发展的集中体现。如，乾隆中期至道光初年新安江流域乡村普遍出现的动员宗族成员驱逐棚民、保护环境和捍卫家园的宗族公约，就是当时棚民大规模进入新安江流域山区后乱砍滥伐和野蛮垦殖，给当地环境生态、社会和经济等方面带来破坏的直接反映。对此，相对稳定的族规家法则很少有记录和反映。因此，就宋明以降新安江流域乡村社会

① 万历《窦山公家议》卷末《〈窦山公家议〉后跋》。

出现的大量兴办和创建管理宗族全面事务的公约而言，其所反映的社会变迁和宗族制度建设的内容，显然是当时新安江流域社会经济发展的最为直接体现。通过宗族公约的制定和实施，整个新安江流域的乡村社会完成了一次宗族重构。在剧烈的社会变迁中，新安江流域乡村社会能够维持基本稳定的状态，尽管有诸多原因，但宗族公约对整合宗族成员的心理和行为、强化宗族对乡村社会的控制，应当说起到了不可小视的作用。

第二节 保护宗族公共财产，宗族文化教育事业的宗族公约

一、保护宗族公共财产公约

在宋明以降至民国时期，新安江流域乡村社会中，聚族而居的大姓望族拥有数量巨大的族产，且名目繁多，诸如祠堂、庙宇、族田、祀田、学田和坟山等不动产，这是宗族制度赖以生存和发展的物质基础，是宗族开展祭祖、教育、文化活动与族内救济、周济族内鳏寡孤独等弱势群体的经济支撑。因此，围绕管理与保护宗族公共财产所订立的公约，对族内成员同样具有较大的约束作用。

仅就不动产而言，宋明以降至民国时期，新安江流域乡村社会的公共财产类的宗族公约大体可以细分为宗族祠堂、土地山林和坟墓荫木等不同种类。

在视“祠宇乃祖先神主所栖，子孙报本追远之地”[①]的新安江流域，祠堂是一个非常神圣的地方，“宗祠内所以栖先灵、修祀事，所贵尊严，不容亵玩”。[②]“贤子慈孙入祖祠，则知祖宗神灵之所依；过祖墓，则识祖宗体魄之所藏。则祠祭、墓祭如见宗祖一般，可慢视欤？故凡有坏则补葺之，有弊则整涤之；或被外人侵害，及支下不肖子孙败群玩法者，则同心同力以御之，勿惜情面，勿吝小费，必如是庶乎可以世守”。[③]因此，有关祠堂的创建、维修、使用与管理的宗族公约尤为繁多。

① 乾隆《内黄骆氏重辑宗谱》卷一《家规》。
② 万历《商山吴氏宗法规条》。
③ 乾隆《休宁古林黄氏重修族谱》卷首下《祠规》。

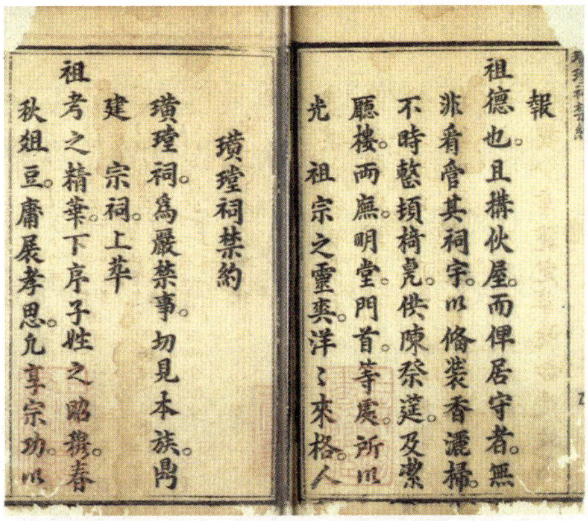
璜瑝祠禁約
璜瑝祠。為嚴禁事。切見本族。鼎
建宗祠。上萃
祖考之精華。下序子姓之昭穆。春
秋俎豆。庸展孝思。凡享宗功。以
報
祖德也。且拚伙屋。而俾居守者。無
非看管其祠宇。以備裝香灑掃。
不時整頓椅凳。供陳祭筵及潔
廳樓。兩廡。明堂。門首等處。所以
光祖宗之靈爽。洋洋來格。人

清康熙十年(1671)遂安县璜王堂余氏宗祠禁约

遂安县璜瑝余氏宗祠在明代中叶毁于祝融之后，崇祯十六年（1643），余良齐和余良父等 65 名余氏族人共立合约，出钱出力，分工合作，中间经历明清政权易代鼎革，直至顺治十八年（1661）方才建成。为严格进行管理，避免再次出现火灾和其他损坏祠堂等公共财物行为，康熙十年（1671），余氏宗族成员共同发起并制定了《璜瑝祠禁约》，录文如下：

璜瑝祠为严禁事。切见本族鼎建宗祠，上萃祖考之精华，下序子姓之昭穆。春秋俎豆，庸展孝思，凡享宗功，以报祖德也。且拘伙屋，而居守者无非看管其祠宇，以备装香洒扫，不时整顿椅桌，供陈祭筵及洁厅楼、两庑、明堂、门首等处，所以光祖宗之灵爽，洋洋来格。人尽其诚，祭则受福矣。奈何于神楼两庑，则堆薪积草，鸡畜粪污；于正厅明堂、门首，则晒曝谷粟，扫舐以损坏。殊不思原创宗祠之谓何？况瘁维艰，拮据十数余载。今幸粗完草就，如是故为污秽残毁，此理大不堪之甚也。若不严立禁条，日积月累，伊于胡底？祠焉崇哉？除已逞勿论，自后内外人等，如有仍前不悛，复蹈往辙者，必照后款重罚重治，断弗徇情、姑容纵弊，默默而已也。为此，特立禁条，刊附于《建祠文议》之末，各自猛省，免罹后咎，永远是禁。

计开禁条于左：

凡神楼上下两庑、明堂以及正厅、两廊、天井、门首等处：

一、禁勿许堆薪放灰；

一、禁勿许晒曝五谷；

一、禁勿许鸡畜放入；

一、禁勿许晒晾衣服；

一、禁勿许乱搬椅、桌、凳物；

一、禁鱼池永勿许祠首、管班人寄养利弊。

已上六款，如一不遵，或撞遇，或查觉，罚银壹两，入祠祀用。若有恃

顽，不依此罚，本嗣则经公以不孝治罪。居守者则登时责逐，断不容留住歇，是戒。时

康熙辛亥桂月吉旦，通祠议立。

嗣裔　　伯正谨书

　　　　云孙引撰

宛陵戴大宾、观同镌[①]

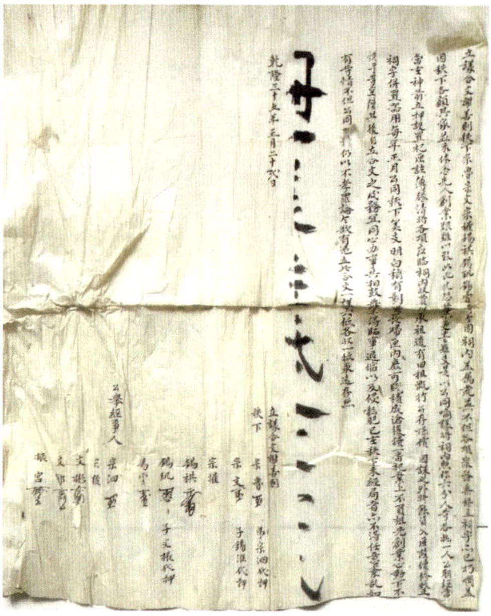

清乾隆三十五年(1770)祁门县十西都谢宗鲁等立善则堂修缮暨管理合文

从上引文字中，不难看出，这是明代中叶以后新安江流域乡村宗族社会中最为典型的宗族管理与保护宗族公共财产的公约，其内容涉及余氏宗祠内桌椅板凳等器物的搬用、晾晒衣物、器物堆放和牲畜入祠等问题，是余氏宗族旨在全面整饬宗祠管理、保护宗族保持祠堂庄严洁净的一件宗族公约。可见，宗族公约和族谱及族规家法都是当时社会变迁、国家对民间祭祀祖先制度的变化，即新商人群体崛起的产物。

我们还收集到跨越明清两代的祁门县十西都谢村关于创建和维修该族仲宗善则祠的宗族公约多件，上文所录的《明嘉靖二十二年正月十五日祁门谢村谢知龙、谢知远等兄弟共立善则规约》，即是该族仲宗创建善则堂，并立规约进行管理的宗族公约。延至清乾隆年间，善则堂因多年失修，朽烂不堪。为重修善则堂宗祠，乾隆三十五年（1770）正月，以谢宗鲁等为首的谢氏仲宗支派成员再次共同发起并订立了《议合经管善则堂合同文约》，录文如下：

① 康熙《璜璒余氏恢复宗祠文议·璜王堂祠禁约》(不分卷)，清康熙十年(1671)刻本。

立议合文谢善则秩下宗鲁、宗文、宗权、锡祺、锡玑、锡赏等，今因祠内盖属荒芜，不但各项众务无条，且祠宇亦已朽烂。盖因秩下各顾其家，并未体念先人创业艰难，以致如此。犹恐后来更甚难支，是以公同商议，将祠内照作六分人等，各执一人公朋经管。当在神前立押，设置祀匣，注簿誊清，将各项应临祠内收费，承祖遗有田租，概行公存。除偿国课之外，将余资入匣，陆续修整祠宇，并置器用。每年正月，公同秩下算支明白。稍有剩费，长归匣内，庶可渐积成仓，复续一番祀业。上不负祖先创业勤，下不愧予等空续其后。自立合文之后，务宜同心办事，共相鼓舞。不得临事退缩，以及侵私肥己。在秩下未经局者，亦不得任意紊乱。如有等情，不但公同处罚，仍以不孝罪论。今欲有凭，立此合文一样六纸，各收一纸，永远存照。

乾隆三十五年正月二十二日　立议合文谢善则

秩下　宗鲁（押）弟宗泗代押

宗文（押）子锡怀代押

宗权（押）　锡祺（押）

锡玑（押）子文枨代押

锡赏（押）

公举经事人　宗泗（押）宗权（押）文彬（押）

文郁（押）振官（押）①

道光二十二年（1842）二月，谢善则堂五分秩丁谢文庭等因“祠宇朽坏漏烂……思之修理，尚亦为难”，又一次倡立合族人等“复议章程，同归划一”，共同订立《共管祠堂规例合同文约》，录文如下：

立议合文谢善则堂五分秩丁人等合同公议事。窃思先人创立祠宇，原为以笃宗族而序昭穆，使后裔亲亲之谊奕世绵绵。今因祠宇朽坏漏烂，且我秩丁见之不忍，思之修理，尚亦为难。是以合族人等复议章程，同归划一。自兹以后，祠内必须洒扫清洁，毋许堆放各物与及秩丁居住。庶几可称古风，则子孙亦有

①《清乾隆三十五年正月二十二日祁门十西都谢善则秩下谢宗鲁等立议合经管善则堂（祠）合同文约》。

厚望，而秩丁必要涌跃修理，以免倾覆。上可以安祖先之英灵，下亦不至为子孙之不孝也云尔，是为启。

立议条规例后：

一、议祠内秩丁人等堆放各物，概不行准；

一、议祠内两廊客房，不得擅持居住。如有恃强，听凭合族驱逐，毋得异言；

一、议祠内倘有秩丁供给匠人之工，毕之后，务要打扫洁净，物件不得久放；

一、议祠内秩丁，毋许酗酒滋事。如有犯者，不孝论罪；

一、议祠内大门，务要关锁，无事不准擅开；

一、议祠内后进香火，楼上下理宜收拾清洁，不准放一切物件。如违，公处；

一、议祠内所办各样动用物件，均不准自私擅用；

一、议祠宇门前众地，秩丁铺筐晒物，每筐交纳租钱十五文壹角入匣。

以上各条，自立之后，众等务要永遵。如有违者，听凭合族处治，不得恃强。特此众议合文一样陆纸，五分为首人各执壹纸，善则堂匣内众收一纸，永远为据。

道光二十贰年二月初陆日，立议合文谢善则堂五分秩丁经手人等谢文庭（押）

文德（押）

家谕（押）

家棣（押）

声芝（押）

凭族中见 日起（押）

代笔 家煋（押）[①]

以上所录是新安江流域乡村社会关于修缮和管理祠堂的最具典型性和代表性的宗族公约之一。从上述公约所反映的内容来看，祁门十西都谢善则祠堂显然遭遇到了宗族成员的冷落。尽管从史料上了解到新安宗族祠堂具有严肃性和神圣性等特点，但社会变迁的加剧，人心涣散的形成，事实上使宗族祠堂陷入了自然的朽坏和人为的侵损之中。旨在强化祠堂管理、安妥祖先英灵的宗族公约，究竟在多大程度上实现了这一目标，囿于史料原因，我们尚不得而知。如果再进一步深入探究的话，我

①《清道光二十二年二月初六日祁门十西都谢善则堂五分秩丁谢文庭等立共管祠堂规例合同文约》。

们似乎发现，宗族祠堂管理的好坏并不是孤立的，也不是一纸公约就能将其管理得井然有序的。更为重要的是，支撑祠堂背后的宗族祠产雄厚与否，或者说宗族的经济实力强弱，才真正是问题的关键所在。

除以上类型的宗族公约外，由宗族族长和族众订立的《祠规》《祭规》《堂约》《墓约》《祀产条例》等方式，依然在宋明以降至民国时期新安江流域保护与管理宗族公共财产公约中占据了一定比重，而且呈现出专门化的发展趋势。明万历祁门清溪郑氏宗族的《祀产条例》、清雍正歙县潭渡黄氏宗族的《祠约》和《墓约》，以及嘉庆歙县棠樾鲍氏宗族的《宣忠堂堂约》《体源户规条》《敦本户规条》《义田禁约》等，都是这种宗族公共财产保护与管理的极具代表性和典型性的专门化公约之一。编修于民国八年（1919）、获得安徽省省长龚心湛钤印题序的绩溪《鱼川耿氏宗谱》，对祠产管理与宗族祭祀甚至强化到每一事件都立有专门规约的地步。在该宗谱中，除录有《祖训》《祠规》外，还有《附庙规则》《办祭规则》《保管祠产规则》《祠首规则》《值年司事规则》《惩戒规则》和《家族规则》等7部专门管理宗族及公共财产的规约，其内容极为详尽具体。

二、兴办宗族教育文化事业的公约

宋明以降至民国时期，新安江流域的教育和文化事业发达，为培养和鼓励宗族子弟读书入仕，光宗耀祖，聚族而居的新安宗族对教育文化事业极其重视，创办包括书屋、书院和家塾等在内的学校，捐输设置学田、校舍，延请德才俱优的教师，或有一技之长的人，来村庄或宗族教学，已成为明清以降新安江流域各地宗族兴办教育文化事业的首要任务。

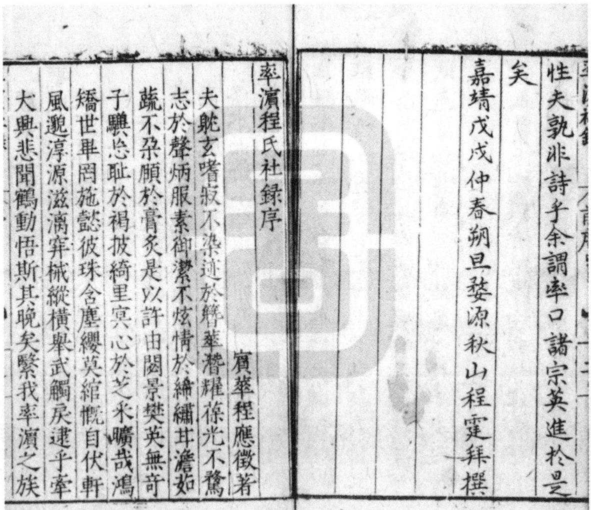

刊刻于明嘉靖二十七年(1548)的休宁县《率滨社录》书影

不过，在宋明以降新安江流域聚族而居的乡村社会中，无论是兴办学校、设置学田、延请教师，还是创办文化事业，倡办者一般都会采取订立宗族公约的方式，或筹集资金，或设立组织，或进行管理，其宗旨和目的十分明确。在浩若烟海的流域各类文书和碑刻中，我们发现了几件有关明清时期新安宗族创办教育文化事业的公约类文书。

其一，是明嘉靖十六年（1537）休宁县由溪率滨程氏宗族兴办吟社所立条约，录文如下：

率滨吟社倡于族孙尚贤，社得若干人，月朔必会，会必有诗，行之已三载矣。后之能吟者，许入社，亦与人为善者也。乃立条约，每事相观而善。或有过，则相规勉，以无隳前人志，不独止于吟咏而已。习举子业者，恐妨其用功而止之，遇便间一预焉，不为例。嗟夫，诗之为教，不外乎性情，性存于中，无不善；情则因物有迁，不能无邪正。邪正之分，而君子、小人所由名，可不慎哉？邪者，欲之萌也；正者，理之原也。遏人欲而存天理，则于伦理焉必重，德业焉必崇，置富贵、贫贱、穷达于不道。出则为良臣，处则为良士。反此则沦于恶，而莫之援矣。于人之名且有愧，余何足取哉？故诗三百篇，有美刺焉，可以观矣。族弟玘实、族子泽键、族孙，廷桡、梧、栖、从孙佩，间以春宴积周宅，联句相视，黜浮向雅，居然得三百篇之旨。予甚善之，因题其首，以致勗云。

嘉靖丁酉季春朔，独善居士程曾书于终老楼。

条约：

一、社中诸人，同出一祖，而列名不以行者，以年有长少，学有先后，入社有早暮尔。今得若干人，后来有志者尚未艾，议许续入，盖与人为善无已之心也。

一、会期，以四仲月朔日卯刻，毕集吟社，同试一题，以较进修之功，以尽切磋之益。或命题，或限韵，或联句，弗之拘。

一、作诗，每月一首，务宜会日完课。如怠懈者及失旨者，罚呈纸五十张、笔四管、京墨二笏入社，以助誊录。

一、至期，或有远游不及赴会者，即抄题附去。若次会未归，须先期完课寄纳。违者，罚如前数。

一、同社诸人，须德业相劝、过失相规，匪徒虚声文字矣耳。设有操行不谨，为名教玷者，黜之。

一、社中之为前辈者，固当恒存引进之心，而继来者尤当诚敬听受。凡遇疑难，各宜虚心钩索，不可自作聪明，偏执己见，致生猜忌。此求益之道，亦敦睦之意也。

一、每人敷纹银若干，轮流领放生息，以供誊录之费。务须各存至公，以图久远。

一、会日，取次一人为首。首家预备小酌，贵在丰约适中，陶写性情。不可过奢，沉酣喧哄，以致不臧之诮。[①]

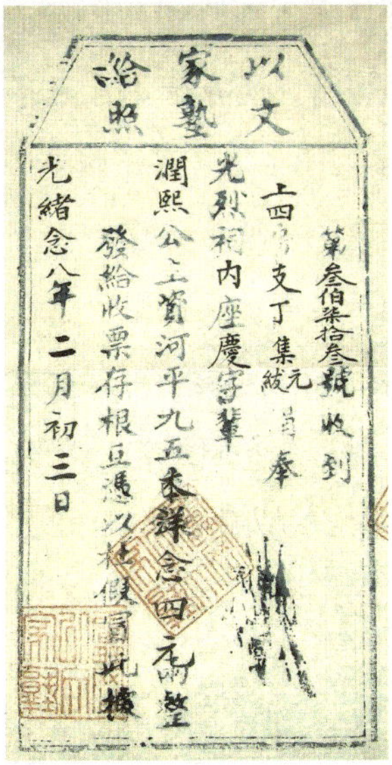

清光绪二十八年(1902)世界文化遗产黟县宏村以文家塾捐输资金凭据

从上述内容来看，它实际上是一件新安江畔山区聚族而居的由溪程氏宗族内部文人名士雅集文社制定和颁用的宗族公约。

在强宗大族聚居和富商巨贾云集的聚落中，创办私塾和学校，往往会得到他们的大力支持和回应，并为此而慷慨解囊。婺源县汪口村养源书屋入门的墙壁中，镶嵌着一通清光绪十年（1884）三月《婺源县正堂吴鹗永禁霸收霸吞和私相典卖养源书屋膏火田碑》。[②] 此碑系该村茶商俞光銮为捐资创建塾学膏火田，防止后代子孙霸收霸吞和私相典卖，导致养源书屋停办，而专门请时任婺源知县吴鹗以婺源县正堂名义颁布的告示。这件告示类文书，乍看上去似乎是一件官府文书，实际上，它恰恰是俞氏宗族聚居村俞光銮为严防后代子孙侵占和盗卖养源书屋的办学经费而致办学中断的一份宗族公约。

在徽州文书中，我们还发现一份内容更为细致的宗族办学公约。这份公约系清同治元年（1862）三月祁门石溪康氏宗族所立，其具体内容如下：

立议束心预储塾学合文康永清祠派下衢、逸贰祠人等，缘高祖迁徙分派以来，世世芳名。切思十九世吾祖建立祠产，创业开基，标名选榜。自英泮

---

① [明]程应征：《率滨社录》卷首《率滨吟社条约序》，明嘉靖三十七年(1558)刻本。

② 原碑现嵌于婺源县江湾镇汪口村养园书屋前院入门墙壁中。

之后，未有望焉。明末至今数百载矣，思无得博儒出，无塾学，读书者亦未津贴，仅因秩丁贫乏，而子弟以习学业者寥落多年，门户亦难支持，甚致举持乏人，良由塾学未立，财产未兴。是以秩丁商议，立一塾学，缣相黄卷之际，执经问难，何愁无志？所以行之者，一也。事致以成，后必有望。故将祠内田租递年除钱粮标祀公用之外，扒田租贰拾秤，及祠并各己欲以鼓励同立志者，束心立文，一体登名注簿。又将本都三保经理自七佰七十九号起至八佰零壹号止，土名胡家坑，系五二派下先年卖与祠内契据。今查明认契，退来山陆股，归于永清祠契买，亦归塾学管业。设立塾学，培养人才，惟读书者，选其贤才而学之。其增贴之资，候五年之内生息，分作经、蒙贰馆。习读经书者，初入蒙者，其各项条规，公议开载于后。自立合文之后，各宜遵守，毋得违文。如违文，听凭执文鸣官究治。今欲有凭，立此合文一样三纸，公存一纸，各收一纸存照。即批：五二派下退来胡家坑山六股，系经纬、柏安二祠已买契分。又照。

公议条规于后：

一、议习读四书者，每名贴钱捌佰文，兼经学业者，加四佰文。

一、初入蒙者，每名贴钱壹佰文，递年加壹佰文。如能读四书兼经者，照上贴给。此行不发。又照。

一、应试生童，县考贴钱五佰文，每场加壹佰文；府考贴钱捌佰文，复试终场，照议加倍；院考贴钱壹千文，入泮，赏花红贰千四佰文。又照。

一、入泮者，贴灯油谷拾五秤，递年由首人经收发付，不得坐佃。如西游，不给。又照。

一、议乡试，贴钱捌千文。

一、议入经馆从师，立意习业，每名贴钱六千文。又照。

今将各输租数于后，土名注簿（略）。

同治元年三月十八日，立议束心塾学合文康永清祠等

秩下经手允庶　允例　上英（押）　国富（押）

上林（押）　上清（押）　上泽（押）

振林　龙得　成意　上洋　荣榜（押）

荣瑞（押）　荣宗（押）　荣福（押）

嘉倍（押）　嘉伸（押）　嘉侩（押）

起梁（押）

中见亲郑胜云（押）

代笔秩下上焞（押）①

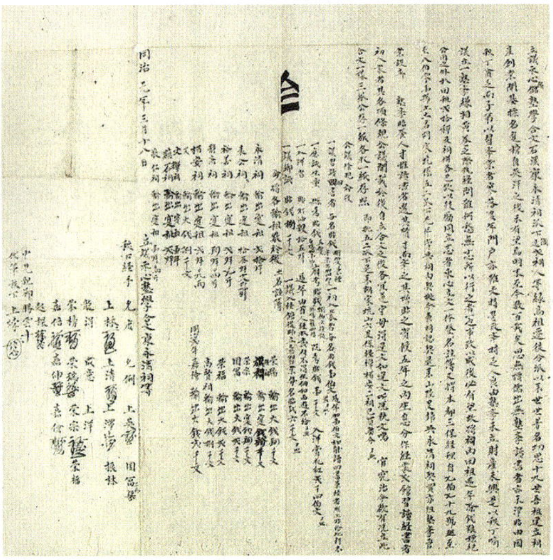

清同治元年三月十八日祁门县石溪康永清祠秩丁等立束心塾学合同议约

以上是清同治元年（1862）三月十八日祁门县石溪康永清祠派下衢、逸两祠秩丁共同订立的创办宗族塾学公约。这件公约内容极其丰富，形式十分独特，是宋明以降新安江流域宗族兴办学校教育不可多得，又极具有典型意义的宗族公约。该件宗族公约为我们提供了以下几个值得思考的问题：

第一，石溪康永清祠为什么创办塾学？其办学的目的和宗旨何在？显然，自明末至清同治以来，康氏宗族财产贫乏，无力办学，由此导致宗族教育文化落后，进而影响到经济的发展，是其立志兴学的主要目的。而办学的宗旨则是为了培养宗族子弟成才，振兴康氏宗族文脉。

第二，兴办塾学的经费如何筹措？答案是利用宗族力量，动员宗族子弟慷慨解囊予以捐输，同时鼓励有志同心者自愿捐助，利用捐输的田产和资金生息，作为办学经费。并以津贴的名义，根据具体情况，资助和奖励读书人及应考者。

第三，对违规者如何处理？公约告诉我们是“执文鸣官究治”。

总之，这份宗族兴学公约，给我们提供了很多启示。在聚族而居的新安江流域社会，拥有重文兴教传统的新安民众们对兴办教育、培养人才以振兴宗族是不遗余力的。他们往往以订立宗族公约的方式，多渠道筹集办学资金，并克服重重困难，最终完成办学的任务。而从宗族公约所提供的教育的内容和宗旨来看，儒家经典的

①《清同治元年三月十八日祁门县石溪康永清祠秩丁等立束心塾学合同议约》，原件藏安徽大学徽学研究中心。

《四书》《五经》是其学生的必读之物，而科第入仕培养宗族模楷，以及培育其基本的素质涵养或者技能，使其“各安生理，毋作非为”，才是宗族致力于兴办教育的最终宗旨与目的。

以上兴办教育类宗族公约的研究，可以为我们了解和洞察宋明以降新安江流域乡村社会兴办学校、致力乡民教育的一般状况，提供了极富学术价值的第一手资料。同时，它也为我们更深入地探讨和研究宋明以降新安江流域社会、经济与文化，提供了一个崭新的视角。因此，该类宗族公约的学术价值是不可估量的。

第三节　协调宗族内外纠纷，维护宗族成员的合法权益的宗族公约

一、同心诉讼类宗族公约

宋明以降，新安江流域各地社会向有“好讼”和“健讼”传统，事无巨细，稍有不合，即可能会诉诸官司，形成词讼。“徽民健讼成风，人思争讼，百计钻营。陋弊相沿，由来已久”。[①] 造成“健讼”现象的原因，明清两代新安江流域各地官府曾有透彻的分析，曾任淳安县知县的海瑞就曾指出：“淳安县词讼繁多，大抵皆因风俗日薄，人心不古，惟己是私，见利则竞，以行诈得利者为豪雄。而不知欺心之害；以健讼得胜者为壮士，而不顾终讼之凶。而又伦理不惇，弟不逊兄，侄不逊叔，小有蒂芥，不相能事，则执为终身之憾，而媒孽讦告不止。不知讲信修睦，不能推己及人，此讼之所以日繁而莫可止也。”[②] 实际上，导致新安江流域各地健讼的最关键因素，还是当地强宗大族宗族与富商大贾的强力介入，他们不惜金钱财产，不惜人力物力，甚至不惜生命，为的就是赢得官司，成全宗族的体面。“至于商贾在外，遇乡里之讼，不啻身尝之，醵金出死力，则又以众帮众，无非亦为己身地也”。[③]

---

① [清]吴宏：《纸上论经》卷五《禁钻营》，郭成伟、田涛点校整理：《明清公牍秘本五种》，中国政法大学出版社，1999年，第221～222页。

② [明]海瑞：《海瑞集》上编《淳安知县时期》，中华书局，1962年，第114页。

③ [明]王士性：《广志绎》卷二《两都》，中华书局，1981年，第34页。

宋明以降至民国时期，新安江流域各地健讼成风，为此而遗留至今的诉讼文书尤其繁多，特别是宗族为动员和号召全体成员歃血誓盟，不惜以族产作为诉讼资金来源所订立的束心合同文书，存世数量更是不计其数。而且从诉讼的标的来看，集中在祖坟、山林、婚姻继子和主佃（仆）关系等方面。

下面，我们重点选取明清时期新安江上游地区徽州府属县域宗族有关坟墓、山林、婚姻继子等方面的同心诉讼公约，对这一现象进行简要剖析。

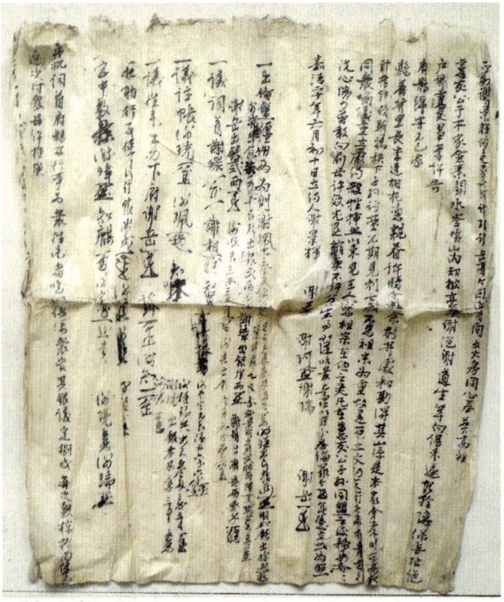
明嘉靖二十年(1541)六月初十日祁门十西都谢景辉等立誓诉讼同心合文公约

明嘉靖二十年六月初十日祁门十西都谢景辉等立誓诉讼同心合文公约

西都谢景辉、谢芝芳、谢珂、谢瑞、谢岳，今因正月间，五大房同心奉葬高祖蕙友公于本家佥业斗水岭坟山内，却被豪族谢浥、谢道生等向谋未遂，遂买拴邻保，妄扯绝户谢鸾友罩夺，讦告府县，缠害不已。已蒙县着发里长李道相，凭亲眷许时、余植、余彬等处和，勘得其山系是本家佥业明白。豪亏，计拴许时，贿嘱秩下子孙谢莹，不期见利忘义，不思祖业为重，故违原立文约，反行拆群，拗众故行。同众商议，重立严约，杀牲歃血，以束现在人心，以安祖宗在地之灵。凡在蕙友公子孙，同盟之后，务要各各洗心协力，勇敢向前，毋许效尤退缩，更不许分外生事。如违，听众告理，以准不孝论罪。今恐无凭，立此为照。

嘉靖二十年六月初十日，立约人 谢景辉（押）谢芝芳（押）谢珂（押）谢 瑞 谢岳（押）

一、出备盘缠仟两为则，谢珮出叁两伍钱，押；谢知天出银叁两伍钱，押；谢琏出银拾两，押；谢知龙出拾两，押；谢璪出银柒两，押；谢景明出银贰拾两；环，押、玺押、瑊押、瑞出银柒两；谢玠出银贰两，押；谢璋出银肆两，押；谢相出银三两三钱，押；谢岳出银贰两，押；谢顺银三两三钱，押；谢光出银壹两陆钱伍分，押。

一、议词首谢环，押；谢相，押；知贤、谢壹官出银陆两陆钱陆分，押；谢琏、玘共出银三两三钱，押；谢珖出银三两三钱三分，押；谢玠，押；谢知一，押。

一、议注帐，谢珖，押；谢珮，押；谢知本，押。

一、议往来出力下府谢岳，押；谢玠，押。

一、扶助行事，经银经帐，谢成，押；谢琏，押；谢挺，押。

一、家中敷掠，谢璋，押；知麒，押；谢官，押；廷贵、谢现，押；谢瑞，押。

再批：词首府县行事，为众往来者，吃用俱系众管。其银议定捌成，每次敷掠拾两，俱要逐次敷众，毋许推挨。①

清康熙二十二年六月十三日祁门环砂程明衡等立
为恶佃私自盗砍合族诉讼公约

立合文约人程明衡、明斗、明鉴等，今有六保九奴源承祖山场数号，今因恶佃王九等混占，妄自盗砍。今通众验明，现木在山脚。思得承祖明业，今被恶佃私自盗砍，眼同商议，立文合约行印，鸣官究治。立文之后，俱要齐心合一，无得私自等情。如违文约，天诛地灭，仍执文理论。所有出官告理各项使费，悉照认、让二祀均出，不得独累一人，亦不得徇私入己。恐后无凭，立此存照。

康熙二十二年六月十三日，立合文约人程明衡（押）、明斗（押）、明鉴（押）、明瑾（押）、明容（押）、明易（押）、明景（押）、文祥（押）、之祥（押）

中见人　程锦芳（押）②

以上所引录的文书，皆为明清新安江流域乡村社会的宗族束心诉讼公约。这类宗族公约，在内容上措辞激烈，其主要目的都是为了号召和动员宗族成员围绕一个共同目标，齐心协力，无论在经济上还是在行动上，都要统一步骤，众志成城，不打赢官司，誓不罢休。第一件文书来自明嘉靖二十年（1541）六月初十日

①《明嘉靖二十年六月初十日祁门西都谢景辉、谢芝芳、谢珂、谢瑞、谢岳、谢琏为高祖蕙友公坟地被豪族谢浥、谢道生罩夺侵占立誓诉讼同心合文公约》。

②《清康熙二十二年六月程明衡等立合文约》，刘伯山：《徽州文书》第一辑第六册，广西师范大学出版社，2005年，第403页。

祁门十西都谢村，系谢景辉、谢芝芳、谢珂、谢瑞、谢岳、谢琏等为高祖蕙友公坟地被豪族谢浥、谢道生罩夺侵占而订立的诉讼同心合文公约。前文我们已经指出，在宋明以降的新安江流域各地，“健讼”传统根深蒂固，为不致使宗族陷入旷日持久的诉讼，耗费钱财，害人害己，并配合官府严禁和打击“健讼”行为，大量的宗族族规家法都对宗族子弟提出了“戒争讼”“止争讼”“息词讼”的要求，云：“太平百姓，完赋役，无争讼，便是天堂世界。盖讼事有害无利，要盘缠，要奔走。若造机关，又坏心术，且毋论官府廉明何如，到城市便被歇家撮弄，到衙门便受胥皂呵斥。伺候几朝夕，方得见官，理直犹可，理曲到底吃亏。受笞杖，受罪罚，甚至破家，忘身辱亲，冤冤相报，害及子孙。”但是，对“关系祖宗、父母、兄弟、妻子事情”，族规家法则认为是“万不得已”“私下处不得，无奈何闻官”。[①] 尤其对祖墓被侵占罩夺，族规家法则一改“息词讼”“戒争讼”的规劝，反而号召族众诉讼，“如果祖茔被占而讼，尚属万不得已”。[②] 所以，发生在明嘉靖二十年（1541）祁门十西都谢氏宗族高祖蕙友公坟墓被族豪谢浥等罩夺事件，显然是触及了谢氏宗族成员的心理底线。为此，由蕙友公支下五大房子孙谢景辉、谢芝芳、谢珂、谢瑞、谢岳、谢琏等为了这一“万不得已”之事，被迫联合订立《同心合文公约》，动员订约之人与合族成员，出钱出力、齐心协力，不许分外生事，不准临阵退缩，务须勇敢向前，不惜一切代价，誓死打赢此官司。我们看到，这件诉讼公约对筹集讼资的分项使用和分工管理十分细致，这无疑坚定了族众打赢官司的信心。

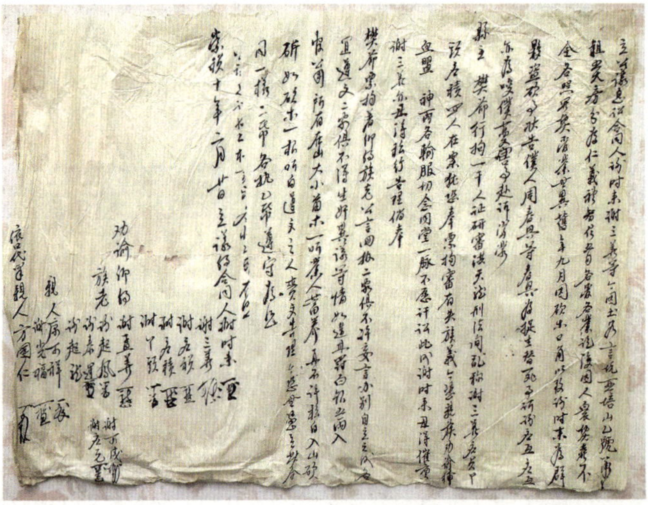

明崇祯十年(1637)二月二十日祁门十西都谢村谢时来、谢三善等立息讼合同

第二件宗族诉讼公约，

① 万历《休宁范氏族谱》卷六《谱祠·统宗祠规》。

② 宣统《仙石周氏宗谱》卷二《石川周氏祖训十二条》。

主要是由宗族山场林木被盗砍而引致。清康熙二十二年（1683）六月十三日，祁门环砂程氏宗族因“承祖山场数号，今因恶佃王九等混占，妄自盗砍”，不得不动员族内成员共同告官惩治而商议订立的宗族诉讼公约。这是新安江流域以族众订立诉讼公约的形式诉诸官府的典型文本。同十西都谢氏宗族一样，环砂程氏在公约中要求各人“俱要齐心合一，无得私自等情”。明确规定，“所有出官告理各项使费，悉照认、让二祀均出，不得独累一人，亦不得徇私入己”。对违反公约者，还规定了严厉的惩罚措施，即“天诛地灭，仍执文理论”。

对宋明以降新安江流域乡村社会宗族诉讼类公约的诠释，我们又发现，宗族诉讼类公约事实上发挥了维持和调节乡村社会既有秩序的功能和作用。宋明以降新安江流域乡村社会，尽管被宗族牢固控制，但却很少发生宗族之间的武装械斗，大概亦可由此得到解释。

二、调解息讼类合同文约

除诉讼之外，我们还注意到另一类与此完全对立的宗族公约，即调解和息讼的和息类宗族公约。尽管宋明以降新安江流域乡村社会的“健讼”之风炽烈，但追求和谐与稳定，形成宗族内外的一团和气，依然是包括地方官府、宗族在内的各阶层人等努力追求的目标。旷日持久的诉讼，不仅耗费精力和钱财，而且既不利已，也不利人。因此，在纠纷和诉讼发生之后，经过宗族族长或头面人物、文会等出面调解，以纠纷和诉讼双方当事人订立息讼合同的方式，最终调处和解，也是一个普遍的社会现象。

明崇祯十年二月二十日祁门十西都谢村谢时来、谢三善等立息讼合同

立公议息讼合同谢时来、谢三善等，今因土名言坑亚培山乙号，承祖五大房分为仁、义、礼、智、信五勾，各管各业。讫后因人众，契卖不全，各照买契管业无异。旧年九月，因砍木口角，以致谢时来为群伙盗砍事状告仆人周春兴等。春兴为捉生替死事诉谢应互，应互亦为唆仆蔓害事赴诉。当蒙县主樊爷行拘一干人证研审。洪天龙刑法间，乱称谢三善、应贞、丫头、应积四人在案。犹恐奉票拘审，有失族义，今凭亲族劝谕，歃血盟神，两各输服。切念同堂一脉，不愿讦讼。此后，谢时来毋得催禀，谢三善亦毋得私行告理。倘奉樊爷票拘，着仰约族老公言回报，二家不许妄言办别。自立之后，各宜遵文，二家俱不得

生奸异议等情。如违，甘罚白银五两，入官公用。所有在山大小苗木，一听业人蓄养，再不许私自入山砍斫。如砍木一根，听自遵文之人赍文告理。今恐无凭，立此合同一样二纸，各执乙纸，遵守为照。

崇祯十年二月廿日，立议约合同人谢时来（押） 谢三善（押） 谢应祯（押）

谢应积（押） 谢丫头（押）

劝谕乡约谢孟善（押）

族老谢起凤（押） 谢可成（押） 谢泰运（押）

谢应元（押） 谢起龙

亲人康可祥（押） 谢光福（押）

依口代笔亲人方国仁（押）[①]

以上诉讼劝息合同文约，实际上就是宗族的调解和息类公约。我们看到，这件文约内容分别因盗砍树木而致诉讼。诉讼双方的当事人是同族一脉，双方诉讼，既伤了宗族之间的族谊，又影响了村内的团结。在这种情况下，由宗族族老、乡约等出面调解和息讼便成为理所当然的事情。毕竟双方的诉讼已经发生，是终了诉讼还是旷日持久地将官司打下去，毕竟事关宗族和气与否。诉讼双方当事人以及同村宗族族长、族老、家长、乡绅和乡约等，似乎都不情愿看到后者。“有失族义”“恐伤族谊”，这是宗族调解息讼合约能够得以达成的基本前提。明崇祯十年（1637）二月二十日，祁门十西都谢村谢时来、谢三善等订立的息讼合同，是在本族乡约谢孟善和族老谢起凤、谢可成、谢泰运、谢应元、谢起龙，以及亲人康可祥和谢光福的劝息下达成的，所谓“凭亲族劝谕，歃血盟神，两各输服。切念同堂一脉，不愿讦讼”。宗族和息文约的广泛存在这一事实告诉我们，在聚族而居的新安江乡村社会中，如何避免将族内的纠纷与诉讼扩大化，聚居该村的宗族族长、族老、家长、乡约、亲戚和乡绅显然拥有较大的发言权。就这一角度而言，宋明以降新安江流域基层社会的宗族治理，在稳定基层社会秩序、维持族内团结和谐方面，确实发挥了不可替代作用。利用村规民约、族规家法、乡约和宗族公约等，来平息聚族而居的村庄可能发生的动荡与争竞，宗族完全可以发挥其应有的作用。即使是同村的不同宗族，在

① 《明崇祯十年二月二十日祁门十西都谢村谢时来、谢三善等立息讼合同》。

发生纠纷与诉讼时，诉讼双方当事人所属的宗族为避免结成冤仇，同样积极采取劝说双方当事人订立息讼合同文约，以使双方和睦相处。

清乾隆三十一年（1766）八月，祁门三四都陈进童因造祠平地基堆泥未撤，被康维魁“讦讼在官”。如此小事，双方所属宗族若不出面调解，其结果可能十分糟糕。在这种情况下，当事人所在的双方宗族即使出面予以调解，最终促成了康维魁和陈进童以订立签押“相和警后”合同文约的方式，使这桩诉讼案件得以和息结讼，用该“相和警后合同”的文字来说，就是“凭中劝释，康姓念属同村之谊，永息葛根”。① 俗话说，冤家宜解不宜结，宋明以降新安江流域基层社会中宗族的调解和息合同，大概就是起到这种作用的。

第四节 新安宗族公约的制定和执行

那么，宋明以来，新安宗族公约是如何制定与执行的呢？

先来分析一下宗族公约的制定。与国家法由国家权力机关按照一定法律程序制定并具有一定的强制性效力不同的是，宋明以来，新安宗族公约的发起者和制定者则主要是来自于该地域乡村社会中的某一地域某一宗族内部的组织或人群。宗族公约主要是配合与协助国家法，对某一特定宗族或人群进行自我管理、自我服务和自我约束以维护乡村社会已有的社会与经济秩序，进而达到稳定基层社会的目的而制定的。宋明以来，新安宗族公约的制定者大多是居住于乡村社区中宗族的精英。这些精英既包括宗族的族长，也包括宗族的头面人物，还有大量的乡绅群体。

宋明以来，新安宗族公约是“以族长为核心的房长缙绅集团”② 等共同商议制定的。如清乾隆五十七年（1792）十一月黟县济阳江氏宗族庞村派福寿公支裔江上峰等订立的《冬至祀会合墨公约》，就是由江氏宗族的庞村派和里田派族长共同协商

---

①《清乾隆三十一年八月十八日祁门三四都康维魁、陈进童立相和警后议约合同》，原件藏南京大学历史系资料室，编号220。

② 赵华富：《两驿集》，黄山书社，1999年，第308页。

制定的。该公约内容如下：

立合墨济阳江族庞村派福寿公支裔、里田派寅简公支裔，缘于乾隆三十七年一族合立冬至祀会，追祀卓公。奈族大难联，人情多涣，纷纷不一其志，遂有妄生觊觎，希图瓜分者。乾隆五十五年冬，因将各族所输银两，兼全子母，共计若干数，原璧而归之，从此分离乖隔，祀典几为之中废。独是兴会立祀，孝子慈孙所乐为也；分会减祀，孝子慈孙弗忍闻也。忘祖者，固不能禁其聚而弗散；遵祖者，何难于既散而思聚？爰集同志，两族合议，输赀生息。匪云收族，聊以敬宗，不敢替也。将两族银两分注，福寿公支裔输银三百五十两，寅简公支裔输银三百五十两，共成七百两，质当赵姓庄田，计租壹千零咀。递年两家眼同监割，收租办祭，两家轮流值年。其租谷除办祭外，余存贮积，日后或□□，且祀产或找足田价，亦两家均齐，无得盗亏，庶立根植基，垂诸久远，不至中堕，永鉴前辙，斯则吾两家子孙之责也夫。立此合墨一样三张，存匣一张，两家各执壹张，永远存照。

乾隆五十七年十一月　日，立合同庞村派江上峰等（押）

里田派江兴祀等（押）[①]

肩负宗族风俗教化重任的族长、宗子和乡绅等缙绅集团，在宗族公约的制定过程中，发挥着比其他宗族成员更大的作用，或者说，他们就是宗族公约的忠实倡导者和实际制定者。

同时，宋明以降，新安江流域各地聚族而居的村落社会中，以宗族名义创建的各种会社，其规约也是由同一宗族会社的发起者和会首联合会社成员共同讨论制定的，大部分新安地区乡村清明会和文会等公约即是如此。如明天启元年（1621）休宁某村友义堂程氏宗族所建立的旨在祭祀祖先、祭扫祖坟的清明会，其会规公约即是由聚居该村的宗族族长程宏等联合“各房（门）长议定”设立的。[②]清代绩溪县高迁村高氏宗族，有感于该族清代文教不及于前，乃在宗族头面人物的倡导下，创

①《清乾隆五十七年十一月，济阳江族庞村派福寿公支裔江上峰等立合墨》，原件藏安徽大学徽学研究中心。

② 王钰欣、周绍泉：《徽州千年契约文书》（宋元明编）卷八《天启元年休宁程氏立〈清明挂柏簿〉》，花山文艺出版社，1993年，第192页。

立了“学愚文会”，“合族兴立文会，名曰学愚，非特不忘先烈，且以愚者可学，而智者愈无不可学也。吾愿后之愚者，学而不自以为智，尤望后之智者愿学而直自以为愚”。① 创建于明嘉靖中叶的歙县呈坎溹川文会，其公约也是由呈坎村罗氏宗族文会发起者等共同制定的。② 至于一些以祭祀祖先为宗旨的清明会和以祭祀土地神为目的的春祈秋报性质的社等，其会社公约的制定和调整，宗族族长无疑也起到了不可替代的作用。

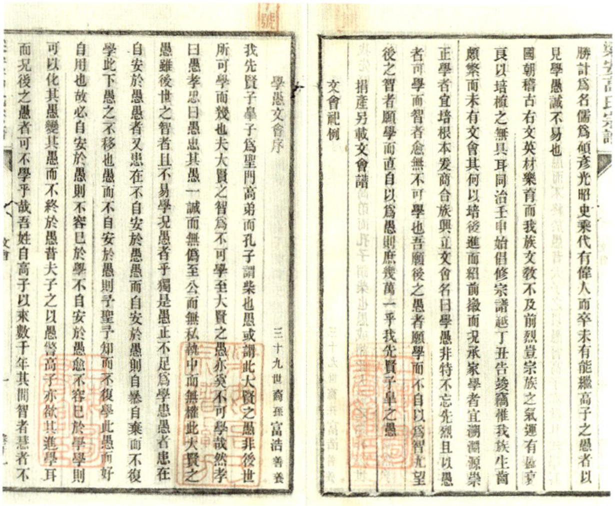
學愚文會序　三十九世裔孫富浩著
我先賢子羔子爲聖門高弟而孔子謂柴也愚或謂此大賢之愚非後世所可學而幾也夫大賢之智爲不可學至大賢之愚亦奚不可學哉然孝曰愚孝忠曰愚忠其愚一誠而無僞至公而無私執中而無權此大賢之愚雖後世之智者且不易學况愚者乎獨是愚止不足爲學患愚者患在自安於愚愚者又患在不自安於愚愚而自安於愚則自暴自棄而不復學此下愚之不移也愚而不自安於愚則予聖予知而不復學此愚而好自用也故必自安於愚則不容已於學不自安於愚愈不容已於學學則可以化其愚變其愚而不終於愚昔夫子之以愚譽高子亦欲其進學耳而况後之愚者可不學乎哉吾姓自高子以來數千年其間智者慧者不勝計爲名儒爲碩彥光昭史乘代有偉人而卒未有能繼高子之愚者以見學愚誠不易也
國朝稽古右文英材樂育而我族文教不及前烈豈宗族之氣運有盛衰良以培植之無具耳同治壬申始倡修宗譜越丁丑告竣竊惟我族生齒頗繁而未有文會其何以培後進而紹前徽而况承家學者宜濬濬源崇正學者宜培根本爰商合族興立文會名曰學愚非特不忘先烈且以愚者可學而智者愈無不可學也吾願後之愚者願學而不自以爲智尤望後之智者願學而直自以爲愚則庶幾萬一乎我先賢子羔之愚
捐產另載文會譜
文會祀例

光绪《梁安高氏宗谱》所载之《学愚文会序》

还有一种宗族公约，系由少数人发起，完全出自某一特定事项的诸如护山保坟禁约合同、禁止赌博公约或告示，以及调解民间纠纷的和息文约等，其制定者基本上来自于当地乡村基层组织的宗族会社及纠纷当事人等群体。如，清嘉庆八年（1803）十月休宁县二十五都五图浯田村敦请休宁知县颁示的《严禁棚民入山垦种告示》，即是由聚居该村的程氏宗族族长程元通、保长程敬培，房（门）长程伊志、程良吉、程象符，监生程步鳌，生员程其经，司祠程汇公等精英共同发起并恳请休宁知县颁行的告示类宗族公约。可以说，宗族族长、村落保长、乡绅等村庄头面人物所组成的精英集团，在制定该件宗族公约中，发挥了极其重要的作用。③ 清同治九年（1870）三月祁门县知县颁行的文堂村《禁赌告示》，也是由聚居该村的陈氏宗族的族长陈龙生、监生陈寿长、陈光门和陈光斗联合村民共同制定和请示并由祁门县知县名义颁布的。④

① 光绪《梁安高氏宗谱》卷十一《文翰·学愚文会序》。

②《溹川文会簿》自抄本。

③《清嘉庆八年十月休宁浯田岭严禁私棚民入山垦种碑》，原碑现嵌于安徽省休宁县龙田乡浯田村一商店墙中。

④《清同治九年三月十八日祁门文堂奉宪严禁赌博碑》，原碑现铺于安徽省祁门县闪里镇文堂中村敦本祠地面上。

同宗族公约制定紧密相连的是宗族公约的执行。由于任何一种宗族公约都有一定的施用空间、施用人群、施用时间和施用效力，因此，宋明以降新安宗族公约的执行和承续，就存在一个执行者和执行时间的问题。

就宗族族内公约而言，其执行者多是宗族的族长、由宗族族长委托的管理人员和宗族中的乡绅集团。明万历休宁《茗洲吴氏家记》在其族规《家典》中，不仅明确了族长是族规家法的执行人，而且对违犯族规家法者采取了最为严厉的革除族籍的惩罚措施。"倘有户婚、田土，事不得已，尊长不恤，以至抱屈，亦当禀请族长，以分曲直。……婚配不在财富，须择门楣相对之族。如或彼族素无姻娅，轻与婚聘，门第不对，乡鄙诟笑。是人之以奴隶待其身，以卑下待其子，我族即不当与之并齿。生不许入堂，死不许入祠"。[①] 明代休宁《商山吴氏宗法规条》等宗族公约即指出："祠规虽立，乃虚文也。须会族众，公同推举制行端方、立心平直者四人，四支内每房推选一人为正、副，经理一族之事。遇有正事议论，首家邀请宗正、副裁酌。"[②] 在祁门善和村，聚居于该村的程氏宗族推选五大房房长轮值管理族务，执行族规家法和宗族公约，遇有重大事务，管理者必须禀明各房家长，由家长集终公议。初刻于明嘉靖年间、续刻于万历初年的《窦山公家议》规定："凡属兴废大节，管理者俱要告各房家长，集家众商榷干办。如有徇己见执拗者，家长、家众指实，从公纠正，令其即行改过。如能奉公守正者，家长核实奖劝，家众毋许妄以爱憎参之，以昧贤否。各房如有不肖子孙，妄将众共田地、山场、祠墓等件盗卖家外人者，管理者访实，告各房家长会众即行理治追复，或告官治罪，以不孝论。"[③] 不过，宗族族长执行宗族公约时，一般被要求在国家法许可的前提下进行，不得违背国法，"家法止于杖责驱逐，若罪不止此，则送官究治，不得私立死刑。杖责驱逐之法，尊长可施于卑幼，卑幼不得施于尊长。行家法者，必以是为准"。[④]

就宗族性会社公约的执行而言，尽管会首拥有一定的执行权，但宗族的族长和家长、房（门）长依然是主要的执行者和裁判人。清嘉庆十九年（1814），祁门箬溪王履和堂养山会对触犯禁约者，即规定了由宗族族长和各家房长依家法进行处罚

① 万历《茗洲吴氏家记》卷七《家典记》。
② 万历《商山吴氏宗法规条》（不分卷）。
③ 万历《窦山公家议》卷一《管理议》。
④ 光绪《梁安高氏宗谱》卷十一《家法》。

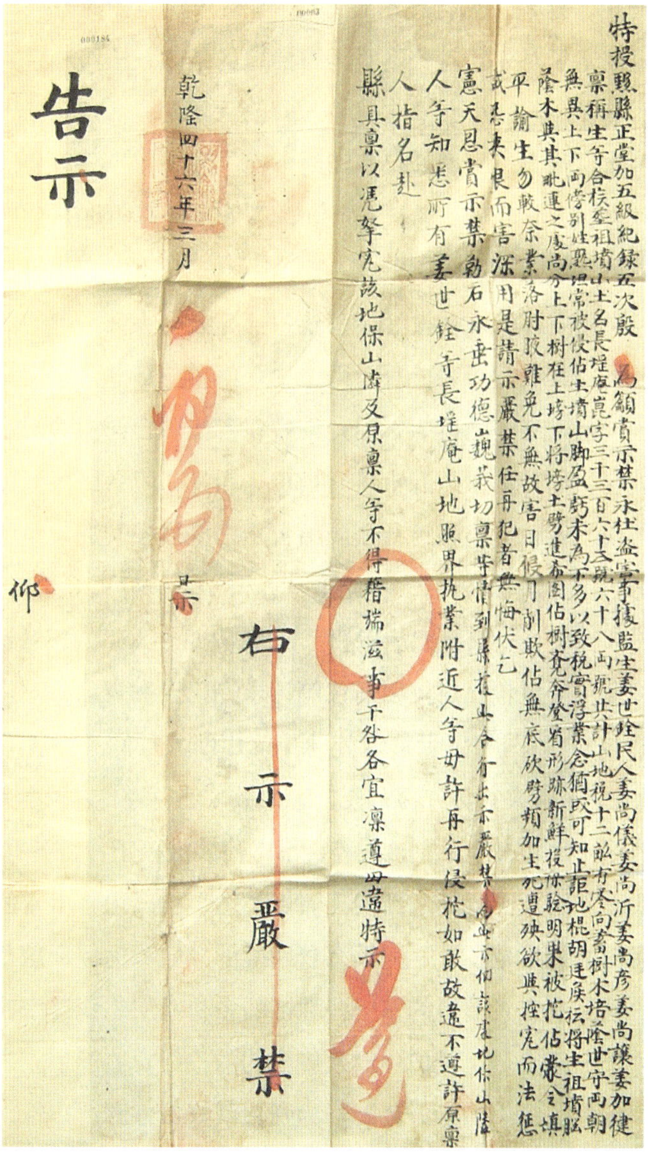

特授黟縣正堂加五級紀錄五次殷　為額賞示禁永杜盜害事據監生姜世銓民人姜尚儀姜尚沂姜尚彥姜尚讓姜加建
禀稱生等合族塋祖墳山土名長堤庵崑字三千三百六十五號六十八兩號共計山地税十二畝有零向蓄樹木培蔭世守西朝
無異上下兩傍別姓墾種常被侵佔生墳山脚盈竊未為不多以致税實浮業念猶可知止詎地棍胡廷[illegible]將生祖墳腦
蔭木其其毗連之處尚分上下樹在上塝下將塝土劈進希圖佔樹竟斧[illegible]看形跡新鮮投保驗明果被[illegible]佔[illegible]填
平論生勿較奈業落肘腋難免不無故害日後[illegible]無底砍劈[illegible]加生死遭殃欲與控究而法[illegible]
或恐良而害深用是請示嚴禁任再犯者無悔伏乞
憲天恩賞示禁勒石永垂功德巍峩切禀等情到縣據此合行出示嚴禁為此示仰該處地保山鄰
人等知悉所有姜世銓等長堤庵山地照界執業附近人等毋許再行侵佔如敢故違不遵許原禀
人指名赴
縣具禀以憑拏究該地保山鄰及原禀人等不得藉端滋事干咎各宜凜遵毋違特示

右示嚴禁

乾隆四十六年三月　日　示

告示

清乾隆四十六年(1781)黟县正堂告示

的条款，“兴山之后，各家秩丁必须谨慎野火。倘有不测，无论故诬，公同将火路验明。查出，罚银十两，演戏全部。如不遵罚，即令本家房长入祠，以家法重责三十板。元旦，祠内停饼十年。妇女失火，照例减半，咎归夫子。如无夫与子，咎归房长，公同处罚。外人，另行理治”。同村落和宗族的公约一样，以宗族名义组织的会社公约也规定了对处罚对象不服闻官治理的条款，王履和堂养山会的会规规定，对“恃强不遵者，呈官处治”。[①] 宋明以降至民国时期，遍布新安江流域各地乡村的文会组织，在执行会规、调处民间纠纷方面，发挥了十分重要的作用，诚如方西畴在《新安竹枝词》中所云：“雀角何须强斗争，是非曲直有乡评。不投保长投文会，省缺官差免下城。”[②]

至于明清以降新安江流域乡村社会宗族中部分人群为某一目的而专门订立的合同文约等宗族公约，其执行者和监督者则主要是由参与订立合同文约的本宗族当事人和中人负责。一旦出现违约行为，则允许遵守者按照合同文约规定的款项即罚则，对违约人进行处罚。如，清康熙五十年（1711）四月祁门县民盛思贤为保护汪家坦等处山场免遭盗伐，就曾专门恳请县令颁给告示，以增强其严肃性和权威性。这纸钤有祁门县印的告示指出：“嗣后，本业主蓄养树木，一应人等不得妄行强伐盗砍。如敢有违，即鸣邻保赴县呈禀，究治不恕。”[③] 乾隆四十六年（1781）三月，黟县知县顾学治亦曾应监生姜世铨、村民姜尚仪等请求专门颁发告示，对位于长瑶庵受侵害的姜氏合族祖坟予以保护，“示仰该处地保、山邻人等知悉，所有姜世铨等长瑶庵山地，照界执业，附近人等毋许再行侵挖。如敢故违不遵，许原禀人指名赴县具禀，以凭拿究。该地保、山邻人等及原禀人等，不得藉端滋事干咎，各宜凛遵毋违”。[④]

总之，宋明以降至民国时期，新安江流域类型多样、内容丰富的宗族公约，其制定者和执行者对其施用范围，一般都有着明确的界定。为保证这些宗族公约能够得到有效执行，达到制定者的目的，一些地区的乡村基层组织、宗族、乡约和会社等，还专门设立了监督人员，以加强对宗族公约的执行。鉴于宗族公约的约束范围有时可能超过本地域、组织和人群范围，为强化其权威性和严肃性，部分宗族组织

① 嘉庆《环溪王履和堂养山会簿》（不分卷），原件藏安徽省图书馆。

② 许承尧撰，李明回等校点：《歙事闲谭》卷七《新安竹枝词》，黄山书社，2001年，第207页。

③《清康熙五十三年四月初六日祁门县严禁盗砍汪家坦等处山场树木告示》，原件藏安徽省祁门县博物馆。

④《清乾隆四十六年三月初五日黟县正堂告示》，原件藏南京大学历史系资料室，编号000184。

还“需要‘邀请’国家进入，并提供资料或对方要求的帮助”。[①] 明清数量颇丰的徽州府县应各地宗族要求颁发的各类告示，就是乡村社会宗族组织在不能独立解决问题时，主动邀请国家权力介入的一种极为重要的路径。

第五节 新安宗族公约的基本特点和主要功能

宋明以来，新安地区的宗族公约类型繁多，内容丰富，但概括而言，一般具有以下四个基本特点：

第一，具有浓郁的宗法血缘性特征。宋明以来，新安宗族公约的一个突出特征就是它的宗法血缘性，包括宗族性的会社规约、族规家法、乡约、合同和告示等在内的宗族公约。由于其成员大多为聚族而居的乡民（含乡绅等），因此，几乎每类宗族公约都深深地打上了宗法血缘的印记。清乾隆五十年（1785），婺源汪口村恳请婺源知县颁布的《严禁盗伐汪口向山林木告示》，属于宗族公约，其实就是由聚居该村的俞姓宗族联合发起的。该告示内容如下：

奉县主示禁：

特授婺源县正堂加五级纪录十次记功二次彭为吁恩给示、申禁杜害事。据东乡六都汪口生员监俞大璋、俞芝秀、俞镇巩、俞麟祥抱呈，俞本禀称：生乡聚族而居，前籍向山以为屏障，但拱对逼近削石巉岩，若不栽培，多主凶祸。以故历来掌养树木，垂荫森森。自宋明迄今数百年间，服畴食旧，乐业安居，良于生乡大有裨益。乾隆四十三年，无藉之徒盗行砍伐，当经捉获。适值张主仙逝，迫禀军厅，已蒙究详在案。奈日久玩生，复萌觊觎。旦旦而伐，山必童赭；事关祸福，害切肌肤。生等协众佥议，酌立条规，重行封禁，永远毋得入山残害。即村内一切公事，均不许藉辞板摘，以启砍伐之端。布帖于乡，咸称善举。但恐愚氓无知，非请法禁，终肆梗玩。恭际太父师莅任以来，严明相济，威德并施，

① 张静：《宗族公约体现的村庄治权》，《北大法律评论》第二卷第一辑，法律出版社，1999年，第5页。

雷厉风行，家谕户晓。为此，吁恩准给示禁，永远杜害。煌煌金谳，谨镌诸石，以垂勿朽。俾斧斤不入于山林，则宪泽且及于草木矣。一乡戴德，万禩铭恩等情，据山合行示禁。为此，示仰该地约保及村内居民人等知悉：尔等各宜自爱，毋得借公残害，永远蓄养向山。倘有故违，一经该生等控告，定即拏究，决不姑宽。各宜凛遵毋违。特示。

乾隆五十年十二月　　日示①

从上述文字可见，在聚族而居的新安江流域的乡村社会中，宗族公约所具有和显示出的宗族血缘性特征是极其突出的。事实上，宋明以来，新安江流域许多地区即使是多姓共居的村庄，但其宗族公约多呈保护势力较大的宗族利益的倾向是显而易见的。

第二，是地域性特征。任何宗族公约都具有特殊的地域性限制，它集中“代表了一个相对独立的生活共同体”。② 或者说，只在公约所覆盖的地域范围内才具有其效力，超过了该村宗族公约规定的特定的地域范围，即相对独立的宗族成员生活共同体，便失去了应有的规范效力。可以说，地域性是宗族公约的主要特征。宋明以来，新安宗族公约地域性特点相当突出，不同省域、府域、县域，以及不同村庄、不同宗族之间，其所制定的宗族公约都具有其独特的地域性边界。除非是数村数族联合制定，或官府钤印颁发，否则，即使像歙县棠樾、槐塘和稠墅等邻村之类的某村某姓单独施用范围的宗族公约，在另一村落也无任何约束力。清道光十一年（1831）仲春，祁门桃源陈氏宗族所制定的《奉宪示禁强梗乞丐入境碑》，即对该规约划定了明确的村域界限，“里至天井源，外至横岭下宝山殿”，③ 就是该宗族公约效力所覆盖的地域范围。超越了这一地域范围，桃源村的这一陈氏宗族公约便失去了其应有效力。

第三，具有较强的时效性。任何宗族公约都有其施用的时间限制，尽管宗族公

① 《清乾隆五十年十二月婺源严禁盗伐汪口向山林木告示碑》，原碑现嵌于江西省婺源县汪口村旧乡约所墙壁中。

② 张静：《宗族公约体现的村庄治权》，《北大法律评论》第二卷第一辑，第35页。

③ 《清道光十一年仲春月祁门县桃源村严禁乞丐入境碑》，原碑现嵌于安徽省祁门县闪里镇桃源村廊桥墙壁中。

约作为乡村社会中一种重要的地方性知识和文化传承的载体，往往具有延续时间较长的特点。但是，无论何地何类宗族公约，其所拥有的时效性则是毋庸置疑的。我们看到，从明末至民国年间延续数百年之久的休宁县西南山区以旌城汪氏宗族为中心联合周围村庄吴氏和王氏宗族联合制定的祝圣会公约，就因不同时代的变化而因时制宜地进行过多次调整，淘汰一些过时的内容，增加一些新的规定。再如，明代祁门文堂陈氏宗族的乡约戒条，到了清代就失去了其存在的现实价值。同样，宋明以来新安江流域各地的宗族公约，在今天看来，除了具有历史研究价值和借鉴价值外，应当说基本没有现实的约束力了。正如清乾隆时婺源县江湾江如松所云："事有宜于古而不利于今，法有行于前而不善于后。祖宗立言，如箴铭训诫，宝若鼎彝，百代遵守可也。至于作法处置，虽古人具有深意，然有不能行于今者，不得不为之变通焉。"① 许多乡村社区中宗族公约在历史发展进程中，如同婺源江湾萧江氏宗族一样，都处在一种因时、因地、因事不断进行充实和调整的动态过程之中。在某种程度上说，都是基于这些宗族公约失去时效性而不断进行因时制宜、因地制宜、因事制宜变通的这一主要目的而展开。

第四，具有模糊性和变通性。作为一种约束族众的民间法律规范，宋明以来新安宗族公约毕竟不同于国家法，它会对与国家法相矛盾，甚至是相抵触的内容，因人、因时、因地、因事而进行调整。尽管新安宗族公约在大多数情况下是在国家法框架下制定的，但与国家法之间的细微矛盾与冲突还是经常存在的。因此，一旦进入正式的国家司法领域，这类宗族公约即可能会采取某些模糊的变通方式，来寻求与国家法的契合与一致。当然，某些户婚、田土和斗殴等民间细故，国家法一般亦会采取尊重，并向宗族公约让步或妥协的方式，来达到稳定乡村社会的目的。如清代中期以后，新安江流域各地乡村土地买卖中普遍存在的"小买"问题，作为一种民间约定俗成的"乡例"，其与国家法的规定就是互相矛盾和抵触的，"歙邑买卖田地之契约,有'大买''小买'之区别。'大买'有管业收租之权利,'小买'则仅有耕种权,对于大买主，仍应另立租约"。② 由于"小买"俗例的普遍存在，经常导致各种纠纷。因此，徽州知府竣亮早在嘉庆四年（1799）即为此专门颁布告示，对此行为进行严

① 乾隆《萧江复七公房支谱》卷四《手泽·清归暘田坟地山税记》，清乾隆三十七年(1772)木活字本。

②《民商事习惯调查录》，司法部印行，1930年，第407页。

厉禁止，“徽州府太爷竣为严禁‘小买’名色，以清田业、以息讼端事”。[①] 但代表国家权力立法的徽州知府严禁“小买”的告示，并没有发挥作用。在此法令公布之后，包括徽州在内的新安江流域各地乡村的小买行为，依然按照当地宗族或村庄公约中的“俗例”有条不紊地进行。而此后甚至到了民国年间，这种“小买”俗例一直存在着，而且地方官府在处理民事纠纷和诉讼时，往往还据此作为证据。如此可见，代表国家行使权力执行国家法或制定地方法规的新安江流域各地地方官府，显然是向宗族公约让步和妥协了。

宋明以来，新安宗族公约的基本功能，就其本质而言，是为了维护聚族而居乡村的既定社会秩序和乡村社会的稳定。具体而论，其功能主要体现在以下三个方面。

第一，规范族众或乡民行为、协调宗族个体与群体关系的功能。国有国法，族有族规，家有家法，这是包括宋明以来历代政权在内的中国封建社会的基本政治。但国法是宏观的国家法律法规，而宗族公约则是具体的，是国法在某一聚族而居的聚村地域范围内的具体表现，是国法的具体化，或者说是国法的必要补充和延伸。即如宗族公约而论，其与国家法的关系，正如清宣统绩溪《仙石周氏宗谱》所云：“家法治轻不治重，家法所以济国法之所不及。极重，至革出祠堂，永不归宗而止。若罪不止此，即当鸣官究办，不得僭用私刑。山乡恶俗，有重责伤人及活埋者，此乃犯国法，非行家法也。”[②] 体现礼法合治的宗族公约，在大山阻隔、宗族顽固的新安江流域社会中，其实更具有规范民众言论、行为、生产、生活和思想的作用。无论是村庄的规约、宗族的族规家法、乡约会社的会规戒条，以及各种合同文约的规定，还是族规家法的实施细则，宗族公约本身都具有协调一定地域范围、宗族组织内部和特定人惩恶扬善的行为规范功能，是个体行为服从群体行为的基本体现。如，清乾隆二十六年（1761）四月二十日祁门县知县吴嘉善应该县三四都康良耀等之请颁行的《严禁盗砍侵害康姓等山业告示》，即是典型的规范三四都村民、康氏宗族族人和邻村村民不得盗砍山林树木、盗挖柴笋和放火纵焚行为的宗族公约。该《告示》全文如下：

①《清嘉庆年间黟县孙正望等为小买纠纷禀状》，原件藏安徽大学徽学研究中心。

② 宣统《仙石周氏宗谱》卷二《家法》。

祁门县正堂加三级纪录三次吴为委实祀山，叩恩给示，以杜砍挖事。据康良耀、康启炎、康兴仁、康良贤、康良淳等具禀前事，词称：切身南乡三四都潘樟村地方，所有祀众祖坟冢山及青山，屡遭不法棍徒魆入身山，盗砍青苗树木，盗挖柴桩，放火纵焚，勿问身家祖脑坟冢及税山等产。目击心伤，深为痛恨。屡奉上宪示谕兴禁，国课、民生有赖。身等蓄树保冢，余山及青山栽养松杉杂木，供课办祀。诚恐梗顽之徒复效前辙，为此禀明，恳恩给示，以杜砍挖故焚，课祀两赖，万代朱衣顶祝，上禀等情。据此，合行示禁。为此，示仰该处约保、业户、居民、山邻人等知悉：嗣后，如有不法棍徒擅入康姓祀山，盗砍青苗树木、盗挖柴桩、放火故焚者，许即查实，指名赴县禀报，以凭严拿究处，断不姑宽。各宜凛遵勿违。

特示。

乾隆贰拾六年四月廿日示[①]

通过这样一纸《告示》，以及诸如宗族性的村庄、会社或宗族规约等宗族公约，居住于某一地域空间或某一宗族组织的民众，其言论和行为便得到了有效的规范，村庄或宗族组织的各种关系得到了有效协调。事实上，只要这一规范明确并能得到严格的执行，国家与聚族而居的基层社会良性互动便能得到真正的实现。正如祁门文堂陈氏宗族《文堂乡约家法》所云："立约本欲人人同归于善，趋利避害。"[②]而制定宗族公约也正是基于家国一体的目的，所谓"治国本乎齐家，以是见家国之通也。……太史公谓：'礼禁于未然，而法治于已然。'治国如斯，治家无异术也；治家如是，治国无异术也"。[③]

第二，救济与互助的功能。从宋明以降至民国时期新安江流域宗族公约的类型和内容中，不难看出，在山多田少、人众地寡的新安山区，生产和生活上的互助在为数众多的宗族公约中占据了很大的比重。明代休宁城北周家坞周氏宗族的《宗规》告诫族人要互相周恤，"凡遇吉凶庆吊，无论贫富，吉则庆，凶则吊，谅

① 王钰欣、周绍泉：《徽州千年契约文书》（清民国编）卷一《乾隆二十六年祁门县告示》，花山文艺出版社，1993年，第336页。

② 隆庆《文堂乡约家法·会诫》。

③ 光绪《梁安高氏宗谱》卷十一《家政叙》。

力资助，以尽其敬”。[①] 清雍正《茗洲吴氏家典》的《家规》对吴氏宗族内部成员互助做了多方面的安排，告诫族众，“一、族中子弟有器宇不凡、资禀聪慧而无力从师者，当收而教之，或附之家塾，或助以膏火。培植得一个、两个好人，作将来模楷，此是族党之望，实祖宗之光，其关系匪小；一、族中子弟不能读书，又无田可耕，势不能不从事商贾。族众或提携之，或从他亲友处推荐之，令有恒业，可以糊口，勿使游手好闲，致生祸患；一、族内贫穷孤寡，实堪怜悯，而祠贮绵薄，不能周恤，赖族彦维佐输租四佰，当依条议，每岁一给。顾仁孝之念，人所同具，或贾有余财，或禄有余资，尚祈量力多寡输入，俾族众尽沾嘉惠，以成巨观”。[②] 清嘉庆初年的歙县棠樾鲍氏宗族体源户义田宗族公约《公议体源户规条》就对宗族之间的救济和互助做出了明确的规定：“1. 谷系给本族鳏寡孤独四穷之人，须合例者，不得徇情滥给；2. 四穷及废疾，与例相符，应给谷者，执事之人知会督总，给予经摺，孤子注明年庚，以备查考，再行给谷，以专责成；3. 四者之外，有自幼废疾，不能受室，委实难于活命者，一例给发；4. 鳏独年至六十岁，给领食谷，后有愿继与为子者，亦一体给领，全其宗祧。其子年至十八岁停止，其父母仍照例给发；5. 孀居有子，俟其子年至二十五岁停止。二十四岁有，二十五岁无；6. 孤子年至十八岁停止。十七岁有，十八岁无。7. 孤女出嫁日停止。”[③] 类似茗洲吴氏宗族和棠樾鲍氏宗族这类对宗族成员进行互助与周恤安排，在其他相关类型的宗族公约中亦有体现。即使是宗族性会社规约，也几乎都含有或具备成员之间互助周恤的功能。如，建立于明万历十五年（1587）的徽州某村程氏余庆堂清明会，其建会目的主要是为了报本祭祀先人、标挂祭扫祖墓，但其生息会银作为周恤族人的行为，一直贯穿于清明会的始终，“每年多余，周恤要公议，该周者与，不得顺情，以致争端。倘多余，存积生息，又可周殡葬之需，每人以二斗为止，随时量其出入，孤子以十六岁止”。[④] 重建于清道光五年（1825）的祁门善和村利济会，其根本目的就在于“利物济人”，正如《重新议定（利济会）会规》所云：“复兴

① 万历《重修城北周氏宗谱》卷九《宗规》。

② [清]吴翟辑撰，刘梦芙点校：《茗洲吴氏家典》卷一《家规》，黄山书社，2006年，第18～19页。

③ 嘉庆《棠樾鲍氏宣忠堂支谱》卷十九《义田·公议体源户规条》。

④《程氏东隐房清明会簿·顺治十四年丁酉岁清明后程时达自执笔批》，清抄本。

此会，原为继志贻谋、利物济人之事。”[①] 明清以降新安江流域的宗族公约，其互助与周恤的功能，由此可见一斑。

第三，奖惩的功能。宋明以降至民国时期，新安江流域的宗族公约还具有奖励和惩戒的功能，对成员中认真遵守宗族公约规定的事项，履行宗族公约所赋予的各项责任和义务，宗族公约一般都列有专门的奖励条款予以奖励。清道光六年（1826）三月祁门文堂村陈氏宗族《合约演戏严禁碑》，作为规范族众和村民采茶、种植苞芦、拣拾桐子、入山挖笋、纵放野火和松柴出境等行为规范的宗族公约，其奖惩规定也十分明了具体。该约规定：“一禁茶叶叠年立夏前后，公议日期，鸣锣开七，毋许乱摘，各管各业；一禁苞芦、桐子，如过十一月初一日，听凭收拾；一禁通前山春冬二笋，毋许入山盗挖；一禁毋许纵放野火；一禁毋许松柴出境；一禁毋许起挖山桩。以上数条，各宜遵守，合族者赏钱三百文。如有见者不报，徇情肥己，照依同罚备酒二席、夜戏全部。”[②] 不唯如此，就是诸如赋役轮充合同文约、养山禁山合同，抑或戒赌文约之类的宗族公约，其奖惩功能也多一应俱全。至于宗族族规类宗族公约，其奖惩规定与功能，与其他类宗族公约相比，甚至更加完善具体。编纂于清同治、刊印于民国年间的绩溪宅坦村《明经胡氏龙井派宗谱》，为鼓励宗族子弟锐意向学，就专门设立了奖励制度，对考取各级功名者，分别给予不同的奖励。该宗族的《祠规》规定：“凡攻举子业者，岁四仲月，请齐集会馆会课，祠内支持供给。……其学成名立者，赏入泮贺银壹两；补廪，贺银壹两；出贡，贺银伍两；登科，贺银伍拾两，仍为建竖旗匾，甲第以上加倍。至若省试，盘费颇繁，贫士或艰于资斧，每当宾兴之年，各名给元银贰两，仍设酌为饯荣行。有科举者，全给；录遗者，先给一半，俟入棘闱，然后补足。会试者，每人给盘费拾两。”而对赴会无文或当日不交卷者，《祠规》还设有专门的惩罚条款，“赴会无文者，罚银贰钱；当日不交卷者，罚壹钱”。[③] 宗族公约中如此细致严密的奖惩规定，充分体现了宋明以降新安江流域宗族公约在维护乡里社会稳定方面的基本作用，是宗族公约贯彻落实国家法律法规，展开乡里社会与国家政权良性互动的最基本方式之一。

---

①《徽州会社综录·重新议定(利济会)会规》。

②《清道光六年三月初八日祁门文堂村合约演戏严禁碑》，原碑现嵌于安徽省祁门县闪里镇文堂村大仓原祠堂前照壁中。

③ 民国《明经胡氏龙井派宗谱》卷首《祠规》。

总之，宋明以降至民国时期，新安宗族公约内容是丰富多彩、包罗万象的，特点也是极为鲜明的，它几乎涉及新安江流域山区聚族而居基层社会中民众物质和精神生产与生活的各个方面。作为规范和约束族众和乡民行为及思想的重要规则之一，它对新安江流域基层社会的治理和各地既有社会秩序的维系，以及维系国家与乡村社会的良性互动关系，进而保持乡村社会的稳定，起到了不可低估的作用。

结　语

在新安江流域的上、中、下游之间，宗族作为一个整体，在北宋中叶逐步形成的过程中，具有许多相同相似的特征，无论是官方还是民间的交往与联系，也基本呈现出较为密切的状态。宋徽宗宣和三年（1121），歙州和睦州分别被更名为徽州与严州之后，特别是南宋建都临安以来，随着省一级行政区划的变化，地处新安江流域上、中、下游不同区域的新安宗族，开始发生了潜移默化的变化。尽管随着新安商人的崛起，以及新安江水路成为新安商人进入杭州及东南沿海地区重要的通道之后，流域内的宗族及各类人群之间交往与联系依然十分密切，宗族之间互相迁徙与往来频繁，但官方之间的联系则逐步变得稀少，南宋甚至出现严州官方对徽州商人运往杭州的木材课以重税的现象。

“十里不同风，百里不同俗。”由于分新安郡解体后，隋、唐、宋、元、明、清至民国时期，新安江上、中、下游各县分属不同的州、路、府和省管辖，自然、行政、人文和社会环境的综合变化，使得新安江上、中、下游，尤其是上游与中下游之间，不同区域民俗和文化出现了显著的差异。新安宗族在各自不同的背景下也在发生着细微乃至显著的变化，形成了地域性的差异。尽管新安江上游地区的徽州、徽州路、徽州府的知识和文化精英在建构包括宗族在内的徽州地域文化认同时，依然热衷于使用“新安”的地域概念。但在中、下游的严州、严州路和严州府，似乎除了淳安和遂安继续使用始新与始定的古县名之外，对整体上属于新安文化圈的“新安”概念则渐渐产生疏离。官方和民间编纂方志与谱牒，分属新安江中、下游的淳安、遂安和建德三县的宗族似乎更认同浙江文化，习惯于自称“吾浙望族”“浙江巨族”。至于官方的交流与交往，除了例行公事外，有关的“新安”概念，基本再无三国和两晋南朝时期那种同属一个府级“新都郡”及“新安郡”的归属感和认同感。作为曾经是“新安郡”郡治所在地的始新县，即后来的淳安县，对曾引以为豪的“新安郡”及作为新安江流域文化整体的新安文化也渐渐疏远。即使是像明代中叶以降持续不断的跨地域联宗纂修会修统谱热潮蔚然成风的背景下，除了起源于歙县东乡即后来淳安县的进贤渡方氏宗族成功组织淳安宗亲完成统谱纂修，并明确冠以《歙淳方氏柳山真应庙会宗统谱》之外，目力所及，我们似乎很少发现淳安宗亲为主体发起或大规模参与新安各大姓望族的统宗谱纂修。

尽管南宋以后至明清时期，徽州（府）及所属六县的名门望族依然成群结队，源源不断地经由新安江干流的中、下游水道的遂安、淳安和建德等地，前往当时经济文化发达地区的杭州及长江三角洲等地城市和乡镇进行商业经营，并有歙县棠樾鲍氏、休宁富溪程氏、婺源大畈汪氏、歙县黄氏及绩溪龙井胡氏等宗支相继迁徙至淳安和遂安等地，或继续在此经商，如绩溪龙井胡氏即集中在淳安县威坪镇定居与经营。这些自新安江上游徽州（府）各县迁徙而来的大姓支族，在新安江中下游地区经过艰辛的经营与拓展后，逐渐跃居为饮誉遐迩的当地名门望族之列。

无论作为一个整体，还是视为一个局部，在宋明以降至民国的历史变迁的沧桑历程中，很多新安宗族依然聚族而居，充满着勃勃生机。作为其曾经生成与生活空间的地面文化遗存，如村落、古民居、家庙、祠堂和书院等古聚落与古建筑，依然为其宗族的后代子孙所享用。而作为其书面文字遗存的各大宗族的谱牒与文书，也还大量流传于世，成为我们今日洞察、分析和研究过去新安宗族生产与生活历史的不可或缺的第一手资料。

因此，新安宗族的研究任重而道远。

参考文献

一、纪传体、编年体、政书及笔记史料类文献

[汉]司马迁：《史记》，中华书局，1959年。

[汉]袁康：《越绝书》，上海古籍出版社，1985年。

[晋]陈寿：《三国志》，中华书局，1959年。

[宋]司马光：《资治通鉴》，中华书局，1956年。

[宋]郑樵：《通志》，《景印文渊阁四库全书》总第372～381册，《史部》第130～139册，台湾商务印书馆，1986年。

《大明令》，载[明]张卤辑：《皇明制书》，明万历七年刻本。

《大清律例》，《景印文渊阁四库全书》总第672～673册，《史部》第430～431册，台湾商务印刷馆，1986年。

[宋]周密：《武林旧事》，浙江人民出版社，1984年。

[明]陈继儒：《尺牍双鱼》，清康熙刻本。

[明]古之贤《新安蠹状》，明万历刻本。

[明]王士性《广志绎》，中华书局，1982年。

[明]傅岩撰，陈春秀校点：《歙纪》，黄山书社，2007年。

[清]程且硕：《春帆纪程》，载《小方壶斋舆地丛钞》，杭州古籍书店，1985年。

[清]赵吉士辑撰，周晓光、刘道胜点校：《寄园寄所寄》，黄山书社，2008年。

[清]廖腾煃：《海阳纪略》，清康熙刻本。

[清]赵翼著，栾保群、吕宗力校点：《陔余丛考》，河北人民出版社，1990年。

[清]徐栋辑：《保甲书》，《续修四库全书》总第859册，《史部》第599册，上海古籍出版社，2002年。

[清]吴宏，郭成伟、田涛点校整理：《纸上经纶》，中国政法大学出版社，1999年。

[清]高廷瑶：《宦游纪略》，清同治十二年刻本。

[清]刘汝骥编撰，梁仁志校注：《陶甓公牍》，安徽师范大学出版社，2018年。

许承尧撰，李明回等校点：《歙事闲谭》，黄山书社，2001 年。

陈去病：《五石脂》(不分卷)，《丹午笔记 吴城日记 五石脂》，江苏古籍出版社，1999 年。

二、仪礼暨文集类

《周礼 · 仪礼 · 礼记》，岳麓书社，1989 年。

[宋] 朱熹撰，朱杰人等：《朱子全书》，上海古籍出版社、安徽教育出版社，2002 年；安徽教育出版社，2010 年修订本。

[明] 徐一夔等：《明集礼》，载《景印文渊阁四库全书》总第 649 册，《史部》第 407 册，台湾商务印刷馆，1986 年。

[宋] 张载撰，章锡琛点校：《张载集》，中华书局，1978 年。

[宋] 杨万里：《诚斋集》，《景印文渊阁四库全书》总第 1160 ~ 1161 册，《集部》第 99 ~ 100 册，台湾商务印书馆，1986 年。

[宋] 程珌：《洺水集》，《景印文渊阁四库全书》总第 1171 册，《集部》第 110 册，台湾商务印刷馆，1986 年。

[元] 胡炳文：《云峰集》，《景印文渊阁四库全书》总第 1199 册，《集部》第 138 册，台湾商务印书馆，1986 年。

[元] 舒頔：《贞素斋集》，《景印文渊阁四库全书》总第 1217 册，《集部》第 156 册，台湾商务印书馆，1986 年。

[元] 郑玉：《师山集》，《景印文渊阁四库全书》总第 1217 册，《集部》第 156 册，台湾商务印书馆，1986 年。

[元] 陈栎：《定宇集》，《景印文渊阁四库全书》总第 1205 册，《集部》第 144 册，台湾商务印书馆，1986 年。

[明] 赵汸：《东山存稿》，《景印文渊阁四库全书》总第 1221 册，《集部》第 160 册，台湾商务印书馆，1986 年。

[明] 汪循：《仁峰文集》，《四库全书存目丛书》，总第 820 册，《集部》第 47 册，

齐鲁书社，1997年。

[明]程曈撰，王国良、张健点校：《新安学系录》，黄山书社，2006年。

[明]程敏政撰辑，何庆善、于石点校：《新安文献志》，黄山书社，2005年。

[明]程敏政：《新安程氏贻范集》，明弘治刻本。

[明]程应征：《率滨社录》卷首，明嘉靖二十七年刻本。

[明]夏言：《桂洲先生奏议》，明忠礼书院刻本。

[明]汪道昆著，胡益民、余国庆点校：《太函集》，黄山书社，2004年。

[明]吴子玉：《大鄣山人集》,《四库全书丛目丛书》总第914册,《集部》第141册，齐鲁书社，1997年。

[明]袁炜：《袁文荣公集》，明万历元年刻本。

[明]海瑞：《海瑞集》，中华书局，1962年。

嘉靖《祁门金吾谢氏仲宗文集》，明抄本。

[清]黄景仁：《两当轩全集》，清咸丰八年黄氏家塾刻本。

[清]贺长龄、魏源等编：《清经世文编》，中华书局，1992年。

毛飞明：《方回年谱与诗选》，杭州大学出版社，1993年。

[明]胡煜原本，[清]胡渭仁校刊：《忠敬汇录》，民国刊本。

三、地方志类

淳熙《新安志》，清光绪十四年刻本。

弘治《徽州府志》，明弘治十五年刻本。

嘉靖《徽州府志》，明嘉靖四十五年刻本。

康熙《徽州府志》，清康熙三十八年万青阁刻本。

道光《徽州府志》，清道光十年刻本。

万历《歙志》，明万历三十七年刻本。

天启《歙志》，明天启四年刻本。

乾隆《歙县志》，清乾隆二十六年刻本。

民国《歙县志》，1937 年铅印本。

[清] 佘华瑞纂 ：《岩镇志草》，《中国地方志集成乡镇志专辑》，江苏古籍出版社，1998 年。

[清] 江登云辑、江绍莲续编，康健校注 ：《橙阳散志》，安徽师范大学出版社，2018 年。

黄山市屯溪区地方志编纂委员会 ：《屯溪区志》，方志出版社，2012 年。

黄山市徽州区地方志编纂委员会 ：《徽州区志》，黄山书社，2012 年。

弘治《休宁志》，明弘治四年刻本。

嘉靖《休宁县志》，明嘉靖二十七年刻本。

万历《休宁县志》明万历三十五年刻本。

康熙《休宁县志》，清康熙三十二年刻本。

道光《休宁县志》，清道光三年刻本。

永乐《祁阊志》，明永乐九年修，自抄本。

万历《祁门县志》，明万历十八年刻本。

康熙《祁门县志》，清康熙二十二年刻本。

道光《祁门县志》，清道光七年刻本。

同治《祁门县志》，清同治十二年刻本。

康熙《黟县志》，清康熙二十二年刻本。

嘉庆《黟县志》，清嘉庆十七年刻本。

道光《黟县续志》，清道光五年刻本。

同治《黟县三志》，清同治十年刻本。

民国《黟县四志》，1923 年藜照堂刻本。

万历《绩溪县志》，明万历九年刻本。

乾隆《绩溪县志》，清乾隆二十一年刻本。

嘉庆《绩溪县志》，清嘉庆十五年刻本。

嘉靖《婺源县志》，明嘉靖十九年刻本。

康熙《婺源县志》，清康熙三十三年刻本。

光绪《婺源县志》，清光绪九年刻本。

民国《婺源县志》，1925 年刻本。

光绪《婺源乡土志》，清光绪三十四年刊本。

万历《严州府志》，明万历四十一年刻本。

乾隆《严州府志》，清乾隆二十一年刻本。

光绪《严州府志》，清光绪九年增刻本。

嘉靖《淳安县志》，明嘉靖三年刻本，《天一阁藏明代地方志选刊本》，1965 年。

乾隆《淳安县志》，清乾隆二十一年刻本。

光绪《续纂淳安县志》，清光绪十年刻本。

《淳安县志（1986 ~ 2005）》编纂委员会 :《淳安县志（1986 ~ 2005）》，浙江人民出版社，2014 年。

淳安地名委员会 :《浙江省淳安县地名志》，浙江省淳安县印刷厂，1984 年。

万历《遂安县志》，明万历四十年刻本。

乾隆《遂安县志》，清乾隆三十二年刻本。

民国《遂安县志》，1930 年铅印本。

乾隆《建德县志》，清乾隆十九年刻本。

道光《建德县志》，清道光八年刻本。

民国《建德县志》，1919 年铅印本。

四、谱牒类

泰定《汪氏渊源录》(徽州府)，十卷，[元] 汪松寿纂修，明正德十三年刻本，藏中国国家图书馆。

后至元《新安汪氏族谱》(徽州府)，不分卷，[元] 汪云龙纂修，元后至元三年刻本，藏河北大学图书馆。

景泰《新安程氏诸谱会通》(徽州府)，十四卷、首一卷、末一卷，[明] 程孟纂修，明景泰二年刻本，藏中国国家图书馆。

成化《休宁陪郭程氏本宗谱》(休宁县)，不分卷，[明] 程敏政纂修，明成化十年刻本，藏安徽省图书馆。

成化《新安程氏统宗世谱》（徽州府），二十卷、附二卷，[明]程敏政纂修，明成化十八年刻本，藏中国国家图书馆。

成化《城北汪氏族谱》（休宁县），二卷，[明]汪让纂修，明成化二十三年刻本，藏中国国家图书馆。

弘治《倍郭程氏敦本录》（休宁县），二卷，[明]程亨辑，明弘治五年程玺刻本，藏中国国家图书馆。

弘治《流塘詹氏宗谱》（休宁县），六卷，[明]詹贵纂修，明弘治十二年刻本，藏安徽省图书馆。

弘治《新安黄氏会通谱》（徽州府），十六卷、首三卷、文献录二卷、外集三卷，[明]黄思济等纂修，明弘治十四年刻本，藏中国国家图书馆。

正德《新安陈氏宗谱》（休宁县），二卷、附录一卷，[明]陈靖纂修，明正德二年刻本，藏中国国家图书馆。

正德《新安毕氏族谱》（徽州府等），十七卷、附录一卷，[明]毕济川等纂辑，明正德四年刻本，藏中国国家图书馆。

正德《新安休宁文昌金氏世谱》（休宁县），十卷、附录一卷，[明]程天保等纂修，明正德十年家刻本，藏中国国家图书馆。

嘉靖《西门汪氏族谱》（休宁县），十一卷、附录一卷，[明]汪尚和纂修，明嘉靖六年刻本，藏中国国家图书馆。

嘉靖《祁门金吾谢氏宗谱》（祁门县），不分卷，[明]谢鎰纂修，明嘉靖九年刻本，藏中国国家图书馆。

嘉靖《休宁县市吴氏本宗谱》（休宁县），十卷，[明]吴鋹、吴兆等纂修，明嘉靖七年家刻本，藏国家图书馆。

嘉靖《张氏统宗世谱》（徽州府），十卷，[明]张阳辉纂修，明嘉靖十四年刻本，藏中国国家图书馆。

嘉靖《绩溪周氏族谱》（绩溪县），七卷、首一卷、末一卷，[明]周文化等纂修，明嘉靖二十年刻本，藏中国国家图书馆。

嘉靖《祁门善和程氏谱》（祁门县），十四卷、附录五卷，[明]程昌纂修，明嘉靖二十四年刻本，藏上海图书馆。

嘉靖《世忠程氏泰塘族譜》（休宁县），五卷，[明]程子珪等纂修，明嘉靖二十年刻本，藏中国国家图书馆。

嘉靖《新安休宁汪溪金氏族谱》（休宁县），五卷、附录一卷，[明]金弁、陈有守等纂修，明嘉靖三十二年刻本，藏中国国家图书馆。

嘉靖《龙井胡氏族谱》（绩溪县），不分卷，[明]胡东升等纂修，明嘉靖三十五年刻本，藏安徽省绩溪县宅坦村博物舘。

嘉靖《新安左田黄氏正宗谱》（祁门县），二十卷、文献十九卷，[明]黄瑜纂修，明嘉靖三十七年刻本，藏中国国家图书馆。

嘉靖《新安琅琊王氏统宗世谱》（祁门县），十卷、首一卷，缺卷九，[明]王应斗等纂修，明嘉靖三十九年刻本，藏河北大学图书馆。

嘉靖《新安程氏统宗迁徙注脚纂》（徽州府），一卷，[明]程项纂修，明嘉靖四十二年刻本，藏安徽省图书馆。

嘉靖《绩溪积庆坊葛氏重修族谱》（绩溪县），八卷、首一卷、末一卷，[明]葛文简等纂修，明嘉靖四十四年刻本，藏上海图书馆。

嘉靖《新安王氏墓谱记略》（祁门县），不分卷，[明]王珙纂修，明嘉靖刻本，藏中国国家图书馆。

嘉靖《章氏世家源流族谱》（绩溪县），二卷，纂者不详，明抄本，藏中国国家图书馆。

嘉靖《竹溪陈氏墓祀录》（祁门县），三卷，作者不详，明嘉靖刻本，藏上海图书馆。

隆庆《汪氏世范录》（徽州府），明抄本，藏安徽大学徽学研究中心。

隆庆《新安休宁古城程氏宗谱》（休宁县），十一卷，[明]程尚芳、程惟时纂修，明隆庆二年家刻本，藏中国国家图书馆。

隆庆《休宁珰溪金氏族谱》（休宁县），十八卷，[明]金瑶、金应宿纂修，明隆庆二年刻本，藏中国国家图书馆。

隆庆《新安歙北许村许氏东支世谱》（歙县），九卷，[明]许可复等纂修，明隆庆三年刻本，藏安徽省图书馆。

隆庆《文堂乡约家法》（祁门县），不分卷，[明]陈昭祥辑，明隆庆六年刻本，藏安徽省图书馆。

万历《泽富王氏宗谱》（歙县），八卷，[明]王仁辅等修，明万历元年刻本，藏安徽省博物院。

万历《托山程氏家谱》（歙县），五卷，[明]程沔纂修，明万历元年刻本，藏上海图书馆。

万历《溪南江氏族谱》（歙县），不分卷，[明]江珍纂修，明抄本，藏南京图书馆。

万历《窦山公家议》（祁门县），七卷、附录一卷，[明]程昌等撰、程祊续撰，明万历三年刻本，藏中国国家图书馆。

万历《祁门清溪郑氏家乘》（祁门县），四卷，[明]郑之珍辑，明万历十一年刻本，藏上海图书馆。

万历《歙西岩镇百忍程氏本宗信谱》（歙县），十二卷、附程氏宗谱会订一卷，[明]程弘宾等编纂，明万历十八年刻本，藏中国国家图书馆。

万历《休宁茗洲吴氏家记》（休宁县），十二卷，[明]吴子玉编修，明万历十九年写本，藏日本东京大学东洋文化研究所。

万历《重修休邑城北周氏宗谱》（休宁县），十二卷，[明]周思松等纂修，明万历二十四年刻本，复印本藏安徽大学徽学研究中心。

万历《程典》（休宁县），三十二卷，[明]程一枝纂修，明万历二十七年家刻本，藏安徽省图书馆。

万历《新安歙西溪南吴氏世谱》（歙县），不分卷，[明]吴元满等纂修，明万历三十年刻本。

万历《古歙谢氏统宗志》（歙县），八卷，[明]谢廷谅等纂修，明万历三十二年刻本，藏中国国家图书馆。

万历《严陵洪氏家谱》（遂安县），残本，卷数不详，[明]洪应鹏等纂修，明万历三十三年刻本，藏上海图书馆。

万历《休宁范氏族谱》（休宁县），九卷，[明]范涞纂修，明万历三十三年补刻本。藏中国国家图书馆。

万历《休宁宣仁王氏谱》（休宁县），十二卷，[明]王宗本纂修，明万历三十八年家刻本，藏中国国家图书馆。

万历《萧江全谱》（婺源县），五卷、附录五卷，[明]江旭奇等纂修，明万历三十九年刻本，藏上海图书馆。

万历《曹氏统宗世谱》（休宁县），十五卷，[明]曹诰纂修，明万历四十三年刻本，藏中国国家图书馆。

万历《三田李氏统宗谱》(徽州府、宁国府)，不分卷，[明]李晖祥、李栋祥纂修，明万历四十三年刻本，藏中国国家图书馆。

万历《重编俞氏统宗谱》(徽州府)，十八卷，[明]俞明纂修，明万历四十七年木活字本，藏中国国家图书馆。

万历《商山吴氏宗法规条》(休宁县)，不分卷，明抄本，藏中国国家图书馆。

崇祯《徽城杨氏宗谱》(歙县)，七卷，[明]杨贞一纂修，明崇祯三年刻本，藏中国国家图书馆。

崇祯《海阳吴氏族谱》(休宁县)，不分卷，[明]吴维东等纂修，明崇祯三年抄本，藏安徽省图书馆。

崇祯《休宁叶氏族谱》(休宁县)，十卷，[明]叶文山等纂修，明崇祯四年刻本，藏上海图书馆。

崇祯《严氏家乘》(遂安县)，不分卷，[明]严化熙纂修，明崇祯十六年刻本，藏上海图书馆。

崇祯《古歙城东许氏世谱》(歙县)，八卷，[明]许光勋纂修，明崇祯七年刻本，藏中国国家图书馆。

崇祯《率溪桃梅程氏重续宗谱》(休宁县)，不分卷，[明]程文运纂修，明崇祯十一年抄本，藏上海图书馆。

崇祯《古林黄氏族谱》(休宁县)，四卷，[明]黄文明纂修，明崇祯十六年刻本，藏中国国家图书馆。

崇祯《朱氏统宗谱》(全国)，五卷，明崇祯刻本，藏中国国家图书馆。

康熙《南宋新安褒嘉里程氏世谱》(歙县)，十六卷、首三卷，[清]程善述等纂修，藏中国历史研究院。

康熙《璜瑝余氏恢复宗祠文议》(遂安县)，不分卷，[清]余伯正书、余云孙撰，清康熙十年刻本，藏上海图书馆。

康熙《藤溪陈氏宗谱》(休宁县)，七卷，[清]陈丰纂修，清康熙十二年刻本，藏上海图书馆。

康熙《善和程氏仁山门支谱》(祁门县)，不分卷，[清]程衡等纂修，清康熙二十一年刻本，藏中国历史研究院。

康熙《新安程氏统宗补正图纂》(徽州府)，三十二卷、首一卷、末一卷，[清]

程士培纂修，清康熙二十四年刻本，藏中国历史研究院。

康熙《横冈胡氏支谱》（黟县），二卷，[清] 胡璟等纂修，清康熙四十三年刻本，藏中国历史研究院。

康熙《周氏重修族谱正宗》（绩溪县），十五卷，[清] 周思老等总理，清康熙五十五年刻本，复印本藏安徽大学徽学研究中心。

康熙《童沂汪氏宗谱》（遂安县），五卷、首一卷，[清] 汪一蛟主修，清康熙四十八年刻本，藏上海图书馆。

康熙《新安世忠程氏原录琼公支谱》（歙县），十卷，[清] 程廷瑞纂修，清康熙刻本，藏中国历史研究院。

雍正《江村洪氏家谱》（休宁县），十四卷，[清] 洪昌纂修，清雍正八年刻本，藏上海图书馆。

雍正《潭渡孝里黄氏族谱》（歙县），十卷、首一卷、末一卷，[明] 黄玄豹重编，[清] 黄景管参补、黄臣槐等校补，清雍正九年校补刻本，藏安徽省图书馆。

雍正《新安武口王氏统宗世谱》（婺源县），十卷、首一卷、末一卷，[清] 王祺等纂修，清雍正十年刻本，藏上海图书馆。

[清] 吴翟辑撰，刘梦芙点校 :《茗洲吴氏家典》（休宁县），八卷，[清] 吴翟等纂修，黄山书社，2006 年。

乾隆《新安大程村程氏支谱》（歙县），二卷，[清] 程豫续辑，清乾隆三年受祉堂刻本，藏上海图书馆。

乾隆《新安徐氏宗谱》（徽州府），不分卷，[清] 徐景京、徐礼等纂辑，清乾隆三年刻本，藏上海图书馆。

乾隆《新安岑山渡程氏支谱》（歙县），六卷、首一卷，[清] 程梦星等纂修，清乾隆六年木活字本，藏中国国家图书馆。

乾隆《新安徐氏墓祠规》（歙县），不分卷，[清] 徐禋纂辑，清乾隆九年刻本，藏南京大学图书馆。

乾隆《休宁西门汪氏大公房挥签公支谱》（休宁县），十卷，[清] 汪立正纂修，清乾隆十年百城书屋刻本，藏上海图书馆。

乾隆《重修古歙东门许氏宗谱》（歙县），八卷、首一卷，[清] 许登瀛纂修，清乾隆十年刻本，藏安徽省图书馆。

乾隆《新安程氏统宗补正图纂》(徽州府)，二十卷、首一卷、末一卷，[清]程尚龙等纂修，清乾隆十二年刻本，藏中国历史研究院。

乾隆《遂阳广川黄氏宗谱》(遂安县)，二卷本，[清]黄纶纂修，清乾隆十四年木活字本，藏上海图书馆。

乾隆《歙淳方氏柳山真应庙会宗统谱》(歙县、淳安县)，二十卷，[清]方善祖等纂修，清乾隆十八年刻本，藏黄山学院图书馆。

乾隆《内黄骆氏重辑宗谱》(遂安县)，十卷、首一卷，[清]骆起绪等纂修，清乾隆十八年刻本，藏上海图书馆。

乾隆《考川明经胡氏统宗谱》(徽州府)，十卷、首二卷，[清]胡奎文等纂修，清乾隆二十四年刻本，藏上海图书馆。

乾隆《重编棠樾鲍氏三族宗谱》(歙县)，二百卷、首一卷，[清]鲍光纯纂修，清乾隆二十五年刻本，藏安徽省图书馆。

乾隆《休宁古林黄氏重修族譜》(休宁县)，十二卷、首二卷、末一卷，[清]黄治安、卢鹏纂修，清乾隆十八年刻本，藏安徽省图书馆。

乾隆《遂安金峰刘氏宗谱》(遂安县)，十卷，[清]刘士健等纂修，清乾隆三十二年刻本，藏上海图书馆。

乾隆《萧江复七公房支谱》(婺源县)，六卷、首一卷，[清]江如松等纂修，清乾隆三十七年木活字本，藏中国社会科学历史研究所。

乾隆《川南郑氏宗谱》(淳安县)，十六卷、首一卷，存卷五、九、十一，卷十四至十五，[清]郑濂等纂修，清乾隆四十一年刻本，藏上海图书馆。

乾隆《星源甲道张氏宗谱》(婺源县)，四十二卷、续编二卷，[清]张图南、张元沣纂修，清乾隆四十七年刻本，藏国家图书馆。

乾隆《庆源詹氏宗谱》(婺源县)，二十四卷、首一卷，[清]詹大衡等纂修，清乾隆五十年惇叙堂木活字本，藏上海图书馆。

乾隆《河间郡章氏宗谱》(淳安县)，四卷，[清]章启崑纂修，清乾隆五十二年木活字本，藏上海图书馆。

嘉庆《中井河东冯氏宗谱》(祁门县)，三卷，[清]冯光岱纂修，清嘉庆九年木活字本，藏上海图书馆。

嘉庆《遂阳叶林项氏宗谱》(遂安县)，九卷本、末一卷，清嘉庆九年木活字本，藏上海图书馆。

嘉庆《棠樾鲍氏宣忠堂支谱》(歙县)，二十二卷，[清]鲍琮纂修，清嘉庆十年家刻本，藏安徽省图书馆。

嘉庆《桂溪项氏族谱》(歙县)，二十四卷、首一卷、末一卷，[清]项启鈵等纂修，清嘉庆十六年木活字本。藏安徽省图书馆。

嘉庆《古筑孙氏家谱》(黟县)，四卷，[清]孙家晖纂修，清嘉庆十七年刻本，藏上海图书馆。

嘉庆《南屏叶氏族谱》(黟县)，八卷、首一卷，[清]叶有广等纂修，清嘉庆十七年木活字本，藏安徽省图书馆。

嘉庆《江左王氏宗谱》(遂安县)，十八卷，[清]王志等纂修，清嘉庆二十三年木活字本，藏上海图书馆。

嘉庆《衍庆录》(祁门县)，不分卷，清抄本，藏安徽中国徽州文化博物馆。

道光《遂安萝蔓世家下洲余氏族谱》(遂安县)，卷数不详，存卷一、五，[清]余诰主修，清道光三年刻本，藏上海图书馆。

道光《锦营郑氏宗谱》(祁门县)，八卷、首一卷、末一卷，[清]郑道选修，清道光元年刻本，藏上海图书馆。

道光《遂安萝蔓余氏族谱》(遂安县)，八卷、首一卷、末一卷，[清]余世楷等纂修，清道光三年木活字本，藏上海图书馆。

道光《狮山余氏族谱》(遂安县)，六卷、首一卷，[清]余炳虎等纂修，清道光八年嘉会堂木活字本，藏上海图书馆。

道光《仁里程敬爱堂世守谱》(绩溪县)，四卷、首一卷、末一卷，[清]程绍部等主修、程凤诏等协修，清道光九年刻本，藏上海图书馆。

道光《重修雁门童氏宗谱》(遂安县)，六卷、首一卷，[清]童志纶主修，清道光十一年月山堂刻本，藏上海图书馆。

道光《璜瑝余氏宗谱》(遂安县)，六卷、首一卷，存卷首、卷一至二，[清]余开熊主修，清道光十二年思成堂刻本，藏上海图书馆。

道光《三径蒋氏宗谱》(遂安县)，二十卷、首一卷，[清]蒋斯荣，清道光十七年木活字本，藏上海图书馆。

道光《星源甲道张氏宗谱》(婺源县)，六十卷，[清]张翼先等纂修，清道光十九年刻本，藏中国国家图书馆。

道光《关西方氏宗谱》(祁门县)，六卷，[清]方兰芬等纂修，清道光二十一年木活字本，藏中国国家图书馆。

道光《遂阳大墅方氏宗谱》(遂安县)，上卷八卷、下卷八卷，[清]方作通等纂修，清道光二十二年木活字本，藏上海图书馆。

道光《屏山舒氏宗谱》(黟县)，三卷，[清]舒道观纂修，清道光二十四年木活字本，藏上海图书馆。

道光《龙池王氏宗谱》(婺源县)，十三卷、首一卷、末一卷，[清]王全芝等纂修，清道光二十六年刻本，藏上海图书馆。

道光《汪氏湖山墓祠纪》(婺源县)，一卷，[清]汪松泰等纂修，清道光二十八年刻本，藏安徽省图书馆。

道光《遂安萝蔓堂松林余氏世家宗谱》(遂安县)，十八卷、首一卷，[清]余润门纂修，清道光二十七年宗约堂木活字本，藏上海图书馆。

道光《泮南余氏宗谱》(遂安县)，六卷，[清]余景芝等纂修，清道光二十七年木活字本，藏上海图书馆。

道光《平阳郡汪氏宗谱》(遂安县)，六卷、首一卷，[清]汪厚财主修，清道光二十九年木活字本，藏上海图书馆。

道光《新安琅琊王氏宗谱》(祁门县)，八卷、首一卷、末一卷，[清]王大鹄等纂修，清道光二十九年刻本。

道光《新安歙邑西沙溪汪氏族谱》(歙县)，十四卷，[清]汪志琦等纂修，清道光二十九年麟书堂重刊康熙本，藏南京图书馆。

咸丰《遂安杨氏宗谱》(遂安)，六卷、首一卷、末一卷，[清]杨昌周等纂修，清咸丰七年八行堂木活字本，藏上海图书馆。

咸丰《崇坡叶氏宗谱》(淳安县)，十九卷、首一卷、末一卷，[清]叶敦辅纂修，清咸丰八年木活字本，藏上海图书馆。

同治《富春严氏宗谱》(遂安县)，十六卷、首一卷、末一卷，[清]严济宽等纂修，清同治六年刻本，藏上海图书馆。

同治《方氏宗谱》(祁门县)四卷，[清]方士识、方渭川纂修，清同治八年崇本祠刻本，中国历史研究院。

同治《华阳舒氏统宗谱》(绩溪县)，十九卷、首一卷，[清]舒安仁等纂修，清同治九年叙伦堂木活字本，藏上海图书馆。

同治《武溪陈氏宗谱》(祁门县)，四卷，[清]胡廷瑞纂修，清同治十二年敦厚堂刻本，藏上海图书馆。

光绪《大谷程氏宗谱》(绩溪县)，四卷，[清]程常宪主修，清光绪三年叙伦堂刻本，藏上海图书馆。

光绪《京兆金氏统谱》(祁门县)，八卷，[清]金应礼纂修，清光绪三年木活字本，藏上海图书馆。

光绪《梁安高氏宗谱》(绩溪县)，十二卷，[清]高美佩总理、高富浩纂修兼校正，光绪三年刻本。藏安徽省图书馆。

光绪《祁门倪氏族谱》(祁门县)，三卷，[清]倪望重等纂修，清光绪三年刻本，藏安徽省图书馆。

光绪《西龙吴氏宗谱》(建德县)，十一卷、首一卷、末一卷，[清]吴昺熹纂修，清光绪四年木活字本，藏上海图书馆。

光绪《遂安鲍氏宗谱》(遂安县)，十六卷、首一卷，[清]鲍会龙等纂修，清光绪九年木活字本，藏上海图书馆。

光绪《绩邑北门张氏宗谱》(绩溪县)，十二卷、首一卷、末一卷，[清]张霈泽纂修，清光绪十三年木活字本，藏上海图书馆。

光绪《绩溪县东关戴氏宗谱》(绩溪县)，九卷、首一卷，[清]戴鸿儒纂修，清光绪十五年木活字本，藏上海图书馆。

光绪《绩溪南关许余氏□叙堂宗谱》(绩溪县)，十卷，[清]许文源等纂修，清光绪十五年木活字本，藏安徽省图书馆。

光绪《祁门竹源陈氏修谱文书汇编》(祁门县)，不分卷，[清]陈朝牧纂修，清光绪二十三年抄本，原书藏私家。

光绪《绩溪东关冯氏家谱》(绩溪县)，八卷、首三卷、末三卷，[清]冯景坡、冯景坊纂修，清光绪二十九年木活字本，藏中国国家图书馆。

光绪《祁门善和仁山门程氏支谱》(祁门县)，四十一卷、首一卷、附录一卷，[清]程际隆等纂修，清光绪三十三年木活字本，藏上海图书馆。

光绪《祁门竹源陈氏宗谱领谱字号》(祁门县)，不分卷，清光绪抄本，原书藏私家。

光绪《顿邱葛氏宗谱》(淳安县),四卷,[清]葛锦清主修,清光绪二十三年木活字本,藏上海图书馆。

光绪《石峰吴氏宗谱》(遂安县),存卷一、四,[清]吴鲁宫等纂修,清光绪二十三年木活字本,藏上海图书馆。

宣统《古歙义成朱氏宗谱》(歙县),十卷、首一卷、末一卷,[清]汪掬如等纂修,清宣统二年木活字本,藏安徽大学徽学研究中心。

宣统《华阳邵氏宗谱》(绩溪县),十八卷、首一卷,邵玉琳、邵彦彬等纂修,清宣统二年木活字本,藏上海图书馆。

宣统《韩楚二溪汪氏家乘》(祁门县),十卷、首一卷,[清]汪衍桎等主修,清宣统二年木活字本,藏上海图书馆。

宣统《富溪程氏中书房祖训家规封丘渊源考》(休宁县),不分卷,作者不详,清宣统三年抄本,藏上海图书馆。

宣统《泉塘葛氏宗谱》(绩溪县),十六卷、首一卷,葛光汉编修,清宣统三年木活字本,藏安徽省图书馆。

宣统《仙石周氏宗谱》(绩溪县),二卷,周善鼎等修,清宣统三年善述堂木活字本,藏上海图书馆。

民国《吴越钱氏七修流光宗谱》(歙县),六卷、首一卷,钱文德等主修,1914年木活字本,藏上海图书馆。

民国《涧洲许氏宗谱》(绩溪县),十卷,许桂馨、许威编修,1914年木活字本,藏上海图书馆。

民国《西关章氏族谱》(绩溪县),四十卷、首二卷,章尚志纂修,1915年木活字本,藏上海图书馆。

民国《清华胡氏统谱》(婺源县),二十四卷、首一卷、末一卷,胡鸣鹤等纂修,1917年刻本,藏上海图书馆。

民国《古黟环山余氏宗谱》(黟县),二十二卷、首一卷、末一卷,余攀荣总纂、余旭晟修,1917年刻本,藏上海图书馆。

民国《绩溪城南方氏宗谱》(绩溪县),二十四卷、首一卷、附城南方氏祠谱四卷,方树等纂修,1919年木活字本,藏中国历史研究院。

民国《鱼川耿氏宗谱》(绩溪县),八卷、首一卷、末一卷,耿全总理,耿介撰修,

1919 年木活字本，藏上海图书馆。

民国《济阳江氏统宗谱》（徽州府），八十卷，江峰青总纂，1919 年木活字本，藏上海图书馆。

民国《明经胡氏龙井派宗谱》（绩溪县），十二卷，[清] 胡宝铎，胡宣铎纂修，1921 年刻本，藏上海图书馆。

民国《京兆金氏宗谱》（祁门县），六卷，金启富、金启逊纂修，1921 年刻本，藏安徽大学徽学研究中心。

民国《河间凌氏宗谱》（祁门县），十六卷、首一卷、末一卷，凌雨晴、凌克让纂修，1921 年刻本，藏安徽大学徽学研究中心。

民国《歙南武担姚氏渔梁上门支谱》（歙县），三卷、首一卷、末一卷，姚邦夔纂修，1921 年年刻本，藏上海图书馆。

民国《遂安中洲程氏宗谱》（遂安县），十卷、首一卷，程炳蔚等纂修，1922 年刻本，原本由卞利收藏。

民国《云山洪氏宗谱》（遂安县），八卷、首二卷，洪锡韩等纂修，1922 年木活字本，藏上海图书馆。

民国《川南郑氏宗谱》（遂安县），十六卷、首一卷，郑文标等纂修，1922 年木活字本，藏上海图书馆。

民国《大墅方氏宗谱》（遂安县），上卷十二卷、下卷十二卷，方济时纂修，1923 年德馨堂木活字本。

民国《洪川程氏宗谱》（绩溪县），十卷、首三卷、末三卷、杂录一卷，程兰等修，1923 年敦睦堂木活字本。

民国《龙川胡氏支派宗谱》（绩溪县），四卷、首一卷，胡缉熙、胡兆成等纂修，1924 年木活字本，藏中国国家图书馆。

民国《新安柯氏宗谱》（绩溪县），二十六卷、首一卷、末一卷，胡祥木纂修，1925 年汤乙照斋刻本，藏安徽省绩溪县档案馆。

民国《新定渭川姜氏宗谱》（遂安县），十二卷、首一卷、末一卷，姜泰周等纂修，1926 年木活字本，藏上海图书馆。

民国《松溪沈氏宗谱》（遂安县），十七卷、末一卷，沈庆集等主修，1926 年沈氏敦睦堂木活字本，藏上海图书馆。

民国《曹氏宗谱》(绩溪县),十二卷,曹成瑾等修,1927年旺川敦睦堂木活字本,藏安徽省图书馆。

民国《坦川洪氏宗谱》(绩溪县),十二卷、首一卷、末一卷,胡濬瑞等主修,1927年刻本,藏安徽省绩溪县档案馆。

民国《平阳汪氏宗谱》(祁门县),八卷、首一卷,汪锦波纂修,1929年裕源堂刻本,藏安徽大学徽学研究中心。

民国《府前方氏宗谱》(歙县),二十卷、首一卷,方为国纂修,1931年敦本堂木活字本,藏中国社科院历史研究所。

民国《遵义胡氏宗谱》(绩溪县),十八卷、首一卷、末一卷,胡位咸等纂修,1935年铅印本,藏中国历史研究院。

民国《竹马馆东李氏宗谱》(婺源县),十一卷,李緻瑞等纂修,1935年刻本,藏上海图书馆。

民国重印万历《新安吕氏宗谱》(徽州府),六卷,[明]吕龙光等总编,1935年木活字重印明万历五年本,复印本藏安徽大学徽学研究中心。

民国《绩溪庙子山王氏谱》(绩溪县),二十四卷、首一卷,王集成纂修,1936年铅印本,藏安徽省图书馆。

民国《巨川毕氏宗谱》(歙县),六卷,毕有知总理、毕德玉纂辑,1944年木活字本,复印本藏安徽大学徽学研究中心。

民国《绩邑柳川胡氏宗谱》(绩溪县),四卷,曹诚瑾等纂修,1946年叙伦堂刻本。

民国《罗氏历代宗谱》(歙县),不分卷,民国抄本,复印本藏安徽大学徽学研究中心。

[明]程昌撰,程礽续撰,周绍泉、赵亚光校注:《窦山公家议校注》,黄山书社,1993年。

[明]戴廷明、程尚宽等辑,朱万曙等点校:《新安名族志》,黄山书社,2004年。

[清]吴翟辑撰,刘梦芙点校:《茗洲吴氏家典》,黄山书社,2006年。

五、册籍类原始文书和汇编类文书文献

嘉靖《杨干院归结始末》，明嘉靖刻本，原件藏中国历史研究院。

天启《沱川余氏祠约》，明天启四年刻本，藏中国国家图书馆。

[清]佚名：《向杲孟阳公叙历代祭祀》，清抄本，原件藏中国历史研究院。

[清]罗斗等：《溁川足征录》，清稿本，藏中国国家图书馆。

[清]佚名：《清嘉庆十七年休宁县棚民诉讼案稿》，原件藏安徽大学图书馆。

光绪《葆和堂冠昏丧祭及扫墓差遣各仆条规》(休宁县)，清抄本，叶显恩：《明清徽州农村社会与佃仆制》，安徽人民出版社，1983年。

《程氏东隐房清明会簿》，清抄本，原件藏于上海图书馆。

[清]佚名：《抄白众所支年老簿规则常贮》，自抄本，原件藏中国历史研究院。

[清]佚名：《余庆堂清明会老簿》，传抄本，原件藏上海图书馆。

[清]佚名：《休宁朱村清明会簿》，传抄本，原件藏上海图书馆。

[清]佚名：《清咸丰八年至同治四年清明会簿》，传抄本，原件藏南京大学历史学院资料室。

[清]佚名：《徽州会社综录》(祁门县)，清抄本，原件藏中国历史研究院。

[清]佚名：《德卿公匣规条》，清抄本。

嘉庆《环溪王履和堂养山会簿》，清嘉庆刻本，藏安徽省图书馆。

《崇祯至雍正（休宁）金氏置产簿》，清抄本，原件藏南京大学历史学院资料室。

张海鹏、王廷元：《明清徽商资料选编》，黄山书社，1985年。

王钰欣、周绍泉：《徽州千年契约文书（宋元明编）》(全二十册)，花山文艺出版社，1993年。

王钰欣、周绍泉：《徽州千年契约文书（清民国编）》(全二十册)，花山文艺出版社，1993年。

张传玺：《中国历代契约粹编》(全三册)，北京大学出版社，2014年。

刘伯山：《徽州文书》第一辑（全十册)，广西师范大学出版社，2005年。

卞利：《明清徽州族规家法选编》，黄山书社，2014年。

黄志繁等：《清至民国婺源村落契约文书辑录》(全十八册)，商务印书馆，2014年。

卞利：《徽州民间规约文献精编》（全四册），安徽教育出版社，2020 年。

六、研究著作类

叶显恩：《明清徽州农村社会与佃仆制》，安徽人民出版社，1983 年。

郑振铎：《西谛书话》，三联书店，1983 年。

乌丙安：《中国民俗学》，辽宁大学出版社，1985 年。

陈其南：《家族与社会》，台湾联经出版事业股份有限公司，1990 年。

高寿仙：《徽州文化》，辽宁教育出版社，1993 年。

徐扬杰：《宋明家族制度史》，中华书局，1995 年。

冯尔康：《中国古代的宗族与祠堂》，商务印书馆国际有限公司，1996 年。

唐力行：《商人与文化的双重变奏——徽商与宗族社会的历史考察》，华中理工大学出版社，1997 年。

章有义：《明清及近代农业史论集》，中国农业出版社，1997 年。

周绍泉、赵华富：《'95 国际徽学学术讨论会论文集》，安徽大学出版社，1997 年。

常建华：《宗族志》，上海人民出版社，1998 年。

赵华富：《两驿集》，黄山书社，1999 年。

李文治、江太新：《中国宗法宗族制和族田义庄》，社会科学文献出版社，2000 年。

[英]莫里斯 · 弗里德曼著，刘晓春译、王铭铭校：《中国东南的宗族组织》，上海人民出版社，2000 年。

周祝伟等：《浙江宗族村落社会研究》，方志出版社，2001 年。

王振忠：《徽州社会文化史探微：新发现的 16 ～ 20 世纪民间档案文书研究》，上海社会科学院出版社，2002 年。

徐建华：《中国家谱》，百花文艺出版社，2002 年。

常建华：《明代宗族研究》，上海人民出版社，2005 年。

唐力行：《徽州宗族社会》，安徽人民出版社，2005 年。

郭志超、林瑶祺：《闽南宗族社会》，福建人民出版社，2008 年。

皮庆生：《宋代民众祠神信仰研究》，上海古籍出版社，2008 年。

朱海滨：《祭祀政策与民间信仰变迁——近世浙江民间信仰研究》，复旦大学出版社，2008 年。

陈支平：《福建族谱》，福建人民出版社，2009 年。

冯尔康等：《中国宗族史》，上海人民出版社，2009 年。

郑振满：《明清福建家族组织与社会变迁》，中国人民大学出版社，2009 年。

王鹤鸣：《中国家谱学通论》，上海古籍出版社，2010 年。

欧阳发：《安徽竹枝词征略》，2011 年。

王振忠：《明清以来徽州村落社会史研究》，上海人民出版社，2011 年。

鲍艺敏：《淳安的祠堂》，中国文史出版社，2012 年。

陈瑞：《明清徽州宗族与乡村社会控制》，安徽大学出版社，2013 年。

章百成：《淳安进士》，浙江工商大学出版社，2013 年。

卞利：《徽州文化史（近代卷）》，安徽人民出版社，2014 年。

冯剑辉：《徽州家谱叙事冲突研究》，合肥工业大学出版社，2014 年。

翟屯建：《徽州文化史（先秦至元代卷）》，安徽人民出版社，2014 年。

史五一：《明清徽州会社研究》，黄山书社，2015 年。

赵华富：《徽州宗族研究》，安徽大学出版社，2016 年。

卞利：《明清以来徽州社会经济与文化研究》，安徽大学出版社，2017 年。

何巧云：《清代徽州祭祖研究》，北京联合出版公司，2017 年。

后 记

2017年上半年，刚调至南开大学不到半年光景，安徽省徽学学界多年的挚友、黄山市地方志办原副主任翟屯建编审打来电话，希望我能参加浙江淳安县组织的《新安文化》丛书的撰稿工作，并征求我的分工意见，还告知复旦大学王振忠教授已经同意参加了。于是，本想推掉这个任务的我，实在不好启齿，便爽快地答应承担《新安宗族》的撰写任务。毕竟自己编著《明清徽州族规家法选编》时，已经积累了不少关于新安江上游的徽州宗族资料，加上当时正在主持国家社科基金重大项目《中国古代民间规约文献集成》资料的整理与研究工作，并业已搜集了不少包括严州府在内的浙江地区的宗族规约文献。同时，上海图书馆家谱数据库又免费开放了万余种族谱，可以随时提供查阅新安江中下游的明清至民国时期淳安、遂安及建德等地的族谱文献。因此，当时以为完成一部《新安宗族》的研究和写作任务应不成问题。

当年8月，在江西赣州市崇义县参加完中国明史学会主办的第十八届明史国际学术研讨会暨首届阳明文化国际论坛，会后第二天即随同王振忠教授一道，来到了美丽的千岛湖畔——淳安，参加由中共淳安县委宣传部、县政协和党史办联合举行的《新安文化》丛书的启动仪式暨第一次编撰会议，并签订了承担《新安宗族》研究和撰写任务的合同。

然而，由于新工作单位南开大学历史学院教学和科研任务十分繁重，本来计划前往淳安和建德等地实地调查宗族祠堂和碑刻等文化遗存的任务迟迟未能展开。尽管其间在上海图书馆藏家谱全文选览的数据库里阅读了一些遂安的族谱，但真正开展对新安宗族的研究和《新安宗族》一书的撰写工作时，还是感到非常棘手。一来是对1958年因建新安江水库而导致淳安县和遂安县合并之前的两县各自地名与宗族无法理清，二来也是最感意外的是，上海图书馆家谱数据库中开放全文阅览的基本都是1949年以前遂安县的族谱，属于淳安县的族谱极为稀少。因此，过去掌握的包括新安江上中下游宗族之间的迁徙，由于一时难以阅读到淳安的族谱，很难对与遂安县合并前淳安县的大姓望族情况有一个深入系统的了解与把握。而新安江水库的建成，将原淳安和遂安县城沉入库底，整个新安江生态环境和社会人文环境所发生的重大变化，又使得以往很多熟悉的淳安和遂安县地名消失于千岛湖之中。这样一来，对新安江流域上中下游的宗族组织结构和形态进行比较分析和研究，便感到越发的困难，压力也顿时倍增。当然，退路显然是没有的，眼前面临的唯一选择，就是如何变压力为动力，尽快全身心投入时间和精力，保质保量地完成《新安宗族》的研究与写作任务。

在认认真真的苦思冥想后，觉得没有捷径可走。要想做好《新安宗族》的研究和撰写工作，还是必须老老实实地从族谱和方志的系统阅读入手，在已经积累和掌握新安江上游地区徽州族谱与宗族演变及发展历程的基础上，通过大量阅读所能看到的淳安、遂安和建德等三个属于新安江中下游地区的宗族族谱文献，对这里宗族的组织结构与存在形态形成一个相对较为完整的系统印象，然后再深层次思考和修订《新安宗族》一书的篇章结构和研究思路，进而动笔进行撰写。应当说，这个过程貌似并不困难，但实际上却异常艰辛，难度远远超出想象。最没料到的是，上海图书馆藏家谱全文选览数据库突然改版，一下撤去了近两千种家谱，而且新的阅读系统由原来打开即可阅读变更为通过中国家谱知识平台阅览，不仅打开速度奇慢，而且分辨率也很低，类似如乾隆《歙淳方氏柳山真应庙会宗统谱》之类的谱牒，当时就因分辨率低、图像模糊而无法阅读。要不是手头有一部十多年前托黄山学院方利山教授复印装订的原谱，估计这部特别具有史料价值的族谱，就只有长途奔波前往所收藏的单位现场阅读了。

好在这一切困难都是暂时的，快递邮购的鲍艺敏先生著的《淳安的祠堂》一书早已到手。凭借这本《淳安的祠堂》，我对新安江中游地区的宗族祠堂的印象，亦开始由谱牒上阅读的纯粹文字记录，转变为多角度、多视角地考察淳安和遂安现有祠堂家庙的内外结构与遗存状况，来理解当时新安江中下游各地宗族和祠堂的样貌。这样，阅读族谱资料、观看和体味祠堂图像，将文字和图像结合起来进行观察和分析，至少对打开思路，起到了非常大的作用，这实在是不幸之中的万幸。网购的《淳安县地名志》和乾隆《淳安县志》复印本等专业文献都如期到货。将其与手头掌握的其他史料文献相配合，比较与分析，相信现已完成的26万字书稿，在随之而来的修改中，一定会有不小的提升。

在此，特别向为我提供各种帮助的浙江淳安县党史办朱华明和程中青主任表示衷心的感谢！正是你们的高瞻远瞩，才最终成就了这一文化工程。在新安文化挖掘、研究与建设中，你们是先行者，是引路人。当徽学做得热火朝天、方兴未艾之时，或许没有几人会思考这样的问题：为何我们的先辈热衷于将很多徽学成就冠以“新安”，并出现历史悠久、底蕴厚重的“新安医学”“新安理学”“新安画派”？为什么宋明以来跨地域的联宗修谱并不以徽州为题名，而热衷于使用“新安”，诸如《新安大族志》《新安名族志》《新安程氏会通谱》《新安程氏统宗世谱》《新安汪氏族谱》《新安琅琊王氏统宗世谱》《新安黄氏大宗谱》等，还有诸如《新安志》《新安景物约编》《新安宾馆杂咏》《新安文粹》《新安文献志》和《新安学系录》，类似冠以“新安”之名者，不一而足，数不胜数。这是否反映出另外一种倾向，那就是在古老的新安江流域，“新安”的地域文化认同是不是远胜于“徽州”的域名认同呢？或者我们可不可以抛开“小徽州”，用“大新安”来强化已经断裂千年的行政区划，从而使新安江流域的徽州六县与严州的淳安（含遂安）和建德形成新的地域认同和文化认同呢？

我还要深深地向翟屯建先生鞠上一躬。多年来，尽管看上去不是那么亲切，平时联络和往来也不是很紧密，但他却一直像一个兄长一样，在徽学研究的道路上给我以引导和帮助。无论是资料和成果的分享，还是课题的调研与协助，我从来都没见过他斤斤计较、患得患失。相反，他却总是以微笑待人，以诚信接物。那种骨子里的儒雅和真诚，是一般人学不会，也是装不来的。我感谢翟屯建先生，除了上述出自个人之间的友谊而外，还因这一次他为组织与策划这套《新安文化丛书》所付出的心血，或许在不经意间，他就创造了历史。如果将来有一天“新安学”如火如荼的时候，我们千万不要忘记翟屯建先生所立下的拓荒之功！

还有很多我必须感谢的同仁，毕竟在安徽从事徽学教学与研究工作已逾三十个春秋，在工作、学习和生活等各个方面，给我以帮助与关爱的师友，如果全部罗列出来，大概可以写上一本书。所以，没法一一列举，所有帮助和关爱过我的同仁，我都会铭记在心，并以最虔诚的心意向各位道一声：“谢谢！”

又，2022 年 9 月，由本人负责主持的国家社科基金重点课题《明代江南地区家谱文献的分类整理专题研究》（22AZS009）获准立项后，在原有文献的基础上，本书又结合项目进展，增加和补充了大量明代新安江流域宗谱谱牒资料，并调整了部分篇目和章节内容，是为本项目研究的阶段性成果之一。

卞　利

2023 年 4 月 13 日

修订于南开大学中国社会史研究中心